15 Centimes le Numéro Hebdomadaire

L'ÉCHO DE LA SEMAINE

POLITIQUE ET LITTÉRAIRE
Revue populaire illustrée paraissant le Dimanche

Rédacteur en chef : Victor TISSOT

COLLABORATEURS :

P. Arène, Th. de Banville, J. Barbey d'Aurevilly, P. Bourget, P. de Cassagnac, L. Cladel, J. Claretie, F. Coppée, A. Daudet, O. Feuillet, C. Flammarion, H. Fouquier, Dubut de Laforest, E. de Goncourt, P. Hervieu, L. Halévy, A. Houssaye, E. Legouvé, J. Lemaître, H. Malot, R. Maizeroy, H. Maret, G. de Maupassant, C. Mendès, G. Ohnet, J. Rameau, E. Renan, J. Richepin, H. Rochefort, F. Sarcey, A. Silvestre, J. Simon, H. Taine, A. Theuriet, L. Tolstoï, J.-J. Weiss, E. Zola, etc.

ROMANS

CONTES — RÉCITS

NOUVELLES

FANTAISIES
HUMORISTIQUES

POÉSIES

ÉTUDES
HISTORIQUES

PORTRAITS
LITTÉRAIRES

VOYAGES

AVENTURES

BEAUX-ARTS

SCIENCE
MILITAIRE

CHASSE ET PÊCHE

ACTUALITÉS
POLITIQUES

CURIOSITÉS
PARISIENNES

CROQUIS
ET PAYSAGES

ACTUALITÉS
SCIENTIFIQUES

INVENTIONS
ET DÉCOUVERTES

CONNAISSANCES
UTILES

CAUSERIES
MÉDICALES

THÉATRE — JEUX

SPORT

VIE CHAMPÊTRE

ABONNEMENTS :

Un an, Six mois,
France : **6 fr.** **3 fr. 50**

Un an, Six mois,
Union postale : **7 fr. 50** **4 fr.**

Abonnement d'essai d'un mois à 50 centimes en timbres-poste.

Un journal hebdomadaire, illustré, de 16 pages pendant Un An, pour 2 fr. 50 (*Voir les primes gratuites.*)

L'ÉCHO DE LA SEMAINE

L'**ÉCHO DE LA SEMAINE** est de tous les journaux qui existent le plus **complet, le plus varié et le meilleur marché**. Il donne pour 15 cent. la matière d'un *demi-volume* ordinaire et forme chaque année deux gros volumes représentant **une bibliothèque encyclopédique d'environ 30 volumes.**

L'Écho de la Semaine, libre de toute attache politique et fondé en dehors de toute école littéraire, donne à ses lecteurs les articles politiques et les articles littéraires les **plus saillants** qui ont été publiés pendant la semaine dans les journaux et les revues de France et de l'étranger.

L'Écho de la Semaine est indispensable à ceux qui n'ont pas le temps de lire *tous les journaux* ou qui vivent éloignés des centres, et qui cependant veulent être au courant du grand mouvement intellectuel de notre époque.

L'Écho de la Semaine n'est pas seulement un journal d'actualité, c'est encore une publication littéraire de premier ordre, ayant pour collaborateurs l'élite de la littérature actuelle.

Voici le sommaire du premier numéro :

La semaine politique : Henri Rochefort : *La grande colère du père Bismarck.* — J. Reinach : *A l'assaut.* — Paul de Cassagnac : *La caverne.* — Madame Adam : *La neutralité belge violée par l'Allemagne.* — **Échos de la semaine** — **Histoires de la semaine** : *Le Père Milon,* par Guy de Maupassant. — *L'Ange Boiteux,* par Catulle Mendès. — **Pages oubliées** : *La Reddition*

…e *Metz*, Récit d'un témoin, par Spoll. — **Hors de France** : …ournal complet de **Frédéric III**. — *La Semaine littéraire*, …r Fr. Sarcey. — *La Semaine dramatique*, par H. Céard. — …omans : *La Fugitive*, par Jules Claretie. — *Robert Helmont*, par Alphonse Daudet. — *Inventions et découvertes*, par le Dr André. — *Recettes et Conseils*, par Alcofribas. — *Menus du dimanche*, par la Baronne Brisse. — *Jeux et Récréations*, par Sibylle.

PRIMES GRATUITES

aux Trois premiers mille Abonnés d'Un An

DE L'ÉCHO DE LA SEMAINE

1° **Un volume de 3 fr. 50** à choisir parmi 200 romanciers modernes dont la liste sera envoyée à tout abonné d'*Un An*;

2° **Un Horoscope** (d'une valeur de 20 francs), tiré pour chacun de nos abonnés individuellement, par Ely Star, professeur de sciences occultes, auteur des *Mystères de l'Horoscope*.

(Voir le premier numéro de l'*Echo* en vente partout).

DERNIÈRES PUBLICATIONS

DE LA LIBRAIRIE E. DENTU, 3, PLACE DE VALOIS

LA SUISSE INCONNUE, nouvelles impressions de voyage, par Victor Tissot. 14e édition 3 50

L'Épuisé, roman, par A. Hepp. 20e édition 3 50

Mademoiselle de Marbeuf, par Dubut de Laforest. 25e édition 3 50

Mélinite, par Adolphe Belot 3 50

BULLETIN D'ABONNEMENT

.... le .... 1888.

Monsieur l'Administrateur de l'ÉCHO, 3, place de Valois.

Veuillez me compter au nombre de vos Abonnés, pour ....

à partir ....

A cet effet, je vous fais parvenir un mandat sur la poste de ....

Noms ....

Adresse ....

Bureau de poste ....

(SIGNATURE.)

Détacher ce bulletin et l'envoyer à M. l'Administrateur de l'ÉCHO DE LA SEMAINE, 3, place de Valois, Paris.

ABONNEMENT D'ESSAI D'UN MOIS

.... le .... 1888.

Monsieur l'Administrateur de l'ÉCHO, 3, place de Valois.

Veuillez m'envoyer pendant un mois à titre d'essai, votre journal L'ÉCHO DE LA SEMAINE.

A cet effet, je vous adresse sous ce pli **50** centimes en timbres-poste.

Noms ....

Adresse ....

Bureau de Poste ....

(SIGNATURE.)

Détacher ce bulletin et l'envoyer à M. l'Administrateur de l'ÉCHO DE LA SEMAINE, 3, place de Valois, Paris.

Imp. de la Soc. de Typ. - NOIZETTE, 8, r. Campagne-1re, Paris.

LES

PEAUX-ROUGES

DE PARIS

I

LIBRAIRIE E. DENTU, ÉDITEUR

ŒUVRES
DE
GUSTAVE AIMARD

Format grand in-18 jésus à **3** francs le volume

Première Série

	vol.
Les Trappeurs de l'Arkansas	1
Les Rôdeurs de Frontières	1
Les Francs-Tireurs	1
Le Cœur-Loyal	1
La Belle-Rivière. 2 vol.	
I. Le Fort Duquesne	1
II. Le Serpent de Satan	1
Le Souriquet. 2 vol.	
I. René de Vitré	1
II. Michel Belhumeur	1

Deuxième Série

Le grand Chef des Aucas	2
Le Chercheur de Pistes	1
Les Pirates des Prairies	1
La Loi de Lynch	1
La grande Flibuste	1
La Fièvre d'Or	1
Curumilla	1
Valentin Guillois	1
Les Bois-Brûlés. 3 vol.	
I. Le Voladero	1
II. Le Capitaine Kidd	1
III. Le Saut de l'Élan	1

Troisième Série

Balle-Franche	1
L'Éclaireur	1
La Forêt Vierge. 3 vol.	
I. Fanny Dayton	1
II. Le Désert	1
III. Le Vautour Fauve	1
Les Outlaws du Missouri	1

Quatrième Série

| Les Chasseurs d'Abeilles | 1 |
| Le Cœur de Pierre | 1 |

Cinquième Série

Le Guaranis	1
Le Montonéro	1
Zeno Cabral	1

Sixième Série

Cornelio d'Armor. 2 vol.	
I. L'Étudiant en Théologie	1
II. L'Homme-Tigre	1
Les Coupeurs de Routes. 2 vol.	
I. El Platero de Urès	1
II. Une Vengeance de Peau-Rouge	1

Septième Série

	vol.
Les Gambucinos	1
Sacramenta	1

Huitième Série

| La Mas-Horca | 1 |
| Rosas | 1 |

Neuvième Série

Les Aventuriers	1
Les Bohèmes de la Mer	1
La Castille-d'Or	1
Le Forestier	1
Les Titans de la Mer	1
Les Rois de l'Océan. 2 vol.	
I. L'Olonnais	1
II. Vent-en-Panne	1
Ourson Tête-de-Fer	1

Dixième Série

Le Chasseur de Rats. 2 vol.	
I. L'Œil-Gris	1
II. Le Commandant Delgrès	1

Ouvrages divers :

Cardenio	1
Les Bisons-Blancs	1
La Main-Ferme	1
L'Eau-qui-Court	1
Les Nuits mexicaines	1
Les Vaudoux	1
Le Roi des Placers-d'Or	1
Le Rancho du Pont-aux-Lianes	1
Les Invisibles de Paris. 5 vol.	
I. Les Compagnons de la Lune	1
II. Passe-Partout	1
III. Le Comte de Warrens	1
IV. La Cigale	1
V. Hermosa	1
Aventures de Michel Hartmann. 2 vol.	
I. Les Marquards	1
II. Le Chien noir	1
Les Scalpeurs blancs. 2 vol.	
I. L'Énigme	1
II. Le Sacripant	1
Les Vauriens du Pont-Neuf. 3 vol.	
I. Le Capitaine d'Aventure	1
II. La Vie d'Estoc et de Taille	1
III. Dame de Saint-Hyrem	1
Lucy, histoire américaine	1
Le Missionnaire	2
Mon dernier Voyage. — Le Brésil nouveau	1
Le Rastréador	2
Le Trouveur de Sentiers	1
Les Peaux-Rouges de Paris. (Sous presse.)	3

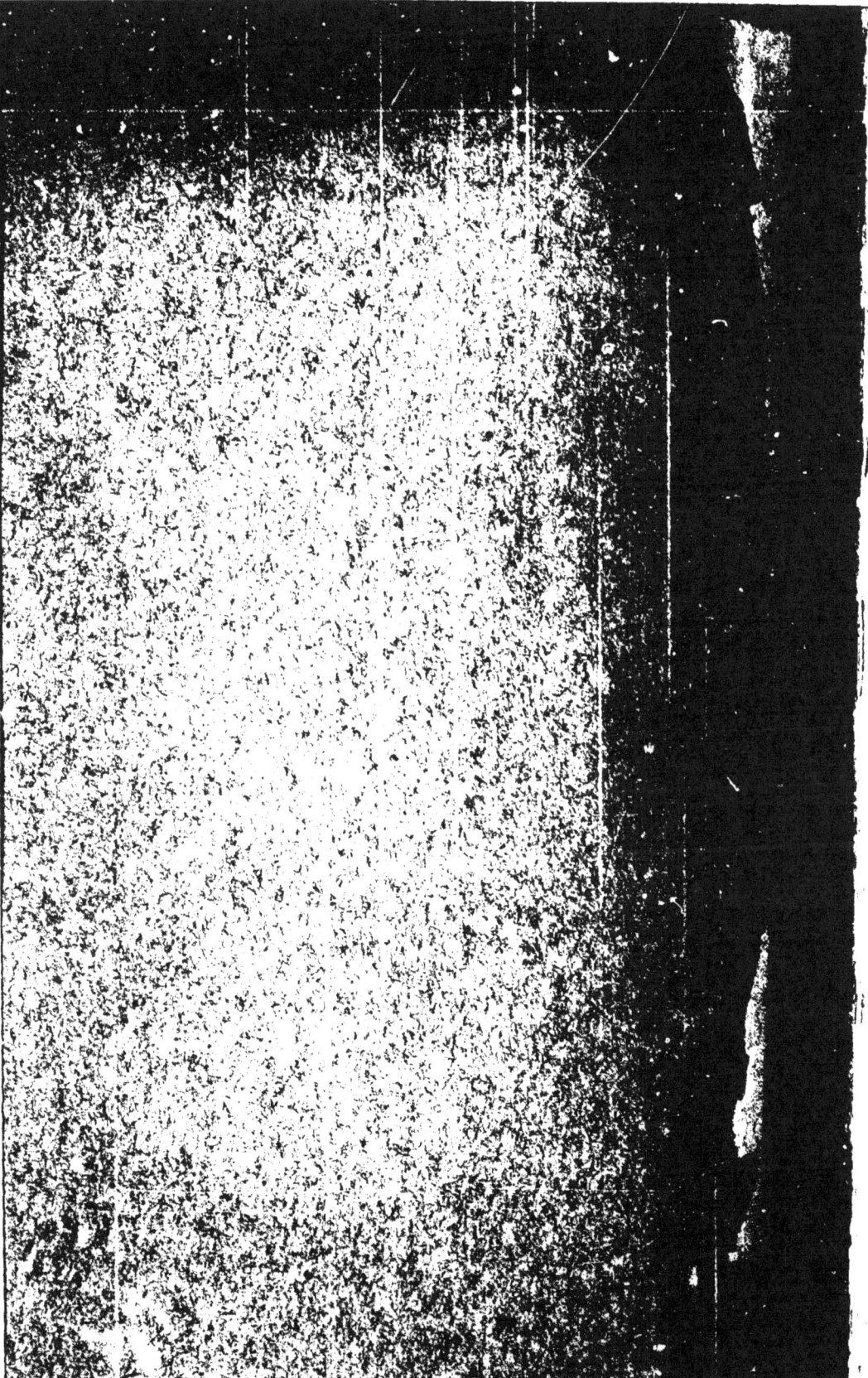

LES
PEAUX-ROUGES
DE PARIS

PAR

GUSTAVE AIMARD

I

PARIS
E. DENTU, ÉDITEUR
LIBRAIRE DE LA SOCIÉTÉ DES GENS DE LETTRES
PALAIS-ROYAL, 15-17-19, GALERIE D'ORLÉANS
ET 3, PLACE DE VALOIS

1888
Droits de traduction et de reproduction réservés

LES
PEAUX-ROUGES DE PARIS

PREMIÈRE PARTIE

LE TRANSPORTÉ

I

DE QUELLE ÉTRANGE FAÇON LE LECTEUR FAIT CONNAISSANCE AVEC LES PRINCIPAUX PERSONNAGES DE CETTE VÉRIDIQUE HISTOIRE.

Avant de commencer notre récit, disons d'abord quelques mots sur le pays où vont se dérouler les scènes qui en forment pour ainsi dire le prologue.

Les départements situés sur le versant nord des Pyrénées, et chargés de garder notre frontière espagnole, sont habités par une race se prétendant autochthone, conservant encore aujourd'hui sa langue particulière, ses mœurs et ses usages, en complet désaccord avec tout ce qui l'entoure.

Cette race, fière et passionnée, sut rester indépendante alors même que Rome assujettissait le monde entier à son pouvoir. César, le vainqueur des Gaules, ne put la dompter; cette contrée se nommait alors la Cantabrie.

Le département des Basses-Pyrénées a été formé avec une partie de l'ancienne Cantabrie — la Navarre — réunie définitivement à la couronne par Louis XIII. Ce roi confirma aux Navarrais et aux *Vasconjados* — Basques, — leurs *fueros*, leurs franchises et leurs libertés, qu'ils conservèrent jusqu'en 1789. Aussi tous les Basques prétendent-ils être nobles par le fait seul d'être nés sur cette terre libre par excellence.

Les Basques sont fiers, intrépides, intelligents, spirituels, hospitaliers, mais vindicatifs, superstitieux et querelleurs; ils poussent à l'extrême leurs bonnes comme leurs mauvaises qualités et conservent un respect profond pour les vieilles coutumes ; ils sont restés Cantabres au fond du cœur, tout en devenant sincèrement Français. Ce sont, en un mot, des hommes d'une seule pièce; ils peuvent rompre, mais ils ne plient jamais. Très adonnés à la contrebande, ils la pratiquent sur une grande échelle, à travers les *ports* et les défilés inconnus de leurs montagnes, avec une habileté et une audace sans pareilles. Cependant, malgré leurs relations continuelles avec les Basques espagnols, issus de la même souche qu'eux, ils professent pour ces populations fixées sur le versant sud des Pyrénées un mépris et une haine implacables.

En somme, les Basques constituent un peuple étrange, admirable d'élan, gardant précieusement le souvenir de sa grandeur passée, et qui offre de nombreux points de ressemblance avec les Bretons de la vieille Armorique placés à l'extrémité opposée de la France.

Les femmes de ce pays sont généralement belles, spirituelles et douces; elles ont, dans leur costume, une simplicité qui s'allie admirablement à leur taille souple, à leurs formes gracieuses et à la vivacité de leur physionomie, presque toujours empreinte d'une expression à la fois rêveuse et mutine.

C'est dans le département des Basses-Pyrénées, entre

la ville de Saint-Jean-de-Luz et celle de Serres, dans un petit village dont le nom importe peu au lecteur, et que nous désignerons sous celui de *Louberria*, que s'ouvre notre récit.

Le village ou plutôt le hameau de Louberria, car il compte à peine une cinquantaine de feux, est caché et comme blotti au milieu d'un bois épais et touffu, dernier vestige d'une de ces vieilles forêts cantabres qui entendirent tour à tour résonner, sous leurs frondaisons séculaires, les pas des soldats d'Annibal se rendant en Italie, ceux des hordes barbares se ruant sur l'Espagne et ceux des musulmans d'Abdérame qui, après avoir conquis l'Aquitaine, furent à la bataille de Tours taillés en pièces par Charles-Martel; ce bois s'étend encore fort loin aujourd'hui, ses derniers contreforts vont couvrir de leurs puissantes ramures les bords capricieusement accidentés de la Nivelle, charmante et poétique rivière qui, après mille détours, se perd dans l'Océan, à Saint-Jean-de-Luz, qu'elle traverse.

Un certain vendredi du mois de septembre 1851, entre six et sept heures du soir, à une lieue tout au plus de Louberria, deux hommes, l'un âgé de quarante-six à quarante-sept ans, l'autre atteignant à peine vingt ans, le père et le fils, ainsi qu'il était facile de le reconnaître, à cause de la grande ressemblance existant entre eux, se promenaient à pas lents dans les allées sablées d'un jardin de médiocre étendue, mais entretenu avec soin, dépendant d'une maison assez vaste, d'architecture gothique, noircie par le temps et d'apparence confortable, construite à une courte distance de la rive gauche de la Nivelle; le jardin descendait jusque sur le bord de l'eau; il avait une sortie sur la plage même, où une estacade, formant une espèce de port, renfermait deux légères embarcations de plaisance, amarrées à des pieux de fer.

Le plus âgé de nos deux personnages était de haute taille, ses traits fins et caractérisés avaient une rare expression de bonté et d'intelligence; son front découvert, large et échancré, était sillonné de rides précoces, indiquant l'effort continu de la pensée ; ses cheveux, d'un noir mat, commençaient à blanchir aux tempes ; il était correctement vêtu de noir et portait à une boutonnière de sa redingote la rosette de la Légion d'honneur.

Son fils, bien qu'il eût à peine vingt ans, en paraissait eu moins vingt-cinq ; il avait près de six pieds, sa taille, élégante et admirablement prise, avait cette souplesse gracieuse que donne la force, toute sa personne avait un indicible cachet de distinction, malgré cette apparence athlétique ; ses traits fiers, énergiques, éclairés par de grands yeux noirs pleins de feu, respiraient à la fois l'intelligence, la loyauté et une volonté indomptable ; son nez était droit, un peu fort, aux narines transparentes et mobiles ; sa bouche un peu grande, admirablement meublée, bordée de lèvres rouges à demi cachées sous une longue moustache soyeuse et brune, avait un sourire d'une douceur infinie ; son menton carré et un peu avancé dénonçait son origine basque. bref, sa physionomie, essentiellement caractérisée, attirait le regard et éveillait la sympathie.

Ce jeune homme portait dans toute sa pureté pittoresque l'élégant costume basque, c'est-à-dire qu'il était vêtu de velours bleu ; un foulard, noué à la Colin et passé dans un anneau d'or orné d'un magnifique diamant, laissait voir son cou nerveux comme celui de l'Antinoüs, en laissant retomber le col de sa chemise de batiste, d'une blancheur immaculée ; son gilet rouge était serré aux hanches par une ceinture de soie de même couleur, dans laquelle était passé un couteau catalan pliant ; il avait les pieds chaussés de sandales en cordes, nommées dans le pays *spartianac*, qui ne sont autres que les *alpargattas* espagnoles ; son béret bleu garni d'un long gland de soie floche, coquettement posé sur l'oreille, laissait échapper en foule les boucles brunes, molles et soyeuses de son opulente chevelure, qui tombaient jusque sur ses épaules ; il tenait de la main droite l'inévitable bâton à crosse, en bois de néflier, dont les Basques ne se séparent jamais.

Le père et le fils causaient sans remarquer que le soleil était couché depuis longtemps déjà et que le froid, très piquant pendant la journée, devenait de plus en plus vif au fur et à mesure que la nuit tombait.

Au moment où nous mettons nos deux personnages en scène, le père parlait :

— Ainsi, Julian, disait-il en souriant, tu t'es bien diverti là-bas, à Serres?

— Oui, père, répondit le jeune homme sur le même ton ; j'ai été admirablement reçu par tous mes anciens camarades et amis d'enfance, et par leurs familles; on m'a surtout su un gré infini d'avoir repris notre cher costume national; c'était à qui me féliciterait.

— Pauvre enfant, tu n'es revenu de Paris que depuis une quinzaine de jours, tu vois encore tout en beau, je le comprends, l'air du pays t'a fait momentanément oublier les amis que tu as laissés là-bas, bientôt l'ennui viendra.

— Ne croyez pas cela, père; je n'ai laissé à Paris personne que je regrette. Grâce à Dieu, j'ai passé ma thèse; je n'ai plus rien à faire dans la capitale, dont le bruit et le mouvement m'ont si longtemps assourdi et fatigué. Je suis montagnard, moi, j'ai besoin d'air; j'étouffais au milieu de ses maisons si hautes; mon seul désir est de rester près de vous, de suivre les leçons de votre expérience et de devenir comme vous un homme utile et un grand médecin.

— Je sais que tu penses ce que tu dis, et je t'en remercie, fils, mais je crains que la vie monotone à laquelle tu seras astreint dans ce pays perdu...

— Allons donc, père! s'écria le jeune homme en riant, que parlez-vous de vie monotone? Mon existence ici sera très occupée, au contraire; je vous accompagnerai partout dans vos courses; nous ne sommes plus que vous et moi, père, depuis que ma mère, en me donnant le jour, est remontée au ciel; aimons-nous bien! car à nous deux nous formons toute notre famille! Je prévois que cette vie, que vous me faites d'avance si triste, sera au contraire charmante; d'ailleurs, je vous le répète, je hais le bruit des grandes villes, le tracas des voyages; je n'aspire qu'à une seule chose, rester ici près de vous; vous verrez, père, combien nous serons heureux!

— Je le souhaite du plus profond de mon cœur, fils, car je t'aime bien, moi! Mais tu es si jeune encore!

— Bah! est-ce que je ne vieillis pas chaque jour? s'écria-t-il en riant. Et puis je suis fier de vous, père; tout le monde vous aime et vous respecte à vingt lieues à la ronde; votre nom, qui est le mien aussi, est dans toutes les bouches; chacun le prononce en vous bénissant.

— Flatteur! dit le père tendrement. Je tâche de faire un peu de bien, Julian: cela est si facile quand on veut; et puis, tu le sais, noblesse oblige; nous sommes, depuis sept générations, médecins dans notre famille!

— C'est moi qui commencerai la huitième génération, lorsque je vous succéderai, père; voilà précisément pourquoi je désire rester près de vous et ne plus vous quitter.

— Bien, bien! dit le docteur en hochant la tête d'un air de doute; bien, monsieur le docteur Julian d'Hirigoyen, je soupçonne que ce n'est pas seulement par amour filial, et enthousiasme pour la solitude, que vous désirez si fort demeurer près de moi; il ne manque pas de jolies filles à Loubéria; sans chercher plus loin, je me rappelle une certaine gentille fillette qui, à votre départ pour Paris, avait une douzaine d'années...

— Père! père! s'écria le jeune homme en rougissant.

— Hum! elle était gentille à croquer, cette mignonne fillette; elle se nommait, je crois, Denisâ, ajouta-t-il avec un fin sourire. Elle doit avoir bien près de seize ans aujourd'hui; si elle a tenu ce qu'elle promettait, elle doit être bien belle.

— Elle est ravissante, père, s'écria Julian avec transport.

— Ah! ah! il paraît que tu l'as revue? je crois même, si je ne me trompe, qu'en arrivant ici, ta première visite a été pour elle; hein? fit le docteur en lui lançant un regard de côté.

— Père! fit-il avec embarras.

— Je ne te blâme pas, fils; vous avez été élevés ensemble presque comme frère et sœur; mais elle et toi, vous êtes encore des enfants. Crois-moi, ne joue pas avec le feu. Denisâ est sage; elle appartient à une famille pauvre à la vérité, mais très honorable. Tu ne peux songer à la séduire, et tu es trop jeune encore pour songer au mariage. D'ailleurs, je...

— Père, je vous en prie.

— Bien, bien, je sais tout ce que tu pourrais me dire à ce sujet. J'ai eu ton âge, moi aussi, et, grâce à Dieu, je ne suis pas encore assez vieux pour l'avoir oublié. Ne gâte pas ta vie, fils; mais je m'aperçois que je prêche dans le désert, ajouta-t-il en souriant. Tu ne m'écoutes pas; que regardes-tu donc avec tant d'attention?

— Là! voyez, père! fit-il en étendant le bras.

— Ah! ah! la maison *hantée!*

— Oui, père; est-ce que cette maison est toujours inhabitée?

— Toujours! Tu sais combien nos montagnards sont superstitieux; personne n'oserait, je ne dis pas seulement la louer, mais même s'en approcher à cinq cents pas, surtout à cette heure; les plus braves d'entre eux préfèrent faire un énorme détour plutôt que de passer en vue d'elle; fils, tu te soucies fort peu de cette maison, hantée ou non, ajouta-t-il en hochant la tête; entre nous, tu cherchais seulement à changer de conversation, voilà tout; je traitais un sujet qui ne te...

— Mais regardez donc, père! interrompit vivement le jeune homme.

— Quoi encore? reprit le docteur avec une légère impatience.

— Je vois une lumière.

— Une lumière, où cela?

— Dans la maison hantée.

— Allons donc, c'est impossible; je te dis qu'elle est déserte.

— Je ne prétends pas le contraire; cependant, je vous affirme que je vois une lumière; regardez, là, tenez... La lumière sort de la maison; la voici dans le jardin, elle s'abaisse et demeure immobile; on dirait qu'on l'a posée à terre.

Le docteur, vaincu par l'opiniâtreté de son fils, se décida enfin à regarder attentivement dans la direction que celui-ci lui indiquait.

— En effet, dit-il après un instant, il n'y a pas de doute à avoir; c'est bien une lumière. Qu'est-ce que cela signifie?

— Qui sait, père? Cette maison est depuis longtemps mal famée, vous-même me l'avez assuré; peut-être est-ce un nouveau crime qui se prépare.

— Allons donc! tu es fou, Julian!

— Est-ce qu'un meurtre n'a pas déjà été commis dans cette maison, mon père?

— C'est vrai, tu n'étais pas encore né à cette époque; il y a vingt-cinq ans de cela, un meurtre a été commis avec des raffinements de cruauté horribles dans cette maison.

— Père, je me sens inquiet; j'éprouve malgré moi d'inexplicables angoisses, j'ai le pressentiment d'un malheur; si nous allions voir ce qui se passe, ou plutôt va se passer dans cette habitation maudite; il n'y a que la rivière à traverser; en moins de dix minutes, nous saurons à quoi nous en tenir.

— Hum! fit le vieux praticien en secouant la tête, il n'est pas toujours prudent de se mêler des affaires des autres sans y être autorisé par d'autres motifs qu'une curiosité peut-être coupable.

— Ceci est vrai dans certaines circonstances, père; mais ici ce n'est pas le cas. D'ailleurs, nous ne nous montrerons point; personne ne nous verra. Si nous nous sommes trompés, et qu'il n'y ait rien de mal dans ce qui se passe là-bas — ce que, pour ma part, je ne crois point — eh bien, père, nous reviendrons tranquillement chez nous, et tout sera dit.

— Mieux vaudrait rester ici, fils, reprit le docteur avec hésitation; cela serait beaucoup plus sage.

— Peut-être, père; mais songez quel désespoir ce sera pour vous, si demain vous apprenez que, presque sous vos yeux, un crime a été commis, que vous pouviez empêcher.

— Julian! Julian! que dis-tu donc, fils! s'écria le le docteur.

— La vérité, père; quant à moi, ma conviction est faite, je vous l'ai dit, j'ai le pressentiment d'un malheur; si vous refusez de m'accompagner...

— Eh bien?

— Eh bien, père, j'irai seul; j'y suis résolu.

Il y eut quelques secondes de silence; le docteur réfléchissait, il connaissait son fils, il savait que rien ne l'empêcherait de faire ce qu'il disait si nettement; danger ou non, il ne lui convenait pas de le laisser ainsi seul tenter cette aventure.

— Eh bien, soit! dit-il après un instant; partons donc, entêté, puisque tu le veux absolument.

— Merci, père, merci; je savais bien que vous consentiriez à m'accompagner; pendant que vous prendrez votre manteau, moi, je préparerai le canot; allez, vous me retrouverez à l'estacade.

Le docteur se dirigea tout grommelant vers la maison, tandis que le jeune homme s'élançait, presque en courant, vers le fond du jardin.

Quelques minutes plus tard, son père le rejoignit et s'assit à l'arrière de l'embarcation.

Julian saisit les avirons, et, profitant de l'ombre des arbres, il commença à remonter le cours de la Nivelle, de façon à traverser la rivière et à aborder sur l'autre rive, un peu au-dessus de l'endroit où s'élevait la maison hantée.

Mais tout à coup Julian rentra ses avirons et s'accrocha vigoureusement après une racine d'arbre afin de rendre le canot stationnaire.

— Qu'y a-t-il? demanda le docteur à voix basse.

— Regardez, père, répondit le jeune homme sur le même ton.

Une embarcation, montée par deux hommes, dont l'un tenait le gouvernail, arrivait rapidement bien qu'elle remontât elle aussi le courant; elle passa sans voir le léger canot, grâce à l'obscurité au milieu de laquelle il était perdu et le frôla presque au passage; cette embarcation se dirigeait en ligne directe sur la maison hantée.

— Avez-vous vu? demanda Julian à son père.

— Oui, répondit celui-ci avec un soupir étouffé, l'homme placé au gouvernail m'a semblé avoir un masque sur le visage.

— Eh bien, père, mes pressentiments étaient-ils faux?

— Hâtons-nous, fils; hâtons-nous, un crime va se commettre dans cette maison maudite; maintenant moi aussi, j'en ai la conviction.

Pendant que le père et le fils échangeaient entre eux ces quelques mots à voix basse, l'embarcation mystérieuse avait traversé la rivière; Julian remonta quelques mètres plus haut, puis il traversa la Nivelle, lui aussi, et accosta au milieu d'un épais fourré de broussailles, où il cacha soigneusement le canot.

Les deux hommes débarquèrent alors et s'avancèrent avec une extrême précaution, les bras étendus, presque en tâtonnant, car l'obscurité était profonde sous le couvert.

La lumière avait disparu du jardin.

Mais à travers les fentes des volets de deux fenêtres fermées du rez-de-chaussée, on apercevait de longues raies de feu qui se reflétaient en rouge sur le sol du jardin.

Julian et son père, non plus maintenant excités par une curiosité banale, mais en proie à une vive émotion, se glissèrent, en redoublant de prudence et de précautions, par une brèche de la haie destinée à fermer la propriété, mais interrompue en maints endroits; ils traversèrent le jardin à pas de loups, s'approchèrent des fenêtres et appliquèrent l'œil aux volets.

Voici quel spectacle s'offrit à leurs regards épouvantés.

C'était une salle de médiocre dimension, meublée seulement d'une table en bois blanc, d'un banc et de trois chaises paillées ; sur la table était posée la lanterne, dont la lumière assez faible n'éclairait qu'à demi cette pièce et lui donnait un aspect véritablement fantastique avec les grandes ombres qui se jouaient et s'allongeaient sur les murailles ; près de la lanterne, il y avait une bouteille cachetée de cire rouge et un verre de cabaret, un encrier de plomb, des plumes et quelques papiers, dont l'un portait un timbre et était écrit jusqu'aux deux tiers de la page.

Trois hommes étaient assis autour de la table ; une femme, vêtue d'un élégant costume de chambre, était étendue sur un banc, garrottée et bâillonnée.

Deux des trois hommes semblaient être des matelots, du moins ils en portaient le costume. Ils avaient les traits durs et hâlés. Le troisième, vêtu très élégamment, la rosette de la Légion d'honneur à la boutonnière, et enveloppé à demi dans les plis d'un manteau militaire, avait le visage caché sous un masque noir.

— Enlève les cordes et le bâillon, Sébastian, dit l'homme masqué qui semblait être le maître des deux autres.

Un des matelots se leva et exécuta cet ordre.

— Au secours, à l'assassin ! s'écria, d'une voix déchirante, la femme dès qu'elle se sentit libre.

Elle voulut s'élancer au dehors ; mais le matelot la saisit brutalement et la conduisit à une chaise sur laquelle il la contraignit de s'asseoir.

Cette femme, âgée de vingt-deux ans à peine, était grande, svelte, blonde et admirablement belle, malgré la pâleur cadavéreuse de son visage.

— Ne prenez pas la peine de crier, madame, dit froidement l'homme masqué, nul ne viendra à votre aide ; nous sommes ici dans un désert.

— Oh ! cette voix ! murmura-t-elle en fixant un regard épouvanté sur l'homme qui avait parlé.

Puis elle ajouta avec un accent prophétique :

— Il n'est pas de désert si profond où ne pénètre l'œil

de Dieu! Pitié, au nom du ciel! monsieur ; je suis innocente. Pourquoi m'avoir amenée ici? Que prétentez-vous faire de moi?

— Vous allez le savoir, madame, reprit le masque avec une ironie cruelle ; mais d'abord, signez ceci.

Et il lui tendit le papier écrit posé sur la table.

La jeune femme prit le papier et jeta machinalement les yeux dessus ; soudain, comme poussée par un ressort elle se dressa superbe de colère hautaine, et déchirant le papier entre ses doigts crispés :

— Tuez-moi, monsieur ! s'écria-t-elle d'une voix rendue vibrante par l'indignation ; tuez-moi, jamais je ne signerai mon déshonneur ; je suis pure, toujours j'ai été une épouse chaste et fidèle. Dieu le sait, il me vengera !

Et elle jeta au visage de l'inconnu les morceaux du papier, qu'elle achevait de déchirer.

L'homme masqué poussa un rugissement de fauve à cette insulte, et enlevant son masque qu'il jeta loin de lui, il laissa voir un beau et noble visage en ce moment défiguré par la colère, mais dont le regard toujours en mouvement, ne se fixait jamais et ne laissait filtrer que des lueurs sombres sous ses paupières presque constamment baissées.

— Misérable! s'écria-t-il avec violence, oses-tu bien me soutenir, à moi, que tu es innocente !

— Ah! je vous avais reconnu à la voix, lâche tortureur de femmes, assassinez-moi donc ; mais cette fortune pour laquelle vous me tuez vous échappera, mes précautions sont prises ; faites, j'attends.

Et elle se tint ferme et droite devant lui, les bras croisés sur la poitrine et les yeux pleins d'éclairs.

L'inconnu détourna la tête et fit signe à Sébastian ; celui-ci déboucha la bouteille et remplit le verre.

— La fosse est-elle creusée? demanda l'inconnu au second matelot.

— Oui, mon colonel, répondit celui-ci ; elle est creusée et profonde, ainsi que vous l'avez ordonné.

Pendant cet échange de paroles, Sébastian, qui avait

achevé de remplir le verre, était allé nonchalamment se placer derrière son camarade.

— C'est bien, reprit l'homme, à quel endroit du jardin as-tu creusé cette fosse?

— Au milieu de la pelouse, mon colonel.

— Tiens prends, ceci est pour toi.

Et il lui jeta une bourse que le matelot reçut au vol, avec le sourire ignoble de l'avarice satisfaite.

— Croche! murmura l'inconnu.

Au même instant Sébastian laissa tomber ses mains sur les épaules de son camarade et les lui serra autour du cou; celui-ci était un homme vigoureux; bien que pris à l'improviste, il essaya de se défendre, mais il avait affaire à plus fort que lui; malgré tous ses efforts, il ne réussit pas à se débarrasser de l'horrible étreinte; ses traits se décomposèrent, ses yeux roulèrent effarés dans leurs orbites, son visage devint d'un rouge ardent, il poussa un râle affreux. Sébastian desserra enfin les mains, le misérable fossoyeur tomba comme une masse sur le sol, il eut un dernier frémissement et il ne remua plus; il était mort.

— Emporte! ordonna l'inconnu, de sa voix incisive et railleuse.

Le matelot chargea sur ses épaules le cadavre de l'homme qu'il avait tué et sortit de la salle, de l'air le plus insouciant.

L'inconnu, toujours impassible, fit légèrement pirouetter sa chaise et, s'adressant à la malheureuse jeune femme, sombre et digne et qui avait conservé sa pose de statue, malgré l'effroyable assassinat commis devant elle, il lui dit en retirant un papier de son portefeuille et le lui présentant avec un sourire amer :

— Voici le double de l'acte que vous avez déchiré, madame; consentez-vous maintenant à le signer? Ce que vous avez vu vous a-t-il fait réfléchir?

— Oui, répondit-elle d'une voix brève.

— Ainsi vous consentez! s'écria-t-il avec un mouvement involontaire de joie.

Un sourire d'écrasant mépris plissa pendant une seconde les commissures des lèvres pâlies de la jeune femme.

— Après ce que j'ai vu, monsieur, répondit-elle avec une tristesse ineffable, j'ai la douloureuse conviction que quand même je consentirais à ce que vous voulez exiger de moi, vous me tueriez ; je suis pour vous un témoin trop gênant, mieux vaut pour moi mourir tout de suite.

Et elle avança le bras pour prendre le verre.

— Buvez donc, puisque telle est votre volonté, dit-il avec un sourire d'une expression singulière.

La jeune femme lui lança un regard devant lequel il baissa le sien, et saisissant le verre sans que sa main tremblât, elle le porta à ses lèvres et le vida d'un trait.

— Vous regretterez un jour, avec des larmes de sang, ce meurtre odieux et inutile, dit-elle avec un accent de pitié qui donnait à sa voix mélodieuse des harmonies étranges ; je meurs innocente, et vous le savez bien ; adieu ! je vous pardonne !

Et la jeune femme tomba plutôt qu'elle ne s'assit sur la chaise.

— Merci ; mais ne vous hâtez pas trop de me pardonner, madame, dit-il avec un ricanement de chacal, ce que vous avez bu ne vous fera pas mourir.

— Oh ! que voulez-vous dire, bégaya-t-elle en portant les mains à son front alourdi ; je ne mourrai pas !

— Non ; pas tout de suite du moins. Vous avez bu non du poison, mais un narcotique puissant. Vous ne vous réveillerez que dans la tombe ! Votre mort eût été trop douce par le poison. Je veux, moi, que vous appeliez longtemps la mort avant qu'elle daigne vous répondre.

— Oh ! s'écria-t-elle, vous êtes un infâme !

— Non, répondit-il, vous me ruinez, je me venge ! et il éclata d'un rire de chacal.

La jeune femme essaya de parler encore, mais elle n'en eut pas la force, le narcotique pris à haute dose agissait déjà et la paralysait ; ses yeux se fermèrent, elle se renversa sur sa chaise et demeura immobile.

En ce moment le matelot rentra.

— Amarre et attache solidement, dit l'inconnu d'un accent glacé.

Le matelot obéit sans montrer la moindre émotion.

Ou cet homme au cœur de bronze était une brute, ou c'était un séide fanatique.

— Maintenant, emporte, reprit l'inconnu.

Le matelot chargea la malheureuse femme sur son épaule, aussi facilement qu'il eût fait d'un enfant.

Les deux hommes quittèrent alors la salle et se rendirent à la fosse, creusée d'avance par le pauvre diable si odieusement récompensé, quelques minutes auparavant, de sa complicité. L'inconnu marchait en avant, la lanterne à la main.

Un grand trou noir et béant apparaissait comme un gouffre ouvert au milieu de la pelouse.

L'inconnu approcha la lanterne :

— Jette, elle sera bien là, dit-il avec un sourire cynique.

Sébastian, d'un mouvement d'épaule, fit tomber le corps qui rendit un son mat, en touchant le cadavre de l'homme précédemment étranglé.

Le matelot prit une pelle et combla la fosse.

— Est-ce fait? demanda l'iconnu.

— C'est fait ; faut-il une croix ? répondit le matelot, de sa voix morne et sans intonation.

— Pourquoi faire ? répondit l'inconnu, en haussant les épaules : imbécile, veux-tu donc marquer la place ?

— C'est vrai, ce n'est pas la peine, je veux piétiner un peu la terre.

— A quoi bon ? elle est bien garrottée ; d'ailleurs, personne ne viendra, et puis, le temps nous presse, tu sais que cette nuit, à deux heures au plus tard, il nous faut rallier le navire, qui nous attend au large.

— C'est juste, fit le matelot avec conviction, il est surtout important que personne ne se doute que vous êtes venu en France pendant quelques heures,

— Assez causé ; ramasse les outils, ferme les portes de cette masure, éteins la lanterne et partons.

Le matelot exécuta rapidement ces divers ordres, abandonna, après l'avoir éteinte, la lanterne sur la pelouse, puis les deux hommes regagnèrent leur embarcation.

Bientôt on entendit le bruit des avirons frappant l'eau en cadence.

Cinq minutes plus tard l'embarcation et les deux démons qui la montaient avaient disparu dans les ténèbres.

II

OÙ IL EST PROUVÉ QUE C'EST SOUVENT UN TORT DE POUSSER TROP LOIN UNE VENGEANCE

Le docteur d'Hirigoyen et son fils Julian avaient assisté invisibles, et sans en perdre un mot ni un geste, à la scène si platement et si odieusement barbare, racontée dans notre précédent chapitre.

En proie à une émotion poignante, dix fois le jeune homme avait voulu s'élancer entre le bourreau et la victime de cet horrible guet-apens, au risque de ce qui pourrait lui arriver à lui-même ; chaque fois son père l'avait retenu, à grand'peine, nous devons le constater, tant le jeune homme était pris de pitié et d'admiration pour cette noble jeune femme qui, se sentant au pouvoir d'un monstre sans âme, avait héroïquement préféré la mort au déshonneur, et, tout en succombant sous les coups de son lâche bourreau, était sortie glorieuse et immaculée de cette lutte atroce.

M. d'Hirigoyen, au mot de narcotique prononcé par l'assassin, avait fait comprendre à son fils que rien n'était désespéré encore ; que, dans l'intérêt même de la victime, il fallait patienter, et attendre le départ des bourreaux pour essayer de sauver la malheureuse jeune femme.

Mais s'il parlait ainsi à son fils, afin de le retenir et l'empêcher de tenter seul et sans armes un acte de dévouement dont les suites n'étaient pas douteuses avec de pareils adversaires, dans son for intérieur le docteur n'osait croire que celle qu'il désirait si ardemment sauver ne fût qu'endormie ; cette combinaison de l'assassin lui semblait tellement hors nature, tellement infernale, elle était d'une férocité si raffinée, que sa raison se refusait à admettre qu'elle vînt sérieusement à la pensée de l'homme même le plus cruel, et cela sans autre but que celui d'infliger, sans même en rassasier ses yeux, une torture atroce, inouïe, sans nom, à sa victime. Cela lui semblait monstrueux; aussi, avait-il presque la douloureuse certitude que dans cette fosse qu'il allait rouvrir, il ne retrouverait que deux cadavres.

Cependant, comme l'espoir persiste quand même au fond du cœur, tant que le doute est possible, le docteur agit comme si sa pensée secrète eût été tout autre ; aussitôt que bruit des avirons eut cessé de se faire entendre, il s'élança hors de sa cachette, et s'adressant à son fils :

— Alerte maintenant ! lui cria-t-il ; à l'œuvre ! ne perdons pas un instant.

Julian commença par rallumer la lanterne, qu'il retrouva facilement sur la pelouse ; la nuit était sombre, on ne voyait point à deux pas devant soi ; la lumière de la lanterne, si faible qu'elle fût, était donc indispensable ; dans l'obscurité, il n'eût pas été possible de procéder à l'exhumation avec la célérité nécessaire. Le jeune homme avait vu le matelot porter les outils sous une espèce de hangar attenant à la maison ; il y courut et revint avec deux pelles en fer ; son père en prit une, et les deux hommes se mirent aussitôt à l'œuvre.

Heureusement, le matelot, pressé d'en finir, avait jeté négligemment la terre dans la fosse ; cette terre était molle, friable et nullement tassée ; quelques minutes suffirent pour rejeter toute la terre sur la pelouse.

Le docteur s'arrêta ; le moment critique approchait ; il

ordonna à son fils de le laisser continuer seul et de l'éclairer avec sa lanterne. Alors le docteur procéda avec la plus grande précaution ; n'enlevant la terre que peu à peu, et en commençant par la tête, afin, si la jeune femme n'était pas morte, de faciliter le plus promptement possible le jeu de la respiration ; quant au corps, il ne le découvrait que progressivement.

Par un hasard singulier et providentiel, lorsque le corps avait été jeté, les deux bras attachés au poignet s'étaient relevés et croisés sur le visage, de sorte qu'ils avaient garanti la bouche de tout contact avec la terre et formé une espèce d'entonnoir au-dessus d'elle, rempart factice qui, si elle vivait encore, avait permis le jeu bien faible de la respiration, à cause de la léthargie dans laquelle la pauvre jeune femme était plongée.

Bientôt toute la terre fut enlevée, et le corps mis complètement à découvert ; le docteur fit un mouvement pour descendre dans la fosse, mais son fils l'arrêta et se hâta de descendre à sa place.

Le jeune homme procéda à cette descente avec une précaution extrême, afin d'éviter des éboulements; cependant, malgré son courage naturel et l'habitude des études médicales, Julian se sentit frissonner des pieds à la tête lorsqu'il fut obligé de piétiner le corps du matelot, sur lequel avait été jeté celui de la jeune femme ; il lui fallut quelques secondes pour se remettre de la sensation de répulsion et de dégoût que lui faisait éprouver, malgré lui, l'élastique flaccidité du cadavre sur lequel il était contraint d'appuyer les pieds ; il saisit la jeune femme par la taille, la souleva doucement, la redressa et l'enleva assez haut pour que son père réussît à la prendre et à la tirer hors de la fosse ; puis, d'un seul bond, Julian sauta sur la pelouse, avec un soupir de soulagement.

Le docteur étendit le corps sur son manteau qu'il avait disposé à cet effet ; il coupa les liens machiavéliquement enchevêtrés autour de ses formes si belles, se pencha pour regarder attentivement le visage, puis il s'agenouilla et appuya l'oreille contre la poitrine de la jeune femme.

Julian, haletant d'angoisses et d'impatience, suivait anxieusement les mouvements de son père sans oser l'interroger.

— Grand Dieu ! elle vit ! s'écria enfin celui-ci en se relevant et essuyant ses genoux maculés de terre.

— Vous en doutiez donc ? demanda le jeune homme avec anxiété.

Le médecin sourit sans répondre, roula la jeune femme dans son manteau pour la préserver du froid et reprit sa pelle.

Le père et le fils se mirent alors à combler la fosse, travail qu'ils accomplirent en quelques minutes ; mais ils ne s'éloignèrent pas avant d'avoir placé une croix sur cette fosse, dans laquelle gisait encore un cadavre.

Ce pieux devoir accompli, Julian enleva la jeune femme dans ses bras vigoureux et la transporta dans le canot.

Un quart d'heure plus tard, les deux hommes rentraient dans leur jardin, emportant comme une véritable dépouille opime, la proie si miraculeusement ravie par eux à la mort.

Il était à peine huit heures et demie du soir ; la vieille servante du docteur, seule domestique femelle qu'il possédait, était depuis longtemps partie pour la veillée, dont elle ne reviendrait pas avant onze heures, pour aller tout droit s'enfermer dans sa chambre, selon son habitude invariable de chaque soir, et s'endormir comme une souche ; quant au valet de chambre-cocher du médecin, il dormait dans une soupente au-dessus de ses chevaux ; MM. d'Hirigoyen étaient donc maîtres chez eux et complètement à l'abri de toute indiscrétion, ce qui était un grand point de gagné dans une aussi mystérieuse affaire.

Dans toutes les maisons basques, il existe une chambre nommée la chambre des hôtes, destinée soit aux amis que l'on reçoit, soit aux voyageurs de passage auxquels on donne l'hospitalité ; ce fut dans cette chambre que, sur l'ordre de son père, Julian déposa la malade, puis il se retira pour aller préparer les remèdes au moyen desquels le docteur espérait neutraliser l'effet du narcotique administré à la jeune femme.

Le premier soin du docteur fut de débarrasser la malade d'une partie de ses vêtements, et de l'étendre dans un lit moëlleux et convenablement chauffé, puis il appela son fils et tous deux commencèrent une énergique médication ; mais, pendant près d'une heure, leurs efforts parurent inutiles, la léthargie semblait vouloir persévérer. Les deux hommes, loin de se laisser décourager par cet apparent insuccès, continuèrent leur médication ; enfin, après une demi-heure d'une lutte acharnée, la science triompha, la malade fit un mouvement, ses yeux s'entr'ouvrirent, et d'une voix faible comme un souffle, elle murmura, en essayant de s'asseoir dans le lit, cette phrase en langue basque :

— *Bicia salbat cen naûsu.* — Vous me sauvez la vie.

— *Eghia da* — c'est vrai — répondit en souriant le docteur, dans la même langue.

Mais bientôt, avec la connaissance, la mémoire revint à la jeune femme ; tout son corps frémit sous le poids de ses souvenirs.

— Oh ! mon Dieu ! s'écria-t-elle en serrant ses tempes entre ses mains, quel affreux cauchemar ! où suis-je ? est-ce un rêve ? Oh ! pitié, monsieur, pitié !

— Rassurez-vous, madame, dit le docteur avec bonté, en adoptant la langue française dont, cette fois, la jeune femme s'était servie ; rassurez-vous, nous sommes vos respectueux serviteurs ; vous êtes bien éveillée et n'avez plus rien à redouter ; vous êtes en sûreté dans cette maison.

— Ainsi, je n'ai pas rêvé ? tout est vrai ? cette horrible scène a eu lieu ? Cet homme, mon mari, ce tigre m'a fait boire un narcotique ?

— Hélas ! oui, madame ; tout est vrai, tout s'est passé comme vous le dites.

— Oh ! mon Dieu ! mon Dieu ! fit-elle avec douleur ; ainsi, je me suis endormie ?

— Oui, madame.

— Et après, que s'est-il passé ?

Le docteur hésita.

— Parlez, je vous en supplie ; je dois, je veux tout savoir, ne me cachez rien ; il importe que je sache bien jusqu'où cet homme a poussé l'infamie ?

Et, en parlant ainsi, sa prunelle se dilata et lança un fauve éclair de haine et de menace.

— Cet homme, votre mari, madame, a accompli sa menace ; il a été jusqu'au bout avec une froide et implacable cruauté.

— Ainsi quand j'étais endormie...

— Il vous a fait garrotter par son complice, regardez vos poignets.

— C'est vrai, dit-elle à voix basse, en jetant un regard douloureux sur ses poignets meurtris ; et après ?

— Après ?

— Oui, après ? dites, je vous en conjure ! est-ce qu'il a osé me jeter ?...

— Dans la fosse creusée à l'avance par l'hommme qu'il a fait étrangler ! oui, madame, vous y avez été jetée, puis la terre a été entassée sur vous et la fosse comblée.

— Oh ! c'est horrible ! s'écria-t-elle avec épouvante. Et ce monstre appartient à la société, dans laquelle il occupe une haute position ; et il a des amis, des flatteurs... Oh !... Mais comment ai-je été sauvée ? ajouta-t-elle après un instant.

— Par mon fils et par moi, madame, qui assistions invisibles à cette scène hideuse ; vous êtes demeurée un quart d'heure à peine dans cette fosse, dont nous vous avons retirée aussitôt après le départ de votre bourreau.

— Oh ! comment m'acquitterai-je jamais envers vous, messieurs.

— Le bonheur de vous avoir sauvée, madame, est notre plus chère récompense.

— Suis-je bien loin de Saint-Jean-de-Luz ?

— A deux lieues tout au plus.

— Hélas ! que faire ? que devenir maintenant ?

— Rien ne vous empêche de rentrer chez vous, aussitôt que vous le voudrez, madame.

— Ne suis-je pas morte pour tous, hélas! Et cet homme, ce bourreau, irai-je donc de nouveau me mettre entre ses mains?

— Vous n'avez rien à redouter de votre mari, madame, quant à présent du moins.

— Comment? Que voulez-vous dire, monsieur? Je ne vous comprends pas?

— Votre mari, paraît-il, est venu en France en secret; il redoute surtout que sa présence soit connue; le bâtiment qui l'a amené croise au large en attendant son retour; voilà pourquoi, à peine son crime commis, s'est-il hâté de partir, parce qu'il doit être rendu à bord, à deux heures du matin au plus tard.

— Tout cela est vrai? monsieur, pardonnez-moi cette insistance, vous en êtes bien sûr?

— Je le lui ai entendu dire lui-même, madame; il parlait de cette obligation à son matelot; par conséquent, il n'avait aucune raison de mentir à cet homme, qui connaissait aussi bien que lui cette condition de départ; j'ajouterai même, madame, pour lever tous vos doutes, un détail odieux que j'avais cru devoir vous taire.

— Oh! parlez, parlez, monsieur; de votre bouche, je puis tout entendre.

— Sachez donc, madame, que lorsque la fosse fut comblée sur vous, le matelot lui demanda s'il fallait piétiner la terre pour la tasser. Votre mari répondit ces paroles : « C'est inutile; elle est garrottée. D'ailleurs le temps nous presse. » Ce à quoi le matelot répliqua : « C'est juste. Il est important que nul ne sache que vous êtes venu en France, et puis le bâtiment nous attendra au large jusqu'à deux heures du matin; il faut donc nous hâter. »

— Oh! je vous crois, je vous crois, monsieur, s'écria-t-elle toute frissonnante; mais comment rentrer chez moi?

— Comment êtes-vous sortie de votre maison?

— Mon mari s'est introduit par une entrée secrète, et m'a enlevée; personne ne m'a vue, toute ma maison me croit endormie dans ma chambre à coucher dont les verrous sont poussés à l'intérieur.

— Qui vous empêche de rentrer comme vous êtes sortie, madame ? demain quand vous vous lèverez personne ne soupçonnera votre absence de quelques heures.

— C'est vrai ! cela est facile, ou du moins serait facile, si j'étais à Saint-Jean-de-Luz ; mais, hélas ! je n'y suis pas ?

— Que cela ne vous inquiète pas, madame ; reposez vous pendant quelques instants encore, je vous conduirai moi-même à Saint-Jean-de-Luz dans ma voiture ; je vous promets que vous serez rentrée dans votre demeure avant minuit.

— Oh ! soyez béni, monsieur, pour tout ce que vous faites pour moi.

— J'accomplis un devoir précieux pour moi, madame, tranquillisez-vous donc ; tout ce que vous aurez souffert ne sera plus pour vous qu'un mauvais rêve, ajouta-t-il en souriant.

— Laissez-moi vous dire qui je suis, monsieur, afin que vous sachiez à qui vous avez si noblement sauvé la vie.

— Oh ! madame !

— Je le désire, monsieur ; puis-je avoir des secrets pour vous ? Je me nomme Léona de Verneuil, marquise de Garmandia.

— Et quoi, madame, vous seriez...

— Hélas, oui, monsieur, et, croyez-le bien, je ne serai pas ingrate.

— Madame...

— Comprenez-moi bien, dit-elle en lui tendant la main avec un délicieux sourire, je veux être une fille pour vous, monsieur, et une sœur pour votre fils. Me refuserez-vous ?

— Julian, dit le docteur en s'adressant à son fils, peut-être afin de dissimuler la douce émotion qu'il éprouvait, tu devais, m'as-tu dit, te rendre à la veillée ; il est important qu'on t'y voie, afin de détourner tous soupçons. Je n'ai plus besoin de toi ici. Prends congé de madame et va là-bas, fils ; je serai de retour quand tu rentreras.

— Je vous obéis, père, répondit Julian.

Et, s'approchant de la jeune femme :

— Veuillez me croire, madame, lui dit-il respectueusement, un des plus dévoués...

— Non, pas ainsi, Julian mon frère, appelez-moi Léona, je le veux et aimez-moi comme je vous aime, votre père et vous.

Et, se penchant vers lui, elle lui tendit son front, sur lequel le jeune homme posa respectueusement ses lèvres.

— Et maintenant, au revoir, à bientôt, mon frère Julian, reprit-elle avec un doux et mélancolique sourire.

Le jeune homme essaya vainement de répondre à ces affectueuses paroles, son émotion était trop vive pour qu'il lui fût possible de prononcer un mot ; il s'inclina une dernière fois devant la belle malade et quitta la chambre.

Sans l'événement extraordinaire qui s'était produit à l'improviste, et avait fixé sur un autre point toutes les pensées du docteur, celui-ci aurait accompagné son fils à la veillée, non pas pour exercer une surveillance quelconque sur les actions du jeune homme, mais afin de se rendre un compte exact du degré d'intimité qui régnait entre lui et la belle Denisà, ainsi qu'on la nommait dans le village.

Le docteur croyait à une amourette sans importance ; son intention bien arrêtée était d'y couper court, avant qu'elle se changeât en un amour véritable. Il connaissait son fils, il savait que dès que celui-ci éprouverait une passion sérieuse, et contracterait un engagement d'honneur, rien ne pourrait l'empêcher de le tenir ; voilà pourquoi il voulait, ainsi qu'il le disait lui-même, prendre l'avance et couper le mal dans sa racine.

Un mariage entre Denisà et son fils ne lui convenait que médiocrement ; non pas qu'il y eût quelque reproche à adresser soit à Denisà, soit à sa famille, bien loin de là ! Denisà était non seulement la plus belle de toutes les jeunes filles à dix lieues à la ronde, mais encore la plus sage et la plus véritablement innocente ; jamais une pensée mauvaise n'avait terni la pureté de son âme candide, cristal sans tache qui n'avait jamais reflété que de chastes images.

La famille de Mendiri, à laquelle appartenait la jeune fille, était une des plus nobles et des plus anciennes du pays. Les Mendiri avaient joué un grand rôle au moyen-âge; leur nom est inscrit à chaque page dans les fastes de la Navarre ; plusieurs d'entre eux avaient servi le souverain dans ses conseils, tandis que d'autres, soit comme chevaliers bannerets, soit comme possesseurs de grands fiefs, avaient versé comme de l'eau leur sang pour la défense de l'indépendance de leur pays. Au dessus de la porte principale de leur modeste maison, on voyait, sculptés dans le granit, les plus nobles écussons français, espagnols et basques, écartelés avec les armes de la famille; armes parlantes s'il en fut, et dont leur nom, qui n'était en réalité que leur cri de guerre, attestait la puissance passée; *mend-iri*, en langue basque, signifie textuellement: Commune, ville ou village situés à la montagne.

Mais le temps, cet infatigable pionnier, cet implacable démolisseur, avait fait lentement son œuvre; peu à peu la splendeur de cette noble famille s'était effacée; sa richesse avait disparu, et ses derniers descendants, sans qu'il y eût nullement de leur faute, s'étaient trouvés réduits à une médiocrité, bien voisine malheureusement de la misère; ils en étaient réduits à vivre de leurs troupeaux et de quelques arpents de terre, derniers vestiges de leur puissance passée.

Du reste ceci est à peu près l'histoire de toutes les familles des pays basques, qui, accoutumées à vivre de l'épée, sont tombées, lorsque, par l'organisation définitive des Etats puissants, les grandes guerres de rapines du moyen-âge leur ont manqué.

Le docteur d'Hirigoyen, descendant, lui aussi, d'une vieille et noble famille jadis puissante, savait, sans être avare, compter très bien, non pas pour lui, mais pour son fils qu'il adorait; il rêvait de lui reconstituer une fortune, grâce à laquelle il lui fût possible de se pousser dans le monde et de reconquérir la place dont il était descendu depuis longtemps déjà. Les moyens de reprendre le rang élevé, qu'il ambitionnait pour son fils, n'étaient plus les mêmes que ceux employés jadis par ses ancêtres; alors on se taillait des fiefs à coups d'épée; aujourd'hui la science, et surtout l'argent, forçaient seuls les portes et permettaient d'atteindre les hauts sommets, que bien peu d'élus réussissent à gravir. La science, Julian la possédait; il avait passé une thèse remarquable, malgré son âge encore peu avancé, thèse qui avait eu un grand retentissement et un succès réel dans le monde savant, et surtout parmi les hauts bonnets de la médecine. Restait l'argent; le docteur d'Hirigoyen en avait; sa fortune s'élevait à environ dix-huit ou vingt mille livres de rente; ce qui est énorme dans un pays comme celui qu'il habitait. Cette fortune, toute belle qu'elle était aux yeux des pauvres montagnards, était en réalité bien peu de chose à Paris, où il désirait voir son fils se fixer; mais, sans une grande fortune, le succès à Paris est presque impossible; comment atteindre le résultat désiré? par un mariage; la dot de la fiancée comblerait le déficit. Le docteur Julian d'Hirigoyen, riche de quarante mille livres de rente, bien apparenté, savant, doué d'une haute intelligence, arriverait indubitablement à tout; il serait conseiller général, député, ministre même; ce qui serait facile; la médecine et le barreau mènent à tout aujourd'hui; et ainsi le docteur Julian rendrait à son nom cette splendeur dont il avait brillé jadis, et depuis trop longtemps ternie.

Tel était le rêve ambitieux que le docteur d'Hirigoyen faisait pour son fils, les douces illusions dont il se berçait pour son avenir; mais il se gardait bien de lui en parler. Il cachait précieusement son secret au fond de son cœur, se contentant de mettre tout doucement le jeune homme sur la pente qu'il désirait lui faire suivre; convaincu qu'une fois lancé, il la suivrait tout naturellement, et sans même essayer de dévier, soit à droite, soit à gauche.

Julian était rentré depuis une quinzaine de jours dans la maison paternelle; le docteur comptait beaucoup sur la monotonie de la vie de village dans ces montagnes abruptes, pour amener par l'ennui son fils à entrer, sans s'en douter lui-même, dans les projets qu'il mûrissait depuis si longtemps. Quand il verrait le jeune homme au point où il désirait l'amener, il le conduirait à Bayonne, où il le lancerait dans un monde tout nouveau pour lui, et que sa vie parisienne lui avait laissé complètement ignorer.

Le docteur avait à Bayonne un vieil ami d'enfance, médecin comme lui, fort riche et resté veuf avec une fille charmante, alors âgée de quinze ans; c'était cette jeune fille qu'il se proposait de faire épouser à son fils. Les deux pères s'étaient tacitement entendus à ce sujet; le seul obstacle à cette union, s'il en survenait un, ne proviendrait que de la volonté des enfants; car bien que désirant sincèrement ce mariage, mais avant tout adorant leurs enfants, il n'entrait nullement dans la pensée des deux pères de les contraindre à contracter une alliance dont les résultats seraient désastreux, parce qu'elle aurait été accomplie contre leur volonté.

Les choses en étaient à ce point, au moment où commence notre récit; les grands parents n'attendaient donc qu'une occasion pour commencer l'exécution de leur projet depuis si longtemps caressé.

Malheureusement, ainsi que cela arrive trop souvent pour la plupart des projets des habitants de notre pauvre monde sublunaire, ce sont principalement ces projets, dont la réussite paraît presque assurée, qui avortent le plus misérablement.

Le docteur d'Hirigoyen comptait sans son fils, dont il se croyait sûr; la lenteur étudiée qu'il mettait à le préparer permettait à celui-ci d'agir de son côté. Non pas qu'il soupçonnât les intentions de son père; il ne s'en doutait nullement, et peut-être aurait-il mieux valu pour le docteur qu'il les connût dès le premier jour de son arrivée dans la maison paternelle, parce que, adorant son père et sachant ce que celui-ci attendait de lui, il n'aurait pas renoué certaines anciennes connaissances, serait demeuré tranquillement près de son père, et se serait laissé conduire par lui, puisqu'à son retour de Paris, où il venait de passer cinq ans consécutifs sans retourner dans les Pyrénées, il revenait joyeux, sans soucis d'aucune sorte et le cœur complètement libre, du moins il le croyait.

Laissé systématiquement seul par son père, qui, sous prétexte de courses nombreuses et éloignées, partait, dès le matin, soit à cheval, soit en voiture, pour ne rentrer qu'à la nuit tombante, le jeune homme, complètement inoccupé, ne tarda pas à trouver les journées d'une interminable longueur. Le temps lui pesait; il avait besoin d'air, d'exercice surtout. A vingt ans, on s'accommode difficilement de la vie sédentaire.

Un matin, le jeune homme, penché à une fenêtre, suivait du regard son père, qui s'éloignait, à cheval, pour une course dans la montagne, lorsqu'en ramenant son regard dans un rayon plus rapproché, il aperçut un jeune montagnard qu'il crut reconnaître, bien que celui-ci fût assez éloigné. Julian par désœuvrement, par ennui ou par toute autre cause que nous ignorons, lança à pleine voix l'*irrencina*, ce cri d'appel particulier que les Basques seuls savent moduler et qui s'entend à travers l'espace à des distances considérables.

Le montagnard s'arrêta, regarda un instant, et voyant les gestes du jeune homme, il modula à son tour l'irrencina, et, se détournant de son chemin, il se dirigea vers la maison.

Au fur et à mesure qu'il approchait, Julian le reconnaissait mieux. Il ne s'était pas trompé, ce jeune homme était, en effet, un de ses anciens amis d'enfance, plus âgé que lui de deux ou trois ans au plus, mais avec lequel il avait joué maintes fois, et dont il avait fait son camarade de prédilection.

— Ohé Bernardo ! cria-t-il, est-ce que tu ne me reconnais pas ?

— Oh ! *Cerual cer Boza!* — Oh ciel ! quelle joie ! — s'écria le montagnard, en joignant les mains, c'est toi, mon Julian ! te voilà donc de retour ?

— Eh, oui! répondit celui-ci en riant; entre donc, Bernardo, mon vieux camarade!

Le montagnard ne se fit pas prier; il franchit joyeusement le seuil et tomba dans les bras de son ami, qui était venu à sa rencontre.

La reconnaissance, ainsi entamée, se continua, et se compléta rapidement, tout en déjeunant de compagnie, car Julian avait exigé que Bernardo partageât son déjeuner ce que le jeune montagnard avait accepté sans se faire prier.

On causa du temps passé, des anciens camarades; on réveilla mille souvenirs assoupis au fond des cases secrètes de la mémoire; en somme, on parla de tout et de tous le verre en main, et en buvant à la santé des vieux amis; le nom de Denisà fut prononcé par Bernardo, avec les plus grands et les plus sincères éloges.

Ce nom jeté à l'improviste dans la conversation fut la traînée de poudre qui fait sauter la mine; le cœur de Julian battit sans qu'il sût pourquoi; soudain il se rappela la charmante enfant, qui pendant si longtemps avait partagé ses jeux, ses joies et jusqu'à ses douleurs d'enfant.

Les Mendiri et les d'Hirigoyen étaient très liés à cette époque déjà éloignée; ils vivaient presque ensemble, étant toujours les uns chez les autres; les enfants ne se quittaient pas; Julian appelait Denisà sa petite femme, et Denisà le nommait son petit mari. Le jeune homme se rappelait leurs enfantins projets d'avenir, lorsque, la main dans la main, ils couraient ensemble la campagne, cueillant des fleurs dans les haies et dans les champs, poursuivant les papillons et dénichant des nids de rouges-gorges et de fauvettes. Ces souvenirs charmants brusquement ravivés, Julian se sentit pris d'un vif désir de revoir sa petite compagne, maintenant, au dire de Bernardo, changée en une adorable jeune fille que tout le monde aimait et admirait.

Le jour même, Julian, accompagné de Bernardo, se rendit au village.

Son arrivée fut saluée par d'unanimes acclamations ; tous ses anciens camarades éprouvèrent un véritable plaisir à le revoir; tous l'aimaient.

Dès ce moment, il redevint Basque et montagnard : il reprit le costume national, se mêla à toutes les parties de longue paume, fut de toutes les danses et de toutes les cérémonies.

En l'apercevant, Denisà avait poussé un cri de joie et s'était jetée dans ses bras en pleurant; la pauvre enfant n'avait pas cessé de penser à lui. Elle le lui avoua naïvement sans songer à cacher le bonheur qu'elle éprouvait à le voir de retour.

La jeune fille avait précieusement conservé au fond de son cœur le trésor précieux de son amitié d'enfance; seulement, cette amitié s'était, à son insu, changée tout naturellement en un amour profond, au fur et à mesure que l'enfant se transformait et devenait femme.

Ce ne fut qu'en revoyant ce beau et fier jeune homme, dont elle s'était séparée cinq ans auparavant, avec une douleur enfantine, qu'elle comprit combien elle l'aimait maintenant.

Julian, de son côté, avait senti se raviver tous ses souvenirs passés; et, aux battements précipités de son cœur, il reconnut avec une joie mêlée d'un peu de tristesse, car il se méprenait aux sentiments que lui témoignait la chaste et pure enfant, il reconnut, disons-nous, qu'il n'avait jamais aimé qu'elle, et que cet amour qu'il éprouvait maintenant, il l'avait, dès le premier jour qu'il avait connu Denisà, éprouvé avec la même force et la même sincérité; seulement il dormait au fond de son cœur.

Tant d'événements s'étaient passés depuis cinq ans! les études auxquelles il s'était livré, les nombreuses distractions de la vie parisienne avaient refoulé cet amour au fond de son cœur, où peut-être il serait demeuré enfoui longtemps encore, sinon toujours, si le hasard ne l'avait remis de nouveau à l'improviste en présence de la jeune fille.

La vie de l'homme est tellement occupée; tant de pensées, de projets bouillonnent dans son cerveau toujours en travail, que les sentiments tendres de la passion vraie ne peuvent tenir qu'une place restreinte dans sa mémoire et dans son cœur, constamment distrait du bonheur par une foule d'intérêts de toute sorte.

Chez la femme, au contraire, il en est tout autrement; créée pour aimer, organisée non seulement pour bien sentir l'amour, mais encore pour le communiquer, elle se concentre en elle-même, vit pour ainsi dire avec son amour; que celui qu'elle aime soit proche ou éloigné, il est toujours près d'elle; elle le sent, elle le voit, elle lui parle; ni la distance ni les années n'y peuvent rien; il est toujours là dans son cœur.

Quand celui qu'elle aime revient, elle devine son approche, tout son être tressaille de bonheur; elle dit : « Le voilà ! »

Au milieu de cent personnes, elle le reconnaît, et son cœur s'élance vers lui, en même temps que son regard semble lui dire : « Je t'attendais ! »

Car la femme attend toujours sans jamais désespérer; ainsi que nous l'avons dit, pour elle, l'amour c'est la vie; si l'amour lui manque, elle s'étiole, dépérit et meurt, parce que sa vie est manquée, qu'elle n'a plus de but.

Son amour ravivé révéla à Julian un autre sentiment, la jalousie, que jusques alors il avait ignoré, parce que son cœur dormait encore, et qu'il était aveugle; mais, son amour pour Denisà le rendait maintenant clairvoyant.

Denisà était trop belle pour ne pas avoir de nombreux soupirants.

Tous, à la vérité, se tenaient dans une réserve respectueuse; ils aimaient la jeune fille, mais n'osaient se déclarer ouvertement, car aucun d'eux ne pouvait se flatter d'avoir été distingué par la charmante enfant, qui mettait le plus grand soin à éviter tout ce qui aurait eu l'apparence d'un encouragement même indirect pour l'un d'entre eux. Elle poussait cela si loin que souvent Julian se demandait si ce qu'il prenait pour de l'amour chez la jeune fille n'était pas tout simplement la suite de leur amitié d'enfance.

Aussi avait-il résolu déjà depuis quelques jours de tenter une démarche décisive auprès de Denisà, l'obliger à se déclarer et mettre ainsi un terme aux angoisses qui lui serraient secrètement le cœur.

Il était surtout décidé à tenter cette démarche parce que, avec cette perspicacité que donne la jalousie, il avait deviné un rival parmi les autres jeunes gens qui, comme lui, courtisaient la jeune fille.

Ce rival était un jeune homme appartenant à une riche famille de cultivateurs du village de Serres.

C'était un beau et fier jeune homme de vingt-trois à vingt-quatre ans, taillé en hercule; hautain, fier de sa richesse, querelleur; passablement mauvais sujet, et fort redouté des autres jeunes gens de son âge, à cause de son adresse et de sa force, que personne d'entre eux n'égalait; c'était en un mot une espèce de coq de village.

Il avait, disait-on, eu plusieurs maîtresses, qu'il avait abandonnées après les avoir perdues; et, à diverses reprises, il s'était attiré d'assez mauvaises affaires, dont il n'était sorti que grâce à l'influence dont jouissaient ses parents, et surtout en payant de fortes sommes; aussi était-il au moins aussi méprisé qu'il était craint.

Mais nul n'osait se plaindre; au contraire, cet homme avait des envieux, des admirateurs et surtout des flatteurs; comme tous ceux qui savent s'imposer, à tort ou à raison, parce qu'ils sont les plus forts.

Ce jeune homme se nommait Félitz Oyandi; il avait nettement affiché ses prétentions et son amour pour Denisà, déclaration qui avait fait aussitôt reculer tous les autres prétendants à la main de la jeune fille, bien que celle-ci, sans paraître entendre ou comprendre ses compliments et ses demi-mots, lui témoignât en toutes circonstances une froideur glaciale et un profond dédain.

Mais rien ne décourageait Felitz Oyandi; il avait, à plusieurs reprises, affirmé qu'il épouserait Denisà, et cela devant de nombreux auditeurs qui n'avaient pas manqué de le redire; de plus, il s'était juré à lui-même de réussir, et il ne voulait pas en avoir le démenti.

Un seul de tous ceux qui avaient entendu ces propos avait semblé non seulement n'y attacher aucune importance, mais encore il avait haussé les épaules et souri avec dédain, en disant qu'il ne fallait pas vendre la peau de l'ours avant de l'avoir mis à terre.

Celui-là était Julian.

Felitz lui avait lancé un mauvais regard que le jeune homme avait parfaitement supporté sans baisser le sien, puis il avait tourné le dos.

Mais, tout en regagnant sa maison, Julian s'était promis de mettre dès le lendemain à exécution le projet qu'il avait conçu pour connaître définitivement les sentiments de la jeune fille à son égard. Par un hasard singulier, la même pensée était venue à Felitz Oyandi.

Les deux rivaux allaient donc se trouver en présence et se livrer une bataille décisive à la veillée, en présence de tous leurs amis et rivaux.

Julian marchait donc d'un pas allègre vers le village, heureux du contre-temps qui empêchait son père de l'accompagner à la veillée, car, en sa présence, il n'aurait jamais osé tenter l'épreuve qu'il méditait.

La demie après neuf heures sonnait au clocher du village, au moment où il mettait la main sur le loquet de la porte de la maison de la famille Mendiri; le jeune homme hésita un instant, son cœur battait avec force, mais se remettant aussitôt :

— Il faut en finir, dit-il!

Et il ouvrit la porte.

III

COMMENT LE BEAU FELITZ OYANDI PERDIT DEUX FOIS LA PARTIE QU'IL S'ÉTAIT VANTÉ DE GAGNER

Au moment où Julian d'Hirigoyen pénétrait dans la salle où se faisait la veillée, la chambrée était complète; jeunes gens, jeunes filles, grands parents, plus de trente personnes étaient réunies; filant, cousant, brodant, riant, chantant et même dansant, avec cette joyeuse insouciance de la jeunesse, pour laquelle le présent est tout et l'avenir rien.

La veillée est une des coutumes les plus vieilles et les plus respectées des Basques.

C'est là que, sous l'œil vigilant des parents, les garçons font la cour aux filles.

C'est là surtout que, devant tous, les jeunes gens se fiancent, ce qui a pour résultat d'éloigner aussitôt définitivement, sans qu'ils puissent se plaindre, les rivaux et les amoureux dédaignés.

Deux amants qui se sont ainsi fiancés ne peuvent plus rompre. S'ils le faisaient, ils seraient honnis et méprisés de tous.

Nous ferons bientôt assister le lecteur à cette simple et touchante cérémonie des fiançailles, qui a quelque chose de primitif et de patriarcal.

La veillée avait lieu dans la maison de la famille de Mendiri, dans une salle assez vaste et haute, avec les poutres apparentes; elle était plus large que longue, boisée de chêne, noirci par le temps, jusqu'à la moitié de sa hauteur; l'aire, bien battue, remplaçait le plancher absent.

Au fond s'ouvrait une grande cheminée gothique à manteau avancé, sous lequel plusieurs personnes auraient pu s'asseoir à l'aise. Les meubles consistaient en fauteuils de canne pour les vieillards, en chaises, tabourets et bancs, placés çà et là sans ordre et selon le caprice des occupants. L'éclairage était fait au moyen de *candils*, espèces de lampes primitives accrochées de distance en distance, et surtout par les flammes du brasier brûlant dans l'immense cheminée.

Le père et la mère de Denisà étaient assis à droite de la cheminée, en compagnie de leurs amis les plus intimes; à gauche, Denisà filait, entourée de ses compagnes.

A l'arrivée de Julian, on travaillait et on riait; Felitz Oyandi, l'air insolent et le regard railleur, pérorait au milieu d'un groupe de jeunes gens.

Julian, sans regarder de son côté et sans paraître le voir, traversa la salle, et alla saluer le père et la mère de la jeune fille; il souhaita affectueusement le bonsoir à Denisà, puis il se mêla aux jeunes gens avec lesquels il était le plus intimement lié.

Cependant, l'entrée du jeune homme dans la salle avait causé une certaine émotion dans la foule rassemblée à la veillée. Chacun s'était retourné de son côté; sur son passage, les jeunes filles chuchotaient et souriaient d'un air mutin, en le regardant; les jeunes gens eux-mêmes avaient interrompu leurs conversations; un silence relatif régna pendant quelques instants dans la salle; chacun semblait avoir le pressentiment que quelque chose allait se passer.

Mais cette émotion n'eut que la durée d'un éclair. Bientôt les rires recommencèrent de plus belle et les jeunes gens se remirent à lutiner les fillettes qui ne demandaient pas mieux que d'être taquinées par eux.

Bernardo, qui était un beau diseur et grand conteur d'histoires, fut appelé au milieu du groupe des jeunes filles, et, sur leurs prières, il entama une histoire de revenant à faire dresser les cheveux sur la tête d'un homme chauve et qui fit doucement frissonner son charmant auditoire.

Puis, vinrent des chants alternés de chœurs.

Cependant, le temps s'écoulait rapidement. Il était près de onze heures ; déjà quelques jeunes filles commençaient à plier leur ouvrage ; d'autres avaient, depuis quelque temps, cessé de travailler.

Felitz Oyandi, depuis quelques instants, s'était rapproché de la cheminée ; il s'avança vers Denisà qui, pendant toute la soirée, avait été chargée par sa mère d'entretenir le feu et, après l'avoir saluée respectueusement, salut auquel la jeune fille répondit par une froide inclination de tête, il se baissa, ramassa une bûche préparée pour alimenter le feu, et se baissant devant la cheminée :

— *Anderia* — mademoiselle — dit-il en souriant, le feu semble s'éteindre depuis un moment, permettez-moi de le ranimer avec cette bûche...

Et il plaça le morceau de bois à l'endroit où la flamme avait le plus de force.

Un silence profond s'était aussitôt établi dans la salle, chacun attendait, les uns avec anxiété, les autres avec curiosité, ce qui allait se passer.

Denisà avait, sans répondre, laissé mettre le bois au feu, mais, aussitôt que le jeune homme se releva, elle saisit de longues pincettes, posées près d'elle, retira la bûche toute fumante et la dressa droite contre l'âtre, où elle s'éteignit presque aussitôt.

Felitz Oyandi frissonna, son visage devint livide ; il essaya de sourire, courba la tête et se recula furieux au milieu des rires moqueurs des jeunes filles.

La réponse allégorique de la jeune fille le condamnait sans appel ; c'était un congé définitif.

En retirant la bûche du feu et la dressant contre l'âtre, elle avait clairement dit au jeune homme : « Je ne vous aime pas ; je ne vous aimerai jamais. »

A peine Felitz Oyandi avait-il disparu au milieu des groupes, où il essayait de railler pour cacher son désappointement et sa colère, que Julien d'Hirigoyen s'approcha à son tour de Denisà ; après l'avoir saluée, il lui dit d'une voix émue et tremblante, car de l'expérience qu'il allait tenter dépendait son bonheur à venir :

— Permettez-moi, bien chère Denisà, de mettre au feu cette autre bûche, que j'ai choisie avec le plus grand soin.

Et il ajouta avec un doux et mélancolique sourire :

— Peut-être brûlera-t-elle mieux et surtout plus heureusement que l'autre !

— Faites, mon Julian, lui répondit la jeune fille, avec un adorable accent de tendresse; placez-la ici, la flamme n'en deviendra peut-être pas plus vive, mais elle sera plus claire.

— Oh ! merci, merci ! s'écria-t-il avec passion.

Et il jeta la bûche au milieu du brasier, où presque aussitôt elle s'enflamma.

Une joyeuse acclamation éclata, comme le bouquet d'un feu d'artifice, suivie d'universels bravos.

Julian était aimé de tous; chacun, homme et femme, le félicitait.

Le jeune homme, au comble de la joie, acceptait toutes ces félicitations sans savoir à qui entendre.

En effet, Denisà avait bravement accepté son amour et l'avait reconnu pour son fiancé; il n'y avait plus à s'en dédire.

Le père et la mère de la jeune fille, heureux de ce qui s'était passé, embrassaient leur enfant en lui répétant qu'elle n'aurait pu mieux choisir et que Julian, avec lequel elle avait été élevée, était, par son caractère et son honorabilité, digne de son amour.

Quant à Félitz Oyandi, il s'était hâté de quitter la salle, furieux de l'affront qu'il avait reçu et roulant dans sa tête des projets de vengeance.

Une demi-heure plus tard, la veillée se termina; chacun rentra chez soi.

Quelques amis de Julian, connaissant le caractère orgueilleux et vindicatif de Félitz Oyandi, voulurent absolument reconduire le nouveau fiancé jusqu'à sa porte, redoutant pour lui quelque guet-apens.

Le jeune homme essaya vainement de dissuader ses amis de l'accompagner; mais voyant qu'ils ne voulaient rien entendre, et qu'ils s'obstinaient en vrais Basques dans leur résolution, il leur proposa un terme moyen.

— Faisons mieux, dit-il, accompagnez-moi, mais de loin, de façon à me venir en aide si besoin est; mais ne restez pas près de moi; je ne veux pas que Félitz puisse supposer un instant que j'ai peur de lui.

— Cependant, lui dit Bernardo s'il t'attaque à l'improviste?

— Je ne crains pas cela de lui. D'ailleurs, je vous avoue, mes amis, que je ne serais pas fâché d'en finir une fois pour toutes avec mon rival. Peut-être, s'il essaie de m'attaquer, en sera-t-il le mauvais marchand. Je ne suis pas querelleur, mais ses airs vainqueurs me fatiguent. Je suis tout prêt à lui prêter collet, s'il me provoque. Suivez-moi donc de loin, vous me servirez de témoins, au cas où il tenterait de me chercher querelle.

— Allons, puisque tu le veux, cela sera ainsi, répondit Bernardo. Nous ne te laisserons pas assommer par ce butor. Vas donc, nous te suivons.

— Merci, dit le jeune homme en riant. S'il y a bataille, je crois que nous rirons aux dépens du brave garçon; il n'est pas en veine ce soir.

Les jeunes gens se mirent à rire et l'on partit.

Julian marchait à une vingtaine de pas en avant.

Nous avons dit que le village se trouvait au milieu d'un bois d'une assez grande étendue. Pour retourner chez lui, Julian était obligé de traverser obliquement ce bois dans sa plus grande longueur; il avait environ pour vingt bonnes minutes de marche.

Vers dix heures, la lune alors dans son dernier quartier s'était levée; la lumière qu'elle répandait, sans être grande, suffisait à se diriger sûrement sous le couvert; quand on traversait des clairières, cette clarté augmentait naturellement, et on voyait parfaitement à une certaine distance autour de soi.

Le jeune homme avait franchi la plus grande partie du bois, il n'avait plus que pour quelques minutes de marche pour arriver chez lui; il lui fallait traverser une large clairière, lorsqu'il aperçut au milieu de cette clairière quatre hommes arrêtés et semblant attendre.

— Oh ! oh ! murmura le jeune homme, est-ce que mes amis auraient raison ? Bah ! je le verrai bien, avançons toujours !

Et assurant dans sa main droite son bâton de néflier, retenu par une ganse en cuir à son poignet, il pénétra dans la clairière.

Au même instant, un des inconnus se détacha du groupe, toujours stationnaire au milieu de la clairière, et s'avança vers lui.

— Ah ! ah ! dit le jeune homme en riant, c'est toi Paûllo, que fais-tu donc par ici ?

— Je t'attendais, mon Julian, répondit amicalement Paûllo.

— Bon, me voilà ; que me veux-tu ?

— Moi, je ne te veux rien, mon Julian ; c'est Félitz Oyandi qui est furieux contre toi, à cause de ce que tu as fait à la veillée, et qui prétend que tu l'as insulté.

— Félitz Oyandi est fou ; j'ai usé de mon droit, comme il a usé du sien ; tant pis pour lui s'il a échoué ; cela ne me regarde pas.

— Il faudrait lui dire cela à lui-même, mon Julian ?

— Je ne demande pas mieux, marchons.

— Oui, marchons, répéta Bernardo, qui arrivait sur ces entrefaites, suivi de ses quatre compagnons.

Les forces se trouvaient ainsi plus qu'égalisées, puisque du côté de Félitz ils étaient quatre seulement, et de celui de Julian, six, dont cinq étaient de vigoureux montagnards ayant tous la tête très près de leur béret.

Ils s'avancèrent donc de compagnie, au-devant de leurs adversaires, toujours immobiles.

— Eh ! eh ! dit Félitz en ricanant, vous venez en troupe. Il paraît que vous vous êtes méfiés de quelque chose, hein ?

— Avec toi, on se méfie toujours de quelque chose, répondit sèchement Bernardo.

— Silence, je t'en prie, mon Bernardo, lui dit Julian ; cette affaire me regarde seul. D'ailleurs, Félitz ne peut méditer une trahison contre moi.

— Je n'ai nullement besoin d'employer la trahison pour

corriger un failli merle de ton espèce! s'écria Félitz du ton le plus agressif.

— Ne perds pas ton temps à me débiter des injures qui ne sauraient m'atteindre, répondit Julian d'un accent glacé; apprends-moi simplement pourquoi tu m'attends ici, à cette heure avancée de la nuit?

— Si tu ne le devines pas, c'est que tu as peur! répondit-il d'un ton insolent.

— Sache, tout d'abord, que je ne m'effraie nullement de tes airs de matamore; tu as quatre ou cinq ans de plus que moi; tu t'es fait, à tort ou à raison, une réputation de croque-mitaine dans le pays, et tu t'imagines que chacun doit trembler devant toi. Ce soir, toi, l'amant aimé de toutes les femmes, ainsi que tu le prétends, tu as été devant trente personnes humilié par une jeune fille, que chacun estime et respecte; tu te figurais n'avoir qu'à te présenter pour être accueilli avec joie, j'ai été préféré à toi, parce que moi je l'aime sincèrement, et qu'elle sait que je ferai tout pour la rendre heureuse. Honteusement repoussé par elle, qui a deviné ce que tu es réellement, c'est-à-dire un méchant homme, une nature basse, un caractère vil qui souille tout ce qu'il touche, n'osant t'en prendre à la jeune fille de ton échec mérité, tu t'adresses à moi, dont tu penses avoir facilement raison; soit, me voici; je suis prêt: mais, prends-y bien garde, les choses peuvent tourner tout autrement que tu le supposes peut-être, à cause de ma jeunesse et de mon apparente faiblesse. Si tu m'obliges à te faire face dans un combat singulier, tu recevras, je te l'annonce à l'avance, une telle leçon, que tu en conserveras le souvenir cuisant pendant toute ta vie; mieux vaudrait pour toi agir en galant homme, et te retirer sans me chercher une querelle, dont tous les torts seront de ton côté, car tu le sais, je ne suis aucunement cause du déboire que tu as éprouvé et que tu ne peux attribuer qu'à toi-même; maintenant parle, que veux-tu?

Cette longue réponse avait été faite nettement, froidement, d'un ton ferme, mais poli. Plusieurs fois Felizt avait voulu l'interrompre; mais il s'était arrêté comme malgré lui, dominé par l'accent du jeune homme et subissant, à son insu, l'influence des paroles qu'il entendait.

Mais, loin de réfléchir et de rentrer en lui-même, sa fureur n'avait fait que s'accroître; la haine grondait au fond de son cœur contre cet ennemi qu'il avait jugé si méprisable et qui venait de se dresser si fièrement devant lui. Aussi, dès que jeune homme se tut, il fit un geste comme pour se ruer sur lui, et, d'une voix étranglée par la rage :

— Ce que je veux ! s'écria-t-il ; je veux te tuer !
Julian sourit.
— Ainsi nous nous battons, dit-il de l'air le plus tranquille.
— Oui, jusqu'à ce que l'un de nous reste sur la place.
— Alors voici ce que je propose, nous jetterons nos couteaux; le couteau est l'arme de l'assassinat, et ceci est un duel.
— Mais...
— Ah ! pas un mot; c'est toi qui me provoques, j'ai le droit de choisir les armes et de régler les conditions du combat.
— C'est juste! dirent tous les témoins d'une seule voix.
— Soit ! grommela Felitz, contraint de se courber devant le sentiment général.
— Nous ne conserverons que nos bâtons, dont chacun de nous sait se servir; nous sommes Basques, le bâton est notre arme ordinaire; nous pourrons aussi user, à notre gré, de nos pieds et de nos poings comme nous l'entendrons, et sans que les témoins puissent nous adresser des reproches ou intervenir entre nous.
— C'est convenu, dirent les témoins.
— C'est convenu, répéta Felitz d'une voix sourde, est-ce tout ?
— Deux mots encore.
— Sois bref, j'ai hâte d'en finir avec toi !
— Bon, sois tranquille, tu ne m'échapperas pas, dit Julian d'une voix railleuse, je reprends; chacun de nous

se laissera fouiller, afin qu'il soit bien constaté que ni l'un ni l'autre nous ne conservons d'armes; le combat aura lieu ici même, tout de suite; nous ne conserverons que le pantalon et la chemise, sans ceinture ni cravate.

— Tu as donc bien peur, dit Felitz en ricanant.

— Oui, pour toi, fit le jeune homme avec raillerie; le combat ne cessera que lorsque l'un de nous se reconnaîtra vaincu, et dira : J'ai eu tort, je suis un misérable, j'ai été justement châtié, je demande pardon à... — je laisse en blanc le nom du vainqueur — à qui j'ai indignement cherché querelle et que j'ai contraint de se battre contre moi.

— Est-ce fini enfin! s'écria Félitz avec un geste de rage.

— Oui; acceptes-tu ces conditions?

— Je les accepte.

— Toutes, même les paroles à prononcer en cas de défaite?

— Toutes, te dis-je. C'est toi qui demandera grâce, avorton!

— C'est ce que nous verrons bientôt; mes amis, vous avez entendu, vous serez témoins.

— Oui, répondit Bernardo. Au nom de tous, et par le Dieu vivant, mon Julian, ces conditions seront strictement exécutées.

— Nous le promettons, appuyèrent les autres.

— Alors, hâtons-nous, et que Dieu juge, dit le jeune homme avec un sourire.

Les témoins se mirent à l'œuvre, les poches furent fouillées, les couteaux enlevés, puis les deux adversaires se déshabillèrent, ne conservant sur eux que le pantalon et la chemise.

Cela fait, les deux hommes furent placés à cinq pas l'un de l'autre, face à face, le bâton à la main.

Julian était évidemment, pour son âge, doué d'une vigueur remarquable, mais il n'avait pas encore accompli toute sa croissance, et ses forces étaient loin d'égaler celles de son adversaire, dont la vigueur dépassait presque les limites du possible; cette observation, aussitôt faite par les témoins, les effraya et leur fit redouter intérieurement l'issue de ce duel terrible contre un tel adversaire pour le jeune homme, mais celui-ci ne semblait nullement se préoccuper de cette énorme différence de force; il souriait.

Julian, disons-le tout de suite, ne comptait d'aucune façon sur sa vigueur; il se reconnaissait de beaucoup inférieur à son adversaire de ce côté-là; il comptait seulement sur son adresse et son agilité.

Pendant son long séjour à Paris, il avait pris des leçons de Leboucher et de Lacour, les héros de la canne et de la boxe-savate; il passait pour être un de leurs meilleurs élèves, de même que Gâtechair le reconnaissait presque comme son égal à l'épée.

Grâce à ces sciences si utiles, quand on est contraint de lutter contre des brutes qui ne comprennent que la force matérielle, le jeune homme, doué d'un courage de lion et d'un inaltérable sang-froid, se croyait capable de combattre avec avantage le taureau auquel il faisait face, et qui comptait, dans son for intérieur, avoir facilement raison de lui.

Le signal fut donné.

Félitz poussa un rugissement de joie, et s'élança le bâton levé, mais il frappa dans le vide, Julian passa dessous, appliqua deux maîtres coups de poing sur le visage de son adversaire ahuri, et lui lança un coup de pied dans les tibias.

Félitz jeta un cri de douleur, son visage se couvrit du sang qui sortait à flots de sa bouche et de ses narines; le malheureux perdit la tête; dès ce moment, il lutta au hasard, assénant de formidables coups de son bâton qui tous frappaient dans le vide.

Julian évitait tous les coups; il tournait avec une rapidité vertigineuse autour de son adversaire, semblable à un roquet harcelant un taureau, chaque coup de pied ou de poing qu'il lançait arrivait au but avec une régularité mathématique.

Le visage du malheureux Félitz n'avait plus apparence humaine; il était horriblement gonflé; ses yeux avaient presque disparu; son estomac se déformait et rendait des sons rauques sous les coups terribles qu'il recevait ; d'un dernier et formidable coup de pied, lancé dans la hanche droite, Julian le renversa sans respiration et presque évanoui sur le sol.

— Là, dit le jeune homme en riant, reposons-nous un peu.

Les témoins de ce combat étrange étaient dans l'admiration. Ils ne comprenaient rien à la manière singulière dont Julian luttait contre son redoutable adversaire. Cela, pour eux, dépassait toute croyance. Ils ne s'imaginaient pas qu'une telle adresse et une telle légèreté fussent possibles.

Le jeune homme n'avait pas reçu la plus légère égratignure. Il était calme et reposé comme s'il ne venait pas de se livrer à un exercice gymnastique de la dernière violence ; le sourire n'avait pas quitté ses lèvres où il semblait stéréotypé.

Félitz râlait et beuglait comme un taureau. Ses témoins l'avaient fait revenir à lui, à force de soins. Il était à demi fou de rage et de douleur.

— Ah ! démon ! s'écria-t-il avec fureur, si je réussis à te mettre la main dessus, je te casserai en deux.

— Je le sais bien, répondit le jeune homme en riant, mais tu ne réussiras pas.

— C'est ce que nous verrons, grommela-t-il d'une voix sourde.

— Tu ferais mieux de t'en tenir là.

— Jamais ! je veux te tuer !

— Imbécile ! c'est moi qui te tuerais, si je le voulais !

— Misérable avorton !

— Voyons, veux-tu te reconnaître vaincu ? C'est ce que tu as de mieux à faire, crois-moi ?

— Il me raille, le démon ! il se moque de moi ! Oh ! je t'atteindrai : un coup, un coup seulement ! Voyons, vous autres, aidez-moi à me relever ; cette fois, je veux en finir avec lui.

Les témoins obéirent.

— Allons donc, puisque tu le veux, dit le jeune homme, en se plaçant en face de lui.

— Oui, je le veux! oui, je le veux! grommela-t-il; frappe donc, failli merle, frappe si tu l'oses.

Julian éclata de rire, leva son bâton et, trompant celui de son adversaire, il lui porta un coup terrible sur l'oreille, puis, bondissant en arrière, il se mit hors de portée.

Félitz poussa un hurlement de fureur.

— Voilà! dit railleusement le jeune homme. A ton tour, Félitz!

Celui-ci s'élança.

Le combat recommença alors, mais plus terrible, plus acharné que la première fois; Julian ne ménageait plus ses coups; il frappait fort et ferme; chaque coup laissait une marque livide et sanguinolente; Felitz avait une horrible plaie au crâne; Julian s'acharnait après lui, le frappant sans répit de tous les côtés à la fois; sans que le misérable réussit, non pas à rendre un seul des coups qu'il recevait, mais seulement à les parer; il était dans un état effroyable; enfin, il poussa un long cri de désespoir, ouvrit les bras, chancela et tomba comme une masse sur le sol, où il resta immobile.

— Il est mort! s'écrièrent les témoins, apitoyés malgré eux par les souffrances affreuses de ce malheureux.

— Non, il n'est pas mort, dit froidement Julian; mais s'il s'obstine à faire une troisième prise, cette fois je serai sans pitié, je le tuerai.

— Comment, mon Julian, tu as donc eu, jusqu'à présent, pitié de lui? demanda naïvement Bernardo.

— Oui, mon ami, je l'ai épargné; je n'ai voulu que lui donner une leçon.

— Oh! oh! comme tu dis cela, mon Julian!

— Je te dis la vérité, rien ne m'était plus facile que de le tuer du premier coup que je lui ai porté; mais, je te le répète, j'ai eu pitié de lui et je n'ai voulu que lui donner une leçon.

— Caraï! dans tous les cas, elle sera rude et il s'en souviendra.

— Je l'espère, dit le jeune homme; mais je sens que ma colère commence à être plus forte que ma volonté, s'il s'obstine à recommencer une nouvelle lutte, je le tuerai.

Les témoins frémirent, car l'accent avec lequel parlait le jeune homme prouvait qu'il le ferait comme il le disait.

Mais Felitz était hors de combat. Quand il l'aurait voulu, il lui aurait été matériellement impossible de recommencer la lutte.

Il était dans un état déplorable. Il avait le crâne ouvert, la tête horriblement gonflée, le nez écrasé, plusieurs dents cassées, l'épaule droite démise, l'estomac complètement déformé, une jambe luxée et un poignet foulé.

Dans de telles conditions, tout combat devenait impossible ; Felitz lui-même, rappelé à la vie par ses témoins, fut contraint d'en convenir.

— C'est bien, dit alors le jeune homme, tu te reconnais vaincu ; je n'abuserai pas de ma victoire ; surtout que ce qui s'est passé te serve de leçon ! Tu as abusé de ta force pour te faire le tyran de tous ceux qui étaient plus faibles que toi ; tu ne m'as cherché querelle à moi-même que parce que tu croyais avoir facilement raison de moi, dont la force est bien inférieure à la tienne ; rentre en toi-même, dompte ton orgueil, et surtout prends bien garde, à l'avenir, de t'attaquer à moi où à ceux que j'aime ; et, tu le sais, tous les habitants de ce pays sont mes amis. Je les défendrai contre toi. A présent, tiens jusqu'au bout les conditions convenues, en prononçant à voix haute les paroles arrêtées avant le combat.

— Oh ! murmura-t-il avec un rugissement de rage.

— N'hésite pas, reprit Julian, ou sur mon âme, je te le jure, nous partirons en t'abandonnant ici comme une bête fauve aux abois.

— Toutes les conditions doivent être remplies, dit nettement Bernardo, sans cela rien de fait ; nous partons en te laissant ici.

— Oui, répétèrent les autres témoins, il faut qu'il parle !

— Oh ! je me vengerai ! murmura-t-il d'une voix basse et inarticulée.

— Que dis-tu ? demanda Bernardo.

— Rien, je vais parler, puisque vous l'exigez.
— Oui, nous l'exigeons.

Le blessé sembla se recueillir pendant quelques instants, puis, reconnaissant sans doute la nécessité d'obéir et prenant résolument son parti :

— Soyez donc satisfaits, dit-il, et d'une voix claire et assurée, mais la rage dans le cœur il ajouta :

— J'ai eu tort. Je suis un misérable. J'ai été justement puni.

— Châtié, interrompit sèchement Julian.

— Châtié, soit! reprit-il; je demande pardon à Julian d'Hirigoyen, à qui j'ai, contre toute raison, cherché querelle et que j'ai contraint à se battre contre moi.

— C'est bien. Tout est dit, je te pardonne; que Dieu te guérisse promptement!

— Oui, mais moi je ne te pardonne pas, démon, et je me vengerai, murmura Felitz d'une voix si basse que personne ne put l'entendre.

Cette dernière condition remplie, on s'occupa à improviser des moyens de transports; un brancard fut en quelques minutes installé, au moyen de branches d'arbres, puis on souleva le blessé, on le posa dessus, et ses témoins se mirent en marche pour le porter à Serres où il habitait.

Felitz s'était évanoui.

Julian reprit ses vêtements, et, lorsqu'il se fut convenablement habillé, il se dirigea vers sa demeure en compagnie de Bernardo, qui ne voulut pas le quitter, et lui répéta plus de dix fois pendant la route :

— Je t'en prie, mon Julian, apprends-moi à me battre comme toi, c'est si avantageux quand on a une querelle.

De guerre lasse, Julian le lui promit, à la condition qu'il ne parlerait pas à son père du combat qui avait eu lieu avec Felitz et recommanderait aux autres témoins de garder le plus profond silence à ce sujet, ce que Bernardo lui promit à son tour.

Mais, soit que Bernardo eût oublié de prévenir les autres témoins, soit que lui-même eût manqué à sa promesse, le lendemain matin, chacun commentait à sa façon les péripéties extraordinaires du combat épique qui avait eu lieu pendant la nuit dans la clairière.

A la porte de la maison du docteur, les deux amis se séparèrent ; Bernardo retourna au village, et Julian entra dans la maison.

Le docteur était rentré ; mais, probablement fatigué de ses nombreuses courses et des émotions de la soirée, au lieu d'attendre le retour de son fils, comme il l'avait promis, il s'était couché et dormait.

Julian ne fut pas fâché de n'avoir pas à paraître devant son père, qui se serait facilement aperçu de l'état de surexcitation dans lequel il se trouvait encore, et auquel il n'aurait pas eu la force de cacher ce qui s'était passé.

Il se retira donc dans sa chambre, où tout fait supposer qu'il ne tarda pas à trouver le sommeil.

IV

DE QUELLE FAÇON LA MARQUISE DE GARMANDIA RENTRA DANS SON HOTEL, GRACE AU DOCTEUR D'HIRIGOYEN.

Une heure environ après le départ de son fils pour la veillée, le docteur d'Hirigoyen, cédant enfin aux prières de son intéressante malade, avait consenti à la reconduire chez elle, à Saint-Jean-de-Luz.

Après l'avoir enveloppée chaudement dans plusieurs châles moelleux, il l'avait portée dans son cabriolet, que lui-même avait attelé ; il avait installé la malade le plus confortablement possible, puis il avait fouetté son cheval et s'était gaillardement mis en route.

A peine placée dans la voiture, la jeune femme s'était blottie dans un angle et, succombant à la fatigue, elle avait presque aussitôt fermé les yeux et s'était endormie.

La distance à parcourir était minime ; elle ne dépassait pas deux lieues. C'était une affaire de vingt-cinq ou trente minutes au plus, pour un trotteur comme celui du docteur.

On arriverait donc au port vers dix heures et demie au plus tard.

La ville de Saint-Jean-de-Luz, complètement minée par la mer et dont le port s'engrave chaque jour davantage et finira par disparaître, a vu son commerce, jadis si florissant, décroître et s'annihiler de plus en plus.

Aujourd'hui Saint-Jean-de-Luz est pour ainsi dire une ville morte, surtout pendant la froide et rude saison d'hiver; à dix heures du soir tout le monde est rentré chez soi, les lumières s'éteignent et les rues deviennent désertes; le docteur n'avait donc à redouter ni fâcheuses rencontres ni regards curieux.

D'ailleurs, lui et son cabriolet étaient connus de chacun, grands ou petits; sa qualité de médecin l'autorisait à voyager à toute heure de nuit et de jour, sans que nul s'en préoccupât.

Nous profiterons du silence gardé par les deux voyageurs pour faire connaître complètement au lecteur le docteur d'Hirigoyen, dont nous n'avons encore dit que quelques mots rapides et insignifiants.

Ce médecin, que nous voyons retiré comme un rat dans un fromage de Hollande, au fond d'une bourgade perdue du pays basque, était loin d'être ce qu'il paraissait.

C'était une haute personnalité, un homme d'une science profonde, un esprit élevé, un cœur d'élite, dont la position avait été grande et le rôle important.

Les services qu'il avait rendus à son pays étaient immenses; il avait brillamment débuté en 1832, à Paris, lors de l'invasion du choléra; il avait alors vingt-sept ans.

Son dévouement à toute épreuve, les moyens de médication, découverts par lui, moyens efficaces, qui avaient vaincu l'épidémie et sauvé presque tous les malades du jeune docteur, avaient attiré sur lui l'attention des hauts bonnets de la Faculté; ils adoptèrent ses innovations et lui adressèrent de chaleureux éloges; le gouvernement le fit chevalier de la Légion d'honneur et lui donna une chaire vacante à l'Académie de médecine.

Sa position ainsi assurée, le jeune professeur exécuta un projet longtemps caressé et qui comblait ses vœux les plus chers; il épousa une charmante jeune fille que depuis longtemps il aimait en secret, et dont la famille, très honorable, appartenait à la haute magistrature.

Ce mariage portait en lui-même tous les éléments de bonheur pour les jeunes époux.

Tout leur souriait; amour, gloire, fortune, ils possédaient tout; ils n'avaient plus, pour ainsi dire, qu'à se laisser vivre, pour être aussi complètement heureux dans l'avenir qu'ils l'étaient dans le présent. Mais le malheur est jaloux; il ne perd jamais ses droits; ses griffes crochues s'aiguisaient dans l'ombre.

La jeune femme devint enceinte. Elle eut une grossesse difficile, que quelques imprudences rendirent mauvaise; elle eut des couches laborieuses à la suite desquelles elle expira dans les bras de son mari désespéré, en mettant au jour un fils.

Le docteur adorait sa femme; il faillit devenir fou de douleur. Pendant deux mois il fut entre la vie et la mort; plusieurs fois on désespéra de le sauver; mais la jeunesse fut la plus forte, le malade guérit pour souffrir.

Il donna sa démission de professeur et sollicita sa nomination dans l'armée en qualité de chirurgien militaire; sur sa demande, il fut attaché à l'armée d'Afrique.

Ne voulant pas avoir recours au suicide, cherchait-il la mort sur un champ de bataille? Tous ses amis le supposèrent.

Peut-être avaient-ils raison; sa conduite sembla le prouver; jamais témérité plus grande, bravoure plus folle ne furent mises au service de l'accomplissement du devoir.

Là où la lutte était le plus acharnée, où la *furia* belliqueuse était le plus intense, au milieu de la mitraille, le docteur allait ramasser et panser les blessés, avec un sang-froid de marbre, le sourire sur les lèvres, et semblant ne rien voir de ce qui se passait autour de lui.

Mais la mort est capricieuse et fantasque; elle dédaigne ceux qui la recherchent avec acharnement.

Tout le monde tombait fauché par les balles et les boulets, autour de l'impassible docteur, qui, seul, demeurait sans une égratignure.

Les officiers l'admiraient, les soldats l'adoraient ; lui, toujours simple, bon et modeste, il semblait étonné des chaleureux éloges qu'on lui adressait ; ce qu'il faisait lui semblait tout naturel.

Après l'expédition de Mascara, où il avait accompli des prodiges de dévouement, il fut nommé officier de la Légion d'honneur et chirurgien en chef de l'armée.

Mais ce fut surtout pendant l'affreuse retraite de Constantine que la conduite du docteur dépassa toutes les limites de l'héroïsme ; pendant cette épouvantable débâcle, où les plus braves perdaient la tête, lui seul conserva son sang-froid.

A la tête de ses infirmiers et des chirurgiens sous ses ordres, qu'il électrisait, il allait chercher les blessés jusqu'au milieu des Arabes, et les ramenait ; jamais, de l'aveu de tous, le service d'ambulance ne fut mieux fait. Le docteur sauva la moitié de l'armée, par l'exemple qu'il donna.

Les princes le félicitèrent et le duc d'Aumale voulut lui remettre de sa main le cordon de commandeur de la Légion d'honneur, qu'il avait si bien mérité.

Sur ces entrefaites, le docteur, dont la douleur était toujours aussi profonde, malgré tout ce qu'il avait fait pour s'étourdir, reçut de France une lettre dans laquelle on lui annonçait que son fils était au plus mal, et que l'on ne conservait que peu d'espoir qu'il guérît.

En apprenant cette affreuse nouvelle, le docteur fut d'abord atterré, mais la réaction fut prompte ; il se raidit contre le désespoir qui l'envahissait.

— Je le sauverai ! s'écria-t-il, le pauvre enfant est tout ce qui me reste de la femme que j'ai tant aimée, je ne veux pas qu'il meure !

Il demanda un congé d'un mois, et, le lendemain même, il s'embarqua pour la France.

Le docteur n'avait jamais vu son fils !

Aussitôt après sa naissance, il avait été remis à une nourrice, magnifique et splendide femme d'un de ses fermiers, que le docteur avait fait venir de son pays quelques semaines avant les couches de sa femme. Cette nourrice était repartie pour Bayonne le jour même où l'enfant lui avait été confié.

Dans les premiers mois qui suivirent la mort de sa femme, le docteur, hors d'état de s'occuper de rien, se contenta de ce que ses amis lui affirmèrent au sujet de son enfant. Plus tard, lorsqu'il songea à se faire attacher à l'armée, le courage lui manqua pour aller voir son fils. Il connaissait depuis longtemps la nourrice ; il était sûr d'elle. Il se contenta de lui écrire une longue lettre dans laquelle il lui donnait des instructions détaillées au sujet de l'enfant, non-seulement sur les soins à lui donner, mais il lui indiquait encore les mesures qu'elle devrait prendre au cas où lui-même serait tué pendant la campagne qu'il allait faire en Afrique. Cette lettre était accompagnée d'une somme d'argent considérable dont une partie était destinée à l'enfant et l'autre appartenait à la nourrice, pour reconnaître les soins qu'elle lui donnait.

Pendant les trois années qu'il passa en Afrique, le docteur écrivit régulièrement à la nourrice par chaque courrier. Il reçut d'elle plusieurs lettres, et il établit ainsi une correspondance suivie entre elle et lui. Il était donc au courant de tout ce qu'elle faisait pour son enfant et parfaitement renseigné sur son compte.

Dès son arrivée à Marseille, le docteur, sans s'arrêter même une heure dans la ville, partit en chaise de poste pour Saint-Jean de Luz.

Il avait eu soin d'avertir la nourrice de son retour, il trouva un cheval préparé pour lui au port ; une heure plus tard, il était à la ferme de la nourrice, à Louberria.

L'enfant était fort mal ; le médecin qui le soignait, espèce de rebouteur comme on en rencontre tant encore aujourd'hui dans ces contrées éloignées, ne comprenait rien à la maladie, perdait la tête et traitait son malade de façon à empirer son mal et à amener promptement une catastrophe.

Il était temps que le docteur arrivât; deux jours de plus, il eût été trop tard.

Son premier soin fut de mettre le soi-disant médecin à la porte et de s'installer au chevet de son fils.

L'enfant avait une fièvre cérébrale compliquée de fièvre maligne et de fièvre putride ; une seule de ces affections, mal traitée, suffisait pour le tuer.

Le docteur ne découragea pas ; le père se doubla du médecin.

Pendant trente-trois jours, il veilla son fils sans s'éloigner une minute, presque sans prendre de repos ; disputant pied à pied, pouce à pouce, la frêle créature sur laquelle reposaient désormais toute ses affections.

Enfin, il sortit vainqueur de cette lutte acharnée ; la nature aidant, il eut la joie immense de voir enfin son enfant entrer en convalescence.

Tous les instincts de l'amour paternel, qui sommeillaient au fond de son cœur, s'étaient éveillés à la fois pour ce petit être, auquel il avait presque donné une nouvelle existence. Il ne voyait plus, il ne pensait plus que par lui et pour lui ; il aimait son fils avec passion ; comme toutes les natures nobles et essentiellement aimantes, il avait reporté sur le fils l'amour profond, illimité, qu'il avait eu pour la mère ; en réalité n'était-ce pas elle qui revivait en lui ?

Il résolut de ne plus se séparer de son fils, afin de veiller sans cesse sur son enfance, de le voir grandir sous ses yeux, et de concentrer ainsi sur lui toutes ses joies et toutes ses douleurs, car la mort de sa femme lui avait fait au cœur une de ces blessures qui ne se cicatrisent jamais complètement.

Il envoya sa démission au ministre de la guerre ; malgré tous les efforts et toutes les prières tentées pour lui faire changer cette résolution, malgré les offres magnifiques qui lui furent faites, il demeura inébranlable : rien désormais ne devait le séparer de son fils.

Il s'installa dans la modeste maison qu'il possédait près de Serres, et qui était un bien de famille, et se fit le médecin de cette contrée, si déshéritée jusqu'alors, et pour laquelle ce fut un véritable bienfait.

Aussi, bientôt sa réputation s'étendit-elle dans tout le pays, et tous ces pauvres paysans, pour lesquels il était une providence, l'entourèrent de leur respect et le saluèrent de leurs bénédictions.

Son entrée dans une chaumière était considérée comme un bonheur ; le rencontrer et le croiser sur la route était un bon présage. Ces gens superstitieux étaient convaincus que sa présence seule suffisait pour amener une amélioration dans l'état du malade qu'il visitait.

La plupart de ses visites ne lui étaient pas payées, sinon en dévouement absolu.

Les paysans basques sont pauvres ; jamais il ne leur réclamait rien ; ils donnaient ou ne donnaient pas de rémunération pour ses soins, cela lui importait peu. Souvent même, il refusait et se fâchait quand certains d'entre eux, dont il connaissait la gêne, voulaient le payer. Seulement, quand on l'appelait à Bayonne, à Saint-Jean-de-Luz, à Pau ou à Mauléon, ses visites coûtaient fort cher à ceux qui les réclamaient ; les riches devaient payer pour les pauvres.

C'était justice ; personne ne s'en plaignait.

Depuis seize ans, le docteur menait cette existence toute de dévouement, au moment où nous le mettons en scène dans notre drame, où il est appelé à jouer sinon le premier, du moins un des rôles les plus importants.

...Cependant le cabriolet continuait à marcher ; il avançait rapidement. Déjà on voyait se profiler dans l'ombre les masses indécises de la ville ; la marquise, qui, jusqu'à ce moment était demeurée immobile et silencieuse, s'était redressée ; elle regardait attentivement au dehors.

— Dans quelques minutes vous serez chez vous, madame, dit le docteur.

— Oui, répondit-elle distraitement ; rapprochez-vous

un peu plus de la Nivelle, je vous prie, mon bon docteur, ajouta-t-elle, après un instant.

— Voulez-vous que nous suivions la rive ? Il nous faudra descendre pour cela, il n'y a pas de route frayée.

— C'est vrai, je n'y songeais pas.

— Et puis cela allongerait le chemin, la Nivelle fait des méandres que nous évitons sur la route.

— Nous n'allons pas jusqu'à Saint-Jean-de-Luz.

— Comment, nous n'allons pas jusqu'à Saint-Jean-de-Luz.

— Non, vous allez voir.

Le docteur baissa la tête sans répondre ; cinq minutes s'écoulèrent ainsi.

La marquise regardait toujours, avec une attention extrême.

Tout à coup elle posa sa main mignonne et adorable de formes, sur le bras du docteur.

— Arrêtez, lui dit-elle.

— M'arrêter ? répondit-il avec surprise.

— Oui, docteur, nous sommes arrivés.

— Arrivés ? Regardez bien autour de vous ; madame ; nous sommes en pleine campagne.

— C'est vrai, mon bon docteur ; cependant, nous sommes arrivés. Il est inutile d'aller plus loin. Si nous poussions jusqu'à la ville, il me serait impossible de rentrer chez moi sans être vue.

— Oh ! ne craignez rien, madame ; à cette heure, tout le monde doit à Saint-Jean-de-Luz. Nous ne rencontrerons personne dans les rues.

— Je le sais, docteur ; mais, je vous le répète, nous sommes arrivés. Laissez-moi vous apprendre une chose que vous ignorez, ainsi que tous les habitants de Saint-Jean-de-Luz : l'hôtel de Germandia est une des dernières demeures féodales qui existent encore à Saint-Jean-de-Luz ; cette vieille et vénérable demeure date, si mes souvenirs ne me trompent pas, des dernières années du treizième siècle.

— Je le sais, madame ; je sais même qu'à une époque

reculée, elle a, pendant un certain temps, servi de citadelle à la ville.

— Eh bien, c'est précisément cela, mon bon docteur, reprit-elle en souriant ; les murs massifs de cette construction féodale renferment une foule d'escaliers secrets et de cachettes ignorés de notre génération actuelle, et dont seule avec mon mari je connais l'existence ; un de ces escaliers en spirale débouche dans ma chambre à coucher, par une porte si bien dissimulée, qu'à moins d'être certain de son existence, il est impossible de la découvrir ; après avoir monté jusqu'au sommet de la maison, cet escalier descend dans un souterrain aboutissant à une espèce d'excavation naturelle qui doit se trouver près d'ici.

— En effet, madame, elle est là en face de nous ; mais je l'ai visitée souvent, et jamais je n'ai remarqué...

— Oh ! l'issue est soigneusement masquée, reprit la jeune femme, avec un sourire mélancolique ; c'est par cette excavation, et sans être aperçu de personne, que ce soir mon mari s'est introduit dans ma chambre à coucher. Voilà comment il a pu s'emparer de moi et m'enlever sans que mes domestiques s'en soient aperçus ; me comprenez-vous à présent, mon bon docteur ?

— Oh, parfaitement, madame !

— Il est donc indispensable que je rentre par cette issue secrète. Si nous allions jusqu'à Saint-Jean-de-Luz, mes gens ne comprendraient pas comment je suis sortie, surtout dans le costume de chambre que je porte ; de là une foule de commentaires et un scandale affreux qu'il importe surtout d'éviter.

— Vous avez mille fois raison, madame. Mais aurez-vous la force de marcher ?

— Rassurez-vous à ce sujet, docteur ; grâce à vos bons soins, et aux cordiaux réconfortants que vous m'avez fait boire, je suis complètement remise ; d'ailleurs, en serait-il autrement, je ne pourrais vous répondre que ceci : il le faut !

— C'est juste, vous avez raison, madame.

Le docteur mit pied à terre, prit le cheval par la bride,

et le conduisit au milieu d'un fourré où il le cacha. Pour plus de sûreté, il éteignit une des lanternes ; cette précaution prise, il fit descendre la jeune femme, et décrochant la lanterne restée allumée :

— Maintenant, madame, dit-il, veuillez, je vous prie, accepter mon bras.

— C'est inutile, docteur, dit-elle en souriant, je tiens à vous prouver que je suis forte.

— Allez donc, madame, je vous suis.

La marquise prit les devants.

Ils descendirent sur la berge, et après deux ou trois minutes, ils atteignirent l'excavation, dans laquelle ils pénétrèrent aussitôt.

C'était une espèce de grotte assez basse, de médiocre étendue, débouchant presque à la ligne de l'eau, et qui, lorsque la rivière était haute, devait être inondée.

L'entrée était encombrée de broussailles, au milieu desquelles la marquise et le docteur furent contraints de se frayer un passage. Cette excavation paraissait être naturelle et produite par quelque commotion du sol ; le fond, ou la muraille, si on le préfère, était formé par des masses granitiques, chargées de lichens et de pariétaires.

La marquise pria le docteur de lever sa lanterne ; elle examina attentivement cette muraille, et posant sa main à une certaine place :

— Regardez, dit-elle, et elle appuya légèrement.

Au même instant toute cette masse granitique tourna silencieusement sur elle-même, sur des gonds invisibles, et démasqua un souterrain assez étroit, mais dont la longueur devait avoir une certaine étendue.

— C'est inouï, murmura le docteur. Qui aurait jamais supposé cela ? Mais ajouta-t-il à haute voix, comment allez-vous faire dans ces ténèbres, madame ?

— Oh ! il doit y avoir une lanterne quelque part, celle dont s'est servie mon mari ; pendant que son complice m'emportait, il marchait en avant, et lui servait de guide.

Le docteur se mit aussitôt à la recherche de cette lanterne, qu'il ne tarda pas à trouver.

— La voici, madame, dit-il; c'est un fanal de marine.
— En effet, ce doit être cela.

Le docteur alluma le fanal et le présenta à la marquise.

— Avez-vous encore besoin de moi, madame ? lui demanda-t-il. Est-il nécessaire que je vous accompagne plus loin ?

— Non, docteur, je vous remercie. Je remonterai seule. Nous ne pouvons laisser cette issue longtemps ouverte.

— Alors, madame, prenez, je vous prie, ce flacon, au cas où vous auriez une défaillance.

— Je vous remercie, docteur, dit-elle en l'acceptant, je vous le rendrai demain. Je désire vous voir, je serai malade, je vous ferai demander par un de mes domestiques. J'ai beaucoup à causer avec vous.

— Je me tiendrai à votre disposition, madame, prêt à vous servir en tout ce qui me sera possible.

— Merci, mon bon docteur. Peut-être mettrai-je votre dévouement à l'épreuve; maintenant, adieu et à demain.

Elle lui tendit la main, que le docteur porta à ses lèvres, et ils se séparèrent; la masse de rochers reprit sa place et la marquise demeura seule dans le souterrain.

Il fallut près d'une demi-heure à la jeune femme pour regagner sa chambre; plusieurs fois, elle eut recours au flacon que lui avait remis le docteur.

A deux ou trois reprises, elle sentit ses forces l'abandonner, et elle faillit s'évanouir.

Elle éteignit le fanal, le laissa sur l'escalier, puis elle referma l'issue secrète, et se laissa tomber sur son fauteuil, où, pendant quelques minutes, elle demeura presque anéantie.

La lampe allumée dans sa chambre brûlait toujours; personne n'était entré chez elle depuis son enlèvement.

Son mari était donc bien réellement parti; d'ailleurs, rien n'avait été touché ou dérangé; probablement le marquis, pressé par l'heure, n'avait pas eu le temps de revenir rechercher certains papiers précieux contenus dans un meuble en bois de rose demeuré intact ; seul, le mari aurait pu entrer, puisque les verrous étaient mis.

La marquise voulait acquérir une certitude ; elle ouvrit et visita les tiroirs de tous les meubles, rien ne manquait.

Elle poussa un soupir de satisfaction et alla s'agenouiller sur son prie-dieu, joignit les mains, et fit une longue et fervente prière, sans doute pour remercier le ciel d'avoir échappé à l'horrible danger qu'elle avait couru.

Ce devoir accompli, elle changea de vêtements, ceux qu'elle portait étant déchirés et souillés de terre ; puis après avoir tiré les verrous, elle sonna.

Une femme de chambre entra.

Cette femme de chambre était à peu près de l'âge de la marquise dont elle était la sœur de lait, elle était fort jolie, et avait une mine espiègle qui lui allait à ravir.

Elle avait été élevée avec la marquise, qu'elle aimait comme une sœur, et à laquelle elle était complètement dévouée ; cette charmante camériste se nommait Claire Martin, et familièrement, Clairette.

— Oh ! que vous m'avez effrayée, madame, s'écria-t-elle en entrant. Je suis venue deux fois, sans pouvoir entrer ; les verrous étaient mis ; je vous ai appelée, vous ne m'avez pas entendue.

— Je dormais sans doute, chère enfant ; ne me gronde pas, je ne me sens pas bien. J'ai, je crois, une forte migraine, apporte-moi du thé.

— Tout de suite, madame ; ne désirez-vous rien autre ?

— Non, rien ; ah ! si, écoute. Je ne sais pourquoi, je me sens des frissons ; j'ai peur dans cette vieille maison ; tu te feras un lit ici sur ce divan ; je veux que tu passes la la nuit près de moi. En sortant, tu ordonneras de ma part à un valet de pied d'aller demain matin chercher le docteur d'Hérigoyen. Je désire le voir avant six heures ; tu m'entends ?

— Oui, madame ; vous êtes bien pâle, chère maîtresse ; seriez-vous donc véritablement malade ?

— J'espère que ce n'est qu'une indisposition ; cependant je désire voir le docteur ; hâte-toi, mignonne, afin de m'aider à me mettre au lit, j'ai froid.

— Je le crois bien, le feu est presque éteint.

— Va, dépêche-toi !

La jeune fille sortit. Bientôt elle reparut apportant le thé, qu'elle disposa sur une petite table, près du fauteuil de sa maîtresse ; puis, avec une adresse et une rapidité extrêmes, elle refit le feu, qui bientôt pétilla et lança de joyeuses flammes.

— Ah ! je me sens mieux ; j'étais gelée, dit la marquise avec bien-être.

En un tour de main, la fillette eut arrangé son lit sur le divan.

— Là, voilà qui est fait, dit-elle, en riant ; je serai là comme une princesse.

— As-tu donné l'ordre d'aller demain, de bonne heure, chercher le docteur ?

— Oui, madame.

— Alors, va prévenir que tout le monde peut se coucher.

— Je l'ai dit déjà, madame.

— Viens t'asseoir près de moi, et bois un peu de thé.

La jeune fille prit une chaise, et se plaça en face de sa maîtresse, qui lui versa une tasse de thé.

— Tu m'aimes bien, n'est-ce pas Clairette ? dit la marquise après un instant.

— Oh ! oui, madame, répondit la jeune fille avec sentiment ; vous êtes si bonne !

— Tu serais fâchée de me quitter, n'est-ce pas ?

— Oh ! jamais je ne vous quitterai, madame.

— Si je partais pour faire un long voyage cependant ?

— Je vous accompagnerai ; pourvu que je reste près de vous, tout m'est égal, maîtresse. Pourquoi donc me demandez-vous cela ?

— Parce que, mignonne, il peut surgir tel événement qui m'oblige à partir, pour longtemps, peut-être pour toujours, quitter la France, que sais-je, moi ?

— Maîtresse, si vous me dites cela pour m'éprouver, ce n'est pas bien ; vous savez que je vous aime, que je n'ai plus que vous, puisque mon père et ma mère sont morts. Je suis à vous, en tout et pour tout ; Si, vous me parlez ainsi, c'est que vous doutez de moi et que vous ne m'aimez pas ; que vous ai-je donc fait, mon Dieu ! Si, sans le savoir, j'ai commis quelque faute, pardonnez-moi, madame, je vous en prie ; mais ne me dites jamais que je puis vous quitter, car vous me briseriez le cœur.

Et la pauvre enfant fondit en larmes et éclata en sanglots ; la marquise l'attira dans ses bras, sécha ses larmes avec son mouchoir, et lui mit un baiser au front.

— Ne pleure plus, folle enfant, lui dit-elle doucement ; je sais ce que je voulais savoir ; je t'aime comme tu m'aimes, n'es-tu pas ma sœur ? Jamais je ne me séparerai de toi.

— Bien vrai ? s'écria-t-elle riant et pleurant à la fois.

— Je te le jure, mignonne, tu ne me quitteras que lorsque toi-même me le demanderas.

— Oh ! alors, s'écria-t-elle en frappant ses mains l'une contre l'autre, me voilà tranquille ; mais est-ce bien vrai, que vous allez voyager, maîtresse ?

— Peut-être, enfant ; cela te chagrinerait-il ?

— Moi ? Partout où vous irez, je serai bien ; à la condition de rester avec vous.

— Eh bien, il est possible que d'ici à quelques jours nous quittions Saint-Jean-de-Luz.

— Pour ma part, je n'en serai pas fâchée ; la ville est sombre, les habitants parlent une langue que personne ne comprend.

— Voyez-vous, mademoiselle la Parisienne ! dit la marquise en souriant ; elle regrette les bois de Chaville et de Meudon !

— Et le bois de Boulogne aussi, maîtresse ; au moins, là-bas, les gens ont figure humaine, au lieu qu'ici, ils ressemblent aux ours de leurs montagnes ; est-ce que nous irons à Paris, maîtresse ?

— Je ne dis pas non, fillette ; mais, n'oublie pas que

tout ce que nous dirons entre nous, nul ne doit le savoir.

— Oh! je suis discrète, maîtresse.

— Il n'y a rien de nouveau en ville?

— Non, rien que je sache, maîtresse; ah! si, on parle d'un navire qui a paru devant le port au coucher du soleil, et qui n'a pas voulu entrer; le capitaine a renvoyé le pilote, sans consentir à l'admettre à bord en lui disant que, n'ayant pas d'autre désir que d'envoyer quelques paquets de lettres à terre, il ne jugeait pas à propos de mouiller dans le port.

— Ah! voilà qui est bizarre.

— Oui, il paraît qu'il a effectivement envoyé une embarcation à terre; mais elle a traversé la ville sans s'arrêter et a remonté la Nivelle, sans qu'on sache où elle allait; il y a deux heures, on l'a vue redescendre, traverser de nouveau la ville et gagner la pleine mer, où probablement elle a été retrouver le navire qui l'attendait.

— Oui, probablement, dit la marquise qui se sentit pâlir.

— Aussi, continua la fillette, Dieu sait les histoires que font les pêcheurs!

— On ne sait pas à quelle nation appartient ce navire?

— Si bien, maîtresse; c'est un navire espagnol. N'est-ce pas que tout cela est bien bizarre?

— Oui, très bizarre, en effet. Aide-moi à me mettre au lit, puis tu allumeras la veilleuse, tu arrangeras le feu pour la nuit et tu te coucheras, toi aussi.

— Vous sentez-vous mieux, maîtresse?

— Un peu, mais je suis accablée; je tombe de sommeil.

Une demi-heure plus tard la chambre à coucher n'était plus éclairée que par la lumière faible et voilée de la veilleuse; la marquise et sa camériste dormaient ou semblaient dormir.

Cependant si quelque regard indiscret se fût glissé dans ce silencieux gynécée, une seconde lui eût suffi pour reconnaître que l'immobilité de la marquise n'était pas celle du sommeil, mais de la réflexion; en effet, madame de Garmandia, les yeux demi-clos, la bouche serrée et les sourcils froncés, réfléchissait profondément ; la nuit entière s'écoula sans qu'elle se laissât, pendant une seconde, aller au sommeil ; ce ne fut qu'aux premières lueurs de l'aube qu'elle s'assoupit enfin.

Du reste, la nuit avait été tranquille ; aucun incident fâcheux n'était venu rompre le calme profond de l'hôtel.

Au point du jour, la jolie Clairette entr'ouvrit les yeux en souriant, bâilla deux ou trois fois en montrant les plus jolies dents du monde ; puis elle sortit, en faisant le moins de bruit possible, de son lit improvisé, s'habilla en un tour de main, s'approcha à pas de loup du lit où reposait sa maîtresse, afin de s'assurer qu'elle dormait, puis, enlevant prestement du sopha ce qui lui avait servi à se faire un lit, elle sortit légèrement de la chambre.

Vers dix heures du matin, la marquise s'éveilla, calme et reposée. Les quelques heures de sommeil qu'elle avait prises avaient suffi pour rendre à son esprit toute sa lucidité et la remettre dans son état normal.

Elle promena un regard clair et investigateur autour d'elle, et un sourire mélancolique crispa ses lèvres tandis qu'un soupir soulevait sa poitrine.

Elle sonna.

Clairette, sans doute, n'était pas loin ; elle entra aussitôt.

— Vous sentez-vous mieux, maîtresse ? dit-elle en s'approchant vivement du lit.

— Oui, le sommeil m'a fait du bien ; mais j'ai dormi plus tard que je ne l'aurais voulu.

— Bah ! il est à peine dix heures ; ordinairement vous ne vous levez jamais avant midi.

— C'est vrai ; mais aujourd'hui j'ai beaucoup de choses à faire. A-t-on été chercher le docteur d'Hérigoyen ?

— Antoine est parti depuis longtemps.

— Alors, il ne peut tarder à arriver. Hâte-toi de m'habiller ; je ne veux pas le recevoir au lit : je ne suis plus assez malade pour cela !

— Que voulez-vous mettre, maîtresse ?

— Oh! un costume de chambre, tout simplement ; le premier qui te tombera sous la main ; on ne fait pas de toilette pour recevoir son médecin. D'abord, aide-moi à sortir du lit.

La toilette toute simple de la marquise se prolongea pendant plus d'une heure.

Enfin, lorsqu'elle se fut assurée, par un regard jeté à la glace, qu'elle était en état d'être vue, la marquise, suivant son habitude de chaque jour, car elle était très pieuse, passa dans son oratoire, où elle fit ses prières, tandis que sa camériste mettait tout en ordre dans la chambre à coucher.

Lorsqu'elle rentra, le feu flambait joyeusement dans la cheminée, et la marquise vit son chocolat servi sur une petite table en laque placée près du fauteuil, où elle s'asseyait ordinairement.

— Quoi de nouveau? demanda la marquise tout en buvant son chocolat.

— Rien, maîtresse, répondit la jeune fille.

— A propos, reprit d'un air indifférent la marquise, qu'est devenu le mystérieux navire espagnol qui intriguait tant nos pêcheurs?

— Il paraît que son embarcation l'a rejoint, ce qui était facile, il avait allumé des lanternes pour guider les recherches. Le navire a hissé l'embarcation à bord, puis il s'est couvert de voiles, et, à ce que disent les marins, il n'a pas tardé à disparaître dans la direction du sud-ouest.

— Quelle heure était-il?

— Deux heures du matin, maîtresse ; toujours d'après le dire des marins du port ; depuis, on ne l'a plus revu. Il est bien définitivement parti. C'est singulier, n'est-ce pas, madame? Tout le monde se perd en conjectures pour deviner ce qu'il est venu faire ici, car il est prouvé qu'il n'a pas laissé une seule lettre.

— Bon, on l'apprendra un jour ou l'autre ; tout finit par se savoir, dit la marquise avec un sourire d'une expression singulière. En attendant, bon voyage. Tiens, mignonne, emporte cela, j'ai fini.

— Mais vous avez à peine mangé, madame ?
— Je ne me sens pas en appétit.

La jeune fille sortit en emportant le chocolat.

— Il est bien véritablement parti, murmura la marquise lorsqu'elle fut seule ; quand reviendra-t-il ? ajouta-t-elle en soupirant. Oh ! que Dieu me protège !

En ce moment, Clairette rentra.

— Le docteur d'Hérigoyen est arrivé, madame, dit-elle ; il demande si madame la marquise peut le recevoir.

— Oui ! oui ! s'écria vivement la marquise, qu'il entre ! qu'il entre !

Sur un geste de la jeune fille, le docteur parut sur le seuil de la chambre à coucher, le chapeau à la main et respectueusement courbé.

— Venez, docteur, venez, dit la marquise ; je vous attendais avec impatience. Approche un fauteuil, mignonne, et laisse-nous. J'ai à causer avec le docteur.

Clairette avança le fauteuil et se retira.

La marquise et le docteur demeurèrent seuls.

V

DU CONSEIL QUE LE DOCTEUR DONNA A LA MARQUISE ET CE QU'IL EN ADVINT

Il y eut un assez long silence ; le docteur examinait la marquise avec une sérieuse attention ; quant à la jeune femme, son regard errait dans le vague, elle semblait rêver ; elle avait évidemment oublié la présence du médecin.

Celui-ci hocha la tête à plusieurs reprises, et, voyant que la marquise ne songeait plus à lui, il se décida à prendre enfin la parole.

— Madame, dit-il, permettez-moi de vous demander comment vous avez passé la nuit ?

La jeune femme tressaillit, comme si elle se fût éveillée

en sursaut; elle sourit et, tendant gracieusement la main au médecin :

— Pardonnez-moi, mon bon docteur, mon père, dit-elle de sa plus douce voix, je rêvais.

— Je m'en suis aperçu, madame, répondit-il avec bonhomie; voilà pourquoi je me suis permis de vous rappeler du ciel sur la terre.

— Dans l'enfer plutôt, mon bon docteur, répondit-elle avec mélancolie; vous me disiez?

— Je vous demandais, madame, comment vous avez passé la nuit.

— Je l'ai passée à trembler, docteur, et à réfléchir; ce matin seulement, quand le jour s'est levé, je me suis endormie pendant deux ou trois heures.

— Vous n'aviez rien à redouter de votre mari, madame; j'ai la certitude qu'il est retourné à bord du bâtiment qui l'a amené, sans communiquer avec personne à terre; le bâtiment est parti aussitôt le retour de votre mari.

— Je sais cela, docteur, je l'ai appris il y a un instant; mais il peut revenir. Quand reviendra-t-il?

— Oui, voilà ce qu'il y a à redouter; il reviendra certainement.

— Dans quelques jours peut-être?

— Je ne le pense pas; il vous croit morte; tout doit l'affermir dans cette croyance, car ses précautions étaient prises de telle sorte qu'un miracle seul pouvait vous sauver.

— Et ce miracle, docteur, mon bon et cher docteur, dit-elle avec une affectueuse reconnaissance, c'est vous qui l'avez opéré.

— Je n'ai été que le simple instrument choisi par la Providence, madame, répondit le docteur en souriant; votre mari est la cause première de ce miracle.

— Comment cela?... je ne comprends pas, dit curieusement la marquise.

— Votre mari est une bête féroce, un fauve de la pire espèce; quels que fussent les motifs qu'il avait, ou croyait avoir de se venger de vous...

— Il n'en avait aucun, docteur, je vous le jure! interrompit-elle vivement avec un regard indigné.

— Je ne discute pas, madame, je suis à l'avance convaincu que ces motifs n'existaient pas en réalité, mais il a pu être trompé par des rapports calomnieux.

La marquise fit un geste de dénégation.

Le docteur continua :

— Il voulait se venger; vous étiez en son pouvoir, aucun secours humain ne pouvait vous soustraire à lui. La situation était bien simple : vous tuer, soit d'un coup de poignard, soit en vous obligeant à boire un poison qui vous aurait foudroyé; mais votre mari tient à la fois du tigre et de la hyène. Pour lui, cette mort était trop prompte; elle ne lui suffisait pas. Ce qu'il voulait avant tout, c'était raffiner sa vengeance, vous condamner à souffrir d'horribles tortures avant que d'expirer. Ce raffinement de cruauté a fait misérablement avorter sa vengeance; me comprenez-vous, maintenant?

— Cela est vrai jusqu'à un certain point; mais vous pouviez ne pas être là, tout auprès, à portée de me sauver?

— Voici précisément où apparaît logiquement le doigt de la Providence, madame; c'est encore l'excès de précautions, qui a amené notre présence sur le théâtre du crime; au lieu de vous tuer, par exemple, dans le souterrain même qui conduit à la grotte et de vous y enterrer, il vous a conduite dans cette maison inhabitée depuis vingt ans, qui passe pour hantée et dont chacun se détourne avec horreur; de mon jardin, mon fils et moi nous avions aperçu la lumière qui servait au misérable chargé de creuser la fosse; nous avons voulu savoir ce que signifiait cette lumière; la curiosité nous a engagés à aller voir; et voilà comment nous avons assisté invisibles à l'horrible scène que vous savez; votre mari n'a pas réussi pour deux raisons, la première, sa férocité, la seconde, l'excès de précautions.

— Vous expliquez tout, docteur, d'une façon admirable, je suis contrainte de vous donner raison; vous pensez que mon mari ne reviendra pas avant longtemps, pourquoi?

— Madame, une femme de votre rang, de votre beauté, ne disparaît pas sans que l'on s'en inquiète, sans que l'on s'en émeuve; la police prend l'éveil, elle commence des recherches et, quand elle se lance sur une piste, elle ne la quitte plus qu'elle ne l'ait trouvée. Dans le cas présent, vu les précautions prises, elle trouvera ou elle ne trouvera pas, mais il faudra du temps pour que cette affaire s'assoupisse; avant qu'elle soit ou qu'elle paraisse oubliée, votre mari, que sans doute on croit bien loin, et qui aujourd'hui l'est en effet, se gardera de revenir; il craindra trop d'être compromis.

— Compromis! Comment cela? puisqu'il n'est pas ici? que depuis près d'un an il est absent? cela est de notoriété publique, docteur. Pendant les quelques heures qu'il est resté à Saint-Jean-de-Luz, il n'a été vu de personne, excepté de vous, qui ne parlerez pas.

Le docteur secoua la tête à plusieurs reprises.

— Supposez que la vengeance de votre mari se soit accomplie comme il le croit, la police aurait déjà, à l'heure où nous sommes, fait des recherches dans votre hôtel. On n'aurait rien découvert, je l'admets, mais on aurait songé à ce navire suspect, apparu, la nuit même de votre disparition, devant le port, à cette embarcation envoyée à terre, sous prétexte de remettre des lettres, qui a traversé la ville sans y rien déposer, qui s'est engagée dans la Nivelle et quelques heures plus tard est revenue à bord du navire, qui est aussitôt reparti. Voyez quel commencement de preuves. Votre mari, madame, loin de songer à revenir ici, ne pense qu'à une chose : créer un alibi qui le mettra à l'abri des poursuites, et les égarer; peut-être plusieurs années s'écouleront avant qu'il ose se présenter dans ce pays.

— Tout cela est incontestable, docteur; mais il reviendra un jour, et ce jour-là il me tuera. Voici deux fois qu'il essaye de m'assassiner. Je ne puis vivre ainsi dans des terreurs continuelles. Cet homme m'inspire une répulsion invincible. Je veux, quoi qu'il puisse m'arriver, me soustraire à ses poursuites; j'y suis résolue. Si je vous ai supplié de venir ce matin, c'est que je voulais vous demander conseil, vous prier de m'aider à échapper à ce misérable qui n'a qu'un but, me voler ma fortune après avoir dissipé la sienne dans les plus honteuses et les plus odieuses orgies; voilà pourquoi il veut me tuer, parce qu'il sait que, moi vivante, je ne lui abandonnerai pas ma fortune personnelle.

— Vous êtes donc séparés de biens, madame?

— Oui, docteur, de la façon la plus rigoureuse; seule je puis disposer des deux tiers de la fortune que j'ai apportée en mariage, vendre ou acheter comme bon me semble, et seulement avec un pouvoir signé de mon mari, pouvoir qu'il a été contraint de me signer devant notaire, une heure avant son départ, moyennant cent mille francs que je lui ai comptés, à bord même du navire qui devait le conduire en Afrique, au moment même où le bâtiment hissait ses voiles.

— Et votre mari est ruiné, dites-vous, madame?

— Il ne lui reste que les cent mille francs que je lui ai donnés, c'est-à-dire rien; car depuis longtemps il doit les avoir dissipés, et c'est pour cela, sans doute, qu'il est revenu cette nuit.

— C'est probable! Mais ce pouvoir qu'il vous a signé, il doit l'avoir révoqué aussitôt après son arrivée en Afrique, cela lui était facile?

— Je crois qu'il l'a fait, en effet; mais peu importe, mes précautions sont prises. Le jour même du départ de mon mari, j'ai fait réaliser ma fortune par mon notaire; il ne m'a fallu que dix jours pour cela, c'est-à-dire beaucoup moins de temps qu'il n'en faut pour se rendre en Algérie, et avant l'acte par lequel mon mari me signifiait qu'il révoquait le pouvoir qu'il m'avait signé, car je crois que mon notaire m'a dit quelque chose de cela. En effet, depuis longtemps déjà, j'avais toute ma fortune en portefeuille, seulement cela m'a coûté cher; j'ai perdu près de trois cent mille francs.

— Vous êtes donc bien riche, madame?

— Mais oui, dit-elle en souriant, et elle ajouta avec tristesse: voilà pourquoi mon mari a juré ma mort.

Elle se leva, alla ouvrir un tiroir secret d'un charmant meuble en bois de rose, en retira une espèce d'album relié en fer et le présentant au docteur :

— Regardez, lui dit-elle.

Le docteur prit l'album et l'ouvrit machinalement.

— Des billets de banque! s'écria-t-il avec surprise; mais il y en a là pour une somme énorme!

— Cet album renferme deux millions six cent cinquante mille francs, c'est-à-dire les deux tiers de la somme que j'ai apportée en dot à mon mari; regardez, il y a quatre cents billets de cinq mille francs, et six cent cinquante billets de mille; ainsi réalisée, cette fortune tient dans un petit espace, et est facile à emporter avec soi.

— En effet, madame, dit un peu sèchement le docteur, je vois que depuis longtemps vos précautions sont prises.

— Oui, docteur, la pensée de fuir m'est venue le lendemain du jour où mon mari, pour me contraindre à lui donner de l'argent, a essayé de m'empoisonner avec une limonade.

— Ainsi, vous êtes résolue à fuir?

— Oui, docteur, jusqu'au bout du monde s'il le faut; quand même, au lieu d'être riche comme je le suis, je serais pauvre, je partirais; rien ne pourra me contraindre à rester plus longtemps liée à un pareil monstre; voilà pourquoi je vous demande conseil, mon bon docteur; car en vérité je ne sais que faire; une foule de projets bouillonnent dans ma tête sans que je réussisse à m'arrêter à l'un plutôt qu'à l'autre.

— Pourquoi ne demandez-vous pas votre séparation devant les tribunaux?

— Quand même j'obtiendrais cette séparation, cela empêcherait-il mon mari de m'assassiner et de me voler? Non : ce moyen ne vaut donc rien; d'ailleurs, quelle que soit l'issue d'un procès en séparation, la femme en sort toujours déshonorée, et je ne veux pas l'être; elle n'est plus ni fille, ni mariée, ni veuve; cette position est intolérable. Seul le divorce, s'il existait, me sauverait peut-être, et encore qui sait? Non, il faut que je disparaisse, que mon mari reste dans l'ignorance de ce que je suis devenue, qu'il continue à me croire morte; ainsi, je l'espère, je lui échapperai.

Le docteur demeura silencieux pendant quelques instants, puis il redressa la tête et regardant la marquise bien en face :

— Madame, lui dit-il, je n'ai pas l'honneur de vous connaître; je ne sais de vous que ce qui s'est passé devant moi; au fond du cœur, je vous crois innocente; d'ailleurs, en admettant que vous soyez coupable, il n'est pas au monde de fautes ni de crimes, si odieux qu'ils soient, qui justifient les horribles sévices que vous avez subis; pour moi, votre mari est un scélérat, un monstre; vous aurez cent fois, mille fois raison d'essayer de lui échapper; vous êtes dans le cas de légitime défense; la loi est impuissante à vous protéger; vous ne devez donc chercher votre salut qu'en vous-même et par vous-même; je vous aiderai de tout mon pouvoir à sauver votre vie deux fois menacée, mais à une condition ?

— Laquelle, docteur ? Quelle que soit cette condition, j'y souscris d'avance.

— Cette condition, la voici, madame; c'est que, satisfaite de vous être mise en sûreté, plus tard, à votre tour, vous n'essayerez pas de vous venger de ce misérable dont vous avez si justement à vous plaindre, sauf s'il survenait des événements impossibles à prévoir, et que, dans tous les cas, vous n'attaquerez pas la première, mais seulement dans le cas de légitime défense.

— Je vous le jure devant Dieu qui m'a sauvée, docteur; je ne me défendrai que si l'on m'attaque, mais alors je serai sans pitié !

— Et vous aurez d'autant plus raison, madame, que tous les droits seront bien réellement de votre côté. Maintenant, veuillez me dire ce que vous désirez de moi.

— Je suis bien décidée à partir, mais malheureusement cela me semble bien difficile, sinon impossible, isolée comme je le suis, entourée d'une foule de domestiques curieux, et dont la plus sérieuse occupation est de me surveiller et de contrôler mes démarches les plus innocentes, peut-être par l'ordre de mon mari, car la plupart sont certainement les espions. Mais ce n'est pas tout; en supposant que je réussisse à m'évader, sans être aperçue, de l'espèce de prison dans laquelle je suis retenue, comment parviendrai-je à quitter la ville, sans que l'on sache quelle direction je prendrai? Vous le voyez, mon bon docteur, mon anxiété est grande, puisque par la position dans laquelle mon mari m'a placée, je ne puis ni rester ici, ni trouver ailleurs un refuge assuré.

— N'avez-vous donc personne, parmi tous vos gens, à qui vous puissiez vous fier, madame?

— Personne, excepté ma femme de chambre, cette jeune fille qui vous a annoncé. Elle est ma sœur de lait, a été élevée près de moi, et ne m'a jamais quittée. Son dévouement m'est acquis; elle me sera une amie et une consolation dans l'existence retirée que je me propose de mener; mais elle est incapable de préparer ma fuite, non pas par défaut d'intelligence, mais par ignorance. Je suis donc réduite à mes propres forces, et elles sont nulles, mon cher docteur.

— Cette absence de confidents est plutôt est un avantage qu'un désavantage, madame; on peut être trahi par les confidents les plus dévoués, il suffit d'un mot, d'un geste imprudent souvent, pour révéler les choses que l'on croit ainsi mieux dissimuler, et amener, par excès de zèle, d'irréparables malheurs ; croyez-moi donc, madame, gardez votre secret ; n'ayez d'autre complice que vous-même.

— En effet, cela est préférable, mais comment faire?

— C'est ce dont nous allons convenir ensemble, madame; ainsi, par exemple, je crois qu'au lieu de chercher bien loin le moyen de sortir sans être aperçue, vous devriez tout simplement user de celui que votre mari vous a indiqué lui-même?

— M'évader par la porte secrète et l'excavation du bord de l'eau?

— Oui, madame; voici pourquoi : votre mari vous

croit scellée à jamais dans la fosse, au fond de laquelle il vous a jetée. En accomplissant cette nuit, par exemple, l'enlèvement qu'il a pratiqué lui-même la nuit passée, et cela dans des conditions identiques, c'est-à-dire les verrous poussés à la porte, le lit sans être défait, la lampe laissée allumée, et toutes choses demeurées en place dans votre chambre, votre disparition mystérieuse produira demain l'effet qu'elle eût produite aujourd'hui, si vous n'étiez pas revenue; votre mari sera un des premiers avertis, soit par ses espions, s'il en a, soit par les journaux, car le scandale sera grand. Ainsi que je vous l'ai dit, une personne de votre rang ne disparaît pas sans que la rumeur soit grande. Votre mari s'affermira ainsi dans dans la conviction que vous êtes morte, car mieux que personne il sait comment vous aurez été enlevée et les suites de cet enlèvement. Cette conviction de votre mari deviendra pour vous une garantie de sécurité. Comment pourrait-il essayer des recherches, ayant la certitude qu'elles n'aboutiraient pas? Vous pourrez ainsi vivre tranquille dans la retraite que vous aurez choisie, sans craindre des persécutions devenues impossibles.

— Vous oubliez une chose importante, docteur; une date qui donnera l'éveil à mon mari: il y aura une différence de vingt-quatre heures entre mon enlèvement et ma disparition?

— En effet, ces vingt-quatre heures existeront, mais pour vous seule, madame.

— Comment cela, docteur?

— Depuis hier, excepté votre camériste, personne de votre maison ne vous a vue?

— C'est vrai. Mais hier, en rentrant, j'ai pris du thé; ce matin, je me suis fait servir mon chocolat. Mais, pardon, j'y songe, ce thé et ce chocolat, Clairette les fait elle-même, dans la salle à manger, au moyen d'appareils à esprit-de-vin; le plus souvent les autres domestiques l'ignorent; mais vous êtes ici en ce moment, docteur, votre visite ne saurait être dissimulée.

— Ne vous donnez pas la peine de vous préoccuper de

toutes ces bagatelles, madame, votre mari prendra cette différence de date pour une erreur commise par les journaux; il en sera heureux, parce qu'elle l'aidera à établir l'alibi dont il a besoin; il se fera donc une arme de cette différence de date, au lieu de s'en inquiéter; de cette façon tombent toutes les présomptions que l'on pourrait soulever contre lui à cause du bâtiment mystérieusement paru hier à l'embouchure de la Nivelle, de l'embarcation qu'il a expédiée à terre. Il est constaté que ce navire s'est remis en route à deux heures du matin, après le retour de son embarcation; donc il ne sera plus là, aujourd'hui, lorsque vous partirez; de là une augmentation de ténèbres dans cette affaire.

Il y eut un court silence.

— Donc, reprit le docteur après un instant, ne vous cachez pas, madame; il importe, au contraire, que vos domestiques vous voient; soyez gaie, reposée, comme si rien ne s'était passé et ne devait se passer; et ce soir, à huit heures, après vous être enfermée chez vous, descendez par la porte secrète et rendez-vous dans l'excavation.

— Ainsi ferai-je, cher docteur, je vous remercie.

— Etes-vous brave, madame ? demanda le médecin en souriant.

— Je suis très brave, répondit-elle sur le même ton, j'ai été élevée par mon père, presque comme un homme, habituée dès mon enfance à faire de la gymnastique, à monter les chevaux les plus fougueux avec et sans selle, à tirer l'épée et le pistolet et chasser à courre dans nos belles forêts de l'Ile-de-France, système d'éducation dont le résultat a été de me donner une vigueur très rare chez une femme de ma condition, et peut-être un peu trop de hardiesse dans mon regard et mes allures, malgré tous mes efforts pour qu'il n'en soit pas ainsi. Mon père se plaisait surtout à me voir revêtue du costume masculin, qui, prétendait-il, m'allait fort bien, et à me faire accomplir ainsi de véritables tours de force d'équitation; il m'avait même fait apprendre à nager; ce système d'éducation bizarre avait été indiqué et recommandé à mon père par le célèbre docteur Dubois, afin de combattre des symptômes de phthisie qui apparaissaient en moi. Ma pauvre mère est morte toute jeune de la poitrine, et l'on craignait avec raison que je ne fusse atteinte de cette horrible affection. Vous voyez, cher docteur, que l'illustre praticien ne s'était pas trompé et que, grâce à ces moyens violents, ma santé est redevenue excellente.

— En effet, madame, la cure a été radicale, répondit le docteur en souriant; il est bien heureux aujourd'hui, pour vous, que l'on vous ait donné cette éducation excentrique; à part la santé qu'elle vous a rendue, elle vous sera maintenant d'un très grand secours pour opérer votre évasion, donner le change et égarer les recherches que l'on tenterait de faire.

— Comment cela, docteur ? fit-elle curieusement.

— Avez-vous des vêtements d'homme, ici, à Saint-Jean-de-Luz.

— Certes, mon cher docteur; j'en ai deux ou trois malles pleines; mais, depuis mon mariage, c'est-à-dire depuis quatre ans, je n'ai jamais eu occasion de revêtir ces habits d'un autre sexe, sauf une fois à Paris, pour assister à un bal masqué donné pendant le carnaval par la duchesse de Chaufontaine, où je me suis rendue, en page Henri III.

Et elle soupira.

— Vous avez des habits d'homme ? Tant mieux; ils vous serviront cette nuit. Maintenant, permettez-moi de vous donner quelques renseignements indispensables pour dissimuler votre fuite.

— Parlez, mon bon docteur, je vous écoute.

— Vous connaissez bien les environs, n'est-ce pas ?

— Oui, à dix lieues à la ronde, je les ai souvent parcourus à cheval et en voiture; je ne crains donc pas de m'égarer.

— Très bien; alors cela marchera tout seul.

— Voyons, voyons, fit-elle avec insistance.

— Je ne puis reparaître ici aujourd'hui, madame ; revenir serait une grave imprudence.

— C'est vrai.

— Dès que vous vous serez enfermée chez vous, vous vous habillerez en homme, en ayant soin de cacher votre admirable chevelure blonde sous une perruque brune ; vous jetterez quelques vêtements de rechange dans une valise que vous emporterez avec vous, vêtements d'homme, bien entendu ; puis vous sortirez par l'issue secrète, vous vous rendrez, votre valise sous le bras, à l'endroit où la nuit passée j'ai caché mon cabriolet ; un cheval tout sellé vous attendra attaché à un arbre. Retrouverez-vous bien la place ?

— Oui, docteur, soyez tranquille.

— Vous vous mettrez en selle, et vous tournerez la ville sans y entrer, pour gagner Bayonne, c'est une course de quatre lieues et demie à faire en pleine nuit.

— Je la ferai, docteur.

— Bon ! je vois que vous êtes bien résolue ?

— Oh ! oui, docteur, croyez-le.

— Sous la selle du cheval, il y aura un portefeuille contenant un passe-port ; où comptez-vous vous rendre, madame.

— A Paris, docteur, c'est là où il est, je crois, le plus facile de se cacher.

— En effet, madame, on se cache mieux dans une foule que dans un désert ; allez donc à Paris, madame ; seulement n'y allez pas directement... Parlez-vous l'espagnol ?

— L'espagnol, l'italien, l'anglais et l'allemand, docteur ; je parle ces diverses langues aussi couramment que le français.

— De mieux en mieux ; votre passeport sera espagnol ; vous serez un jeune homme appartenant à une famille riche de Burgos se rendant à Tours pour faire visite à des parents fixés dans ce pays. A Tours vous ferez viser votre passeport pour Bourges ; de Bourges vous vous rendrez à Orléans, et enfin, de cette dernière ville, vous vous dirigerez sur Paris ; vos traces seront ainsi perdues au cas peu probable où des recherches seraient tentées.

— Je suivrai fidèlement cet itinéraire, docteur ; mais pourquoi un passeport espagnol.

— Parce que, madame, répondit-il avec un sourire un peu ironique, en France la qualité d'étranger est fort respectée et nul ne s'avisera de vous chercher noise. A Bayonne, vous descendrez à l'hôtel de Paris, c'est le premier de la ville et dans lequel descendent tous les Espagnols de condition. Là vous me trouverez, vous attendant ; si je ne puis y être, il faut tout prévoir, mon fils y sera et il vous indiquera les dernières mesures de précaution que vous aurez à prendre.

— Merci mille fois, cher docteur. Il ne me reste plus qu'une demande à vous adresser.

— Je suis à vos ordres, madame.

— Je vous ai dit que cette jeune fille que vous avez vue est ma sœur de lait, que je pouvais me fier à elle ; vous vous en souvenez, n'est-ce pas ?

— Parfaitement, madame. Vous désirez l'emmener avec vous, n'est-ce pas ? dit-il avec bonhomie.

— Oui, si cela est possible, docteur ?

— Vous pouvez compter sur son dévouement ?

— Entièrement. Je vous l'ai dit.

— Alors, il faut qu'elle parte avant vous, dans une heure, si c'est possible. Comment se nomme-t-elle ?

— Claire Martin.

— C'est bien ; elle recevra dans une heure une lettre qui l'appellera dans son pays pour affaire pressante ; où est-elle née ?

— A Chaville, près Versailles.

— Parfait ; elle aura soin de laisser voir sa lettre. Vous lui ferez son compte et elle partira aussitôt pour Bayonne, où elle vous attendra dans le faubourg du Saint-Esprit, à l'hôtel du Grand-Cerf ; seulement, madame, faites-lui bien sa leçon ; une erreur, si minime qu'elle fut, pourrait amener de regrettables complications.

— Oh ! je serai prudente, cher docteur, j'ai un trop

grand intérêt à ne pas échouer, pour ne pas suivre vos instructions à la lettre.

— Maintenant, madame, je vous demande la permission de me retirer; j'ai tout à préparer pour votre fuite, et il est près de midi.

— Allez donc, mon bon docteur, je ne vous retiens pas, quelque désir que j'aurais de vous garder; au revoir, à l'Hôtel de Paris.

— Moi, ou mon fils, madame; il peut survenir tel événement qui m'empêche de me trouver en personne à ce rendez-vous; mais je vous réponds, malgré sa jeunesse, de mon fils comme de moi même.

— Oh! je le sais, docteur.

M. d'Hirigoyen prit respectueusement congé de la marquise et sortit.

Demeurée seule, la jeune femme resta un instant plongée dans le monde de réflexions qui bouillonnaient, à le faire éclater, dans son cerveau; mais se redressant soudain, elle sonna.

Clairette entra aussitôt.

La marquise la fit asseoir près d'elle, et sans entrer dans aucun détail compromettant, elle lui fit part de ce avait été convenu avec le docteur, à propos de son voyage à Bayonne, et de la lettre que la fillette allait recevoir, afin qu'elle jouât bien son rôle devant les autres domestiques; elle termina en lui disant :

— Une affaire importante, qui me retiendra assez longtemps, exige ma présence à Bayonne; je ne veux pas que l'on sache où je vais, et pourquoi je m'absente. Je sortirai de mon côté, comme pour me promener hors de la ville et j'irai te rejoindre là-bas; demain une lettre que j'adresserai à mon notaire de Saint-Jean-de-Luz, lui ordonnera de congédier tous les domestiques, sauf le concierge, et de fermer la maison; tu m'as bien comprise?

— Oh! oui, madame, répondit-elle vivement; vous n'avez pas besoin de me recommander le silence; je serai muette, je vous le promets.

Le fillette se retira la joie dans le cœur.

La marquise s'occupa immédiatement de mettre tout en ordre dans ses tiroirs.

Madame de Garmandia enleva la plus grande partie de sa correspondance, et surtout certains papiers d'une haute importance, qui, en cas d'événements imprévus, lui seraient fort utiles pour se défendre contre son mari. Elle fit une liasse de tous ces papiers, les mit à part, et elle sortit tous ses écrins, les posa sur une table et les ouvrit.

La marquise possédait de magnifiques parures de toutes sortes, et une quantité de diamants d'une très grande valeur. La plus grande partie de ces parures et la totalité de ces diamants lui venaient de sa mère. C'étaient des bijoux de famille inconnus de son mari, parce qu'elle ne s'en parait jamais. La marquise jeta dans un sac de velours tous ces écrins pêle-mêle, décidée à les emporter avec elle, certaine que son mari, ignorant leur existence, ne les chercherait pas.

Quant aux autres bijoux, ceux achetés par son mari depuis son mariage, elle les abandonna sans regret, broches, colliers, bracelets, boucles d'oreilles, etc. Il y en avait environ pour une centaine de mille francs. Si le marquis les trouvait, ce qui ne manquerait pas d'arriver, ce serait une bonne aubaine pour lui, car la somme était ronde. Quant à ses alliances, la marquise en avait deux : elle les portait à tour de rôle; elle les emporta. Voici pourquoi ces deux alliances : Un jour, la marquise perdit ou crut perdre son alliance; craignant d'être grondée par son mari, elle se hâta d'en faire faire une seconde, identiquement pareille; mais lorsque le bijoutier lui remit cette seconde alliance, la marquise avait retrouvé la première qui n'était qu'égarée; elle ne dit rien à son mari et conserva les deux alliances.

Ses papiers et ses bijoux mis de côté, la marquise passa dans son cabinet de toilette, afin de préparer les vêtements masculins qu'elle désirait emporter et ceux qu'elle se proposait de mettre; mais, comme tout ce qu'elle comptait conserver n'aurait pas tenu dans une simple valise, la marquise plaça les papiers, les bijoux et les vêtements masculins dans une grande malle, et elle les recouvrit avec des robes, des châles de l'Inde auxquels elle tenait beaucoup, de magnifiques dentelles, des fourrures et des manteaux ; Clairette emporterait avec elle cette énorme malle, comme lui appartenant ; de cette façon la marquise pourrait à sa guise prendre le costume masculin ou les vêtements féminins, sans être contrainte à des achats d'un prix considérable et qui éveilleraient peut-être l'attention.

La marquise achevait de fermer la malle lorsque Clairette entra riant et pleurant à la fois, et tenant à la main une lettre ouverte.

Quelques minutes auparavant, un de ces messagers, comme il en existe encore au pays basque, était arrivé à l'hôtel, avait demandé la jeune fille au concierge, et lui avait remis une lettre très pressée. Lorsque la fillette arriva, plusieurs domestiques de l'hôtel se trouvaient dans la loge ; Clairette décacheta la lettre devant eux, escamota adroitement un petit papier qu'elle contenait, puis après avoir lu la lettre avec une émotion fort bien jouée et qui fixa sur elle l'attention générale, elle la relut à haute voix.

Cette missive avait douze jours de date ; elle annonçait à Clairette qu'un oncle qu'elle n'avait jamais eu venait de mourir après une courte maladie, lui léguant en toute propriété sa maison de Chaville, avec tous ses meubles et cinq vaches laitières. Qu'elle devait, aussitôt après la réception de la lettre, partir pour aller prendre possession de cette petite fortune, si elle voulait éviter des embarras et des ennuis. La lettre était signée d'une façon presque illisible par un notaire de Versailles. Elle contenait un bon de cent francs sur la poste pour frais de voyage, mais la jeune fille devait partir sans perdre une minute. Le bon de cent francs convainquit les domestiques de la réalité du fait. Tous félicitèrent chaleureusement la jeune fille et l'engagèrent à demander son congé à sa maîtresse et à partir le jour même.

— On ne plaisante pas avec les héritages, dit sentencieusement le maître d'hôtel, qui était l'homme sérieux de la réunion.

La jeune fille pleura, fit des difficultés ; enfin elle se rendit à l'opinion générale. En somme, elle joua son rôle en actrice consommée ; tous les assistants furent dupes de sa petite comédie.

Le papier si adroitement escamoté par la jeune fille contenait des instructions détaillées sur ce qu'elle devait faire.

La comédie continua entre la maîtresse et la soubrette ; enfin elle se décida à partir ; la marquise lui remit une jolie somme d'argent, lui fit cadeau de quelques robes, jupons, fichus, etc., et la fillette fit ses malles ; avec celle que sa maîtresse lui confiait, cela faisait trois.

Une fois bien entendu qu'elle partait, elle se hâta de faire ses préparatifs ; une voiture partait à trois heures pour Bayonne, il fallait en profiter ; le concierge alla retenir une place, et un domestique, chargeant les bagages sur une brouette, les transporta au bureau de la voiture, qui n'était qu'à quelques pas, les fit enregistrer, et surveilla leur chargement.

Le moment du départ arrivé, la marquise accompagna, jusqu'au perron, Clairette, qui pleurait à chaudes larmes d'être obligée de se séparer de sa maîtresse. Celle-ci l'assura que, dès que son mari serait de retour de son voyage, elle irait passer l'hiver à Paris, qu'elle la reverrait, et que, si elle ne se trouvait pas heureuse, elle la reprendrait à son service, ce qui fit grand plaisir à la jeune fille.

Tous les domestiques furent complètement dupes de cette scène, jouée avec une rare perfection.

Enfin, la jeune fille partit, non pas sans se retourner plusieurs fois, les larmes aux yeux.

La marquise paraissait très affectée du départ de sa camériste. Avant d'entrer dans son appartement, elle dit au maître d'hôtel :

— Monsieur Antoine, chargez-vous, je vous prie, de me trouver pour demain une femme de chambre ; tâchez, au-

5.

tant que possible, qu'elle soit convenable et au fait du service.

Le maître d'hôtel s'inclina respectueusement, et la marquise rentra dans son appartement.

Au dîner, la marquise mangea de bon appétit. Elle renouvela au maître d'hôtel sa recommandation à propos d'une femme de chambre, donna quelques ordres au sujet de visites que le lendemain elle comptait faire dans les châteaux des environs, et, se sentant un peu fatiguée, elle se retira chez elle.

Il était sept heures et demie du soir.

VI

SUITE ET COMPLÉMENT DU PRÉCÉDENT CHAPITRE

La marquise se hâta de pousser les verrous.

— Enfin! s'écria-t-elle, en levant les yeux au ciel, je vais donc être libre!

Elle alla s'agenouiller sur son prie-Dieu et fit une courte, mais fervente prière.

Ce devoir religieux accompli, elle songea à sa toilette; tous ses préparatifs étaient terminés, sa valise fermée, elle n'avait plus qu'à s'habiller; il lui restait une demi-heure, c'était juste le temps qu'il lui fallait.

Elle commença par se brunir le visage et lui donner cette teinte un peu olivâtre, qui distingue les Espagnols des provinces méridionales; elle se noircit les sourcils, ombra légèrement sa lèvre supérieure et, après avoir soigneusement aplati son opulente chevelure blonde, elle ajusta par dessus une perruque de cheveux noirs, fins et bouclés; puis elle acheva de se grimer, c'est-à-dire de se faire une *tête*, ainsi que disent les acteurs dans leur argot de théâtre.

Sans doute, la marquise avait une certaine habitude de

ce grimage, car elle réussit complètement ; son mari lui-même ne l'aurait pas reconnue.

Ce premier travail terminé, elle s'habilla.

Le costume qu'elle avait choisi était un vêtement de cheval : culotte de peau de daim, bottes molles armées d'éperons d'argent et montant au-dessus du genou, gilet de chasse fermé au cou, col renversé, cravate de soie noire à la Colin, redingote de chasse et chapeau mou en feutre gris, à larges bords.

Ainsi vêtue, la marquise était adorable ; grande et svelte comme elle était, elle paraissait vingt ans, et semblait un jeune homme, assez espiègle et mauvais sujet, échappé récemment des bancs du collège ; elle s'était en outre précautionnée d'un épais et large manteau espagnol, et d'une paire d'excellents pistolets ; dans sa valise, elle avait placé deux mignons revolvers à six coups de Devisme.

Après avoir bruni ses mains, elle mit des gants de peau de daim, jeta son manteau sur ses épaules, prit sa cravache et regarda la pendule.

Huit heures allaient sonner ; tout à coup l'échappement du timbre fit un bruit sec, l'heure sonna.

La marquise tressaillit.

— Huit heures déjà, murmura-t-elle.

Elle promena un regard mélancolique tout autour de la chambre.

— Il faut abandonner tout cela, sans espoir de retour, reprit-elle. Hélas ! j'aurais pu être si heureuse ? Pourquoi la fatalité en a-t-elle ordonné autrement ? Quelle va être ma vie maintenant ?

Un sanglot lui gonfla la gorge.

— Je suis morte ; je n'existe plus pour le monde... mon Dieu ! mon Dieu ! qu'ai-je donc fait pour tant souffrir ?... avais-je donc mérité d'être liée pour la vie à un tel monstre !...

Mais après un instant de silence, elle releva fièrement la tête, jeta un regard assuré autour d'elle, et d'une voix ferme elle reprit :

— Il faut partir! assez de faiblesse : adieu à la vie passée, aux douleurs, aux tortures !... Salut à l'existence nouvelle ! à l'avenir calme, reposé, heureux ! Adieu ! et qu'il soit maudit celui qui m'a perdue ! Allons !

Elle fit jouer, d'une main qui ne tremblait plus, le ressort de l'issue secrète, ramassa la lanterne, l'alluma ; puis, se chargeant de sa valise, elle sortit, referma la porte dérobée, et commença à descendre lentement l'escalier en spirale.

Tout son courage lui était revenu ; sa prunelle dilatée lançait une flamme sombre : un sourire amer plissait les commissures de ses lèvres ; tout en descendant, elle se souvenait de son enlèvement de la veille, des angoisses qui lui tordaient le cœur tandis que, bâillonnée et jetée comme un paquet sur les épaules du farouche matelot, elle allait, guidée par son mari, qui marchait insoucieux en avant, le falot à la main et le cigare aux lèvres, sans même paraître entendre les gémissements de sa victime et le bruit de sa tête rebondissant contre les angles de la froide muraille.

Enfin elle posa le pied sur le sol du souterrain.

Là ses bourreaux avaient fait halte un instant ; le matelot l'avait brutalement laissée tomber à terre, pour boire un long coup d'eau-de-vie à sa gourde, qu'il avait passée ensuite à son chef, qui, lui aussi, avait bu sans même jeter un regard de pitié sur la malheureuse, râlant et se tordant à ses pieds.

Tous ces souvenirs si récents revenaient en foule à l'esprit de la marquise et la raffermissaient dans sa résolution ; d'ailleurs eût-elle voulu revenir en arrière, que cela ne lui eût été plus été possible, il était trop tard. Il lui fallait marcher en avant quand même.

Elle s'engagea résolûment dans le souterrain. En quelques minutes, elle atteignit la muraille de granit ; elle fit jouer le ressort, jeta la lanterne, passa et referma derrière elle la muraille.

Tout était fini !

Elle était maintenant en pleine campagne.

La marquise s'orienta, et après quelques secondes d'hésitation, malgré les ténèbres épaisses dont elle était entourée, elle se lança à travers les buissons. Bientôt elle atteignit l'endroit où le cheval devait l'attendre. Il était là, attaché à un arbre, les naseaux et la bouche comprimés avec un mouchoir, de façon à ce que, sans que sa respiratin fut trop gênée, il lui fût impossible de hennir.

La jeune femme détacha le cheval et l'amena sur la route. C'était une bête magnifique et vigoureuse. Les harnais étaient riches. La marquise fouilla sous la selle, prit le portefeuille et le serra dans sa poche. Le cheval avait des fontes garnies de pistolets. Le docteur avait pensé à tout.

La marquise fut émue de tant de sollicitude, de la part de cet homme qu'elle ne connaissait que depuis quelques heures, mais qui s'était révélé à elle en lui sauvant la vie, et lui témoignant un dévouement à toute épreuve, sans même s'informer si elle avait mérité la haine de son bourreau, ou si elle était véritablement innocente, comme elle le prétendait.

— Mon Dieu, murmura-t-elle, tous les hommes ne sont donc pas des lâches et des misérables ?

Elle attacha solidement sa valise derrière la selle, réunit les rênes, et d'un bond léger et élégant à la fois, qui dénotait une connaissance approfondie de l'équitation, elle se mit en selle. Le froid était vif et piquant ; la jeune femme s'enveloppa avec soin dans les plis de son manteau, lâcha la bride, et, sans autre excitation, le vaillant animal qu'elle montait partit d'un trot allongé à faire quatre lieues à l'heure.

La marquise contourna la ville, ainsi que le docteur le lui avait recommandé, et rejoignit la route de Bayonne à un quart de lieue à peu près.

Dès qu'il eut atteint la grande route, le cheval fila avec une rapidité nouvelle, secouant la tête, grondant, et faisant voler autour de lui des flots d'écume ; il avait le trot d'une douceur extrême ; il semblait se balancer en cadence sur ses sabots, qui frappaient régulièrement le sol, dont ils faisaient, de ci, de là, jaillir des étincelles.

Maintenant, le sort en était jeté ; tout lien était rompu entre elle et le passé ; la marquise le comprenait, elle ne songeait plus qu'à l'avenir. D'ailleurs, son parti était définitivement pris. Après quelques instants, emportée par ces élans de jeunesse qu'elle ne pouvait comprimer, elle se laissa entraîner dans le doux pays des rêves ; bientôt il lui sembla qu'un abîme infranchissable était creusé entre le passé et le présent. Elle se surprit même à fredonner entre ses dents un refrain d'opéra, avec cette insouciance de ses vingt ans, âge heureux où les plus poignantes douleurs glissent sur l'âme, qu'elles froissent pendant un temps plus ou moins court, mais sur laquelle elles ne laissent pas d'empreintes réelles.

D'ailleurs, la marquise était riche, très riche même, libre comme l'air qu'elle respirait, après avoir été pendant si longtemps cruellement esclave. Tout était sourire en avant, tout était pleurs en arrière.

Elle poussait gaiement en avant, et, pour la première fois peut-être, depuis son mariage, elle se trouvait heureuse !

Il n'était pas encore neuf heures. Parfois notre cavalière croisait un roulier, ou un paysan regagnant son chaume, après la journée faite, et qui lui criait au passage le salut basque :

— *Gaû hon, Jaunà !* — Bonne nuit, monsieur !

Elle répondait gaiement en grossissant sa voix si harmonieusement timbrée :

— *Gaû hon, milesker !* — Bonne nuit, merci.

Et elle passait en caressant et flattant de sa douce main l'encolure de son cheval, qui se redressait joyeusement tout en pressant le pas.

Bientôt la marquise vit briller devant elle les lumières des maisons de Bayonne, *Bayonne la Pucelle,* comme elle se nomme orgueilleusement et avec raison. En effet, depuis que Charles VII l'enleva aux Anglais, elle a été quatorze fois assiégée sans jamais être prise ; peu de places fortes peuvent en dire autant.

Le quart avant neuf heures sonnait au moment où notre cavalière passait devant la sentinelle et pénétrait dans la ville.

Elle avait accompli en cinquante-cinq minutes, sans user de l'éperon ou de la cravache, un trajet de quatre lieues et demie; c'était bien marcher.

La marquise connaissait Bayonne de longue date, et savait parfaitement la direction à suivre pour gagner l'hôtel de Paris, dans lequel elle s'était arrêtée deux ou trois fois.

Lorsqu'elle arriva devant la porte de l'hôtel, deux hommes, qui causaient ensemble, s'approchèrent d'elle et la saluèrent. Dans l'un d'eux, le plus âgé, elle reconnut au premier coup d'œil le docteur d'Hérigoyen.

— *Buenas noches, don Luis*, lui dit le docteur en espagnol. *Io no lo esperaba à usted tan pronto; à hecho usted un buen viaje?* — Bonne nuit, don Luis, je ne vous attendais pas d'aussi bonne heure, avez-vous fait un bon voyage ?

— *Muy bueno, mil gracias, senor.* — Très bon, mille grâces, monsieur, répondit la jeune femme en sautant à terre, en écuyer expérimenté, et jetant la bride à un garçon d'écurie, qui emmena aussitôt le cheval.

— *Tenga usted gran cuidado de mi caballo*, dit la marquise au valet d'écurie, — ayez grand soin de mon cheval.

— *Queda se usted quieto, senor caballero.* — Soyez sans inquiétude, seigneur cavalier — répondit le valet, avec un salut.

Malgré la perfection avec laquelle ces différentes phrases furent prononcées par la marquise, comme le lecteur peut fort bien ne pas comprendre la langue admirable de Cervantes, bien que la conversation continuât en espagnol, nous nous bornerons à en donner la traduction.

— Mon cher don Luis, reprit le docteur, je me suis entièrement conformé aux instructions contenues dans la lettre que vous m'avez fait l'honneur de m'écrire ; vos bagages sont arrivés, cette après-dînée ; j'ai retenu pour vous une chambre avec un cabinet y attenant, et dans lequel se trouve un lit pour votre domestique.

— Je suis confus de vous avoir donné tant de tracas, mon cher docteur, répondit le pseudo don Luis, en jetant un regard de côté sur son domestique, dans lequel il reconnut Clairette de brune devenue blonde, et dont la mine paraissait plus mutine et plus espiègle encore sous son costume masculin, — entrons, reprit le docteur, le souper nous attend.

Les trois hommes, dont deux femmes, pénétrèrent dans la cour de l'hôtel encombrée de voitures et de charrettes dételées ; le maître de l'hôtel s'avança cérémonieusement au-devant de son nouveau voyageur, qu'il salua dans le plus pur castillan.

A Bayonne, on parle au moins autant les langues basques et espagnoles que le français. Don Luis répondit poliment à la bienvenue courtoise que lui souhaitait l'hôtelier.

— A propos don Luis, comptez-vous toujours partir demain ? demanda le docteur.

— Oui, à mon grand regret, répondit celui-ci, mais vous savez combien il est important pour moi de continuer mon voyage, et d'arriver promptement à Tours.

— C'est juste ; donnez votre passeport à monsieur, il le fera viser demain matin par le consul espagnol. Mais, j'y songe ; vous ne pouvez continuer votre voyage à cheval ; il vous faudrait une chaise de poste ?

— C'est vrai ; quel contre-temps ! s'écria le jeune homme.

— Ne vous inquiétez pas de cela, monsieur, dit vivement l'hôtelier. J'ai ici sous ma remise une berline qui, je crois, fera votre affaire, et que je vous donnerai presque pour rien ; je l'ai achetée quatre cents francs à un voyageur dont les finances étaient un peu basses ; je vous la céderai pour cinq cents francs ; elle est presque neuve et d'une solidité à toute épreuve.

Le docteur fit un geste d'intelligence à la marquise, geste aussitôt saisi par elle.

— Allons voir cette merveille ! s'écria-t-elle vivement.

— Ne vous donnez pas cette peine, dit l'hôtelier, on va l'amener ici.

Il donna un ordre à un valet, et au bout de cinq minutes, la berline, sortie de la remise, était amenée par les brancards devant l'hôtelier ; on prit des lanternes et on examina la voiture.

Par hasard, l'hôtelier avait dit vrai, la voiture était solide et presque neuve.

— Je la prends, dit la marquise après un sérieux examen, vous la mettrez sur la note, ajouta-t-elle en riant.

— A quelle heure voulez-vous les chevaux de poste, monsieur ?

— A midi, s'il est possible.

— A midi la voiture sera attelée et vous attendra.

— Maintenant, allons souper, vous savez, don Luis, qu'il faut que je retourne chez moi.

— Comment, cette nuit ?

— Bah ! ce n'est qu'une promenade, Bajazet me ramènera en dansant ; êtes-vous content de lui !

— C'est une bête admirable, un véritable barbe.

— A la bonne heure, je vois que vous vous connaissez en chevaux ; mais nous voici chez vous, entrons, s'il vous plaît ?

Tout en causant, ils avaient monté le premier étage d'un large escalier de pierre, et s'étaient arrêtés devant une porte ayant un numéro 2 peint en blanc sur un de ses panneaux.

Les voyageurs entrèrent dans une grande pièce, assez convenablement meublée, et au milieu de laquelle se trouvait une table ronde, sur laquelle le couvert était mis pour deux personnes. Selon la coutume espagnole, tous les plats composant le souper étaient sur la table, posés sur des réchauds.

— Mon domestique servira, dit don Luis au valet qui les avait suivis, en portant la valise.

Le valet salua et se retira. Derrière lui, la marquise poussa les verrous de la porte.

— Nous voici enfin chez nous, dit-elle gaiement ; ajoute un couvert, mignonne, et mets-toi à table avec nous.

La jeune fille obéit sans se faire autrement prier ; d'ailleurs, ce n'était pas la première fois que sa maîtresse la faisait asseoir à table à son côté.

— Maintenant que nous sommes seuls, et que nous ne craignons pas les importuns, causons, dit le docteur en servant la marquise.

— Causons ; je ne demande pas mieux, répondit-elle.

— Comment tout s'est-il passé là-bas ?

— Très bien ! J'ai ordonné de m'arrêter pour demain une femme de chambre, et j'ai donné certains ordres pour des visites que je compte faire dans les châteaux voisins, dit-elle en riant ; de sorte que les domestiques n'ont aucuns soupçons, et qu'ils me croient en ce moment endormie dans ma chambre à coucher.

— Très bien ; rien ne se découvrira avant demain vers midi ; voilà pourquoi il faut que je rentre ce soir chez moi, afin d'établir un alibi ; vous n'avez rencontré personne sur la route ?

— Quelques rouliers ou paysans qui m'ont crié : « Bonne nuit ! »

— Vous croyez qu'ils ne vous ont pas reconnue ?

— Comment m'auraient-ils reconnue ? Il faisait noir comme dans un four, sur cette route. Du reste, regardez-moi.

— C'est vrai ; toute reconnaissance est impossible ; quand vous êtes arrivée, ce n'est pas vous que j'ai reconnue, c'est mon cheval ; si vous aviez été à pied je vous aurais laissé passer parfaitement ; jusqu'à votre regard qui est changé.

— Tant mieux, je puis alors voyager sans crainte.

— Oh ! parfaitement. Vos amis les plus intimes, eux-mêmes, ne vous reconnaîtraient pas. Permettez-moi, madame, de vous adresser à présent une question. Vous êtes-vous munie d'argent de poche ?

— J'ai dix mille francs en billets de banque dans mon portefeuille.

— A la bonne heure. Avec ce viatique, on peut faire le tour du monde. Il serait important que je vous tinsse au courant de ce qui se passera à Saint-Jean-de-Luz, madame ?

— Aussitôt arrivée à Paris, je vous écrirai, mon cher docteur, et je vous donnerai mon adresse.

— Bien. De cette façon, vous serez prévenue, et vous prendrez vos précautions en conséquence.

— Je ne sais vraiment pas comment je pourrai jamais m'acquitter envers vous.

— Bah ! qui sait ? Mais ne parlons pas de cela en ce moment. Voici deux autres passeports, un anglais, l'autre allemand. Peut-être aurez-vous besoin de changer de nationalité. Ces passeports sont parfaitement en règle ; vous pouvez vous en servir en toute assurance, le cas échéant. Oh ! à propos, vous vous nommez don Luis Paredès de Ochoa, n'oubliez pas ce nom.

— Don Luis Paredès de Ochoa, très bien, je m'en souviendrai.

— C'est tout ce que j'avais à vous dire, madame ; il ne me reste plus qu'à vous souhaiter une bonne réussite.

— Un instant encore, je vous en prie, docteur ; j'ai, moi, quelque chose à vous dire.

— Vous savez que je me suis mis à vos ordres, madame.

— Oui, mon cher docteur, grandement et noblement, ce dont je ne vous serai jamais assez reconnaissante ; et cela sans me connaître autrement que de nom, et sans savoir qui j'étais et si je méritais votre généreuse protection.

— Madame...

— Je sais tout ce que vous allez me dire, mon bon docteur, interrompit-elle en souriant ; mais nous allons nous quitter dans quelques minutes, et cela peut-être pour bien longtemps. Qui sait quand nous nous reverrons ? Je ne veux pas me séparer de vous, mon cher docteur, en vous laissant dans cette ignorance; ma dignité exige que vous me connaissiez comme je me connais moi-même.

Retirant alors de sa poche de côté un manuscrit assez volumineux, roulé et attaché par une faveur bleue :

— Prenez ce manuscrit, docteur, continua-t-elle en le lui présentant, c'est mon journal de jeune fille, depuis l'âge de quatorze ans, écrit chaque soir, et rapportant les événements de chaque jour; mes pensées, mes joies, mes douleurs; il a été continué sans interruption, jusqu'à aujourd'hui; tout y est, le bien comme le mal, rapporté avec la plus entière franchise; mon bon et digne père m'avait fait prendre cette habitude; il me disait que cela me rendrait meilleure; lorsque vous aurez lu ce journal, vous me jugerez; j'ai l'espoir que vous ne me trouverez pas indigne de la protection que vous m'avez accordée, et des services que j'ai reçus de vous.

En parlant ainsi d'une voix émue, la marquise s'était laissée aller à l'émotion qu'elle éprouvait; elle avait les yeux pleins de larmes.

— Oh! madame! répondit noblement le docteur en repoussant doucement le rouleau de papier que lui présentait la marquise, je n'ai aucun droit à m'immiscer ainsi dans vos secrets de jeune fille et de jeune femme; tout honnête homme à ma place se serait conduit comme je l'ai fait; reprenez, je vous prie, ce manuscrit, que je ne saurais accepter.

— Permettez-moi d'insister, mon bon docteur, reprit la marquise avec un mélancolique sourire; vous ne m'avez pas bien comprise parce que sans doute je me suis mal expliquée. Pardonnez-moi; ma pauvre tête, après les chocs affreux que j'ai reçus, n'est pas encore bien solide et mes idées bien nettes. Si je vous prie de lire mon journal de jeune fille, c'est plus pour moi que pour vous, docteur; il y a beaucoup d'égoïsme dans mon fait, continua-t-elle en souriant. Nul ne peut prévoir ce que l'avenir cache dans les plis de son mystérieux manteau, moi, moins encore que personne, à cause de la situation singulière dans laquelle je me trouve jetée. Vous êtes aujourd'hui mon seul ami, cher docteur; c'est à vous seul que, dans les embarras où je me trouverai peut-être avant peu, je pourrai demander conseil.

Si vous ne connaissez pas ma vie passée, si vous ignorez les événements qui m'ont jetée dans l'abîme où je suis tombée malgré moi, dit la marquise avec insistance, comment vous sera-t-il possible, malgré votre vif désir de m'être utile, de me donner des conseils profitables, et de me venir ainsi en aide? Ne refusez donc pas de prendre ce papier. Vous voyez qu'ainsi que je vous l'ai dit, c'est encore bien plutôt pour moi que pour vous que je désire que vous le lisiez!

Et elle lui tendit de nouveau le rouleau de papier, avec un charmant geste de prière.

— Il faut vous céder, madame, dit le docteur en prenant enfin le manuscrit; mais croyez bien que je suis convaincu que ce journal ne m'apprendra rien de nouveau sur votre caractère et vos nobles sentiments.

— Je vous remercie de la bonne opinion que vous avez de moi, cher docteur; je tâcherai de la justifier. J'espère que lorsque vous me connaîtrez bien, vous me continuerez vos bons conseils.

— Je serai toujours, madame, puisque vous le permettez, le plus dévoué de vos amis.

Et, retenant dans la sienne la main que la marquise lui tendait :

— Quelle imprudence, madame! comment avez-vous conservé cet anneau à votre doigt. Il suffirait pour vous faire découvrir. Un jeune homme porte parfois un diamant ou une chevalière au petit doigt ou à l'annulaire de la main gauche, mais jamais il n'y porte une alliance: car c'est bien votre alliance que vous avez conservée?

— En effet, répondit-elle en rougissant, j'ai tellement l'habitude de porter cet anneau que la pensée ne m'est pas venue de le retirer. Vous voyez, cher docteur, que mes idées ne sont pas encore très nettes.

— Otez-le donc sans retard. Est-ce que vous le portiez hier ?

— Certes ; ne vous ai-je pas dit, docteur, que toujours je le conservais à mon doigt ?

Le docteur sembla réfléchir.

— Quel malheur, dit-il, que je n'y aie pas pensé plus tôt !

— A quoi, cher docteur ? demanda-t-elle curieusement.

— Oh ! maintenant, le mal est sans remède ; il est trop tard ! reprit-il en se frappant le front ; comment n'ai-je pas songé à cela ?

— Expliquez-vous, je vous prie.

— A quoi bon ? A présent, cet oubli est irréparable.

— Dites toujours, docteur ; qui sait ? peut-être vous trompez-vous ?

M. d'Hérigoyen secoua deux ou trois fois la tête d'un air dépité.

— Dites, dites, je vous en prie, mon bon docteur, reprit-elle d'une voix câline.

— Vous le voulez ?

— Je le désire, docteur.

— Eh bien ! madame, la vue de cet anneau de mariage m'a fait surgir une idée que... si je l'avais eue hier, il nous aurait été facile de mettre à exécution et qui aurait encore augmenté vos chances de succès, en arrêtant net les recherches que l'on sera peut-être tenté de faire pour vous retrouver.

— Comment cela ? Je ne vous comprends pas, docteur.

— C'est une idée excessivement simple, mais ce sont toujours celles-là qui viennent trop tard. En un mot, voilà ce que nous aurions fait hier et ce que, malheureusement, nous ne pouvons plus faire aujourd'hui. J'aurais pris votre alliance et les vêtements que vous portiez alors ; j'en aurais couvert un cadavre quelconque — je sais où m'en procurer quand j'en ai besoin — et j'aurais remis ce cadavre dans la fosse dont je vous ai si heureusement sortie ; cela m'aurait été d'autant plus facile qu'en qualité de médecin j'achète souvent des corps pour servir à mes expériences. J'aurais par des moyens chimiques, hâté la décomposition de ce cadavre; de sorte que, si par hasard -- tout finit toujours par se découvrir, vous le savez -- la justice avait, d'ici à quelques jours, fait une descente dans la maison hantée, et retourné la terre, elle aurait trouvé votre anneau de mariage, des débris de vêtements, un squelette de femme jeune. Votre identité aurait été ainsi légalement constatée, et de cette façon vous vous mettiez à l'abri de toutes recherches et de toutes poursuites, n'importe d'où qu'elles viennent; mais il n'y faut plus songer ! Il est trop tard, maintenant.

En écoutant le docteur déduire ainsi froidement, et de l'air le plus tranquille, les sinistres conséquences de son idée, la marquise était devenue horriblement pâle, un frisson de terreur avait secoué tout son corps; l'horrible scène de la veille s'était tout à coup retracée avec toutes ses effroyables péripéties devant elle.

— Oh! mon Dieu! je vous ai effrayée, madame! s'écria le docteur; maladroit que je suis, d'émettre de telles idées, devant une femme nerveuse et à peine remise de tant d'affreuses secousses !

— Ce n'est rien, rassurez-vous, docteur, dit la marquise, en buvant quelques gouttes d'eau et essayant de sourire, mais je vous avoue que, dans le premier moment, ces détails affreux m'ont malgré moi toute bouleversée.

— Pardonnez-moi, madame, je suis un niais; je vous demande un million de pardons.

— Mais non, mais non, je trouve votre idée excellente.

— Oui, elle n'est pas mauvaise en réalité, malheureusement elle est inexécutable.

— Pourquoi donc cela? mon bon docteur; je ne trouve pas, moi. Ce que nous aurions fait hier, pourquoi ne le ferions-nous pas demain, par exemple?

— A mon tour, je ne vous comprends plus, madame?

— Vous allez me comprendre, docteur. Quelques mots suffiront. Si j'avais laissé chez moi les vêtements déchirés et souillés de terre que je portais hier, à la première descente de justice, on les aurait trouvés, ou bien ils auraient été trouvés et reconnus par mon mari lui-même, en supposant qu'il fût revenu à l'improviste. Dans un cas comme dans l'autre, mon existence aurait été établie.

— Evidemment, madame, qu'avez-vous donc fait?

— J'ai tout simplement emporté ces vêtements, docteur, afin de ne pas laisser derrière moi ces preuves matérielles si compromettantes.

— Vous y avez songé? Allons, dit-il en riant, les femmes seront toujours plus fortes que nous! ainsi, vous les avez ici?

— Dans cette grande malle que vous voyez là.

— Ah! pour cette fois, madame, vous êtes bien véritablement sauvée; je m'incline devant vous.

Sur un geste de sa maîtresse, Clairette ouvrit la malle, et en tira les vêtements dont la perte causait un si vif chagrin au docteur. Tout y était : robe, fichu, jupons, bas, jarretières, gants, jusqu'à la chemise et les pantoufles.

La valise fut vidée en un clin d'œil, et les vêtements en question, pliés et tassés dedans.

— Maintenant voici l'alliance, reprit la marquise en la retirant de son doigt, et la remettant au docteur.

— Le ciel vous protège! madame. Je ne sais pourquoi j'ai le pressentiment que vous serez, d'une façon éclatante, vengée de votre bourreau.

— Je ne désire pas cette vengeance, docteur, répondit-elle tristement, il en sera ce qu'il plaira à Dieu : être délivrée pour toujours de ce monstre, est tout ce que je demande de sa toute-puissante bonté.

La conversation se prolongea jusque vers minuit; le docteur prit avec la marquise tous les arrangements nécessaires pour communiquer facilement avec elle, chaque fois que les circonstances l'exigeraient, et qu'il surviendrait quelque incident, dont elle devrait être instruite.

Puis, après lui avoir souhaité un bon voyage, et l'avoir fortement engagée à attacher à son service un homme sûr et capable de la défendre, le docteur prit affectueusement congé de la marquise, et se sépara d'elle, comme un père le ferait d'une fille aînée.

Il monta Bajazet, à qui ces deux heures de repos avaient rendu toute sa vigueur, lui attacha la précieuse valise derrière la selle, et lâchant la bride, il prit, d'un pas relevé et qui devait le conduire rapidement chez lui, le chemin de Saint-Jean-de-Suz.

La gentille Clairette avait écouté sans mot dire, mais avec un certain effroi, la longue conversation de sa maîtresse avec le docteur; les événements auxquels il avait été fait allusion, et qu'elle ignorait, avaient vivement excité sa curiosité; la marquise comprit qu'elle devait lui faire une confidence entière, et lui prouver ainsi qu'elle comptait entièrement sur son dévouement.

Cette confiance de sa sœur de lait toucha vivement la jeune fille et épanouit son cœur. Désormais, la marquise pouvait tout attendre d'elle.

Le lendemain, à midi précis, ainsi que l'hôtelier l'avait promis, la berline était attelée et le postillon en selle. Les bagages furent chargés, les comptes réglés, les deux voyageurs montèrent en voiture. Le postillon fit claquer joyeusement son fouet, et la berline emporta rapidement la marquise et sa gentille camériste sur la route de Touraine.

La marquise était pressée; elle payait triple guides. La voiture semblait voler sur la route, enlevée comme par un tourbillon, au milieu d'un nuage de poussière.

VII

COMMENT IL FUT PROUVÉ QUE LE MARQUIS DE GARMANDIA AVAIT TUÉ SA FEMME, ET POURQUOI IL NE FUT PAS ARRÊTÉ.

Cependant à l'heure précise où le jeune hidalgo, don Luis Paredes de Ochoa, venant de Madrid et arrivé la veille pendant la nuit à Bayonne, quittait en chaise de poste l'hôtel de Paris et s'élançait à toute bride sur la route de

Touraine, à peu près vers midi, à quatre lieues de là, c'est-à-dire dans la ville de Saint-Jean-de-Luz, un bruit étrange se répandit tout à coup, de porte en porte, de fenêtre à fenêtre, et acquit bientôt les proportions d'une calamité publique.

La rumeur était d'autant plus grande qu'une foule de paysans accourus des campagnes environnantes, pour assister au marché qui chaque semaine se tient ce jour-là, encombrait les places et les rues.

On se disait, tout bas, d'abord de l'un à l'autre, que la marquise de Garmandia, une des plus grandes et des plus riches dames de la ville, âgée à peine de vingt-deux ans et d'une beauté remarquable, avait disparu de son hôtel situé sur le quai de la Nivelle, sans qu'il fût possible de savoir ce qu'elle était devenue.

Certains nouvellistes mieux informés que les autres ou le prétendant, comme il s'en rencontre toujours dans les foules, ajoutaient certains détails mystérieux qui excitaient encore la curiosité générale.

On assurait que le matin, vers dix heures, l'intendant de la marquise, que sa maîtresse avait chargé la veille de lui procurer une femme de chambre, pour remplacer la sienne qu'elle avait renvoyée, ne voyant pas paraître la marquise à son heure habituelle, et n'entendant aucun bruit dans son appartement, inquiet de ce silence, s'était hasardé à frapper à la porte de la chambre à coucher de la marquise; n'obtenant pas de réponse, l'intendant s'était risqué à entr'ouvrir la porte pour annoncer lui-même sa présence; mais la porte, malgré tous ses efforts, était demeurée fermée; les verrous étaient intérieurement poussés. L'intendant appela plusieurs fois encore, frappa même, sans que ses appels réitérés et bruyants eussent le plus léger résultat; le même profond silence continuait à régner dans la chambre.

L'intendant, redoutant un malheur, envoya chercher le commissaire de police et un serrurier, et il attendit.

Au bout d'une demi-heure, le magistrat arriva, accompagné d'un juge d'instruction, de plusieurs agents, et suivi d'un serrurier.

Le commissaire de police fit réunir toute la livrée, et l'on procéda à l'interrogatoire des domestiques de l'hôtel, depuis le premier jusqu'au dernier.

Toutes les réponses furent à peu près les mêmes.

La veille, la marquise s'était levée comme à son ordinaire, peut-être un peu plus tard ; elle s'était sentie un peu souffrante, et avait ordonné d'aller chercher le docteur d'Hérigoyen, qu'elle voulait voir en se levant.

En effet, le docteur était arrivé vers onze heures du matin, il avait causé assez longtemps avec la marquise, dans sa chambre à coucher, puis s'était retiré sans faire d'ordonnance, parce que la marquise se trouvait mieux.

En effet, dans l'après-dinée, elle semblait complètement remise de son indisposition.

Sa femme de chambre, ayant été obligée de la quitter, elle parut attristée du départ de cette jeune femme qu'elle affectionnait beaucoup.

Elle lui avait fait plusieurs cadeaux, lui avait payé au moins le double de ce qu'elle lui devait ; car elle était toujours très généreuse.

En quittant cette pauvre fille, elle l'avait embrassée, en lui promettant de la reprendre, lorsque, après le retour de son mari, elle irait passer à Paris la saison d'hiver.

La jeune servante était d'un village des environs de Paris.

Après le départ de cette fille, la marquise avait ordonné à l'intendant de lui procurer une nouvelle femme de chambre et elle s'était, jusqu'au dîner, retirée dans ses appartements.

Pendant le dîner, elle avait donné plusieurs ordres à propos de visites qu'elle se proposait de faire à certaines dames de ses amies.

Elle avait renouvelé à l'intendant son ordre d'une servante ; puis, on avait chez elle ranimé le feu de la cheminée, elle était rentrée alors dans sa chambre à coucher et on ne l'avait plus revue depuis lors.

— Quelle heure était-il? demanda le juge d'instruction.

— Sept heures et demie du soir, répondit le maître d'hôtel.

— La marquise recevait-elle des lettres, des journaux? reprit le magistrat.

— Madame la marquise ne recevait que deux ou trois journaux de modes : l'*Illustrateur des Dames*, la *Mode illustrée* et le *Musée des Familles*; les lettres étaient rares ; elle restait souvent des semaines entières sans en recevoir.

— La marquise avait-elle reçu des lettres la veille?

— Aucunes; depuis cinq jours le facteur n'avait pas paru à l'hôtel.

Le juge d'instruction s'était alors adressé au concierge, et lui avait demandé combien de personnes étaient venues à l'hôtel pendant la journée.

— Les fournisseurs ordinaires, le matin — répondit cet homme — le docteur d'Hérigoyen, et c'était tout; ce n'était pas le jour de réception de madame la marquise.

— Quel était son jour de réception?

— Le mardi.

L'on était un vendredi.

— Quelles personnes sont sorties le soir? reprit le juge d'instruction.

— Aucunes; la porte a été fermée à huit heures, madame la marquise s'étant retirée pour la nuit; je suis resté dans ma loge jusqu'à minuit, à jouer à la cadrette avec le maître d'hôtel, les deux cochers, le cuisinier, le sommelier et le valet de pied. J'avais mis les barres et lâché le chien dans la cour; à minuit, mes collègues se sont retirés et je me suis couché.

Les deux magistrats échangèrent un regard de désappointement, ils causèrent pendant quelques instants à voix basse, puis le commissaire de police ordonna à l'intendant de le conduire à l'appartement de la marquise.

On monta au premier étage, et après avoir traversé

plusieurs pièces très richement meublées, on se trouva devant la porte de la chambre à coucher.

— C'est ici? demanda le commissaire.

— Oui, monsieur, répondit l'intendant.

— Combien de pièces et de fenêtres dans cet appartement particulier.

— Deux fenêtres dans la chambre à coucher, une dans l'oratoire et une dans le cabinet de toilette, en tout, trois pièces et quatre fenêtres.

— De quel côté prennent-elles jour?

— Sur le jardin de l'hôtel.

— Les persiennes sont-elles ouvertes?

— Elles sont fermées, monsieur, je m'en suis assuré, c'est même ce qui m'a inquiété; madame la marquise ne les faisant fermer que rarement, et seulement lorsqu'elle se sent indisposée.

— Pierron! dit le commissaire de police, en s'adressant à l'un de ses agents, examinez cette porte.

Un homme long, sec et très maigre, à mine de furet, s'approcha et se livra à un minutieux examen de la porte.

— Eh bien, lui demanda le commissaire de police après un instant, que vous en semble?

— Monsieur, répondit l'agent, la porte est correctement fermée; elle ne l'a pas été du dehors, cela est évident; de plus, elle a non des verrous ordinaires, mais un verrou de sûreté, ce qui rend la fraude presque impossible, et puis la serrure n'est fermée qu'au pêne. Une de nos pratiques aurait tourné la clef.

— C'est bien. Où est le serrurier?

— Me voici, monsieur, répondit cet homme en se frayant passage.

— Croyez-vous pouvoir ouvrir cette porte sans la briser? demanda le commissaire de police.

— J'essayerai, monsieur; j'espère y réussir.

— Alors, à l'œuvre!

Le serrurier fit jouer le pêne de la serrure, puis il examina le verrou de sûreté. Cela fait, il choisit une espèce de rossignol de forme particulière parmi ceux passés dans un large anneau qu'il avait apporté avec lui ; il l'introduisit dans le trou du verrou et procéda par pesées continues, mais sans force apparente ; un temps assez long s'écoula ; enfin, le serrurier retira son instrument et saluant le commissaire de police :

— C'est fait, monsieur, dit-il, vous pouvez entrer.

Le commissaire tourna aussitôt le pêne ; la porte s'ouvrit.

— Que tout le monde reste dehors, dit-il, excepté le serrurier, l'intendant et le concierge.

La chambre était plongée dans une profonde obscurité.

Sur l'ordre du commissaire, l'intendant et le concierge ouvrirent les fenêtres.

La chambre à coucher, l'oratoire et le cabinet de toilette étaient déserts.

— C'est étrange ! murmura le commissaire de police.

— Etrange, en effet, dit le juge d'instruction en secouant la tête.

— Pierron, Desrois, Lebègue, venez, cria le commissaire de police.

Les trois agents entrèrent.

— Sondez les murs, ordonna le commissaire de police, il doit y avoir une porte secrète dans l'une de ces trois pièces, ne laissez pas un pouce de muraille sans l'éprouver, plutôt dix fois qu'une.

Les agents se mirent aussitôt à l'œuvre avec une ardeur fébrile.

Les persiennes n'avaient pu être fermées du dehors, cela était évident. C'étaient des persiennes pleines, rembourrées et fermant au moyen d'un système assez compliqué.

Aucun désordre ne régnait dans la chambre à coucher ; le lit était fait, la marquise ne s'était donc pas couchée ?

Les meubles n'étaient ni dérangés ni ouverts; les clefs étaient restées sur les serrures des tiroirs.

Le feu s'était éteint faute d'aliments; la lampe avait brûlé jusqu'à ce que toute l'huile lui eût manqué, ainsi que le prouvaient l'état de la mèche et le verre noirci par la fumée.

Des bijoux de prix laissés dans des coupes d'onyx sur la cheminée, ou épars sur certains meubles, par conséquent faciles à enlever, repoussaient toute idée de vol.

Dans l'oratoire et le cabinet de toilette, il en était de même; il n'y avait eu ni lutte ni violence. La marquise avait seulement changé sa toilette de jour pour prendre celle de chambre. Celle-ci manquait. Elle était donc sortie en pantoufles, sans chapeau et en robe de chambre. Toutes ses autres toilettes, autant que l'on pouvait le constater, étaient placées dans leur ordre accoutumé.

Le commissaire de police demanda quel était le costume de chambre de la marquise. L'intendant le décrivit : c'était une robe de mousseline blanche, à pèlerine, montante, serrée aux hanches par une espèce de cordelière; ce costume ne se retrouva pas.

Tous les vêtements de la marquise étaient intérieurement marqués à son chiffre, le linge de même.

Cependant les agents avaient terminé l'examen des murailles.

— Eh bien? demanda le commissaire de police.

— Chou blanc! répondit l'agent Pierron.

— Comment, chou blanc? Il doit exister une porte; la marquise ne s'est pas envolée par la cheminée, que diable!

— Je ne nie pas l'existence de la porte secrète, monsieur; je dis seulement qu'il est impossible de la trouver, voilà tout.

— Allons donc! vous n'avez pas bien cherché!

— Vous m'excuserez, monsieur le commissaire, mes collègues et moi, nous avons travaillé en conscience; permettez-moi de vous faire observer que, n'étant pas du pays, vous ignorez sans doute que cette maison a plus de trois cents ans d'existence; c'est une des plus vieilles de la ville; elle a servi de citadelle dans les temps passés; ses murs sont en granit, ils ont plus de quinze pieds d'épaisseur à pied d'œuvre; elle est, à mon avis, bourrée de cachettes de toutes sortes, de portes et d'escaliers secrets à n'en plus finir; seulement, pour les découvrir, il faudrait jeter la maison à bas, et encore qui sait si on réussirait à découvrir quelque chose.

— Ce que vous dit cet homme est vrai, ajouta le juge d'instruction; il est donc inutile de perdre notre temps à des recherches qui n'aboutiraient pas. Faites appeler le juge de paix; il posera les scellés, et nous aviserons d'un autre côté.

Une heure plus tard, les scellés furent effectivement posés, et les domestiques payés et renvoyés. Seuls, l'intendant et le concierge furent conservés pour garder l'hôtel et veiller sur les scellés.

Quand la justice met le nez dans une affaire, elle ne se décourage jamais; c'est surtout lorsqu'elle semble oublier ou s'endormir qu'elle est le plus redoutable.

Dans cette affaire, elle procéda avec une adresse et un tact admirables; ses recherches embrassèrent tout le département; un des chefs de la police de sûreté de Paris, homme d'une habileté extraordinaire, fut envoyé tout exprès à Saint-Jean-de-Luz, où, sans être connu de personne, il procéda, tout seul, à une enquête secrète qui dura un mois.

— Eh bien, lui demanda le juge d'instruction, la première fois que cet homme se présenta à lui son enquête terminée, que pensez-vous de cette affaire?

— Je pense d'abord, dit-il, que la marquise est morte.
— Morte?
— Oui, assassinée.
— Par qui?
— Je vous répondrais par son mari, si celui-ci n'avait pas un alibi, parfaitement constaté, trop constaté même, à mon avis.

— Oh! oh! prenez garde, le marquis de Garmandia

appartient à l'une des plus nobles familles du Béarn ; il est colonel dans l'armée française, sur le point d'être nommé général de brigade, à cause de ses magnifiques états de service et de son brillant courage.

— Hum ! fit le chef de la sûreté, en hochant la tête, le duc de Praslin, lui aussi appartenait à une des plus vieilles et des plus nobles familles de la monarchie française ; il était pair de France, et pourtant il a assassiné sa femme à coups de crosse de pistolet.

Nous constaterons, à ce sujet, l'incrédulité chronique et à toute épreuve, des membres de la justice et de la police.

Ils sont accoutumés à voir la société sous un aspect si hideux, qu'ils rendraient des points à saint Thomas lui-même ; au contraire de l'illustre apôtre, c'est précisément lorsqu'ils voient ou qu'ils entendent, qu'ils doutent le plus.

— Oh ! ce n'est pas la même chose ! s'écria le juge d'instruction.

— C'est juste ; le marquis est beaucoup plus fort et plus adroit.

— Vous le croyez donc coupable ?

— Dame, monsieur ; il y a une histoire de navire mystérieux, de canot envoyé à terre sans avoir communiqué avec personne, qui me semble assez extraordinaire, et autre chose encore. Savez-vous où se trouve le marquis en ce moment ?

— Depuis plusieurs mois, il est au fond de la Kabylie.

— C'est trop loin, pour ne pas être tout près, monsieur ; je vous demanderai à aller faire un tour par là lorsque j'aurai terminé ici.

— Je crois que vous serez dispensé de faire ce voyage, il est, dit-on, question d'appeler M. de Garmandia à Bayonne, en qualité de commandant de la subdivision militaire.

— Tiens ! tiens ! tiens ! fit le policier, avec un sourire énigmatique, je préférerais cela !

— Parce que vous éviteriez le voyage?
— Non, pour autre chose.
— Avez-vous fait quelque découverte?
— Plusieurs, monsieur; j'ai d'abord découvert que le marquis de Garmandia est un homme d'une violence extrême; qu'il a dissipé toute sa fortune; que, depuis deux ans, il ne vit que de ce qu'il réussit à arracher à sa femme, par des menaces, et même des sévices. Je sais, de plus, que le jour de son départ pour l'Afrique, le marquis s'est fait compter par la marquise une somme de cent mille francs contre un pouvoir signé de lui et l'autorisant à réaliser ses biens particuliers et en disposer comme il lui plairait, pouvoir, bien entendu, que le marquis a annulé aussitôt débarqué à Alger. Malheureusement ou heureusement pour elle, la marquise, qui connaissait bien son mari, n'avait pas perdu de temps; elle s'était si bien hâtée, que toute sa fortune était réalisée et entre ses mains, avant même que le marquis eût aperçu les côtes d'Afrique.

— Que me dites-vous là? s'écria le juge d'instruction avec surprise.

— La vérité, monsieur. Je tiens ces détails du notaire de madame de Garmandia lui-même.

— Le chiffre de cette fortune particulière de la marquise est élevé, sans doute.

— Assez, dit froidement le policier, il se monte à deux millions sept cent mille francs environ.

— Est-ce possible! s'écria le juge d'instruction abasourdi; nous n'avons trouvé que des sommes insignifiantes, vingt-cinq mille francs au plus; que sera devenue cette énorme fortune?

— Demandez au marquis de Garmandia, monsieur, répondit l'agent en ricanant. Je crois que, mieux que personne, il saura vous dire où elle est passée; ah! c'est un rude mâtin! Il connaît son affaire! il a admirablement travaillé; ce crime est un véritable chef-d'œuvre; seulement, il a trop rusé, c'est ce qui l'a perdu.

— Mais son alibi?

— Il tombe devant les preuves décisives que j'ai réunies.

— Prenez garde !

— Je suis sûr de mon fait. Souvenez-vous de l'adage : Cherche à qui le crime profite.

— Je sais, je sais ! Mais vous parlez de preuves décisives.

— Ces preuves, je vous les apporte.

— Vous dites des preuves décisives ?

— Oui, monsieur; accablantes même. Je vous ferai, quand vous voudrez, découvrir la porte secrète et le souterrain par lesquels la marquise a été enlevée, porte et souterrain que seul le marquis pouvait et devait connaître, puisque depuis des générations cet hôtel est dans sa famille. Je ferai plus encore, monsieur ; je vous conduirai à l'endroit où la malheureuse femme a été enterrée vivante.

— Vivante ! s'écria le juge d'instruction avec un mouvement d'horreur.

— Oui, monsieur, vivante ! Ah ! le marquis de Garmandia n'est pas un homme du boulevard Montmartre !

— Tout de suite conduisez-moi ; je ne veux pas retarder d'un instant cet impérieux devoir.

— Je suis à vos ordres, monsieur le juge d'instruction.

Une demi-heure plus tard, une nouvelle visite domiciliaire avait lieu dans l'hôtel de Garmandia, visite entourée de tout l'imposant appareil dont la justice sait s'entourer en certaines circonstances graves.

Une fois dans l'appartement de la marquise, sur l'ordre du juge d'instruction, les scellés furent provisoirement levés, et l'on procéda à des recherches minutieuses pour retrouver la somme énorme révélée par l'agent de la sûreté de Paris ; mais ces recherches furent infructueuses ; on ne trouva rien de plus que ce qu'on avait découvert la première fois.

— J'en étais sûr ! dit l'agent en haussant les épaules.

— Passons à la porte secrète, dit le juge d'instruction.

Les agents du commissaire de police se regardèrent d'un air goguenard.

Mais le policier ne se déconcerta pas ; sans paraître remarquer les sourires railleurs des agents, il marcha droit à la muraille, et, après une très légère inspection, il posa le doigt sur une rosace de la tenture, impossible à découvrir, à moins d'être bien certain de son existence ; aussitôt, la muraille sembla se fendre, un bloc de granit se détacha, tourna sans produire le moindre bruit sur lui-même et démasqua un escalier en spirale, montant aux étages supérieurs et descendant jusqu'aux fondations de l'hôtel.

— C'est par cette porte que la marquise a été enlevée, dit froidement l'agent.

Les assistants étaient stupéfiés.

— Mais comment, vous étranger à ce pays, arrivé depuis un mois à peine, avez-vous réussi à découvrir cette porte, dans une maison où vous n'êtes entré qu'une fois ? demanda le juge d'instruction.

L'agent sourit d'un air bonhomme.

— Oh ! bien simplement, monsieur ; seulement, j'ai eu une idée.

— Sur ma foi, dit le juge, je serai heureux de la connaître.

— Oh ! mon Dieu ! je n'en tire aucun orgueil, je vous la donne pour ce qu'elle vaut, monsieur. On m'avait raconté l'histoire de cette maison ; qu'elle remontait à trois ou quatre siècles, qu'elle avait même, pendant un certain temps, servi de citadelle sous le règne de Charles le Mauvais, roi de Navarre, que sais-je encore ; bref, l'idée me vint qu'en fouillant les archives de la ville, je trouverais peut-être quelque chose se rapportant à elle.

— Vous avez fouillé et vous avez trouvé ?

— Tout juste, monsieur. J'ai trouvé deux plans de cette maison : l'un remontait au quatorzième siècle et portait la date de 1365, par conséquent sous le règne de Charles II le Mauvais, roi de Navarre ; l'hôtel de Garmandia était alors une citadelle ; le second plan était du seizième siècle et portait la date de 1594, c'est-à-dire remontait à Henri IV, roi de Navarre et de France. J'examinai attentivement ces deux plans, pendant plusieurs heures, les étudiant et les comparant l'un à l'autre. Dans le second plan, la citadelle était devenue un château féodal, fortifié encore, mais prenant déjà des allures pacifiques ; bien des changements avaient été opérés entre les deux époques, mais le gros œuvre, la construction primitive était restée la même. Je finis par découvrir que les passages secrets, les portes dérobées existant dans le premier plan, se retrouvaient dans le second, d'une façon identique ; dès lors, il ne me restait plus qu'à retrouver les positions exactes, ce qui me fut facile. Je suis étonné que la pensée de faire ces recherches ne soit venue à personne avant moi.

Les agents, le commissaire et le juge d'instruction étaient dans l'admiration.

— Vous avez raison, dit le juge, mais cette pensée vous seul l'avez eue et l'avez exécutée.

— Oh ! dit l'agent avec un accent intraduisible, et en clignant l'œil droit, c'est l'œuf de Christophe Colomb, pas autre chose.

Le juge d'instruction sourit.

— Voyons un peu cet escalier, dit-il.

Des bougies furent allumées et l'on descendit ; arrivé dans le souterrain, l'agent releva la lanterne abandonnée :

— Voici la lanterne avec laquelle le ravisseur s'est éclairé, vous remarquerez que c'est un fanal de marine

— En effet, dit le juge, le nom du navire auquel il appartient est gravé dessus ; voyons un peu, éclairez-moi.

On approcha les bougies.

Le juge d'instruction lut :

— *El Relampago*, l'Éclair, traduisit-il aussitôt ; c'est un bâtiment espagnol.

— Le mystérieux navire en question, sans doute, dit l'agent.

— Conservez ce fanal, c'est une pièce de conviction, dit le juge. Continuons ; mais nous voici à une muraille !

L'agent, sans répondre, s'approcha de la muraille, l'examina un instant, découvrit le ressort, le pressa et la muraille tourna sur elle-même.

— Nous voici à la rivière, dit l'agent; regardez, monsieur; le canot a abordé ici; il a été traîné sur le sable; voyez, sans doute personne n'est resté pour le garder; cela se comprend, ils n'étaient que deux dans le canot, n'est-ce pas ?

— Deux ou trois, on n'est pas bien sûr; il faisait nuit, et l'on ne distinguait que difficilement l'embarcation, reprit le juge ; n'importe ! Remontons, nous avons appris tout ce que nous désirions savoir; monsieur le commissaire, faites, je vous prie, préparer au plus vite plusieurs embarcations, nous avons une dernière course à faire.

Le commissaire transmit aussitôt cet ordre à un agent, qui s'élança en courant en avant.

On rentra dans le souterrain. Le policier fit refermer la muraille.

— Commencez-vous à voir clair dans ce mystère, monsieur ? demanda l'agent parisien au juge d'instruction lorsqu'ils rentrèrent dans la chambre à coucher.

— Oui, reprit le juge Rien ne vous échappe. Vous êtes un fin limier, monsieur.

— J'espère avant peu justifier cet éloge, qui, sortant de votre bouche, m'est précieux, monsieur, répondit le policier en s'inclinant.

Les portes furent refermées, les scellés rétablis, et l'on sortit sur le quai, où une grande foule s'était assemblée et commentait, à sa manière, les opérations de la justice.

Quatre barques attendaient.

Juge d'instruction, commissaire de police, agents et gendarmes s'embarquèrent.

D'autres barques remplies de curieux suivirent de loin ; à chaque coude de la Nivelle, d'autres barques rejoignaient, de sorte que, lorsqu'on arriva devant la maison hantée, il y avait une véritable flottille de canots sur la rivière.

— Il nous manque un médecin pour les constatations légales, fit observer le policier au juge d'instruction.

— En voici un qui nous arrive, répondit le juge d'instruction.

En effet, le docteur d'Hérigoyen, se doutant sans doute que la police allait faire la levée du corps et que sa présence serait nécessaire, s'était hâté de traverser la rivière en compagnie de son fils.

Le juge d'instruction et le docteur se saluèrent affectueusement ; ils étaient liés depuis plusieurs années.

Le juge mit le médecin au courant de ce qui se passait et réclama son concours.

Le docteur consentit avec empressement et l'on pénétra dans le jardin de la maison hantée.

L'on visita d'abord la maison, dont les portes furent ouvertes par un serrurier, amené tout exprès ; toutes les chambres étaient vides, sans un meuble ; une pièce du rez-de-chaussée, seule, avait une apparence d'ameublement, trois ou quatre chaises, un banc et une table, les chaises paillées, le tout en bois blanc.

Sur la table, des verres, quelques bouteilles vides, un cahier de papier blanc, des plumes, de l'encre dans un encrier en bois, une bouteille dont l'extrémité du goulot avait conservé de la cire ; cette dernière bouteille était remplie, sauf la valeur d'un verre.

Le docteur goûta la liqueur contenue dans la bouteille et la fit goûter à son fils.

Tous deux déclarèrent que cette bouteille contenait un narcotique puissant.

Le commissaire de police dressait le procès-verbal, assis devant la table.

Pendant que ceci se passait, l'agent parisien avait ramassé plusieurs morceaux de papier, et s'occupait à les coordonner entre eux et à les coller, avec des pains à cacheter, sur une feuille de papier blanc.

— Que faites-vous donc ? lui demanda le juge d'instruction.

— Lisez, dit simplement le policier parisien, en lui présentant le papier.

Le juge d'instruction lut; une expression de stupeur parut sur son visage.

— Ceci a été écrit par le marquis de Garmandia, dit-il, le doute est impossible à présent.

Le papier et la bouteille furent mis soigneusement de côté; l'on retourna au jardin.

— Creusez à la place où vous voyez une croix, dit le juge d'instruction.

Deux paysans se mirent à l'œuvre; on les avait requis tout exprès pour cette besogne.

Le policier les surveillait attentivement.

Bientôt un cadavre de femme apparut; il était entièrement décomposé et complètement méconnaissable, mais il avait conservé la plus grande partie de ses vêtements.

Détail horrible, ce cadavre était garrotté avec de fortes cordes. On le tira de la fosse avec précaution et on l'étendit sur l'herbe.

Alors on aperçut un second cadavre couvert d'un costume de matelot. Comme le premier, il était méconnaissable; le cadavre de femme avait conservé des lambeaux de gants; dans un de ces gants, on trouva un anneau d'or, une alliance.

Le juge d'instruction l'ouvrit; deux noms étaient gravés à l'intérieur: Tancrède, Léona, et une date: 25 mai 1858.

Il fut constaté que la jeune femme avait été enterrée vivante. Ses vêtements portaient tous le chiffre de madame la marquise de Garmandia; sa chevelure, longue et fort belle, était blonde. Il fut donc prouvé que ce cadavre était celui de madame la marquise de Garmandia.

Le matelot avait été étranglé, puis jeté dans la fosse; un livret trouvé dans une poche de son paletot, et portant le nom de Martial Séverin, servit à constater son identité, de même que l'alliance trouvée au doigt du cadavre de la femme, les chiffres de ses vêtements et sa chevelure blonde avaient fait reconnaître la marquise.

Le procès-verbal, dressé séance tenante par le commissaire de police, fut signé par les deux médecins, le père et le fils, et par tous les assistants ; puis les deux cadavres furent de nouveau inhumés dans deux fosses différentes.

— Eh bien, prendrez-vous de mes almanachs maintenant, monsieur ? dit le policier au juge d'instruction dans son langage un peu vulgaire, en arrivant à Saint-Jean-de-Luz. Avais-je raison ?

— Pleinement raison, monsieur, et la preuve, c'est que je vais signer contre le marquis un mandat d'amener que je vous charge d'exécuter ; je vais immédiatement télégraphier ce qui s'est passé au ministre de la justice pour que, en arrivant à Alger, vous trouviez vos instructions et que vous n'ayez pas de difficultés avec l'autorité militaire pour l'exécution de votre mandat d'amener.

— Je vous remercie, monsieur, de cette preuve de votre satisfaction.

— C'est moi, au contraire, qui vous remercie sincèrement ; sans vous, jamais je n'aurais débrouillé les fils si bien embrouillés de cette diabolique affaire.

Le soir même, le policier partit pour Bayonne ; quatre jours plus tard, il s'embarqua pour l'Algérie, sur un trois-mâts, qui transportait les émigrants basques dans notre colonie africaine.

Aussitôt débarqué à Alger, et sans perdre un instant, le policier se rendit chez le gouverneur général.

Le gouverneur avait reçu des ordres du ministre de la justice, il mit à la disposition du policier les forces nécessaires et lui facilita les moyens de transport pour se rendre auprès du marquis.

Le départ fut fixé au surlendemain.

Au moment où le policier allait se mettre en route avec son escorte, il fut appelé au palais du gouvernement ; là il apprit avec désespoir que, trois jours auparavant, le colonel de Garmandia s'était brûlé la cervelle dans sa tente, au milieu de son campement ; les détails de cet événement venaient d'arriver à l'instant au gouvernement central.

Le colonel avait reçu de France une lettre qui l'avait fort affecté; d'ailleurs, depuis quelque temps, il semblait triste, inquiet, préoccupé; le lendeman du jour où il avait reçu la lettre, qu'il avait du reste anéantie, au milieu de la nuit, pendant que le camp dormait, le colonel s'était tué en se tirant deux coups de pistolet en pleine figure; il avait été défiguré de telle sorte, qu'on ne l'avait reconnu qu'à son uniforme et à une bague qu'il portait constamment au petit doigt de la main gauche.

Le policier se retira désespéré : volontiers il se serait arraché les cheveux de rage de n'avoir pas réussi à s'emparer du colonel; mais la mort du coupable annulait toutes poursuites.

Huit jours plus tard il s'embarqua pour la France, l'oreille basse et l'air penaud, comme un renard qu'une poule aurait pris.

Deux jours auparavant, vers deux heures du matin, deux hommes s'étaient embarqués furtivement à Arzew, sur un smoggler espagnol.

L'un de ces deux hommes était le marquis, l'autre son fidèle matelot Sébastian.

Ainsi tous deux, le mari et la femme, se croyaient mutuellement morts, et se sauvaient chacun dans des directions différentes.

En annonçant cette nouvelle à la marquise, installée depuis dix jours à Paris, avenue Montaigne, le docteur d'Hérigoyen ajoutait en post-scriptum :

« Ne vous réjouissez pas trop de cette mort, madame. Qui sait si votre mari, sans s'en douter, n'a pas suivi l'exemple que vous lui avez donné? On peut tout supposer d'un homme de cette trempe. »

Le docteur d'Hérigoyen avait flairé la fourberie, si adroitement exécutée par le marquis.

VIII

OU L'ON VOIT LE PÈRE GUÉRIR LES BLESSURES FAITES PAR LE FILS, ET CE QUI S'ENSUIVIT.

Nous reviendrons maintenant à Felitz Oyandi, le farouche montagnard, si longtemps la terreur et le tyran des jeunes gens de son âge, à vingt lieues à la ronde, et que nous avons abandonné après son combat contre Julian d'Hérigoyen, combat qu'il avait si hautainement provoqué et qui, à la surprise de tous les témoins de cette lutte, avait eu un résultat si contraire à toutes leurs prévisions.

Blessé, meurtri, fou de honte, de rage et de haine impuissante et presque évanoui, le vaincu avait été enlevé par ses amis et transporté sur un brancard construit à la hâte, dans la maison de son père, ferme importante, située à un ou deux kilomètres de Serres.

Cette ferme, de même que la plupart des habitations basques, était plutôt une demeure d'apparence féodale qu'un bâtiment destiné à une exploitation agricole.

C'était une lourde et massive construction en pierre de taille, d'apparence gothique, dont la porte de forme ogivale était surmontée d'écussons creusés dans le granit, et portant les armes de la famille.

Les murs d'une épaisseur extraordinaire, et fort élevés, étaient percés de rares fenêtres, très étroites, arrondies du haut et garnies de vitres enchâssées dans du plomb.

Le corps de logis était flanqué de deux ailes en retour et ayant chacune une espèce de tour assez haute, et coiffée, après coup, d'un toit pointu.

Située au sommet d'une colline dans une situation pittoresque et dominant au loin la campagne, cette maison avait dû, au moyen âge, être une forteresse redoutable et jouer un rôle important dans les guerres de cette époque troublée.

La famille de Oyandy, dont le nom signifie grand bois, grande forêt, était très riche et très respectée; elle jouissait d'une haute considération dans le pays, dont elle était une des plus vieilles et des plus importantes.

Bien que la distance fût assez courte, ce ne fut cependant que vers cinq heures du matin que les amis de Felitz Oyandi, chargés du brancard sur lequel le jeune homme était étendu, atteignirent sa demeure et en franchirent la porte, au milieu des cris et des lamentations de sa famille et de ses serviteurs.

Le blessé fut monté dans sa chambre et couché sur son lit, sans paraître en avoir conscience, tant il était abattu par la douleur de ses blessures, le sang qu'il avait perdu, et surtout la fureur qui grondait sourdement au fond de son cœur.

La réputation de force, de courage et d'adresse de ce jeune homme, jusque-là si redouté de tous, était si bien établie que son père et les valets de la ferme s'obstinaient à le croire victime d'un odieux guet-apens.

Il leur paraissait impossible qu'il en fût autrement ; ses amis furent contraints d'affirmer, et même de jurer, qu'ils avaient été témoins de ce qui s'était passé, que leur ami avait été blessé dans un combat loyal, provoqué par lui, et contre un seul homme, armé seulement de son bâton de néflier, pour que leurs auditeurs se décidassent enfin à ajouter foi à leurs paroles.

Mais lorsque les parents du blessé voulurent savoir quel était ce redoutable adversaire qui avait vaincu et si rudement écloppé le fils du chef de la famille, les jeunes gens refusèrent péremptoirement de le faire connaître.

Ils se contentèrent de répondre que Felitz, leur ami, avait seul le droit de révéler les causes du combat et le nom de l'homme qu'il avait provoqué; ils se retirèrent aussitôt avec une espèce de hâte, qui surprit beaucoup les habitants de la ferme, et sans même accepter les rafraîchissements qui leur étaient offerts, grande infraction aux coutumes hospitalières du pays qui impliquait aux yeux de tous, sinon une hostilité déclarée, mais tout au moins un blâme tacite de la conduite tenue par le jeune homme dans cette circonstance.

Un valet fut aussitôt dépêché au docteur d'Hérigoyen, le seul médecin exerçant dans un rayon de quinze lieues, dans lequel on eût une entière confiance pour soigner le blessé.

Le docteur, ainsi que toujours il le faisait en pareil cas, se hâta d'accourir, loin de soupçonner que les plaies qu'il se chargeait de guérir étaient du fait de son fils dont il s'était séparé la veille à neuf heures du soir et que depuis il n'avait pas revu.

Lorsque le docteur arriva, il trouva le malade en meilleur état qu'il ne l'espérait, d'après les commentaires exagérés du valet qui avait été le chercher.

Felitz Oyandi avait repris connaissance.

Quoique très faible, il accueillit le docteur avec un sourire, et de sa prunelle contractée s'échappa comme un éclair de joie maligne, aussitôt éteint, sous la paupière baissée, éclair dont l'expression aurait à bon droit très intrigué le docteur, s'il l'avait remarqué; mais, préoccupé de son malade, il ne vit rien.

Le médecin visita le blessé avec le plus grand soin ; cet examen fut long et consciencieux.

— Eh bien, docteur ? demanda le jeune homme avec un pâle sourire, je suis bien malade, n'est-ce pas ?

— Oui, répondit celui-ci en secouant la tête ; mais, pas autant que je le craignais, d'après ce que m'avait dit cet imbécile de Joan.

— Ainsi, vous espérez ?

— Comment ! s'écria le docteur, vous croyez-vous donc en danger de mort ?

— Non, mais j'ai peur de rester estropié.

— Rassurez-vous, monsieur, dans un mois ou six semaines au plus tard, vous serez guéri, aussi fort, aussi alerte et aussi ingambe que si vous n'aviez pas été blessé.

7.

— Vous me le promettez ?

— Je vous l'affirme ; mais pour cela, il faut que vous suiviez mes instructions à la lettre, et surtout que vous soyez patient.

— Oh ! soyez tranquille, docteur, dit le jeune homme avec amertume, je veux guérir ; jamais vous n'aurez eu de malade aussi docile.

— A la bonne heure, je vous félicite de cette résolution, quoiqu'elle émane d'un mauvais sentiment.

— Que voulez-vous dire, docteur, je ne vous comprends pas ? dit-il avec un accent qui aurait trompé tout autre que le clairvoyant médecin.

— Je veux dire, reprit celui-ci, que ce vif désir de guérir vite ne provient que de votre désir de tirer une éclatante revanche de votre défaite.

Le jeune homme détourna la tête sans répondre ; il craignait que son regard ne le trahît.

— Vous avez tort, reprit placidement le médecin, qui était loin de soupçonner la fureur qu'il allumait dans l'âme humiliée de son malade. Croyez-moi, restez-en là ; l'homme, quel qu'il soit, avec lequel vous vous êtes mesuré, vous est de beaucoup supérieur.

— Vous croyez, docteur ? murmura le jeune homme avec amertume.

— Tout le prouve ; les marques qu'ils vous a laissées sur le corps en font foi ; je vais plus loin : j'ai la conviction qu'il vous a ménagé, et, que s'il l'eût voulu sérieusement, il vous eût broyé comme vous broieriez mon fils, qui n'est qu'un enfant auprès de vous, si vous luttiez ensemble.

Felitz Oyandi fixa son regard perçant sur le médecin pour essayer de savoir si ses paroles ne cachaient pas une cruelle ironie.

Mais non ; le docteur était de bonne foi ; cela était facile à voir.

— Oh ! murmura le blessé avec un soupir ressemblant à un sourd rauquement de fauve aux abois.

— La colère est mauvaise conseillère, reprit le médecin avec bonhomie ; réfléchissez et rentrez en vous-même ;

vous avez trouvé plus fort que vous; cela arrive à tout le monde; acceptez franchement votre défaite et n'y pensez plus, c'est ce que vous avez de mieux à faire.

— Peut-être, en effet, avez-vous raison, docteur ; j'essayerai de suivre vos conseils.

— Suivez-les et vous vous en trouverez bien.

Tout en causant ainsi, le docteur avait pansé les blessures du jeune homme, avec cette adresse et cette légèreté de main qui distinguent les vieux praticiens.

— Là, voilà qui est fait, dit-il; buvez ce cordial, ajouta-t-il, en lui présentant un verre à demi plein d'eau, dans lequel il avait versé quelques gouttes d'une liqueur noirâtre ; c'est un narcotique qui vous fera dormir et vous rendra le calme dont vous avez tant besoin. Le moral, vous le savez, influe beaucoup sur le physique. Mes remèdes, si puissants qu'ils soient, resteraient inefficaces si vous vous tourmentiez et si vous laissiez imprudemment travailler votre imagination, déjà tant surexcitée par la fièvre. Du calme, voilà ce qu'il vous faut.

— Je tâcherai d'oublier, docteur, murmura le blessé

Le médecin l'examina pendant quelques minutes.

— Je reviendrai ce soir, dit-il au père du blessé. Jusque là, veillez à ce que personne n'entre ici.

Il prit alors congé et se retira, laissant son malade profondément endormi grâce au cordial qu'il avait bu.

Julian ne songeait plus à ce combat avec Feliz Oyandi; le jeune homme était tout à son amour, à la joie d'avoir été par Denisa préféré à tous ses rivaux, et au bonheur de voir sa bien-aimée, de s'enivrer de son regard voilé d'une douce langueur, et de lui parler de son amour, en faisant force châteaux en Espagne pour l'avenir.

Denisà avait été aussitôt instruite de ce qui s'était passé entre les deux jeunes gens, après leur sortie de la veillée.

Si chaste et si innocente que soit une jeune fille, avant tout elle est femme, et surtout fière d'avoir bien placé son amour, et de reconnaître dans celui qu'elle aime ce protecteur puissant que, d'instinct, toute femme cherche au fond de son amour.

Cependant elle avait tremblé au récit exagéré qui lui avait été fait, de cette lutte dans laquelle Julian avait risqué sa vie.

Elle avait résolu de le gronder, de le prier d'être prudent, et de ne pas compromettre ainsi son bonheur.

Mais quand elle avait revu le jeune homme, la joie de le revoir lui avait fait tout oublier pour ne plus songer qu'à écouter, le cœur palpitant, les doux serments de l'aimer toujours, que, d'une voix que l'émotion brisait, son fiancé lui murmurait doucement à l'oreille.

D'ailleurs, comme s'il se fût douté des intentions de la jeune fille, Julian était allé de lui-même au-devant de ses reproches en lui déclarant qu'il ne gardait aucune rancune à Félitz Oyandi, pour ce qui s'était passé entre eux, qu'il le plaignait au contraire de ne pas avoir l'amour de Denisà, qu'il comprenait son dépit et excusait sa colère d'avoir été si nettement repoussé.

Un amant rebuté est bien en droit de se plaindre et de s'en prendre à celui qui l'a supplanté dans le cœur de celle qu'il aime.

Il ajouta qu'il éviterait tout prétexte à de nouvelles discussions, que, du reste, il était convaincu que Félitz comprendrait lui-même le ridicule qu'il se donnerait en persistant dans ses recherches et que, dans tous les cas, lui, Julian, ne serait jamais l'agresseur.

Il était trop heureux de l'amour de Denisà pour ne pas plaindre son rival et consentir à d'autres querelles avec lui.

Ces assurances, cent fois répétées, rassurèrent complètement la jeune fille, et ce sujet épuisé fut abandonné sans retour.

Julian disait vrai.

Il ne conservait, en réalité, aucune rancune contre Felitz Oyandi, et, à moins d'une provocation directe, il était bien sérieusement résolu à éviter toute contestation avec ce jeune homme pour lequel il n'éprouvait ni haine ni amitié et qui lui était plus qu'indifférent.

Julian était un de ces cœurs généreux, un de ces hommes d'élite pour lesquels la haine n'existe pas, disposés à la bienveillance envers tout le monde, parce qu'ils sont forts, et qui, avant d'accepter une lutte, essayent par tous les moyens honorables de l'éviter.

Et puis, dans le cas présent, il était surtout disposé à l'indulgence par l'amour; il plaignait son rival, et était tout disposé à lui tendre la main, si celui-ci consentait à lui offrir la sienne.

Cependant les jours se passaient, le temps s'écoulait, le docteur ignorait encore l'amour de son fils, et l'engagement sacré qu'il avait pris sans l'en prévenir; le hasard pouvait d'un moment à l'autre mettre le docteur au courant de tout ce qui s'était passé.

Julian comprenait qu'il devait parler.

C'était presque un miracle, cette ignorance du docteur; s'il était renseigné à l'improviste par des étrangers, le silence gardé par son fils le blesserait, sans doute.

Il lui adresserait des reproches pour son peu de confiance, ou peut-être se tairait-il, et conserverait-il une rancune secrète du procédé offensant de son fils.

Donc, il était urgent d'aller au devant de toutes ces probabilités aussi désagréables les unes que les autres, en prenant le parti de tout avouer franchement à son père; cette dernière résolution fut celle à laquelle s'arrêta le jeune homme; mais il lui fallait attendre un moment propice pour faire cette confidence, ou plutôt cette confession.

Le hasard le favorisa, car le jour même où il avait formé le projet de tout dire à son père, le docteur, sans s'en douter le moins du monde, ainsi que cela arrive le plus ordinairement, lui prépara lui-même la voie.

Un peu plus de six semaines s'étaient écoulées depuis les incidents survenus à la veillée, dont nous avons rendu compte dans notre précédent chapitre.

Il était huit heures du soir.

La pluie fouettait rageusement les vitres, chassée par un fort vent de l'est-nord-est, venant des montagnes, et dont les sifflements dans les longs corridors de la maison formaient une symphonie triste et mystérieuse, qui n'était pas sans un certain charme ; la nuit était sans lune, il faisait noir.

Les nuages, très bas et chargés d'électricité, couraient dans l'espace, avec une rapidité vertigineuse, en rasant le sommet échevelé des arbres ; le froid était vif, la pluie glaciale.

C'était une de ces soirées d'hiver remplies d'inexplicables délices pour les sybarites, assis dans de moëlleux fauteuils, les pieds sur les chenets, enveloppés d'une chaude robe de chambre, et qui, d'un œil rêveur, regardent les fantastiques paraboles de la flamme du foyer et les mystérieuses étincelles qui, par myriades, s'échappent du brasier, tout en fumant nonchalamment une cigarette, et écoutent d'une oreille distraite les lugubres mélopées formées par les bruits confondus de la tempête qui fait rage au dehors ; mais nuit sinistre et remplie de terreurs pour les voyageurs égarés sur les routes défoncées par l'ouragan, et marchant à l'aventure, à travers les sombres solitudes, sans espoir de secours, ou pour les mendiants accablés de fatigue, transis de froid et à demi-morts de faim, qui tombent défaillants sur le revers d'un fossé ou au pied d'un arbre, frémissant d'épouvante à la pensée de la mort, qui déjà étend vers eux sa main décharnée de squelette.

Julian d'Hérigoyen était à demi-étendu sur un divan à la turque, dans son cabinet de travail ; le coude sur le divan, et la tête dans la main, il relisait, car il l'avait lu cent fois, le magnifique drame de Victor Hugo, cette œuvre étrange et grandiose de ce puissant génie intitulée : *Marion Delorme.*

Nous avons dit que Julian lisait ; nous nous sommes trompés, il rêvait, le volume ouvert dans la main gauche, mais dont il n'avait pas depuis un quart d'heure tourné un feuillet.

Il en était à la scène cinquième du troisième acte, où Marion et Didier, cachés au milieu d'une troupe de comédiens nomades, se présentent au château de Nangis, pour y passer la nuit dans une grange ; parfois le jeune homme faisait un mouvement comme pour reprendre la lecture.

Mais ce mouvement était aussitôt réprimé, et de nouveau il se plongeait dans sa rêverie.

Tout à coup la porte s'ouvrit brusquement et le docteur entra.

Julian tressaillit et se redressa aussitôt.

— Hé ! s'écria le docteur, que fais-tu donc, paresseux ? Dieu me pardonne, tu dors, je crois, bercé par l'orage qui gronde au dehors !

— Non point, je ne dors pas, mon père ; je lis. Mais vous arrivez, il me semble, de bien bonne heure, ce soir, père ; je ne vous attendais pas avant neuf heures, au plus tôt.

— Serais-tu donc contrarié de me voir arriver de meilleure heure que tu ne l'espérais ?

— Vous ne le croyez pas, mon père ; vous savez avec quelle inquiétude je vous vois entreprendre ces longues courses de nuit, à travers des chemins impraticables, par des temps comme celui qu'il fait aujourd'hui.

— Es-tu prêt ? Le souper est servi.

— Je n'attendais que votre retour, père, pour me mettre à table.

— Alors, viens ; je meurs de faim. Pendant toute la journée, je n'ai pas trouvé un moment pour manger un morceau en route.

— Allons vite, alors, dit en riant le jeune homme.

Ils passèrent dans la salle à manger et prirent place en face l'un de l'autre.

La table était plantureusement servie.

Des servantes, placées près de chaque convive, leur permettaient de se servir eux-mêmes et les dispensaient d'avoir derrière eux les longues oreilles de leur ménagère.

C'était précisément à cause d'elle que le docteur avait adopté cette mode, fort en honneur dans certains petits soupers de la Régence et du Directoire.

Cette femme, très dévouée et d'une honnêteté à toute épreuve, était affectée d'une intempérance de langue si redoutable, que toutes ses autres qualités — et elles étaient nombreuses — en étaient ternies.

Ce défaut, devenu chez elle une véritable maladie, lui avait valu le sobriquet caractéristique de *Picahandia* c'est-à-dire *la Grande Pie,* sobriquet qui avait fini par remplacer complètement son nom véritable, et auquel elle répondait elle-même sans se formaliser.

— Voici bien longtemps que nous n'avons pas dîné à notre heure réglementaire, dit le jeune homme en souriant.

— C'est vrai ; mais aujourd'hui, dès sept heures du soir, mes malades m'ont donné congé.

— Mais il me semble que vous aviez un malade auquel vous faisiez chaque soir une visite à huit heures ?

— C'est encore vrai, garçon ; mais ce malade, convalescent depuis quinze jours, je l'ai, ce matin, trouvé tout à fait guéri et en train de faire ses malles.

— Il part ?

— Il est parti.

— Alors bon voyage ; où va-t-il ?

— A Paris. Il m'a même demandé quelques lettres d'introduction, que je lui ai données. Tu comprends, un enfant du pays, appartenant à l'une de nos vieilles familles ; il m'était difficile de le refuser.

— Dieu me garde de vous blâmer, mon père ; ce que vous faites est toujours bien.

— A propos, tu dois le connaître, ce garçon, ne serait-ce que de nom ? C'est un beau gaillard, de vingt-quatre à vingt-cinq ans, fort riche, dit-on, et qui, si j'en crois la chronique scandaleuse, fait un peu beaucoup la cour à toutes les belles filles du pays. Je soupçonne même que c'est à la suite...

— Comment le nommez-vous donc, mon père ?

— C'est vrai, je ne t'ai pas dit son nom. C'est le fils du vieux Feliciano de Oyandi.

— Felitz de Oyandi ! C'est lui que vous avez soigné, père? interrompit vivement le jeune homme.

— Lui-même. Il était fort malade.

— De blessures, n'est-ce pas ?

— De blessures, oui. Cette fois, il paraît qu'il a trouvé son maître. Tu le connais donc?

— Et c'est à lui que vous avez donné des lettres d'introduction ?

— Mais oui... Pourquoi non ?

— Combien de lettres, mon père ?

— Trois : une pour le général Bedeau avec lequel j'ai servi en Afrique ; les deux autres sont : l'une adressée à mon vieil ami Chabert, le député de l'extrême gauche que tu connais, et l'autre pour Pierre Lefranc, auditeur au conseil d'Etat. Tu vois que j'ai bien fait les choses.

— Trop bien, murmura Julian.

— Hein ? Que veux-tu dire?

Le jeune homme se frappa le front.

— Quel malheureux hasard ! murmura-t-il.

— Voyons, explique-toi, garçon ; tu m'inquiètes ? Que signifient toutes ces questions que tu m'adresses ? Tu le connais donc, ce Felitz de Oyandi ?

— Si je le connais ! C'est moi qui lui ai fait les blessures dont vous l'avez guéri.

— Que me dis-tu là ?

— La vérité, père.

— Tu t'es battu avec lui !

— Il m'a provoqué.

— Mais, malheureux, il est trois ou quatre fois plus vigoureux que toi ! Cet homme est un hercule !

— Vous avez dit le mot, père, c'est un hercule, répondit le jeune homme en souriant ; et, comme hercule, il ne connaît que la force brutale.

— Ce qui veut dire?

— Vous rappelez-vous la dernière recommandation que vous m'avez faite, il y a cinq ans, lorsque, après m'avoir conduit à Paris pour commencer mes études médicales, quand vous vous êtes séparé de moi dans la cour des messageries Lafitte et Caillard?

— Je t'ai fait beaucoup de recommandations, garçon, et je me plais à constater que tu as tenu compte de toutes; remets moi sur la voie, sinon nous n'en sortirons jamais.

— Vous m'avez dit entre autres choses : dans tes moments perdus, fais de la gymnastique sous toutes les formes, cela te rendra sinon fort, du moins adroit; au physique comme au moral, l'adresse égalise les forces, souviens-toi de cela.

— C'est vrai, je t'ai fait cette recommandation; le cas échéant je te la ferai encore.

— Eh bien! mon père, je vous ai obéi comme toujours.

— C'est-à-dire?

— J'ai appris tout ce qu'il m'a été possible d'apprendre en gymnastique : ainsi j'ai fréquenté la salle de Grisier, celles de Leboucher et de Lacour; je suis allé au tir, au manège, j'ai pris un professeur de natation, un maître de boxe anglaise.

— De sorte?

— De sorte, père, reprit le jeune homme en riant, que je suis de première force à l'épée, au pistolet, à la canne, au bâton, au sabre, à la boxe, que je monte à cheval comme Baucher, et que je nage comme un esturgeon.

— Oh! oh! je crois que je commence à comprendre; vous vous êtes battus comme deux cerveaux brûlés, avec vos *mâkhil bal* de néflier; et, grâce à ton adresse supérieure, tu as infligé une correction exemplaire à ce bravache.

— Oui, père, sans qu'il ait réussi à me porter un seul coup; je l'aurais tué, si je n'avais pas eu pitié de lui.

— C'est mon avis; je le lui ai dit à lui-même.

— Et il ne vous a pas avoué que j'étais son adversaire?

— Il ne m'en a pas soufflé mot.

— Je m'en doutais. Ah! si j'avais su que vous le soigniez!

— Bah! qu'importe cela? D'ailleurs, il a quitté le pays, sans doute pour ne pas être exposé à te rencontrer.

— Non, vous vous trompez, mon père, ce n'est pas pour cela. Felitz Oyandi est vaniteux et vindicatif, c'est une méchante nature. Il est parti pour machiner quelque trahison. Cet homme est mon ennemi mortel.

— Bon, tu es fou! ennemi mortel parce que vous vous êtes battus comme deux fous à propos de je ne sais quoi.

— Ah! voilà, père, dit le jeune homme en rougissant, c'est que ce combat n'est pas venu comme vous le supposez à la suite d'une querelle futile : la cause en est très sérieuse, au contraire.

— Parle, voyons; tu commences à m'inquiéter.

— Je vous dirai tout, mon père, il le faut, d'ailleurs je l'avais résolu depuis longtemps déjà; je ne veux et je ne puis avoir de secret pour vous.

— Des secrets, toi, garçon! qu'est-ce que cela signifie?

— Vous allez tout savoir, mon père, seulement promettez-moi de me laisser parler sans m'interrompre; je vous avoue que si vous me coupiez la parole, je crois que je n'aurais pas la force d'achever cette confession.

— Que signifie ce mot de confession, et que vient-il faire là, garçon?

— Vous allez en juger, père, si vous me permettez de...

— Parle donc, au nom de Dieu! interrompit le docteur, car tu commences à m'effrayer réellement.

— Mon père, vous vous souvenez sans doute de Derisà de Mendiri avec laquelle j'ai été presque élevé...

Le docteur appliqua un si furieux coup de poing sur la table, que plats, assiettes, verres et bouteilles, s'entrechoquèrent avec un bruit de mauvais augure.

— Allons! s'écria-t-il, une amourette!

— Non, mon père, répondit d'un pénétré le jeune homme, un amour profond!

— Tu aimes Denisà?

— Plus que ma vie, mon père.

— Et c'est pour cette péronnelle...

— Mon père, Denisà est une honnête et chaste enfant.

— Cette fois, j'ai tort; Denisà est tout ce que tu dis, et beaucoup plus encore; aime-la donc, puisque tu y tiens; mais quant à l'épouser.

— Mon père, ou je l'épouserai ou je resterai garçon, répondit froidement et nettement le jeune homme; la nuit où je me suis battu contre Felitz Oyandi, j'étais à la veillée.

— Qu'allais-tu faire là? dit-il en haussant les épaules.

— Rappelez vos souvenirs. C'était pendant cette soirée terrible où nous avons été assez heureux pour sauver madame la marquise de Garmandia; vous-même m'avez engagé à me rendre à cette veillée où, m'avez-vous dit, ma présence était indispensable.

— J'ai eu là, sur ma foi, une excellente idée! grommela le docteur en haussant les épaules; ensuite, voyons?

— Eh bien, mon père, il est arrivé que M. Felitz de Oyandi, après avoir pendant quelques instants causé en ricanant avec quelques-uns de ses amis, s'est approché de Denisà, assise à l'angle de la cheminée, et, de son air le plus insolent, l'a avertie que le feu ne lui semblant pas assez clair, il allait y mettre une bûche, ce qu'il a fait aussitôt.

— Et alors?

— Alors, mon père, Denisà, sans même le regarder, a pris des pincettes, a retiré la bûche et l'a posée droite auprès du chambranle de la cheminée, où elle s'est éteinte presque tout de suite.

— Hum! c'était un refus positif.

— Oui, père; mais au lieu d'accepter sa déconvenue bravement, comme il le devait, il s'est retiré en grommelant des menaces et en ricanant; alors, poussé par une force plus grande que ma volonté, ou, pour être franc, cédant à mon amour pour Denisà, je me suis élancé et j'ai recommencé l'expérience, le cœur palpitant, et tremblant d'échouer, mais cette fois les choses se sont passées différemment.

— Je comprends; la bûche, mise au feu par toi, a été par Denisà placée au milieu de la flamme.

— Oui, père; ah! si vous aviez vu mon bonheur!

— Hum! de sorte que tu es engagé?

— Oui, père, et vous le savez...

— Assez sur ce sujet. Ah! les femmes! les meilleures sont toujours les pires pour les choses du cœur! Nous recauserons de cela. Continue, garçon; comment cela a-t-il fini?

— Vous me pardonnez donc, père?

— Je n'ai rien à te pardonner, enfant, puisque tu ne savais rien de mes projets. C'est moi seul qui ai tort, j'ai trop attendu. Malheureusement, il est trop tard maintenant. Continue, continue, fit-il en hochant tristement la tête à plusieurs reprises.

— Oh! le reste n'est rien. Felitz de Oyandi m'attendait dans le bois avec trois de ses amis; quatre des miens, craignant un guet-apens, m'avaient accompagné presque malgré moi.

— C'était prudent.

— Oh! je crois que vous n'êtes pas juste envers ce jeune homme, père; il s'est, au contraire, conduit en galant homme. Il m'a provoqué, mais franchement. Vous savez le reste. Mais je dois vous affirmer que le combat a été loyal, de sa part comme de la mienne.

Il y eut un court silence.

— Tu as eu raison, enfant, reprit le médecin, lorsque tu m'as dit que cet homme était ton ennemi implacable; il médite quelque horrible trahison. Il m'a tendu un piège dans lequel, à cause de mon ignorance de votre rivalité, je suis tombé. Mais cette nuit même j'écrirai à mes amis, et j'espère que mes lettres leur parviendront assez tôt pour neutraliser les effets de celles que j'ai remises à ce drôle, bien que je ne redoute aucun danger à propos d'elles.

— Qui sait, mon père? Lorsque je l'ai quitté, Paris

était bien sombre; il se rembrunissait chaque jour davantage; il était fortement question d'un coup d'Etat probable; on accusait hautement le Président de la République de préparer l'Empire.

— Oh! oh! tête folle, tu vas trop loin; le Président a prêté librement et loyalement serment à la République; pourquoi la trahirait-il et commettrait-il une félonie qui le mettrait au ban de tous les honnêtes gens? Lui qui, sans la Révolution de 1848, serait encore exilé! Non, ce n'est pas possible; tu dois te tromper; l'honneur n'est pas un vain mot, et quand on l'a perdu, on ne le recouvre jamais, quels que soient les titres dont on s'affuble pour se déguiser à ses propres yeux. Et cependant l'ambition fait commettre bien des fautes et bien des crimes! Son oncle aussi avait prêté serment à la République, à laquelle il devait tout, et dont il avait été un des plus fervents adeptes, et cependant?... Il faut être prudent; heureusement, quoi qu'il arrive, nous n'avons rien à redouter dans ce pays perdu; les coups d'Etat se font à Paris, la province reste neutre et accepte, quels qu'ils soient, les faits accomplis.

— Pas toujours, père. Vous n'ignorez pas que la famille de Oyandi a des attaches très fortes avec le parti qui, dit-on, trame en ce moment un coup d'Etat. Plusieurs des membres de cette famille ont été exilés par la Restauration; d'autres ont pris part à toutes les conspirations sous le règne de Louis-Philippe. Que peut être allé faire si subitement à Paris ce jeune homme à peine guéri de ses blessures, et bien faible encore pour supporter les fatigues d'un aussi long voyage?

— Nous ne pouvons que nous tenir sur nos gardes, user de la plus grande prudence et attendre : l'avenir éclairera ce mystère.

— Oui, père, et Dieu veuille que ce ne soit pas contre nous!

— Bah! à quoi bon s'effrayer ainsi, nous ne sommes plus aux temps funestes des lettres de cachet; aujourd'hui, on ne supprime pas ainsi un homme placé à un certain échelon de l'échelle sociale. D'ailleurs, ni toi ni moi, nous ne nous occupons de politique; donc, toutes réflexions faites, nous avons peur de notre ombre, et en réalité nous n'avons rien à redouter.

Sur ces derniers mots, ils se levèrent de table.

Le docteur se retira dans sa chambre pour écrire les lettres convenues, et Julian rentra dans son cabinet de travail.

IX

DANS LEQUEL LE DOCTEUR RECONNAIT QU'IL A EU TORT DE VOULOIR MARIER SON FILS A SA GUISE.

Quelques jours s'écoulèrent.

Le père et le fils se boudaient.

Le docteur ne pardonnait pas à son fils de s'être engagé envers la famille Mendiri sans son autorisation.

Julian gardait rancune à son père d'avoir eu la pensée de le marier contre son gré à une femme qu'il ne connaissait pas, et dont le nom n'avait même jamais été prononcé devant lui.

Il ne comprenait pas comment son père, qui, lui, s'était marié par amour et presque contre la volonté de sa famille, prétendait le contraindre à contracter une union dans laquelle, si honorable quelle fût, il ne trouverait jamais le bonheur.

Le jeune homme se raidissait dans son opposition, et s'affermissait de plus en plus dans la résolution qu'il avait prise de résister quand même à son père; mais dans certaines limites.

C'est-à-dire que, ainsi qu'il le lui avait déclaré à lui-même, ou il épouserait celle qu'il aimait, ou il renoncerait définitivement au mariage, quelles qu'en dussent être plus tard les conséquences pour son bonheur à venir.

De son côté, le docteur réfléchissait lui aussi.

Ses réflexions étaient amères.

Il ne lui restait plus que Julian, portrait vivant de sa mère, c'est-à-dire de la femme que lui avait tant aimée, Julian, auquel il avait sacrifié tout, fortune, position, célébrité, honneurs, et cela sans regrets, sans arrière-pensées, afin de veiller de plus près sur lui, en ne s'en séparant pas et l'élevant sous ses yeux.

L'enfant avait grandi.

Il était devenu homme, sans que jamais son père eût eu à se plaindre ou même à lui adresser un léger reproche ; aussi adorait-il son fils ; celui-ci, il le savait, avait pour lui une profonde affection.

Tous deux vivaient côte à côte, se complétant l'un par l'autre et, à eux deux, formant toute leur famille.

Risquerait-il de perdre sans retour l'affection de ce fils si aimé et si indispensable à son bonheur, en le contraignant de se courber sous sa volonté, dans l'acte le plus sérieux de la vie d'un homme, puisqu'il s'agit alors de son avenir et de son bonheur ?

Le docteur connaissait, mieux que personne au monde, le caractère de son fils.

Il savait quelle lave brûlante cachaient les apparences paisibles du jeune homme, doux et même peut-être trop timide dans la vie habituelle.

Il savait de quelle volonté de fer, de quelle invincible opiniâtreté il était doué.

Julian romprait, mais il ne plierait pas.

Quelle existence serait alors celle de ces deux hommes ? Deviendraient-ils donc ennemis ? La haine et la défiance remplaceraient-elles l'amitié et la confiance ?

Cette pensée cruelle faisait courir des frissons dans les veines du docteur et lui serrait le cœur comme dans un étau.

Il avait rêvé pour son fils un beau mariage ; mais cette union si longtemps caressée, avantageuse comme fortune, offrait-elle les conditions de bonheur qui doivent surtout être recherchées dans un mariage ? Non, puisque son fils aimait une autre femme.

L'obliger à lui obéir, c'était donc vouer de parti pris au malheur cet enfant si aimé, le seul être qui le rattachait à la vie; mieux valait lui faire encore ce sacrifice, renoncer à cette union, le plus cher de ses vœux, et lui laisser chercher lui-même le bonheur où il croyait pouvoir le trouver.

Puis, il s'apercevait que depuis quelques jours son fils semblait triste; il avait perdu l'appétit et le sommeil, il maigrissait et pâlissait à vue d'œil.

Il fallait prendre une résolution définitive et en finir une fois pour toutes; n'avait-il pas, depuis longtemps, fait abstraction de sa volonté avec son fils?

D'ailleurs, il était accoutumé de longue date aux sacrifices de toutes sortes; un de plus ou de moins dans le nombre ne signifiait rien; le principal était que Julian redevint ce qu'il était quelques jours auparavant, gai, rieur et insouciant; la tristesse ne va pas sur un visage de vingt ans.

La résolution du docteur fut donc prise, comme toujours, au point de vue de l'abnégation.

Il se hâta de faire naître l'occasion d'une explication entre son fils et lui, explication grâce à laquelle toute contrainte cesserait, et la joie rentrerait dans la maison.

Il était à peu près sept heures du matin.

Le docteur en robe de chambre surveillait, ainsi qu'il le faisait chaque jour, le pansage de son cheval favori.

Le cigare à la bouche, il causait avec son domestique, ancien chasseur d'Afrique, qu'il avait eu jadis pour ordonnance et que, depuis qu'il avait donné sa démission et était rentré en France, il avait conservé chez lui en qualité de cocher-valet de chambre : il répondait au nom pittoresque de Moucharaby, sobriquet que lui avaient donné ses compagnons du régiment et qu'il avait précieusement conservé.

Moucharaby était un grand gaillard de cinq pieds huit pouces, maigre, anguleux, tout muscles et tout nerfs, à la figure longue, au front dévasté.

Ses yeux d'oiseau de proie, rapprochés de son nez recourbé en bec d'aigle, ses pommettes saillantes, ses joues creuses, sa longue moustache rousse retombant sur sa bouche largement fendue et garnie de dents blanches et larges comme des amandes, son menton caché sous une énorme impériale fauve, lui allongeant démesurément le visage, tous ces traits réunis formaient à ce vieux soldat une de ces physionomies à la fois énergiques, résignées et *bon enfant*, dont le type essentiellement caractéristique appartient particulièrement à notre armée d'Afrique.

Moucharaby avait quarante-cinq ans; il avait été enfant de troupe et n'avait pas d'autre famille que le régiment dans lequel il avait été élevé et que jamais il n'avait quitté.

— Quand tu auras pansé Roustan, lui dit le médecin en se détournant comme pour rentrer dans la maison, tu monteras Bajazet et tu porteras cette lettre à M. Salneuve.

Et il lui remit un large pli, que le soldat posa près de lui sur l'appui d'une fenêtre.

— Oui, major — Moucharaby n'appelait jamais autrement le docteur — attendrai-je la réponse?

— Certes, je te recommande même de faire diligence.

— A quelle heure dois-je être de retour, major?

— A dix heures, si cela est possible,

— Je le crois que c'est possible! huit lieues aller et retour, qu'est-ce que cela pour Bajazet, une promenade; je n'aurai pas besoin de le presser, le pauvre vieux!

— C'est précisément pour que tu ne fatigues pas Bajazet que je te laisses trois heures. Tu te feras donner un verre de cognac par Picahandia avant de partir, mais pas d'absinthe à Bayonne!

— Compris, major. Soyez calme. L'absinthe et moi brouillés à mort; inconnue à l'escadron, désormais; depuis trois mois, je n'ai pas absorbé, sauf respect, ce qui entrerait dans l'œil d'un colimaçon.

— A la bonne heure! je suis content de toi; continue ainsi, tu t'en trouveras bien.

— Soyez calme, major, c'est réglé comme l'appel du soir.

— Ah! à propos, je serai probablement à déjeuner quand tu arriveras; tu me remettras la lettre tout de suite.

— Suffit, major; ce sera fait.

Le docteur lui fit un signe de la main et rentra dans la maison tout en grommelant entre ses dents, d'un air pensif :

— Maintenant, c'est fini; il n'y a plus à y revenir; j'ai brûlé mes vaisseaux.

A neuf heures et demie, le père et le fils entrèrent, par deux portes différentes, dans la salle à manger.

Julian salua son père, lui souhaita le bonjour, lui demanda de ses nouvelles, et s'assit nonchalamment à table; il était pâle, triste, et semblait fatigué.

Le docteur feignit de ne rien voir.

Il se mit en face de son fils, le servit, et commença à manger de bon appétit, tout en jetant à la dérobée, sur le jeune homme, des regards d'une expression singulière, accompagnés d'un sourire légèrement railleur.

Le déjeuner se continua ainsi sans autre conversation que quelques mots tels que ceux-ci :

— Sers-toi de ce poulet; encore un morceau de cette truite; tends ton verre.

Et autres semblables, auxquels le jeune homme répondait invariablement :

— Merci, mon père, je ne mangerai pas davantage; mon verre est encore plein, etc., etc.

Conversation peu variée, et qui n'avait rien d'imprévu ni de fort intéressant.

Cependant, le déjeuner touchait à sa fin; de temps en temps le docteur levait la tête et regardait, avec une impatience mal déguisée, l'œil de bœuf accroché à la muraille en face de lui.

Au moment où la grande aiguille se posait sur midi, tandis que la petite atteignait dix heures, le trot allongé d'un cheval se fit entendre au dehors.

— Bravo ! voilà de l'exactitude, dit le docteur en se frottant les mains; Moucharaby arrive de Bayonne juste à l'heure dite.

Julian regarda son père comme s'il s'éveillait en sursaut.

— Que fais-tu aujourd'hui ? lui demanda le docteur.

— Rien, mon père. Je me sens un peu indisposé; je compte garder la chambre.

— Voilà qui est fâcheux, dit le docteur d'un air narquois; j'aurais désiré que tu m'accompagnasses dans une visite que je me propose de faire après déjeuner.

— Si vous me l'ordonnez, mon père, je vous obéirai, répondit froidement le jeune homme.

— Bon ! ai-je des ordres à te donner ? N'es-tu pas ton maître, fit le docteur en haussant les épaules. Je te proposais de m'accompagner parce que je pensais que cela te ferait plaisir de voir la personne chez laquelle je me rends. Il en est autrement, à ton aise, j'irai seul.

En ce moment une porte s'ouvrit et Moucharaby parut.

Il tenait une large lettre à la main.

— Ah ! ah ! te voilà de retour, dit le docteur en se retournant vers lui.

— Oui, major, à l'heure dite, avec la réponse, dit-il en tendant le pli.

Le docteur versa une large rasade et la présenta à l'ex-chasseur d'Afrique, tout en prenant la lettre.

— Bois un coup, et vas déjeuner; la course t'aura donné de l'appétit, hein ?

— Un peu, oui, major ; à votre santé respectueuse et à celle de M. Julian, sans comparaison.

Il vida le verre d'un trait, le reposa sur la table, fit claquer sa langue, tourna sur les talons et sortit en suçant ses moustaches.

Cependant le docteur avait décacheté la lettre ; après avoir dit à son fils :

— Tu permets garçon, c'est une affaire pressée.

Il s'était mis à la lire.

— Allons, bon ! s'écria-t-il tout à coup en jetant la lettre sur la table, avec une feinte colère ; j'en étais sûr ; que le bon Dieu te bénisse, va ! Une jolie affaire que tu me mets sur les bras !

— Moi, mon père ! s'écria le jeune homme avec surprise.

— Dame, qui donc ! fit-il en fronçant le sourcil ; il ne manquait plus que cela ; une affaire ! enfin, n'importe, mieux vaut en prendre bravement son parti !

— Mais de quoi s'agit-il donc, mon père ?

— Bon. A quoi servirait-il de te le dire, maintenant ? puisque tout est fini et qu'il n'y a plus à y revenir !

— Cependant, mon père, si cette affaire que j'ignore a été rompue par ma faute, à mon insu certainement, peut-être moi qui, paraît-il, ai fait le mal, pourrai-je le réparer ?

— Je ne crois pas.

— Qui sait, mon père, en m'y prenant bien ?

— Voilà précisément où est l'enclouure, je crains que tu t'y prennes mal.

— Vous avez une triste opinion de moi, mon père, fit-il un peu sèchement.

— Eh non ! ce n'est pas cela, tu ne me comprends pas, je ne doute ni de ton intelligence ni de ton imagination, au contraire.

— De quoi doutez-vous donc alors, mon père ?

— Eh que sais-je, moi ? peut-être ne mettras-tu pas, pour renouer cette affaire, que je considère dès à présent comme complétement rompue, cette énergie, cette vigueur, ce dévouement en quelque sorte, qu'elle réclame.

— C'est donc bien difficile ?

— Hum ! plus que tu ne le crois, garçon.

— Mais encore, avant tout, il serait important que je susse ce dont il s'agit, il me semble !

— C'est vrai, et si tu veux absolument que je te mette au courant...

— Je le désire, mon père, car enfin, il doit exister un

8.

moyen quelconque de renouer cette affaire, si difficile qu'elle vous paraisse !

— Certainement, il y a un moyen, mais ce moyen, je doute que tu consentes à l'employer.

— Pourquoi donc cela ?

— Dame, je ne sais pas, moi, je le suppose, voilà tout.

— Mon père, si nous continuons ainsi, nous risquons de n'aboutir à rien.

— C'est juste ; seulement laisse-moi te dire qu'à la vérité je tenais beaucoup à la réussite de cette affaire, mais que maintenant j'y ai complètement renoncé et que je ne ferai rien pour la renouer ; et, pour achever ma pensée, maintenant que j'ai repris mon sang-froid, je préfère qu'elle soit rompue ; c'est te dire que je te laisse pleine et entière liberté, que ce que tu feras sera bien fait ; cela est positif et très clair, n'est-ce pas ?

— Oui, mon père, très clair et très positif, en effet.

— Donc, maintenant, agis comme tu l'entendras ; cela te regarde, je ne m'en mêle plus.

— Alors vous me permettez de prendre connaissance de cette lettre ?

— Parfaitement, garçon ; je te la donne, fais-en ce qu'il te plaira.

Le jeune homme prit la lettre et l'ouvrit sans remarquer le regard narquois que son père fixait sur lui.

Mais à peine eut-il lu quelques mots, qu'il jeta un cri de joie, des larmes remplirent ses yeux, et, tombant dans les bras que son père ouvrait pour le recevoir :

— Oh pardon ! pardon ! père... s'écria-t-il d'un voix tremblante, vous êtes et vous serez toujours mon meilleur ami. Comment pourrai-je jamais m'acquitter envers vous ?

— En m'aimant comme je t'aime, garçon. Je n'ai que toi, hélas ! Depuis quelques jours, tu m'as fait bien souffrir !

— Pardonnez-moi, je vous en supplie, père, mais j'étais si malheureux !

— Allons ! reprit gaiement le médecin, tout est fini

maintenant, ne songeons plus qu'à nous réjouir ; eh bien, crois-tu pouvoir renouer l'affaire en question ?

— Je vous avoue, père, que vous avez deviné mieux que moi-même, j'étais un présomptueux ; je ne me sens pas le courage nécessaire pour renouer ce mariage si complétement rompu et, puisque M. Salneuve vous rend votre parole, tenons-nous en là ; qui sait si cette rupture ne fait pas autant plaisir à la jeune fille que vous vouliez me faire épouser, qu'elle m'en fait à moi-même ? Peut-être aime-t-elle quelqu'un, elle aussi ? Mais, laissons cela ; vous m'aviez proposé de vous accompagner dans une visite que vous vous proposiez de faire ; je suis prêt, mon père, nous partirons quand vous voudrez.

— Mais tu es malade, m'as-tu dit ?

— Je l'étais, mon père, je souffrais horriblement, en effet ; mais la lecture de cette lettre m'a subitement guéri ; d'ailleurs je ne veux plus vous laisser partir seul, je suis trop bien près de vous ; venez, père ; où allons nous ?

— A quelques pas seulement, garçon ; ne faut-il pas que je fasse une visite à la famille Mendiri dans laquelle tu veux entrer ? Et puis, je suis curieux de voir Denisà, et de la gronder bien fort, pour m'avoir enlevé le cœur de mon fils.

— Mon père, tant que je vivrai, mon cœur ne battra que pour vous et pour elle. J'espère que mon mariage ne nous séparera pas et que nous continuerons à vivre, vous et moi, sous le même toit.

— Mon garçon, ce que tu me dis là me fait oublier ce que j'ai souffert depuis quelque temps. Que ferais-je ? Comment vivrais-je loin de toi ? Cela ne me serait point possible ; je mourrais bientôt si tu m'abandonnais ; mais, sois tranquille, je ne tiendrai pas grande place dans ta maison, je ne te gênerai pas.

— Oh ! mon père, pouvez-vous parler ainsi ! Ne savez-vous pas que mon bonheur ne serait pas complet si vous me manquiez, si je ne vous sentais pas là, auprès de moi. Vous et Denisà, mon père, vous êtes les êtres que j'aime le plus au monde; entre vous deux, je défie le malheur de m'atteindre jamais !

Le cabriolet attendait attelé dans la cour, sous la garde de Moucharaby.

Le père et le fils montèrent et partirent.

Les deux hommes étaient strictement vêtus de noir; le docteur portait au cou la croix de commandeur de la Légion d'honneur et, à sa boutonnière, une brochette supportant plusieurs croix microscopiques.

Derrière le cabriolet, Moucharaby se tenait droit comme à la parade, revêtu du costume demi-civil, demi-militaire, qu'il avait adopté.

Messieurs d'Hérigoyen faisaient une visite de cérémonie dans toutes les formes.

Denisà rougit jusqu'aux cheveux et sentit battre son cher petit cœur dans sa poitrine, lorsque la vieille servante de sa famille annonça à l'improviste les noms des visiteurs, et qu'elle les vit entrer en grande cérémonie.

La visite, commencée en observant toutes les formalités exigées par l'étiquette pour une demande en mariage, reprit bientôt toutes les apparences de la cordialité et d'une bonne et sincère amitié, lorsque la demande eut été faite et agréée.

Le docteur reprit sa bonhomie habituelle.

Tandis que les deux amoureux chuchottaient dans un coin, comme deux oiseaux jaseurs, les parents discutèrent entre eux et arrêtèrent les conditions du mariage; conditions d'autant plus faciles à établir que la future ne possédant rien et n'apportant en dot que son trousseau, son cœur et sa charmante personne, le docteur donnait le reste, c'est-à-dire une dizaine de mille livres de rente le jour du mariage, sa clientèle dès qu'il se retirerait, et le reste de sa fortune, environ vingt mille livres de rente, après sa mort.

Tout cela fut dit et convenu en quelques mots.

M. et Madame Mendiri pleuraient de joie; jamais ils n'avaient rêvé un aussi beau mariage pour leur fille.

Ces différents points réglés, la conversation redevint générale.

Le docteur, maintenant qu'il avait définitivement rompu avec ses anciens projets, se laissait aller à la joie d'avoir reconquis l'amitié de son fils, et se trouvait tout heureux du bonheur qu'il voyait rayonner autour de lui.

Il embrassait Denisà qu'il avait presque élevée, l'appelait sa bru gros comme le bras, et la taquinait en riant.

La jeune fille répondait sur le même ton, en riant et pleurant à la fois, elle l'appelait mon père avec un accent si doux que le docteur en était bouleversé.

Il sentait que dès ce moment il avait deux enfants.

Le mariage fut fixé au troisième dimanche du mois de mai 1852, le mois de mai, le plus beau de l'année, celui du renouveau, où s'épanouissent les plus belles fleurs.

Quant aux fiançailles, on convint de les faire à quinze jours de là ; après avoir religieusement écouté la messe, les deux jeunes gens seraient fiancés par le prêtre officiant, puis un grand repas réunirait tous les parents des deux familles.

Cette cérémonie des fiançailles est considérée, dans le pays, comme presque aussi sérieuse que le mariage lui-même.

Dès qu'ils ont été solennellement fiancés, les deux futurs ne peuvent plus être séparés que par la mort.

Aussi impressionne-t-elle beaucoup les jeunes gens et les prépare-t-elle convenablement au mariage, qui doit en être la conséquence et comme le couronnement.

Les parents convinrent que les fiançailles auraient lieu dans la maison du docteur d'Hérigoyen, beaucoup plus grande et plus commode que celle des parents de la jeune fille, à Louberria.

Cette première visite officielle fut tout naturellement suivie de beaucoup d'autres de plus en plus intimes.

On se voyait chaque jour, les deux fiancés ne se quittaient plus.

Ils passaient leur temps à conjuger ce charmant verbe

aimer, qui par le souvenir fait encore tressaillir le cœur des vieillards, en les reportant vers leurs jeunes et heureuses années.

Le docteur raffolait littéralement de sa belle-fille, plus il la voyait, plus il l'aimait.

Maintenant il se réjouissait dans son for intérieur d'avoir cédé aux volontés de son fils, car, pensait-il, il lui aurait été impossible de trouver autre part une belle-fille plus chaste, plus aimable et surtout plus jolie.

Comme tout arrive en ce monde, le jour des fiançailles vint à son heure.

Ce jour-là, le temps était magnifique, la température d'une douceur extrême, chose rare au mois de novembre, surtout dans les Pyrénées; on se serait cru au printemps.

Les parents et les amis des deux familles se rendirent ensemble à l'église, éloignée d'une lieue à peu près de leur demeure. Louberria est trop peu important pour avoir même une chapelle.

Le prêtre vint les recevoir à la porte même de l'église.

La messe fut dite et écoutée avec recueillement par tous ces braves montagnards, possédant, au lieu de science, la foi du charbonnier, la meilleure et la plus réellement humaine de toutes.

Après la messe, le prêtre adressa une allocution paternelle aux deux jeunes gens; puis, après leur avoir rappelé les devoirs que leur imposait le mariage que bientôt ils contracteraient, il les fiança solennellement.

Cette cérémonie accomplie, on sortit de l'église, et on reprit le chemin de la maison du docteur en riant et en chantant des couplets joyeux, improvisés pour la plupart, car les Basques sont presque tous poëtes et surtout improvisateurs.

Le couvert était mis dans une immense salle à manger; quarante et quelques convives, tous parents ou amis intimes des deux familles, prirent place autour de la table.

Le repas était non seulement abondant, mais surtout

composé avec une grande recherche culinaire; tout fut trouvé exquis, les vins surtout furent fort fêtés.

La joie la plus vive et la plus cordiale ne cessa de régner pendant tout le repas.

Au dessert on porta de nombreuses santés — les Basques ne comprennent pas le mot *toast* — santé. adressées particulièrement aux fiancés et aux grands parents.

Les deux fiancés avaient été placés près l'un de l'autre,

Dès que le dessert avait été apporté, les jeunes gens et les jeunes filles désignés pour être, plus tard, leurs demoiselles et garçons d'honneur, s'étaient levés de table à tour de rôle pour les servir et veiller à ce qu'ils ne manquassent de rien.

Après les santés, on chanta.

Bernardo, l'ami d'enfance de Julian, était un improvisateur distingué; le jeune fiancé l'avait choisi pour son garçon d'honneur.

Bernardo improvisa une demi-douzaine de couplets qui obtinrent un véritable succès d'enthousiasme, non pas seulement pour la façon dont il chanta — il avait une voix de baryton magnifique — mais surtout pour le sentiment qui faisait le fond de ces charmantes strophes.

Enfin on se leva de table; il était neuf heures du soir; une salle de bal avait été installée.

Toute bonne fête au pays basque se termine par un bal: le docteur n'avait eu garde d'oublier cette coutume.

Les dames et les jeunes filles disparurent pendant quelques instants, sans doute pour changer de toilette, car la coquetterie ne perd jamais ses droits.

Mais la musique ayant fait entendre un retentissant prélude, les danses commencèrent; elle se prolongèrent pendant toute la nuit, avec un irrésistible entrain, malgré les nombreux rafraîchissements qui avaient circulé presque continuellement dans la salle de bal.

Cependant, vers quatre heures et demie du matin, les invités furent appelés dans la salle à manger pour prendre leur part d'un plantureux souper préparé à leur intention, et auquel, disons-le tout suite, il firent grandement honneur.

Enfin, vers sept heures du matin, chacun songea au départ, c'est-à-dire que l'on accompagna la fiancée chez ses parents.

Arrivés là, des rafraîchissements furent de nouveau offerts.

L'hospitalité basque exigeait qu'il en fut ainsi ; de sorte que l'on ne se sépara définitivement que vers dix heures du matin.

Quelques jours se passèrent sans incident nouveau.

Un matin, Bernardo arriva chez le docteur, au moment où celui-ci se préparait à lire son courrier que le facteur venait de lui remettre.

Bernardo, malgré le froid, avait le front ruisselant de sueur à cause de la rapidité avec laquelle il était venu.

— Sois le bienvenu, mon garçon, lui dit le docteur en serrant la main. Comme tu as chaud. D'où viens-tu donc ainsi tout courant ?

— De Serres, répondit le jeune homme en s'épongeant le front avec son mouchoir.

— Quoi de nouveau là-bas ?

— Bien des choses, docteur, est-ce que je ne pourrais pas voir Julian ?

— Rien ne t'en empêche, tu as à lui parler ?

— Oui, docteur, je désirerais causer avec lui.

— C'est très facile, tu sais où est sa chambre, tu le trouveras là en train de rêvasser à son ordinaire. Ah ça ! tu déjeunes avec nous, n'est-ce pas ?

— Avec plaisir, docteur.

— Eh bien, va trouver Julian, mon garçon ; tandis que vous causerez, je lirai mon courrier, après nous déjeunerons, va.

Le docteur se retira dans son cabinet, et Bernardo, de son côté, se hâta de se rendre auprès de Julian, qu'il trouva en train d'écrire à Dénisà.

Nous pourrions presque affirmer qu'il écrivait en vers, car les lignes, toutes d'inégale longueur et passablement raturées, avaient un certain parfum de poésie, tout à fait réjouissant.

D'ailleurs, de tout temps, les amoureux ont éprouvé le besoin de faire des vers à celle qu'ils aiment.

— Tiens, c'est toi, Bernardo ! s'écria Julian en se levant et jetant un papier sur la page à demi-pleine qu'il écrivait. Quel bon vent t'amène ?

— J'ai bien peur, mon Julian, répondit le jeune homme, que ce soit au contraire un mauvais vent.

— Que veux-tu dire, mon Bernardo ? Sur ma parole, tu as l'air sinistre ; explique-toi. Serait-il arrivé malheur à quelqu'un de nos amis ?... la montagne est mauvaise, dans cette saison !

— Grâce à Dieu, mon Julian, tous nos amis sont en bonne santé ; ce n'est pas cela... j'arrive de Serres.

— Eh bien ?

— J'ai appris là une nouvelle des plus désagréables.

— Pour moi ?

— Pour toi, oui, mon Julian.

— Bon ! comment cela ? Je ne connais personne à Serres, moi !

— Si, tu connais quelqu'un, sinon à Serres positivement, du moins dans les environs.

— Je ne comprends absolument rien à tout ce que tu me dis, voudrais-tu me parler de la famille Oyandi ?

— Précisément, mon Julian.

— Qu'ai-je à voir avec eux ? le seul de la famille que je connaisse, est Felitz Oyandi, et, depuis près d'un mois, il est parti pour Paris, ne se souciant pas sans doute de se retrouver avec moi.

— Ou pour tramer quelque complot contre toi, mon Julian.

Le jeune homme le regarda fixement.

— Il y a quelque chose ? lui dit-il.

— Eh bien oui, il y a du nouveau ; Felitz Oyandi est revenu hier de Paris ; il est plus fier et plus insolent que jamais il n'a été ; il parle haut et profère des menaces contre des gens qui, dit-il, font en ce moment beaucoup d'embarras dans le pays, et avant peu seront mis à la raison; il a même à plusieurs reprises prononcé ton nom, mon Julian, sur un ton qui indique clairement qu'il médite quelque guet-apens contre toi.

— Bah! fit en riant le jeune homme, que peut-il contre moi? Je ne le crains pas; il fera bien de se tenir tranquille.

— La méfiance est mère de la sûreté; moi, à ta place, je me tiendrais sur mes gardes; on n'est jamais sûr de rien au temps où nous vivons.

— Allons donc! C'est un criard, un hâbleur et voilà tout! Il n'osera pas s'attaquer à moi.

— En face peut-être, mon Julian, tu l'as trop bien secoué pour qu'il s'y hasarde; mais nul n'est à l'abri d'une trahison.

— C'est juste; je veillerai, sois tranquille.

— A la bonne heure; il paraît que, hier au soir, il est allé à Louberria.

— Félitz Oyandi?

— Oui, vers huit heures du soir; mais je n'ai pu découvrir ce qu'il y avait fait.

— C'est étrange!... murmura le jeune homme.

Tout à coup, la porte de la chambre s'ouvrit, et le docteur entra pâle, défait, et froissant plusieurs papiers dans ses mains crispées.

— Oh! mon dieu! qu'avez-vous donc, mon père? s'écria Julian, et s'élançant vers lui, effrayé de le voir en cet état.

— Julian, mon fils! dit le docteur en se laissant tomber dans un des fauteuils, tu ne t'étais pas trompé, Félitz Oyandi est ton ennemi mortel! Prends garde à lui, prends garde!

Sa tête tomba sur sa poitrine, ses yeux se fermèrent, il avait perdu connaissance.

Le danger terrible, suspendu sur la tête bien-aimée de son fils, avait d'un seul coup brisé les ressorts de cette âme si tendre et cependant si énergique.

X

DANS LEQUEL IL EST PROUVÉ QU'IL NE FAUT JAMAIS COMPTER SUR L'AVENIR

Julian et Bernardo s'élancèrent au secours du médecin.

Grâce à leurs soins intelligents, au bout de quelques minutes, le docteur rouvrit les yeux.

Dans le premier moment, il sembla ne pas avoir conscience de ce qui lui était arrivé.

Il regardait autour de lui avec surprise, ne comprenant rien aux visages attristés et pâlis des deux jeunes gens.

Mais bientôt, la mémoire, celle de toutes nos facultés qui nous abandonne le plus vite dans les moments de crise, lui revint peu à peu.

L'équilibre se rétablit dans son cerveau ébranlé par cette rude secousse, et il se souvint.

Toute son énergie reparut subitement.

— Il faut fuir! s'écria-t-il, fuir au plus vite!

— Fuir! Pourquoi, mon père? demanda Julian avec surprise.

— Parce que, je te l'ai dit, Félitz Oyandi, ton ennemi mortel, a ourdi contre toi, à Paris, la plus horrible trahison.

Et, montrant les papiers qu'il tenait encore à la main :

— Ces lettres, ajouta-t-il, me révèlent le complot. Cet homme a réussi à se faire des amis et des protecteurs puissants. Tu dois tout redouter de lui. On m'engage à t'éloigner et à te mettre en sûreté au plus vite.

— Ah! fit le jeune homme dans l'œil duquel passa un éclair, je ne m'étais donc pas trompé!

— Cet homme est un misérable!

— Certes, mais pourquoi fuir? Ne puis-je donc pas lui résister en face, comme déjà je l'ai fait?

— Non, non, ce n'est pas possible; cet homme restera dans l'ombre; d'autres agiront à sa place contre toi.

— Oh! une telle lâcheté est impossible. Il ne peut vouloir m'assassiner.

— Non pas personnellement, peut-être, mais d'autres le tenteront à sa place. Sache-le donc, tu es accusé de faire partie de je ne sais quelle société secrète; tu es dénoncé, d'un moment à l'autre tu peux être arrêté.

— Qu'importe! je ne suis pas coupable, on me relâchera.

— Quand?

Ce simple mot fut la goutte d'eau glacée, tombant sur la vapeur en ébulition.

Julian baissa la tête en fronçant les sourcils.

Il se sentait enserré dans les mailles d'un filet invisible, qu'il lui était impossible de rompre :

Malgré lui il frissonna.

— Garçon, nous ne sommes pas en temps ordinaire, continua le docteur avec une évreuse insistance, mes amis m'avertissent et, tu le sais, ils sont en mesure d'être bien informés; ils m'avertissent que le chef du gouvernement, parjure à ses serments et à son honneur, médite un coup d'État contre la République, à laquelle il prétend substituer l'Empire; la bombe peut éclater d'un moment à l'autre; la lutte sera terrible, la répression atroce et sans pitié; souviens-toi du 18 Brumaire et du nom du Président actuel. Les mêmes moyens sont employés; les chefs de ce mouvement seront tous des désespérés et des ambitieux qui n'auront rien à perdre et tout à gagner à pêcher en eau trouble; ils seront implacables; en temps de guerre civile, le patriotisme est le masque derrière lequel se cachent l'intérêt personnel, les haines, les lâches convoitises et tous ces sentiments hideux qui rendent tous les crimes possibles, et trouvent une justification toute prête, lorsque la force brutale a triomphé du droit et de la justice. Ne discute pas; je te répète que je sais tout; si tu m'aimes, Julian, ne me résiste pas, je t'en supplie, mets-toi à l'abri au plus vite; pars aujourd'hui, ce soir, s'il est possible.

— Mais où irai-je, mon père?

— Le meilleur serait de passer en Espagne, dit Bernardo, nous ne sommes qu'à quelques pas de la frontière, je connais tous les *ports* fréquentés par les contrebandiers.

— Ce serait m'avouer coupable, dit le jeune homme avec dignité; je n'y consentirai jamais, mon père.

— Eh bien, soit! ne quitte pas la France, mais ne reste pas ici où tu serais trop exposé.

— Encore faut-il savoir où aller?

— Eh bien, va passer quelques jours à Y..., nous avons dans cette ville des parents, par lesquels tu seras reçu à bras ouverts, et chez qui tu resteras en sûreté; lorsque tout sera fini et l'ordre rétabli d'une façon ou d'une autre, je te l'écrirai, et tu reviendras.

— Et vous, mon père, resterez-vous donc ici?

— Je le pourrais sans grands risques; mais pour toi je serai prudent. J'ai à Bayonne des amis puissants appartenant à toutes les opinions politiques; j'irai pendant quelque temps m'établir près d'eux. Si l'on m'attaque, ce que je ne crois pas, ils me défendront.

— Mon père, vous êtes un homme trop considérable et trop généralement respecté pour que l'on ose s'attaquer à vous, j'en ai l'intime conviction. Je considère cette retraite temporaire comme une preuve de condescendance de votre part pour les craintes que j'aurais en vous sachant seul ici. Je vous remercie sincèrement; mon exil momentané en sera adouci. N'ayant plus à songer qu'à moi seul, je serai fort. Merci encore, mon père.

— Il ne nous reste plus qu'à nous entendre sur la façon dont tu opéreras ton départ.

— Oh! ceci est la chose la plus simple; mais Denisà, m'éloignerai-je donc sans la voir?

— Non, dit Bernardo, je vais te l'amener avant une heure, fais tranquillement tes préparatifs.

— Elle nous avait promis de venir ce matin, dit le docteur, je m'étonne qu'elle ne soit pas encore ici.

— C'est vrai, dit Julian, lui serait-il arrivé quelque chose, mon Dieu!

— Pourquoi cette inquiétude? Que veux-tu qui lui soit arrivé?

— Felitz Oyandi est venu hier soir à Louberria, dit le jeune homme avec ressentiment.

— C'est vrai, s'écria Bernardo, je pars tout de suite.

— J'y vais moi-même! s'écria Julian.

— Non, dit nettement Bernardo, pas d'imprudence, reste ici, je t'assure que je te l'amènerai.

— Mais cependant... s'écria le jeune homme.

— Il a raison, interrompit vivement le docteur; il vaut mieux que Bernardo aille seul à Louberria; je t'en prie, fils, reste près de moi.

— Je vous obéis, mon père, dit le jeune homme, en étouffant un soupir; pars donc, mon Bernardo.

— Je serai bientôt de retour, s'écria le montagnard.

Et il s'élança au dehors.

Mais presque aussitôt il reparut, Denisà l'accompagnait.

La jeune fille était pâle, tremblante, défaite; il y avait de l'égarement dans son regard.

Elle marchait d'un pas de statue.

Elle fit quelques pas dans la chambre sans rien voir, et tomba à demi évanouie sur un fauteuil en murmurant, d'une voix hachée, ces deux seuls mots :

— Me voici.

— Mon Dieu! s'écria Julia, pauvre chère Denisà, que lui est-il arrivé?

Déjà le docteur faisait respirer des sels à la jeune fille.

Bientôt elle revint à elle et fondit en larmes.

Les trois hommes, en proie à la plus vive anxiété, regardaient la jeune fille sans oser lui adresser la parole, redoutant, s'ils l'interrogeaient, de redoubler sa douleur.

Mais bientôt, cette crise, à cause de sa violence même, commença à se calmer.

La jeune fille essuya ses larmes d'un geste fébrile, puis elle essaya de sourire et, tendant la main à son fiancé :

— Oh! mon Julian, lui dit-elle, avec une navrante tristesse, j'ai bien souffert depuis hier! je souffre encore beaucoup en ce moment! je craignais de ne plus te revoir; mais, grâce à Dieu, tu es là, près de moi, j'ai ma main dans la tienne, je me sens mieux, je suis heureuse, bien heureuse!

— Pourquoi craignais-tu de ne plus me revoir, ma chérie? lui demanda tendrement le jeune homme. Ne sais-tu pas que je t'aime, que je t'aimerai toujours?

— Si, je le sais, je le sens à mon cœur.

— Alors, pourquoi ce doute, Denisà? tu ne m'y avais pas habitué.

Elle baissa les yeux et détourna la tête sans répondre.

— Tu ne dis rien? Tu me supposes donc capable de t'abandonner?

— Non! oh non! s'écria-t-elle avec âme; mais malgré toi, peut-être, tu aurais été obligé de...

— Me séparer de toi, ma fiancée? Oh! jamais Denisà, jamais! Tu as mon serment comme j'ai le tien; je te le jure, la mort seule sera assez puissante pour nous séparer! et encore! s'écria-t-il avec exaltation.

— Aussi serais-je morte, mon bien-aimé, si, en entrant dans cette chambre, je ne t'avais pas vu et si j'avais appris ton départ, dit-elle avec un doux et navrant sourire.

Ces simples et terribles paroles furent prononcées avec un tel accent de conviction que les trois hommes frissonnèrent.

— Voyons, chère fille, dit le docteur en touchant de ses lèvres le front de Denisà, cette exaltation n'est pas naturelle, jamais je ne vous ai vue si nerveuse et si tremblante; il faut qu'il se soit passé quelque chose d'affreux que nous ignorons, que votre cœur ait reçu une secousse bien terrible pour que vous soyez ainsi bouleversée. Que vous est-il arrivé? Soyez franche, pauvre enfant, ne nous cachez rien. Vous savez combien vous nous êtes chère; nous n'avons qu'un désir, rendre le calme à votre esprit, vous tranquilliser enfin.

— Oui, Denisà, ma chère bien-aimée, ma fiancée, dis-nous ce qui s'est passé, et quelle scène affreuse a mis dans ton esprit ce trouble qui nous inquiète et nous désespère.

— Hélas! mon Julian, pourquoi exiger de moi cette douloureuse confidence? J'étais venue dans l'intention de te dire si je te revoyais, ce que je n'espérais pas, de te dire...

Elle hésita, ses yeux se remplirent de larmes; un sanglot souleva sa poitrine et elle appuya sa main sur son cœur, comme pour en modérer les battements précipités.

— Parle, chère Denisà, ne crains rien; pourquoi t'arrêter? Ne sais-tu pas que de toi je puis tout entendre, excepté que tu ne m'aimes plus et que tu me rends ma parole.

— Eh bien, oui... oui... c'est cela... je crois, voilà ce que je voulais te dire, murmura-t-elle d'une voix tremblante.

— Comment! tu ne m'aimes plus? s'écria le jeune homme avec stupeur.

— Oh! si je t'aime, mon Julian, jamais je ne t'ai autant aimé! Mais il le faut!

— Que faut-il, ma chérie? lui demanda-t-il avec tendresse.

— Il le faut, pour toi, pour toi seul, mon Julian; j'en mourrai, je le sais, mais il le faut, répéta-t-elle en le regardant avec égarement.

— Mais que faut-il donc? reprit le jeune homme effrayé de l'état dans lequel il la voyait.

— Je lui ai dit: J'en mourrai. Il a ri et a répété: Il le faut. Cet homme n'a pas de cœur, et il prétend qu'il m'aime!

Il y eut un silence : les trois hommes se regardaient avec une douloureuse stupeur, sans oser se communiquer leur appréhension secrète.

— Oh! reprit-elle avec désespoir, et il m'a menacée. A chaque mot que je lui disais, il répondait: Il le faut, ou ton père et ta mère seront chassés de leur maison; tout ce qu'ils possèdent sera vendu, et ton fiancé sera arrêté et jeté au bagne ! Et moi je résistais toujours. Non, non, mon Julian, ajouta-t-elle en fondant en larmes, jamais je n'aurai la force de... Oh! plutôt la misère, plutôt mourir que de consentir à te rendre ta parole !.. Julian ! Julian ! pardonne-moi, je t'aime tant !

Tout en parlant ainsi, en proie à une exaltation étrange, elle s'était levée et avait fait un ou deux pas en avant.

Ses dernières paroles s'éteignirent dans un sanglot, elle battit l'air de ses bras, ses yeux agrandis tournèrent dans leurs orbites, elle poussa un cri déchirant et tomba de son haut.

La pauvre enfant se serait brisée le crâne sur le plancher si Julian et Bernardo qui suivaient toutes les péripéties de cette scène étrange, n'avaient pas étendu les bras pour la recevoir.

Denisà avait complètement perdu connaissance.

Julian l'enleva dans ses bras et la porta dans la chambre des hôtes. Puis il appela Picahandia la servante, lui ordonna de mettre la jeune fille au lit, et d'appeler son père dès que cela serait fait.

— Eh bien, père, dit Julian en rentrant dans sa chambre, que pensez-vous de cette horrible scène? Ne voyez-vous pas comme moi, au fond de cette mystérieuse affaire, l'influence de ce misérable Oyandi? M'ordonnerez-vous encore de m'éloigner et d'abandonner ma fiancée au pouvoir de ce démon ?

— Plus que jamais, fils, répondit froidement le docteur, écoute-moi et surtout calme-toi.

— Mais il la tuera, mon père ! voyez en quel état elle est ! s'écria Julian avec violence.

Le docteur haussa les épaules.

— Vous êtes tous piqués de la tarentule, sur mon honneur ! répondit-il. Qu'est-il arrivé ? Ceci : cet homme s'est, je ne sais comment, introduit dans la maison de Denisà, en l'absence de ses parents ; il a effrayé la pauvre enfant, ce qui était facile, ignorante comme elle l'est des

9.

choses du monde; il l'a menacée, que sais-je? et il l'a ainsi effrayée et rendue presque folle...

— Et vous voulez, mon père, que moi...

— Je veux que tu te calmes et que tu m'écoutes, reprit le docteur avec une énergie croissante. Je ne suis pas un enfant, moi; on ne m'effraye pas facilement. Je vais monter à cheval, me rendre à Louberria, me faire rendre compte de ce qui s'est passé, et couper net les griffes de Felitz Oyandi, d'abord en remettant aux Mendiri le double de la somme qu'ils lui doivent, et qui ne saurait être bien considérable, car le père Oyandi tient très serrés les cordons de sa bourse; puis, ce soir, après ton départ, je conduirai Denisà à Bayonne, dans une maison où je mets au défi tous les Oyandi, présents, passés et futurs, de la découvrir. Crois-moi, cela vaudra mieux que toutes les violences auxquelles tu pourrais te livrer et qui ne produiraient d'autre résultat que celui de te faire arrêter plus vite, et cela nous donne l'avantage sur ton ennemi, qui, après toutes ses menaces, restera capot.

— Bravo! s'écria Bernardo, Oyandi sera battu encore une fois!

— Et j'espère que ce ne sera pas la dernière! Qu'en dis-tu, fils?

— Mon père, cette fois encore, je m'incline devant vous. Pardonnez-moi, vous avez toutes les délicatesses du cœur; si je ne vous avais pas, je ne ferais que des sottises.

— Il y a du vrai dans ce que tu dis là, fit le docteur en souriant. Passe dans la salle à manger avec Bernardo; mettez-vous à table, je vous rejoindrai bientôt. J'entends Picahandia qui m'appelle, je vais voir un peu dans quel état se trouve notre malade.

Les deux jeunes gens obéirent.

Leur appétit n'était pas très grand; ce qui s'était passé sous leurs yeux leur avait causé de telles émotions, que la faim leur était passée.

Ils attendirent donc le retour du docteur avant de commencer leur repas.

L'absence du docteur se prolongea pendant un quart d'heure au plus; il entra et se mit à table en se frottant les mains.

— Eh bien, père? lui demanda Julian avec inquiétude.

— Notre malade va bien, répondit-il; je lui ai annoncé ce que je me propose de faire après déjeuner; cela l'a calmée complétement, en lui rendant l'espoir qu'elle avait perdu; elle va dormir pendant deux ou trois heures, et ce soir elle sera guérie.

— Ah! père, dit affectueusement le jeune homme, vous êtes à la fois le médecin du corps et celui de l'âme; quel beau rôle vous faites jouer à la médecine! Aussi vous opérez des cures merveilleuses.

— Voilà tout le secret de la médecine, garçon, dit gaiement le docteur. Le médecin doit à la fois traiter son malade au moral et au physique, sous peine de voir ses remèdes rester inefficaces, s'il ne procède pas ainsi.

— A ta santé, Bernardo, dit Julian. Que penses-tu de cela?

— Ton père a raison comme toujours, répondit le montagnard en vidant son verre rubis sur l'ongle. Caraï! ajouta-t-il, voilà un fier vin!

— Oui, pas mauvais, dit le docteur. Voyons, entendons-nous sur le départ de ce soir.

— Oh! c'est bien simple, dit Bernardo. Il faut partir un peu tard; ce soir, j'attendrai Julian, avec deux chevaux, au val de la *Cabra*.

— Pourquoi deux chevaux? demanda le docteur.

— Dam! tout simplement parce que Julian est mon ami d'enfance, que je l'aime comme s'il était mon frère et que je ne veux pas l'abandonner tout seul dans le danger; il est souvent bon d'avoir un ami près de soi, quand on souffre, qu'on est séparé de ceux que l'on aime, et que l'on ne sait pas quand on reviendra. D'ailleurs, je lui servirai de guide à travers les chemins perdus, qu'il nous faudra prendre, pour éviter les mauvaises rencontres.

— Merci, dit le docteur, en essuyant une larme ; merci, Bernardo, j'accepte pour mon fils.

— Merci, c'est convenu, mon Bernardo, dit affectueusement Julian.

— Voici le déjeuner terminé, je vais tout préparer. Au revoir, et à ce soir à dix heures, au val de la Cabra, docteur. Bon espoir, nous reviendrons bientôt, et alors gare à Felitz Oyandi !

Il se leva, serra les deux mains tendues vers lui et se retira.

— Je vais écrire une lettre que Moucharaby portera à Bayonne, afin que tout soit prêt cette nuit pour recevoir Denisà, quand nous arriverons, dit le docteur, en se levant. Cela fait, je me rendrai tout droit à Louberria, chez les Mendiri. Je veux arranger leur affaire et avoir le cœur net de ce qui s'est passé.

— Tâchez de tout apprendre, père ; il est bon que je sache jusqu'à quel point je dois haïr cet homme.

— Fou ! dit le docteur entre ses dents.

Et il reprit tout haut :

— Toi, tu ne bouges pas d'ici, quoi qu'il arrive, n'est-ce pas ?

— Vous avez ma parole, père. D'ailleurs, ne dois-je pas veiller sur Denisà ?

— C'est vrai ; la chère enfant me répond de toi... Je pars tranquille, dit-il en souriant ; ne t'impatientes pas : mon absence ne sera pas longue... A bientôt...

Le docteur sortit.

Le jeune homme se retira tout triste et tout pensif dans sa chambre.

Combien, en moins de deux heures, sa situation était changée !...

Comme il avait fallu peu de temps pour le précipiter du haut de son bonheur dans un abîme de douleurs !...

Le matin, il s'était levé, gai, joyeux comme à l'ordinaire ; tout lui souriait.

Aimé d'une jeune fille chaste et délicieusement belle

qu'il allait épouser dans quelques jours, un avenir de joie s'ouvrait devant lui.

L'amour, la fortune lui promettaient une vie calme, heureuse, près de la charmante créature qu'il avait choisie, et dont la tendresse ingénieuse s'appliquerait constamment à satisfaire ses moindres désirs et à deviner ses pensées, pour y conformer les siennes.

Maintenant, tout était ombres et ténèbres autour de lui.

Ce bonheur rêvé était détruit peut-être pour toujours!

Un homme, un misérable, avait d'un mot brisé cet avenir radieux et jeté le trouble et le désespoir là où régnaient toutes les joies d'un bonheur calme et assuré.

A ces pensées, le cœur du jeune homme bondissait dans sa poitrine, ses mains se crispaient, son regard lançait de fauves effluves, il rêvait d'horribles vengeances!

Il fallait toute sa puissance sur lui-même, et le souvenir de la présence de Denisà dans la maison de son père, pour qu'il ne s'élançât pas au dehors, et, au risque de tout ce qui pourrait arriver, ne se mît pas à la recherche de Felitz Oyandi, pour lui demander un compte sévère de sa conduite déloyale et tirer de lui une éclatante vengeance.

Vingt fois il se leva, résolu à en finir.

Vingt fois il se laissa retomber sur sa chaise, avec accablement, en frappant du poing et s'écriant avec une rage à peine contenue :

— Non, je ne puis l'abandonner! je dois veiller sur elle! Ah! si elle n'était pas ici!

Il cacha sa tête dans ses mains, laissa tomber ses coudes sur la table, et pleura.

Julian était bien jeune encore, il ne savait pas ce que c'est que la douleur, cette force mystérieuse et toute puissante dont la nature se sert pour éprouver le cœur humain, l'épurer en le plongeant dans le terrible creuset de la souffrance, pour tremper l'âme et la rendre ainsi capable de soutenir toutes les luttes, supporter sans frémir les plus affreuses tortures morales, et triompher de tous les misérables et odieux obstacles que la fatalité accumule sans cesse sous les pas des cœurs d'élite.

Heureux cent fois ceux qui sont ainsi éprouvés, car ils deviennent forts entre les forts !

Ils comprennent que le bonheur doit s'acheter par la souffrance, et jamais ils ne se laissent abattre, si désespérée que soit en apparence la situation à laquelle ils sont momentanément réduits.

Le coup avait été rudement asséné.

Julian en avait été étourdi tout d'abord ; tant de calamités accumulées en si peu d'instants avaient rompu l'équilibre ; son cerveau avait reçu une terrible atteinte.

Pendant un moment, sa raison avait chancelé ; mais maintenant le coup était porté, les larmes étaient venues, dernier tribut payé à la faiblesse de la nature humaine.

La réflexion venait, et, avec la réflexion, la réaction s'opérait, l'âme se redressait, reprenait sa vigueur et se préparait à la lutte, prête à la soutenir fièrement, d'où qu'elle vînt.

En un mot, un changement complet s'était opéré dans toute la personne de Julian.

Deux heures auparavant, il était encore un enfant, ayant toutes les faiblesses et toutes les mièvreries de son âge.

Maintenant la douleur l'avait frappé brutalement du bout de son aile froide et sinistre : il était devenu un homme sous ce coup de fouet terrible qui lui avait révélé toute l'énergique volonté et la force de résistance de son caractère, qualités que lui-même ignorait posséder, n'ayant eu jusqu'alors aucune occasion de les montrer.

Devenu plus calme, le jeune homme fit ses préparatifs de départ et attendit sans impatience apparente le retour de son père.

L'absence du docteur dura près de deux heures.

Enfin il rentra.

Sa physionomie avait une expression singulière ; bien

que le docteur semblât préoccupé, un sourire railleur se jouait sur ses lèvres.

— Tout est fini, terminé, arrangé, dit-il en se jetant sur un fauteuil.

— Tant mieux! dit vivement le jeune homme. Ainsi, Denisà n'a plus rien à redouter.

— Rien absolument; je t'en donne ma parole. D'ailleurs, elle ne me quittera plus; je veillerai de près sur elle; tu peux être tranquille.

— Mon bon père! dit affectueusement Julian, mais que s'est-il passé?

— Le voici en deux mots : Hier, M. et Madame de Mendiri s'étaient rendus à la veillée chez un de leurs proches voisins; tu sais que la veillée se fait tantôt chez l'un, tantôt chez l'autre.

— Je le sais, oui, père.

— Denisà, un peu fatiguée, avait voulu garder la chambre; elle était donc restée seule avec la vieille servante. Ce drôle, c'est de Felitz Oyandi que je parle, n'avait pas eu de peine à s'introduire dans la maison, dont la vieille servante n'avait pas osé lui refuser l'entrée; mais la brave femme, redoutant quelque scène désagréable pour la jeune fille, avait été aussitôt prévenir ses maîtres, qui s'étaient hâtés de revenir, heureusement, comme tu vas le reconnaître.

— Oh! je m'attends à tout de la part de ce misérable! dit Julian en fronçant les sourcils.

— Felitz Oyandi, continua le docteur, avait débuté de la manière la plus respectueuse, se plaignant d'avoir été repoussé par la jeune fille, lui déclarant qu'il l'aimait à en perdre la tête, que son refus de l'accepter pour son fiancé le désespérait..., etc., etc., et une foule d'autres choses aussi peu raisonnables, auxquelles la jeune fille se bornait à répondre : « Retirez-vous, je suis seule, je ne puis vous écouter; quand mon père et ma mère seront là, vous reviendrez et vous vous expliquerez avec eux. » Enfin, poussée à bout et Felitz s'obstinant à demeurer quand même, elle lui avait dit sèchement :

« Je ne vous ai jamais aimé, je ne vous aime pas, je ne vous aimerai jamais; je suis la fiancée de Julian d'Hérigoyen. Mes parents consentent à mon mariage, qui doit avoir lieu prochainement; tout ce que vous me dites est inutile : je serai à celui que j'aime ou à la tombe! »

— Pauvre chère Denisà! s'écria le jeune homme.

— Alors, le misérable changea brusquement de ton; la prière ne réussissant pas, il eut recours aux menaces; je ne te répéterai pas tout ce qu'il a dit, ce serait trop long; sache seulement que, lorsque les parents de Denisà arrivèrent, Felitz Oyandi, en proie à une rage folle, avait brutalement saisi la jeune fille, qui se débattait dans ses bras avec une énergie désespérée, en criant et appelant : au secours! tandis que Felitz essayait d'étouffer sa voix, en répétant d'une voix sourde et menaçante : « Tu seras à moi! je le veux! tu seras à moi! »

— Oh! l'infâme! s'écria Julian, les traits bouleversés par l'indignation et frissonnant de tous ses membres.

— En voyant entrer le père et la mère de celle qu'il voulait contraindre à lui céder, Felitz Oyandi, épouvanté peut-être de l'action qu'il commettait, laissa échapper la jeune fille, qui alla tomber à demi évanouie dans les bras de sa mère. M. Mendiri, malgré son âge, est encore très vigoureux. Il reprocha vertement à Felitz sa conduite odieuse; il le menaça d'ameuter contre lui tous les habitants du village et lui intima l'ordre de sortir, en lui défendant de repasser jamais le seuil de sa porte; et, comme le misérable ricanait et refusait de sortir, comptant peut-être sur sa force, M. Mendiri, cédant à son indignation, le saisit à l'improviste sans lui donner le temps de se reconnaître, et le jeta littéralement dans la rue, où le misérable roula dans le ruisseau dont sa chute brisa la glace. Il se releva tout froissé, et, comme il voyait plusieurs personnes s'approcher et qu'il est aussi lâche que traître et infâme, il prit enfin la fuite, mais non sans proférer les plus effroyables menaces contre l'enfant qu'il venait d'insulter si odieusement et contre sa famille, qui l'avait sauvée de ses violences.

— Oh! si j'avais été là! s'écria Julian en serrant les poings avec colère.

— Mieux vaut que tu ne t'y sois pas trouvé, fils, reprit doucement le docteur. Tu comprends maintenant comment notre chère Denisà, après avoir passé une nuit affreuse, est arrivée ici en proie à cette épouvantable crise nerveuse dont nous avons été témoins. Son père et sa mère, effrayés de son état, voulaient l'empêcher de sortir; elle s'est en quelque sorte échappée pour se rendre ici.

— Chère bien-aimée! murmura le jeune homme avec attendrissement.

— J'ai rencontré le père et la mère à moitié chemin, je les ai fait monter près de moi et je les ai reconduits chez eux; là, tout s'est arrangé; il paraît qu'ils doivent douze cent cinquante francs au père Oyandi; avec les frais, la somme se monte à un peu moins de deux mille francs, je leur en ai remis quatre mille; M. Mendiri refusait de les accepter, mais je lui ai fait comprendre qu'il fallait se débarrasser au plus vite de cette créance, afin de reconquérir sa liberté d'action; aujourd'hui même, l'argent sera compté à l'huissier de Serres et les pièces reprises.

— Et Denisà?

— Je te l'ai dit, elle reste avec moi; ses parents eux-mêmes m'ont prié de la garder et de l'emmener à Bayonne; tu vois donc que tout est arrangé et terminé; seulement, ne dis jamais à Denisà que tu connais les détails de la scène qui s'est passée hier; Denisà est une enfant chaste et d'une pureté angélique, sa pudeur craintive ne comprendrait pas et n'admettrait pas que son mari lui-même fût instruit de ces odieux détails; son cœur se briserait à la seule pensée que tu sais l'horrible attentat essayé par ce misérable et dont elle a failli être victime; c'est de ton bonheur à venir qu'il s'agit, fils; prends garde de ne jamais prononcer un mot, un seul, sur ce sujet!

— Oh! ce secret ne sortira jamais de mon cœur! s'écria le jeune homme avec âme. Quant au misérable Felitz, tout son sang ne suffira pas à laver l'injure qu'il m'a faite!

— Bien, fils; tu as raison de parler ainsi. Cet homme doit être puni, il le sera, mais il faut attendre. La vengeance se mange froide, disent les Corses, et ils s'y connaissent. Sois donc prudent.

— Soyez tranquille, mon père, répondit le jeune homme; dussé-je attendre vingt ans, j'attendrai, parce que je veux que cette vengeance soit complète.

Ces paroles furent prononcées avec une sombre énergie qui fit tressaillir le docteur.

Il n'insista pas, et détourna la conversation.

Vers cinq heures de l'après-dînée, Denisà se leva et descendit rejoindre au salon Julian et son père.

La jeune fille était calme, reposée, entièrement remise de l'horrible choc qu'elle avait reçu et admirablement belle.

Le docteur la fit asseoir auprès de lui et lui rendit compte de la visite qu'il avait faite à sa famille et de ce qui avait été convenu.

Il lui fit ensuite comprendre que Julian, accusé de complot et dénoncé par ses ennemis, était obligé de s'éloigner pour un temps très court, simplement afin de laisser à ses amis le temps d'établir son innocence et de conjurer ainsi les dangers dont il était menacé.

Il termina en lui disant:

— Julian part ce soir à dix heures, nous l'accompagnerons jusqu'au val de la Cabra, et ensuite nous nous rendrons tout droit à Bayonne, où vous n'aurez rien à redouter de votre ennemi, près de moi; dans quelques jours, vos parents vous rejoindront, chère fille, s'ils s'ennuient trop loin de vous. Ces arrangements vous conviennent-ils, mon enfant?

— La nécessité commande, mon père, répondit-elle doucement, je dois me soumettre; près de vous je serai heureuse, je penserai à Julian et vous me parlerez de lui.

— Bien, chère fille; mais j'entends Moucharaby qui

revient de Bayonne, je vous laisse jaser ensemble, mes gentils amoureux.

Il se leva, mit un baiser au front de la jeune fille et sortit.

Les deux jeunes gens restèrent seuls.

Ils avaient un monde de choses à se dire.

Les amoureux sont prolixes; ils tournent toujours autour de ces deux mots charmants : je t'aime! qu'ils retournent de mille façons différentes.

Oh! ces épanchements de deux cœurs bien aimants, ils ne se produisent qu'une fois dans la vie, mais le souvenir en reste toujours brûlant au fond du cœur!

Denisà donna à son fiancé une petite croix d'or que sa mère lui avait mise au cou le jour de sa naissance et que jamais elle n'avait quittée.

— Conserve-la aussi précieusement que l'anneau des fiançailles que je t'ai mis au doigt, lui dit-elle, les yeux pleins de larmes.

— Je te le jure! chère aimée, répondit Julian, ces deux talismans me porteront bonheur; prends cette bague, elle vient de ma mère, que je n'ai jamais connue, hélas! elle renferme de ses cheveux, c'est tout ce que je possède d'elle, je te la donne!

La jeune fille prit la bague, la baisa et la mit à son doigt, près de son anneau de fiançailles.

— Jamais je ne la quitterai, dit-elle avec une ineffable tendresse.

Cependant les heures s'écoulaient rapides, il fallut partir, le cabriolet attendait.

A dix heures, on arriva au val de la Cabra.

Bernardo attendait, tenant deux vigoureux chevaux en bride.

Les adieux des deux fiancés furent déchirants.

La jeune fille fut replacée à demi-évanouie dans le cabriolet.

Julian était à peu près dans le même état.

Le père et le fils se jetèrent dans les bras l'un de l'autre et demeurèrent longtemps embrassés, peut-être avaient-ils de sombres pressentiments; ils avaient le cœur serré, leurs larmes se confondaient.

Puis tout à coup le docteur repoussa son fils.

— Pars, lui dit-il d'une voix qu'il essayait en vain de raffermir; peut-être as-tu trop tardé?

Julian attacha sa valise sur le cheval.

— Julian! mon bien-aimé, adieu! cria Denisà d'une voix mourante.

Le jeune homme s'élança, son père le retint et le contraignit de se mettre en selle.

— Au revoir, Denisà! à bientôt, ma bien-aimée! cria Julian.

Le docteur asséna un vigoureux coup de manche de fouet sur la croupe des chevaux qui partirent au galop.

Le docteur resta immobile à la même place aussi longtemps que l'obscurité lui permit d'apercevoir les deux cavaliers.

Enfin leurs noires silhouettes se confondirent avec les ténèbres.

Le bruit de leurs pas, s'éloignant de plus en plus, avait déjà depuis quelques instants cessé d'être perceptible.

— Le reverrai-je! murmura le docteur, dont un sanglot déchira la gorge.

Puis il ajouta tristement :

— Il me reste un enfant, encore!

Il remonta dans son cabriolet, embrassa la jeune fille, qui fondait en larmes, et, sans essayer de la consoler, il prit, le cœur brisé, la route de Bayonne.

XI

DANS LEQUEL L'AUTEUR DÉMONTRE CLAIREMENT QU'IL EST TRÈS DANGEREUX DE VOYAGER POUR SES AFFAIRES PARTICULIÈRES QUAND UN GOUVERNEMENT ÉPROUVE LE BESOIN DE FAIRE UN COUP D'ÉTAT.

Julian d'Hérigoyen et son ami Bernardo Zuméta étaient bien montés, bien armés, munis d'argent, ce qui ne nuit jamais en voyage, et de quelques vivres, tant pour eux que pour leurs chevaux.

Ils pouvaient fournir une longue traite, sans s'arrêter ; ils résolurent de marcher toute la nuit et de se reposer pendant la plus grande partie de la journée suivante, ce qu'ils firent en effet.

Pendant plusieurs jours ils usèrent des plus grandes précautions.

Malgré le froid, ils campaient la plupart du temps en rase campagne.

Bernardo allait acheter des vivres dans quelque village, et, dès le coucher du soleil, les voyageurs se remettaient en route et marchaient jusqu'à l'aube.

Pendant l'été, cette façon de voyager n'aurait rien eu de très désagréable ; mais en hiver, il fallait des forces bien supérieures à celles des deux jeunes gens pour résister au froid et aux privations de toutes sortes auxquelles ils étaient exposés.

Bernardo fut le premier des deux qui s'avoua vaincu.

Julian, bien que plus jeune et plus faible en apparence, semblait être de fer. Ni le froid, ni le vent, ni la neige, ni la pluie, ni même la privation de sommeil n'avaient prise sur lui ; il était toujours aussi vif, aussi dispos et surtout aussi gai que si, au lieu d'être en route depuis une semaine, il était le matin même sorti de chez lui pour une courte promenade.

Bernardo n'y comprenait rien; il était en admiration devant cette organisation étrange, sur laquelle rien n'avait d'influence.

Julian, voyant l'épuisement de son ami, eut pitié de sa faiblesse; il décida qu'ils étaient beaucoup trop éloignés de Louberria et même de Bayonne pour avoir encore quelque chose à redouter.

En conséquence, toutes les précautions prises jusque là, non seulement devenaient inutiles, mais risquaient même de tourner contre eux; il valait donc mieux continuer le voyage, qui du reste touchait à sa fin, dans les conditions ordinaires.

Ce point convenu, les jeunes gens s'arrêtèrent dans l'auberge d'un petit village, campé comme en vedette sur l'un des bords de la route qu'ils suivaient.

Ils se firent servir un bon souper, firent mettre devant eux leurs chevaux dans la litière jusqu'au ventre, avec double ration de paille et d'avoine; puis ils passèrent la nuit dans des lits propres, assez moëlleux, chose qui ne leur était pas arrivée depuis leur départ de Louberria, et dont ils reconnurent bientôt les nombreux agréments, en s'endormant presque aussitôt d'un sommeil de plomb.

En résumé, tous deux étaient rendus de fatigues.

On était alors au 3 décembre 1851.

Ce petit village, nommé X..., et se composant d'une quarantaine de maisons, tout au plus, paraissait être en proie à une vive agitation.

Malgré le froid et la nuit, toute la population, hommes et femmes, vieillards et jusqu'aux enfants, était groupée dans l'unique rue du bourg et discutait avec forces cris et gestes.

Les deux voyageurs avaient, à la nuit tombante, traversé ces groupes sans attacher la plus légère importance à ce qu'ils voyaient.

Ils étaient fatigués et surtout transis de froid; car il gelait à pierre fendre. Ils ne songeaient qu'à une seule chose, trouver une auberge où ils pussent se reposer et se réchauffer le plus tôt possible.

Aussi, dès que cette auberge fut trouvée et qu'ils se furent couchés, oubliant tous soucis, leurs yeux se fermèrent et ils s'endormirent d'un profond sommeil presque léthargique.

Ce qui ne les empêcha pas de s'éveiller de bonne heure, et de faire aussitôt leurs préparatifs de départ.

Mais comme ils ne voulaient pas se mettre en route le ventre vide, ce qui est toujours une grave imprudence lorsque l'on voyage, ils descendirent dans la salle commune de l'auberge.

A leur grand étonnement, les deux jeunes gens virent cette salle remplie de monde, menant fort grand bruit.

Les gens du village allaient, venaient, sortaient, rentraient.

C'était un va-et-vient perpétuel d'individus s'appelant, se cherchant les uns les autres, vidant de grands verres de vin sur le comptoir, et remplissant des gourdes recouvertes en osier, qu'ils portaient pendues en bandoulières.

Mais ce qui étonna surtout Julian, ce fut de voir que tous ces hommes avaient des sacs sur le dos et des fusils, des faux et des fourches à la main : armes qu'en pérorant avec une véhémence extrême, ils agitaient et brandissaient d'un air de menace.

Julian fit signe à Bernardo de le suivre.

Tous les deux se retirèrent sans être remarqués, et remontèrent dans leur chambre, qu'ils fermèrent.

— Que penses-tu de tout ce remue-ménage, mon Bernardo? demanda Julian en langue basque à son ami.

— Moi, répondit le montagnard, je ne sais que penser. Je n'y comprend rien du tout.

— Tout cela est étrange! murmura le jeune homme.

— On dirait une révolution.

— Ou peut-être une insurrection.

— Après tout, c'est peut-être tout simplement une battue aux loups, dit Bernardo; avec un froid comme celui-ci, ces animaux doivent être enragés de faim ; ils seront descendus des montagnes ou sortis des hautes futaies pour chercher à manger dans les villages.

— Peut-être est-ce cela, en effet, répondit le jeune homme; cependant ces gens me semblent bien nombreux pour une battue aux loups.

— Ah! dame, tu sais, il y va de l'intérêt général, chacun craint pour ses bestiaux; pourquoi ne déjeunons-nous pas?

— Laissons-les partir d'abord; rien ne nous presse, nous avons le temps.

— Le fait est que personne ne nous attend; nous pouvons très bien nous reposer ici pendant toute la journée, ou même un jour ou deux, si cela te convient.

— Non, le village est trop petit; nous n'y serions pas bien.

— Nous ne sommes cependant pas mal dans cette auberge; nous y avons bien mangé et bien dormi.

— Nous serons mieux à Z...

— Qu'est-ce que c'est que Z..., mon Julian?

— C'est un chef-lieu de canton, un gros bourg, ou plutôt une petite ville, située dans une position charmante, sur le canal du Languedoc, et près d'un étang magnifique qui est presque un lac.

— C'est drôle, comme tu connais ce pays, dans lequel cependant tu n'es jamais venu, mon Julian; et ce bourg dont tu parles, est-ce bien loin de X..., où nous sommes?

— Quelques kilomètres au plus.

— Alors c'est l'affaire d'une heure?

— Pas même; nous nous y arrêterons pendant quatre ou cinq jours, afin de bien nous remettre de nos fatigues avant que de nous rendre à V..., qui n'est éloigné de Z... que de quatre lieues au plus.

— Bon, ce n'est qu'une promenade.

— Vois donc quel est ce bruit que nous entendons.

— Ce sont les chasseurs qui se mettent en route, dit Bernardo en regardant à travers la vitre de la fenêtre. Dieu me pardonne, ils se forment en pelotons comme de véritables soldats. Viens donc voir!

Julian s'approcha de la fenêtre.

Les hommes armés avaient mis le fusil sur l'épaule et avaient formé des pelotons, dont chacun avait un chef.

Le cri de marche se fit entendre, un silence relatif s'établit, et ils défilèrent au pas accéléré.

Ils étaient plus de deux cents.

Bientôt ils eurent disparu dans un tournant de la route.

— Singulière chasse aux loups! murmura Julian; viens, mon Bernardo, je crois que nous pouvons descendre maintenant.

En effet, la salle commune était vide; il ne s'y trouvait que deux femmes, un vieillard impotent et deux enfants en bas âge; l'aubergiste lui-même avait suivi la colonne.

En apercevant les voyageurs, la conversation fut subitement interrompue.

Julian ne sembla pas s'apercevoir de cette marque de défiance, il demanda poliment si l'on pouvait servir à déjeuner à lui et à son ami.

Le vieillard qui remplaçait l'aubergiste absent et était son père répondit non moins poliment.

Le couvert fut mis en un tour de main par une des femmes, et bientôt un copieux déjeuner fut servi devant les deux jeunes gens, qui l'attaquèrent vigoureusement.

La conversation avait été reprise à voix basse entre les deux femmes.

Elles auraient pu aussi bien causer à haute voix, car elles s'entretenaient dans un patois incompréhensible pour les jeunes gens.

Lorsque le déjeuner toucha à sa fin, Julian demanda une bouteille de vieux bourgogne, et invita le vieillard à trinquer avec eux, ce que celui-ci accepta; après cette première bouteille, il en vint une seconde, puis une troisième.

Les deux montagnards buvaient ce vin comme du petit lait, accoutumés qu'ils étaient aux forts vins du Narbonnais et aux vins cuits de Port-Vendres.

Le vieillard se déridait peu à peu; il devenait communicatif.

10

A la moitié de la seconde bouteille toute sa défiance avait disparu.

— Vous êtes étrangers au pays ; je vois cela à votre accent, dit le vieillard en souriant.

— Nous sommes Basques des environs de Bayonne, répondit Julian pour son ami et pour lui. Nous allons faire visite à des parents que nous avons à V...

— Mauvais moment que vous avez choisi pour voyager, messieurs, dit le vieillard en hochant la tête et en secouant le foyer de sa pipe sur le coin de la table pour en faire tomber la cendre.

— Pourquoi donc ? demanda Julian.

— Parce que le pays n'est pas tranquille, tant s'en faut, reprit le vieillard.

— Que me dites-vous là ? fit Julian avec une véritable surprise.

— Ignorez-vous donc ce qui se passe ?

— Complétement. Comment saurions-nous quelque chose ? Depuis douze jours, nous avons quitté notre village, et pendant notre route nous n'avons rencontré personne capable de nous renseigner.

— Eh bien ! s'il en est ainsi, je vous renseignerai moi, messieurs.

— Vous nous ferez un véritable plaisir, dit Julian.

— Ecoutez donc, alors, je crois que ce que vous allez entendre vous intéressera.

— Nous en sommes convaincus à l'avance ; à votre santé !

— A la vôtre, messieurs !

On trinqua, les verres furent vidés rubis sur l'ongle.

— Pour lors, reprit le vieillard en reposant son verre sur la table, il faut que vous sachiez que je suis un volontaire de 1792.

— Quel âge avez-vous donc ? demanda Julian avec surprise, à la vue de ce vieillard, à l'aspect vigoureux encore, malgré les longues mèches blanches de son épaisse chevelure, droit comme un *i* et l'œil encore brillant, affecté seulement d'une claudication très prononcée.

— J'aurai quatre-vingt-quatre ans au douze mars prochain ; je suis né un an avant le général Bonaparte ; j'avais vingt ans à la prise de la Bastille, que j'ai aidé à prendre ; j'ai servi sous les ordres de Kellermann, de Kléber, de Marceau, de Pichegru, de Hoche, de Marceau et finalement du général Bonaparte ; à Marengo, un biscaïen autrichien m'a brisé la cuisse et m'a fait obtenir mon congé définitif ; ah ! c'était le bon temps, la République : presque toujours on manquait de chaussures et de pain, mais le cœur y était, on se battait en chantant pour la patrie ; les généraux portaient des épaulettes en laine, ils mangeaient comme nous et couchaient sur la dure ; personne ne se plaignait ; on se battait pour la République, c'est-à-dire pour la Nation, car la Nation était tout alors pour nous ; et, déguenillés, mourant de faim, mais toujours contents, nous enfoncions en riant les carrés de Prussiens et autres kaiserliks, qui prétendaient être maîtres chez nous. La France était grande, forte et respectée alors ; nous avions conquis la Hollande, les bords du Rhin et pacifié la Vendée. Quand Bonaparte arriva, tout changea du jour au lendemain ; on ne se battit plus pour la Liberté, mais pour la conquête ; on fit et défit les rois et les royaumes ; on voulut faire de l'Europe tout entière une seule nation, qui s'appellerait la France ; on a vu ce que ces beaux projets nous ont valu en 1814 et 1815 : deux invasions et la France mutilée de telle sorte, qu'elle nous fut rendue humiliée, rançonnée et plus petite qu'elle était avant la Révolution de 89. Était-ce donc pour obtenir ce résultat que la France avait laissé six millions de ses enfants sur tous les champs de bataille de l'Europe, dépensé tant de génie et épuisé tous ses trésors ?

Les jeunes gens écoutaient, en proie à une vive émotion.

Ce vieux soldat, dernier reste mutilé de ces temps héroïques, leur semblait un géant.

Le vieillard continua.

— Quand on proclama la République en 1848, je me

dis : c'est fini de rire, la nation va faire ses affaires, et nous débarrasser des rois et des nobles pour toujours, sans parler des calotins, qui, depuis 1814, nous ont fait tant de mal. Les commencements étaient beaux ; chacun se pressait autour de la République nouvelle, mais c'était pour mieux l'étouffer. Je le compris bientôt. Dès que je vis un Bonaparte appelé à la Présidence de la Nation, je me souvins du 18 Brumaire. Qu'importent les serments aux Bonaparte, ils ne les font que pour les trahir ! C'est une race perfide, ambitieuse, sans cœur et sans entrailles. Je voulus voir celui-ci. Je me rendis à Paris. Son œil glauque, son front étroit, son sourire perfide ne me laissèrent aucun doute. Je revins au pays, et je répondis à ceux qui se félicitaient de le voir à la présidence : « Prenez garde, cet homme n'a jamais été républicain ; ce qu'il veut, ce qu'il rêve, c'est l'Empire. Il marchera dans le sang jusqu'aux genoux pour y arriver. Nous reculerons d'un demi-siècle ; avant deux ans, il refera ce que son oncle a fait. Prenez garde, nous reverrons les grandes hécatombes humaines et l'invasion. » Je me suis trompé d'un an, voilà tout ; ce que j'avais prévu est arrivé, le coup d'État est fait, l'invasion viendra plus tard !

— Comment, que voulez-vous dire ? s'écrièrent les deux jeunes gens avec anxiété.

— Je veux dire que Bonaparte a trahi ses serments, qu'il s'est mis hors la loi, en faisant arrêter à domicile, pendant la nuit, les représentants du peuple ; que depuis deux jours Paris est à feu et à sang, que le coup d'État est fait et que la République est perdue.

— Eh quoi, il serait possible ! s'écria Julian avec douleur.

— Si vous ne me croyez pas, lisez ce journal qui traîne là-bas, sur cette table, vous saurez tout.

— Mon Dieu ! Ainsi, ces hommes armés...

— Sont des citoyens qui se sont levés, pour soutenir leurs droits indignement violés.

— Oh ! c'est affreux, la guerre civile !

— Oui, la guerre civile et la terreur proclamées par le

chef de l'Etat lui-même, voilà où nous en sommes. Maintenant que comptez-vous faire ?

— Eh ! le sais-je. Je suis loin de chez moi. Etranger à ce pays, tout est danger pour moi et pour mon ami.

— Le plus sûr serait peut-être de retourner sur vos pas ; mais qui sait s'il n'est pas trop tard, et si la route n'est pas déjà fermée derrière vous ; car toutes les populations se lèvent, la protestation est générale ; tenez, messieurs, vous êtes jeunes, vous m'intéressez, je voudrais vous venir en aide, ne fût-ce que par un conseil ; vous devriez partir au plus vite. Tournez Z..., sans y entrer, et gagnez V... par la traverse ; dans cette ville, m'avez-vous dit, vous avez des parents, ils vous protégeront et vous défendront au besoin.

— Oui, vous avez raison ; nous n'avons pas d'autre parti à prendre, que Dieu nous aide !

— Aidez-vous vous-mêmes, messieurs ; c'est le plus sûr ; croyez-moi, et surtout évitez les mauvaises rencontres. Plus tôt vous partirez, mieux cela vaudra pour vous. Dans trois heures, avec vos chevaux qui sont bons, vous pouvez être à V...

— Allons, partons donc !

Les jeunes gens bouclèrent leurs valises, sellèrent leurs chevaux, réglèrent leur compte, et se mirent en route, non sans un horrible serrement de cœur, après avoir remercié chaleureusement le vieillard.

Cependant, peu à peu, l'impression que Julian et son ami avaient éprouvée au récit du vieux soldat ne tarda pas à disparaître ; l'insouciance de leur âge reprit le dessus. Ils rirent de leur terreur.

Leur voyage était terminé, puisque dans trois heures au plus ils arrivaient à V...

Après tout, que pouvait-on leur faire ? Qu'avaient-ils à redouter ?

Inconnus aux deux partis, voyageant paisiblement pour leurs affaires particulières, personne ne chercherait à les inquiéter. Quels dangers pouvaient-ils courir en plein jour sur une route nationale ?

10.

Ce bonhomme était fou; il avait voulu les effrayer et se moquer d'eux.

Jamais ils n'avaient été exposés à de plus grands dangers!

A peine avaient-ils gagné la grand'route, qu'ils aperçurent de nombreux paysans, suivant par groupe de trois ou quatre, et souvent davantage, la même direction qu'ils suivaient eux-mêmes. Tous étaient armés.

De temps en temps, d'autres paysans venaient à travers champs se joindre aux autres.

Parfois Julian avait eu la pensée de les interroger et de leur demander des renseignements sur la route qu'il voulait suivre.

Mais ces gens fixaient sur lui des regards d'une expression si étrange, que, de crainte de quelque avanie, il avait jugé prudent de s'abstenir de toute interrogation.

Quant à Bernardo, il avait recouvré toute sa gaieté; il ne remarquait rien et ne s'occupait pas le moins du monde de tous ces gens qui marchaient tranquillement sur les deux côtés de la route et qui lui semblaient très inoffensifs.

Julian pressa son cheval dans l'intention d'atteindre le bourg le plus tôt possible.

Mais au moment où lui et Bernardo tournaient un coude de la route, ils se trouvèrent à l'improviste enveloppés par une foule d'individus armés qui les sommèrent de s'arrêter et de mettre pied à terre.

Toute résistance était impossible; les deux voyageurs étaient entourés par une véritable armée.

Ils obéirent, non sans protester; ils demandèrent ce qu'on leur voulait, et de quel droit on les arrêtait ainsi sur la grande route, quand ils passaient tranquillement leur chemin.

— Tranquillisez-vous, messieurs, dit un homme assez bien mis paraissant être un des chefs de ce rassemblement formidable; nous ne sommes pas des voleurs, et encore moins des assassins; nous ne vous arrêtons que parce qu'il nous importe que vous ne nous précédiez pas à Z..., vers lequel nous nous dirigeons, nous aussi.

Puis ce chef interrogea les jeunes gens séparément, leur demanda leurs noms, qui ils étaient, d'où ils venaient, où ils allaient et quel était le motif de leur voyage.

Mais toutes ces questions furent faites poliment, et même avec une certaine déférence.

Julian et Bernardo répondirent avec une entière franchise et de façon à dissiper entièrement les soupçons de leur interrogateur au cas où il en aurait conçu contre eux.

— Excusez-nous, messieurs, dit-il, de vous avoir ainsi peut-être un peu trop brutalement arrêtés, mais le temps nous presse, et la situation est grave, vous le savez.

— Nous ne savons absolument rien, monsieur, répondit Julian ; nous voyageons depuis douze jours ; sur notre route nous n'avons communiqué avec personne, de sorte que nous sommes dans la plus complète ignorance de ce qui se passe.

— Puisqu'il en est ainsi, apprenez donc, monsieur, que le Président de la République a forfait à l'honneur et trahi la nation qu'il avait juré de servir ; il a fait un coup d'État pour rétablir l'Empire ; les députés républicains, les principaux généraux ont été, pendant la nuit, arrêtés à domicile et mis à Mazas, ou enfermés dans les forts. On se bat à Paris ; la France se lève pour protester contre cet odieux attentat.

— C'est affreux ! dit Julian ; mais êtes-vous bien certain...

— Oh ! le doute n'est pas possible, nous sommes bien renseignés. Hier 3, vers sept heures du soir, le mot d'ordre d'insurrection nous est arrivé de V... ; il fut aussitôt transmis au comité. Il fut décidé que nous n'irions pas à V..., que nous nous bornerions à une insurrection locale contre les autorités, qui n'ont plus et ne peuvent plus avoir la confiance des honnêtes gens. Ce matin, nous sommes sortis du bourg pour nous armer et attendre nos amis qui ne tarderont sans doute pas à nous rejoindre.

En ce moment un homme arriva en courant.

Il dit quelques mots à l'oreille de l'inconnu. Celui-ci se retourna vers les deux voyageurs :

— Messieurs, leur dit-il gravement, nous partons; veuillez nous accompagner, aussitôt que nous serons entrés à V..., je vous donne ma parole d'honnête homme que vous serez entièrement libres de faire ce que bon vous semblera et même de continuer votre voyage si bon vous semble.

Julian et son ami s'inclinèrent sans répondre.

Tenter de résister ou de fuir eût été folie; mieux valait pour eux obéir, tout en se promettant *in petto* d'abandonner, aussitôt que faire se pourrait, ces dangereux compagnons de route et de s'éloigner au plus vite.

On leur avait permis de remonter à cheval, circonstance qui plus tard fut tournée contre eux et influa beaucoup sur les événements qui suivirent.

Sur un signe muet du chef des insurgés, ceux-ci avaient formé leurs rangs avec une promptitude et une régularité qui témoignaient d'une instruction militaire assez avancée, mais qui n'avait rien d'étonnant parce que la plupart de ces hommes étaient d'anciens soldats.

Les insurgés se mirent en marche, le fusil sous le bras, ce qui n'indiquait aucunes intentions hostiles de leur part.

Julian et Bernardo marchaient au pas de leurs chevaux, un peu en avant de la troupe insurgée, aux côtés de l'homme qui avait procédé à leur interrogatoire.

Ils semblaient ainsi être les chefs de cette troupe armée, dont, au contraire, ils étaient les prisonniers, ce qu'ils firent observer, en riant, à leur compagnon inconnu, qui en rit avec eux.

Cependant les insurgés marchaient bon pas; bientôt ils atteignirent Z..., dans lequel ils entrèrent sans que personne s'opposât à leur passage. Ils se dirigèrent alors vers la mairie.

Le maire les attendait devant la porte.

Il protesta contre l'envahissement de la mairie et tenta

de s'y opposer, mais sans succès; les insurgés étaient nombreux et lui presque seul.

Le brigadier de gendarmerie, à la vue de ce qui se passait, s'échappa par les derrières de la maison commune, courut à la caserne et donna l'ordre à ses gendarmes de monter à cheval pour marcher contre les insurgés.

Mais aussitôt que les gendarmes parurent sur la place, ils furent couchés en joue et sommés de rendre leurs armes.

Le maire s'interposa pour éviter une collision et empêcher l'effusion du sang.

Le brigadier, devant l'impossibilité matérielle qui se dressait devant lui, allait céder, lorsqu'un coup de fusil partit sans qu'il fût possible de savoir qui avait tiré.

Les gendarmes accusèrent les insurgés.

Ceux-ci prétendirent, au contraire, que le coup de fusil venait du côté des gendarmes.

Les résultats de ce coup de feu furent déplorables.

Les insurgés, se croyant attaqués, ripostèrent. Une vingtaine de coups de feu éclatèrent.

Un gendarme fut grièvement blessé. Le brigadier et les autres gendarmes en furent quittes pour quelques grains de plomb dans leurs habits.

Ils s'empressèrent alors de rentrer dans leur caserne, où on les laissa parfaitement tranquilles, et sans plus songer à eux.

La petite ville resta six jours à la discrétion des républicains; ils montèrent la garde et veillèrent au bon ordre pendant tout ce temps, si bien qu'il ne se produisit pas le moindre excès.

Tous les témoignages entendus dans le procès des insurgés sont unanimes sur ce point.

Ceci n'empêcha pas quelqu'un d'écrire à Paris que les insurgés, maîtres de Z..., s'étaient portés sur les maisons des principaux légitimistes, avaient *assassiné* les propriétaires et pillé leurs demeures.

Les journaux dévoués au coup d'Etat enregistrèrent

cette nouvelle, qui servit, avec tant d'autres aussi véridiques, à grossir la légende de la *Jacquerie de 1851*.

Le 10 décembre au matin, une colonne mobile, forte de deux cents hommes d'infanterie et de cinquante chevaux, se présenta devant Z...

Arrivé au pont de S..., le colonel de M..., qui commandait, divisa sa troupe en deux détachements, qui cernèrent le bourg à la faveur du brouillard.

Les habitants ne firent aucune résistance. Quelques-uns essayèrent de fuir vers la campagne. On les poursuivit à coups de fusil, plusieurs furent tués et un plus grand nombre blessés.

Plus tard, la commission mixte et le conseil de guerre firent leur œuvre.

La malheureuse bourgade fut décimée par les déportations.

Tel est le récit exact et impartial des événement de Z...en 1851.

Nous avons transcrit littéralement le compte rendu écrit par M. E. Tenot ; nous ne faisons pas de politique dans nos ouvrages, mais lorsque l'histoire se rencontre sous notre plume, nous l'accueillons sans commentaires, laissant la responsabilité des faits à la charge de ceux qui s'en rendirent coupables.

Nous reviendrons maintenant à nos deux personnages, que nous avons oubliés trop longtemps.

Ils avaient suivi les insurgés jusque sur la place. Arrivés là, le chef leur avait dit qu'ils étaient libres d'aller où bon leur semblerait, et, leur indiquant du doigt une auberge :

— Vous ferez bien d'entrer chez Petiteau, leur dit-il, c'est le meilleur et le plus consciencieux de tous les aubergistes de la ville. Vous y serez bien traités, et vous attendrez tranquillement que le calme soit rétabli, puis vous continuerez votre voyage.

— Pourquoi ne le continuerions-nous pas tout de suite ? demanda Julian.

— Cela vous regarde, reprit le chef insurgé, les routes

ne sont guère sûres en ce moment, ce qui vous est arrivé avec nous eût pu vous arriver avec d'autres dans de pires conditions ; des colonnes mobiles rôdent partout dans les campagnes ; qui sait comment leurs chefs vous traiteraient si vous tombiez entre leurs mains ? Après cela, faites comme vous l'entendrez, je m'en lave des mains ; adieu et bonne chance !

Il leur donna une poignée de main et leur tourna le dos.

Les dernières paroles de cet homme avaient donné fort à réfléchir à Julian ; ce qu'il avait dit était parfaitement juste. Sa situation, en ce moment surtout, était très grave et menaçait de s'aggraver encore.

Il fallait agir avec la plus grande prudence, pour éviter d'être plus tard compromis.

Julian et son ami se dirigèrent vers l'auberge, dans laquelle ils entrèrent, résolus à se laisser guider par les événements et à profiter de la première chance qui leur serait offerte pour s'éloigner au plus vite.

Ils assistèrent, de la fenêtre de leur chambre, à l'échauffourée causée par le brigadier de gendarmerie.

Ils demeurèrent ainsi pendant plusieurs jours, fort inquiets, s'informant de tout ce qui se passait et des nouvelles qui circulaient dans la population.

Les nouvelles devenaient à chaque instant plus mauvaises.

On racontait avec des détails affreux ce qui s'était passé à V..., à T..., ainsi que dans d'autres villes du département de H...

Partout, la réaction triomphait et se montrait impitoyable.

Le sang, disait-on, coulait à flots sous les balles des soldats, conduits par des chefs qui, tous, s'étaient ralliés au coup d'État.

La situation des deux jeunes gens était intolérable ; l'inquiétude les dévorait. Ils résolurent d'aller eux mêmes chercher des nouvelles, quels que fussent les risques qu'ils auraient à courir ; ils préféraient tout à l'incertitude à laquelle ils étaient en proie.

Ils réglèrent leur compte avec l'aubergiste chez lequel ils laissèrent leurs chevaux qu'ils se proposaient d'envoyer prendre plus tard, et ils se couchèrent, résolus à partir le lendemain matin, à l'aube.

Ce fut en vain que l'aubergiste, qui était un brave et digne homme, leur fit observer qu'ils étaient étrangers, qu'ils s'exposaient à des dangers presque inévitables, sans aucune chance de succès.

Ils restèrent sourds à toutes les remontrances, et le lendemain matin, après avoir mangé un morceau de pain et bu un verre d'eau-de-vie, ils firent leurs adieux à l'aubergiste et partirent.

Il était sept heures du matin ; un brouillard intense couvrait la ville comme un gris linceul ; à deux pas devant soi, on ne distinguait rien.

Cependant, malgré l'heure peu avancée, une grande fermentation semblait régner dans la ville.

Les bruits les plus sinistres couraient dans la foule pressée dans les rues.

Un instant, les deux jeunes gens eurent la pensée de retourner à l'auberge ; mais déjà il était trop tard ; tout à coup de grands cris se firent entendre, cris de douleur et d'épouvante.

Des coups de feu éclatèrent ; un remous terrible s'opéra dans la foule, et chacun chercha son salut dans la fuite.

Les soldats entraient dans Z... et commençaient une terrible chasse à l'homme, tirant au hasard, et fouillant la foule avec leurs balles et les sabres des cavaliers.

Julian et Bernardo suivirent l'impulsion donnée et s'enfuirent avec les autres.

Bientôt ils se trouvèrent en pleine campagne, suivis et précédés par une quinzaine d'habitants affolés de terreur, et qui se sauvaient sans même savoir où ils allaient.

De temps en temps, ils entendaient un coup de feu, et un homme tombait près d'eux.

Les deux Basques détalaient avec l'agilité proverbiale de leur pays, sans même avoir conscience de ce qu'ils faisaient et pourquoi ils le faisaient.

Ils couraient ainsi depuis un temps déjà assez long ; ils se croyaient sauvés ; ils étaient seuls, aucune ombre n'apparaissait autour d'eux.

Ils s'arrêtèrent un instant pour reprendre haleine. Le brouillard les enveloppait ; un silence profond régnait sur cette campagne en apparence déserte ; c'était en vain qu'ils tendaient l'oreille ; ils n'entendaient rien.

Ils allaient repartir, lorsque soudain plusieurs coups de feu éclatèrent et deux hommes vinrent rouler presque à leurs pieds, en proie aux affres de l'agonie.

Au même instant, une vingtaine de soldats parurent, se ruèrent sur eux, et les deux jeunes gens furent faits prisonniers, sans avoir même conscience de ce qui leur arrivait, tant ces divers événements s'étaient rapidement accomplis.

Julian était un homme d'une bravoure folle, et pourtant, lorsqu'il se sentit entre les mains des soldats, sa première pensée fut celle-ci :

— C'est la fatalité ! Je suis perdu !

Son visage pâlit, son cœur se serra, une angoisse terrible gonfla sa poitrine, deux larmes jaillirent de ses yeux ; il chancela et faillit s'évanouir.

— Pauvre père ! pauvre Denisà ! murmura-t-il.

Ce fut tout.

Soudain la réaction se fit. Il se redressa, un sourire amer plissa ses lèvres, il laissa tomber un regard dédaigneux sur ces hommes qui se félicitaient de leur capture et devint de marbre.

Quelques minutes avaient suffi pour faire disparaître tout ce qui était resté de l'enfant en lui et en faire un homme dans toute l'acception du mot.

— Allons, en route, mauvaise troupe ! dit en ricanant un vieux sergent.

— Où nous conduisez-vous ? demanda Bernardo, ahuri de ce qui s'était passé.

— Vous le verrez, quand vous y serez, mon homme,

11

répondit brutalement le soldat. Allons, filez ! et plus vite que ça ! ajouta-t-il en faisant un geste de menace.

— Marchons ! dit simplement Julian.

Les soldats les entourèrent, et l'on se mit en route.

Ils retournaient à Z...

En entrant dans le bourg, ils furent accostés par un officier d'état-major à cheval ; il arrêta l'escorte.

— Qu'est-ce là ? demanda-t-il au sergent.

— Des insurgés, mon lieutenant, répondit le sergent.

— Ah ! ah ! vous les avez arrêtés ; que faisaient-ils ?

— Ils se sauvaient dans le brouillard, mon lieutenant.

— Étaient-ils armés ?

— Non, mon lieutenant ; mais le plus jeune qui est là, ajouta le sergent en désignant Julian, était porteur d'une forte somme en or et en billets de banque.

— Ah ! ah ! fit l'officier en fixant un regard railleur sur le jeune homme, quelque misérable embaucheur ?

— C'est probable, mon lieutenant, appuya le sergent.

Julian haussa dédaigneusement les épaules et détourna la tête.

— C'est bien, dit l'officier, mettez-les avec les autres, nous verrons plus tard.

Et il passa.

— En route et ne lambinons pas, dit brutalement le sergent aux prisonniers.

On repartit.

Les rues étaient mornes, pas un habitant ne paraissait ; toutes les fenêtres et toutes les portes fermées.

Les soldats étaient partout.

De temps en temps une dénotation se faisait entendre.

C'étaient des fugitifs que l'on pourchassait et que l'on tuait sans pitié.

Les soldats exécutaient l'ordre cruel qu'ils avaient reçu de leurs chefs. C'est une bien belle chose que la discipline !

La chasse à l'homme était organisée.

Il fallait bien rétablir l'ordre et défendre la propriété !

XII

COMMENT JULIAN ET SON AMI QUITTÈRENT LA BELLONE SANS PRENDRE CONGÉ

Julian d'Hérigoyen et Bernardo Zuméta avaient été parqués, comme des animaux, avec une centaine d'autres prisonniers, entassés pêle-mêle dans une espèce de cave immonde, sombre, sans air, infecte.

Là ces malheureux, dont le seul crime était d'avoir protesté contre la trahison du chef de l'Etat et d'avoir revendiqué leurs droits, indignement foulés aux pieds et escamotés sans pudeur par la force, restèrent abandonnés, ou plutôt systématiquement oubliés pendant quatorze heures, sans qu'on daignât seulement leur jeter un morceau de pain ou leur faire l'aumône d'une goutte d'eau pour humecter leurs lèvres avides.

— Patience ! disait Julian à son ami, qui se plaignait d'avoir faim et soif, patience, mon Bernardo ! plus nous souffrirons, plus nous serons traités cruellement, plus nous aurons le droit d'être implacables, lorque sonnera enfin l'heure de la justice.

— Oui, répondit le jeune homme ; mais, cette heure arrivera-t-elle jamais pour nous ?

— Tous les crimes se payent tôt ou tard, mon ami ; rien ne reste impuni ; nous serons vengés, je te le jure !

— Dieu t'entende, mais je n'ose le croire.

Lorsque les deux jeunes gens s'étaient sauvés de Z..., ils avaient eu la précaution très prudente de se débarrasser de leurs armes; non seulement elles leur devenaient inutiles, mais la possession de ces armes pouvait gravement les compromettre, s'ils tombaient aux mains des soldats; en conséquence ils n'avaient conservé que leurs valises.

Quand ils avaient été arrêtés, on n'avait donc rien trouvé de compromettant sur eux, si ce n'est une somme assez importante, cinq ou six mille francs environ en billets de banque, dans la valise de Julian, et quelques centaines de francs dans celle de Bernardo.

Mais ils fuyaient.

D'après cet aphorisme absurde, surtout en matière de police : *Il fuit, donc il est coupable*, on les avait arrêtés.

Toute dénégation de leur part resta lettre morte.

Ils étaient étrangers, personne ne les connaissait, et cependant on les avait vus pénétrer dans la ville, à cheval et à la tête des insurgés ; ils étaient évidemment les chefs du mouvement insurrectionnel. Qu'était-il besoin d'autres preuves ?

Cependant, par une inexplicable contradiction, on leur avait rendu leurs valises et leur argent.

Sans doute que ces sommes, réputées d'abord si considérables, ne semblèrent pas, malgré cette première déclaration, assez importantes pour être confisquées.

Les coquins eux-mêmes ont parfois une incroyable pudeur ; quand on est lancé sur une certaine voie, on ne s'abaisse pas à être de simples filous, ce n'est que par millions que l'on procède, ainsi que la suite du coup d'État l'a prouvé, même aux plus incrédules.

Cependant, après quarante-huit heures de tortures inimaginables, on se décida enfin à procéder à l'interrogatoire des malheureux prisonniers.

Mais cet interrogatoire essentiellement sommaire ne fut qu'une simple formalité pour constater leur identité, pas autre chose.

Julian haussa les épaules sans daigner répondre.

Bernardo dit simplement :

— Nous sommes innocents de toute participation à l'insurrection.

Cette réponse était presque naïve, étant donnés les interrogateurs ; elle les fit beaucoup rire.

Puis tous les insurgés, ainsi qu'on les nommait, par antiphrase sans doute, furent entassés sur des charrettes, sans même quelques bottes de paille pour étendre leurs membres endoloris, et conduits à M... siège de la... division militaire, où ils allaient comparaître devant le deuxième conseil de guerre, après avoir passé par devant les commissions mixtes.

Le sinistre convoi ne marchait qu'à petites journées.

Exposés, sans abri d'aucune sorte, à toutes les intempéries de la saison avancée dans laquelle on se trouvait, les souffrances des malheureux prisonniers furent atroces, presque intolérables.

Les soldats de l'escorte ne répondaient à leurs gémissements et à leurs plaintes que par des sarcasmes et des rires insultants.

Arrivés à M... ils furent de nouveau entassés pêle-mêle dans des cachots infects et privés d'air.

Plusieurs des prisonniers tombèrent malades. Quelques-uns durent être portés à l'hopital, deux y moururent.

Tous les jours, les prisonniers étaient interrogés par les commissions mixtes, qui préparaient leurs actes d'accusation.

Qui ne se souvient des procédés odieux de ces commissions mixtes?

Encore aujourd'hui, après plus de trente ans, leur souvenir est resté en exécration.

Leurs abus de pouvoir, leur partialité odieuse, sont demeurés un objet d'horreur pour tous les honnêtes gens, à quelque parti qu'ils appartiennent.

Au bout de six semaines seulement, les prisonniers comparurent enfin devant leurs juges.

Les conseils de guerre procédaient avec une rare activité.

D'ailleurs, la besogne leur était apportée toute mâchée par les commissions mixtes; et puis les prisonniers étaient nombreux.

Il fallait se hâter d'en finir avec eux.

Le chef de l'Etat ne souffrait pas de lenteurs. Il fallait prouver son zèle.

L'heure des récompenses allait sonner.

La justice à la fois sommaire et implacable!

Le tour de Julian et de Bernardo arriva bientôt.

Les deux jeunes gens furent conduits devant le conseil de guerre réuni pour les juger.

En pénétrant dans la salle, tous deux tressaillirent et échangèrent un regard d'une expression terrible.

Ils avaient reconnu dans le prétoire un homme qui essayait de se dissimuler, tant bien que mal, derrière les huissiers et deux ou trois avocats.

Cet homme était Felitz Oyandi !

Dès ce moment, ils ne conservèrent plus aucun doute ; ils se sentaient condamnés.

Ce fut un étrange procès que celui de ces deux hommes.

Le souvenir en est resté vivant à M... dans toutes les mémoires.

Si nous-mêmes nous n'écrivions pas avec les preuves devant nos yeux, nous n'oserions pas y croire.

Mais, hélas ! en temps de guerre civile, lorsque les passions surexcitées sont, pour ainsi dire, chauffées à blanc, les hommes, même les plus forts, perdent le sens moral et jusqu'au sentiment exact du bien et du mal.

On agit comme malgré soi, poussé par une fatalité étrange et implacable.

Aucune charge ne pesait sur les deux prévenus ; personne ne déposait contre eux : quatre témoins furent entendus.

Ces quatre témoins furent des témoins à décharge.

Il fut établi positivement que personne ne connaissait les deux prévenus à Z... ; qu'ils n'avaient en aucune façon communiqué avec les insurgés ; que, rencontrés voyageant sur la grande route par une colonne insurrectionnelle qui se rendait à Z..., on avait saisi leurs chevaux à la bride et contraint les deux hommes à marcher avec la colonne, pour les empêcher de donner l'alarme dans la ville et prévenir les autorités.

Il fut établi également que, aussitôt après leur arrivée à Z..., les deux jeunes gens s'étaient séparés des insurgés, et s'étaient réfugiés dans une auberge dont ils n'étaient plus sortis, et où ils n'avaient reçu aucune visite, pendant tout le temps que la ville était demeurée au pouvoir des républicains.

Interrogés par le président du conseil de guerre, les prévenus ne firent aucune difficulté de répondre.

Julian expliqua clairement et avec franchise pourquoi il avait quitté Louberria, avec l'intention de se rendre à V..., où il avait ses parents, auprès desquels il se proposait de passer quelques semaines.

Il termina en disant que cette visite à ses parents avait surtout pour but de les inviter à son mariage, qui devait être célébré au mois de mai prochain à Louberria, où lui et sa fiancée étaient domiciliés.

Le commissaire du gouvernement essaya d'établir que Julian et Bernardo étaient affiliés à la société secrète nommée : *la Montagne*, fort répandue dans certains départements du Midi et particulièrement dans celui de H..., où elle comptait un grand nombre d'adeptes.

Mais il ne put parvenir à établir la culpabilité des deux jeunes gens et leur affiliation directe à cette association secrète.

L'accusation parut même si absurde aux juges les plus mal disposés, qu'elle tomba d'elle-même, fut abandonnée et enterrée sous le ridicule.

Le verdict fut enfin prononcé.

Voici l'étrange jugement qui fut rendu :

Les deux prévenus, reconnus innocents de toute participation à la rébellion, furent acquittés sur ce chef ; mais, considérant qu'ils avaient été arrêtés fuyant dans la campagne, ayant en leur possession des sommes considérables, dont ils justifiaient bien être les propriétaires, mais sans établir légalement dans quel but ils s'en étaient munis et à quel emploi ils les destinaient, puisque, n'exerçant aucun commerce, ils n'avaient rien à acheter avec ces sommes ou aucun compte à régler ; le conseil de guerre, voyant en ce fait des intentions mystérieuses et sans doute blâmables, dans un moment où il régnait une si grande effervescence dans les populations rurales du pays, condamnait les deux prévenus à dix ans de déportation à Cayenne, dans une enceinte fortifiée.

Ce jugement incroyable causa une stupeur générale et eut un très fâcheux retentissement dans tout le pays.

Julian et Bernardo ne furent aucunement surpris de cette condamnation; ils s'y attendaient.

La présence de Felitz Oyandi dans la salle du conseil avait été pour eux un avertissement du sort qui les menaçait, et auquel ils n'avaient pas à se tromper.

Ils furent reconduits à la prison.

La seule grâce qu'ils obtinrent et que déjà nous avons mentionnée, car tout fut étrange dans cette singulière affaire, ce fut qu'on leur rendit leurs valises et leur argent, puisque la propriété leur en était reconnue.

Cette grâce, nous l'avons dit, leur fut accordée, mais seulement quinze jours plus tard, à la demande de Bernardo, la veille du jour où ils devaient quitter M..., pour être conduits à D..., où ils allaient être internés jusqu'au moment de leur départ pour Cayenne, la colonie qui leur avait été assignée pour y subir leur peine.

Depuis leur arrestation, les deux jeunes gens n'avaient reçu aucunes nouvelles de leurs parents ou de leurs amis.

Ils avaient écrit plusieurs lettres qui, toutes, étaient demeurées sans réponses.

Ils se désespéraient et ne comprenaient rien à ce silence qui les effrayait, lorsqu'un geôlier, moins dur ou plus compatissant que les autres, eut pitié de leur chagrin, et leur révéla le mot de l'énigme.

Toutes leurs lettres avaient été arrêtées au greffe et n'avaient pas dépassé les murs de la prison.

Des ordres sévères avaient eté donnés pour que les prévenus et les condamnés ne pussent d'aucune façon communiquer soit avec leurs amis, soit même avec leurs familles.

Cet ordre barbare était général.

Les malheureux condamnés étaient définitivement rayés de la société.

Leur sort devait éternellement demeurer un mystère.

Julian fut indigné de ce raffinement de barbarie, mais il était réduit à la plus complète impuissance.

Il lui fallut se résigner et courber la tête sans même essayer une timide protestation, qui aurait été considérée comme un acte de révolte, et sans doute aurait eu pour lui des conséquences encore plus fâcheuses.

Les prisonniers quittèrent, un vendredi matin du mois de février, la ville de M..., et furent dirigés sur D...

Leurs misères étaient loin d'être finies.

Leurs souffrances passées n'étaient rien comparées à celles qu'ils endurèrent pendant ce long voyage, et celles plus cruelles encore qui les attendaient à D...

Là, enfermés dans d'étroits cabanons, sans communication avec le dehors, parqués sept ou huit ensemble, mêlés à des scélérats de la pire espèce, confondus avec des forçats, mal couchés, plus mal nourris, de vivres avariés et insuffisants, et traités avec la plus odieuse cruauté par leurs geôliers, ils subirent des tortures morales et physiques horribles.

Si l'espoir, ce trésor sublime que Dieu a caché au fond du cœur de l'homme, pour lui donner la force de subir les plus effroyables douleurs, ne les avait pas soutenus en faisant briller une lueur dans leurs ténèbres, Julian et son ami auraient succombé à ces inénarrables tortures.

Ils seraient morts ou auraient perdu la raison.

Enfin le jour du départ définitif arriva.

Julian et Bernardo furent embarqués avec trois cent cinquante autres malheureux, condamnés comme eux et aussi peu coupables, sur la frégate la *Bellone*, qui avait été armée et disposée tout exprès pour transporter des condamnés.

Vingt-quatre heures plus tard la frégate mettait sous voiles.

Les victimes des commissions mixtes et des conseils de guerre voyaient s'effacer, peut-être pour toujours, dans les lointains brumeux de l'horizon, cette terre de France, si aimée, où ils étaient nés et que la plupart d'entre eux, hélas ! ne devaient plus jamais revoir.

Tous ces malheureux proscrits et condamnés, endurcis cependant par de longues souffrances, pleuraient et sanglotaient comme des enfants, en voyant s'enfoncer dans la brume ce pays où ils laissaient tout : parents, enfants, femmes et fortune, sans espoir de retour.

C'était un spectacle attendrissant que celui de ces misérables victimes d'une fatalité horrible, se débattant avec un désespoir morne, sous le poids écrasant de cette dernière épreuve, la plus atroce de toutes celles qu'ils avaient subies jusques alors.

Leur situation à bord, toutes proportions gardées, n'était pas mauvaise.

Les marins, malgré les règles inflexibles de leur rigoureuse discipline, sont essentiellement humains ; ils ne consentent jamais à se transformer en bourreaux.

Ils accomplissent strictement leurs devoirs, mais jamais ils ne les dépassent sous aucun prétexte.

Ils ne comprennent rien à ces vexations misérables, à ces taquineries mesquinement odieuses, si généralement employées dans les prisons.

Tout en se conformant à la discipline du bord, les transportés politiques jouissaient d'une liberté relative ; ils n'étaient plus, comme ils l'avaient été jusque-là, confondus avec des malfaiteurs et des forçats.

Leur situation, ils en étaient certains en se conduisant bien, serait tolérable, et ils n'auraient aucunes persécutions à subir de la part des officiers ou de l'équipage : ce qui, pour les infortunés si dignes de pitié sous tous les rapports, était une grande consolation, après tout ce qu'ils avaient eu à souffrir depuis leur arrestation.

Tout marchait donc à souhait à bord de la *Bellone*, depuis son départ de D..., et rien ne laissait supposer qu'il en dût être autrement plus tard.

L'entrepont avait été aménagé de façon à loger les transportés.

Chacun avait sa place, où il pendait son hamac et restait pendant le jour.

Au branle-bas du matin, les hamacs étaient décrochés, puis on procédait au nettoyage du faux-pont, que l'on lavait et briquait à grande eau.

Les transportés étaient naturellement chargés de ce nettoyage ; ils avaient la même nourriture que les matelots et faisaient le même nombre de repas. Ils étaient distribués par plats de sept hommes et mangeaient à la gamelle.

Le commandant de la *Bellone* avait choisi les meilleurs sujets d'entre les condamnés, dont il avait fait des espèces de contremaîtres, chargés de veiller au maintien du bon ordre parmi les transportés, de surveiller les distributions de vivres, et enfin tout ce qui se rapportait au service de chambrée.

Pendant deux heures le matin et trois heures le soir, les transportés montaient sur le pont pour prendre l'air et se dégourdir les jambes.

Le reste du temps, ils le passaient dans l'entrepont, où ils s'occupaient comme ils l'entendaient, soit à dormir, soit à travailler à divers ouvrages, soit à lire.

Enfin, ils tuaient le temps comme ils pouvaient, et sans qu'on les contraignît à faire une chose plutôt qu'une autre.

Quand aux forçats, ils étaient parqués tous à l'avant de la frégate, sous la surveillance de leurs gardes-chiourmes ; ils n'avaient aucune communication avec les transportés qu'ils ne voyaient même pas.

Tel était l'ordre établi à bord de la *Bellone*.

On avait offert à Julian le grade de brigadier.

Son premier mouvement avait été de refuser cette espèce de grâce; mais Julian s'était ravisé presque aussitôt, non pas parce qu'un quart de vin était donné aux brigadiers à chaque repas, faveur qui n'était pas accordée aux autres transportés et dont le jeune homme se souciait très médiocrement, mais parce que, avec son nouveau grade, il lui serait permis de monter sur le pont à toute heure de jour et de nuit et de ne se coucher que lorsque cela lui plairait.

Bernardo, à qui la même proposition fut faite, accepta, lui aussi, sur un signe de son ami, sans même essayer de comprendre, selon sa coutume, quel avantage il retirerait de cette faveur.

Ces brigadiers étaient au nombre de dix. Chacun d'eux avait sous ses ordres trente-cinq transportés dont ils avaient les noms inscrits sur des listes dressées par le commissaire du bord.

Les condamnés répondaient à trois appels chaque jour : le matin au lever, à midi et le soir au coucher.

Deux fois pendant la nuit, à des heures différentes et sur l'ordre de l'officier de quart, les brigadiers, accompagnés d'un matelot, tenant un fanal allumé, passaient une visite exacte de tous les hamacs, afin de s'assurer qu'aucun des transportés ne manquait et que tous dormaient.

La frégate était depuis deux jours en haute mer, filant huit nœuds à l'heure, le cap en route, avec belle brise d'ouest-nord-ouest.

Les transportés étaient redescendus dans l'entrepont, après l'appel du soir. Il était huit heures et demie.

Ce soir-là, ils avaient chanté des chœurs sur l'avant.

Le commandant avait permis qu'ils restassent un peu plus longtemps sur le pont, car le brave marin plaignait sincèrement ces pauvres gens dont il avait grandement pitié.

Julian, appuyé nonchalamment sur une pièce de canon, à tribord d'avant, réfléchissait, les yeux perdus dans l'espace, lorsqu'il sentit qu'on lui touchait légèrement le bras.

Il se retourna ; un matelot était arrêté près de lui.

— Que désirez-vous, mon ami ? demanda le jeune homme.

— Etes-vous le docteur Julian d'Hérigoyen ? répondit le matelot.

— Oui, mon ami ; pourquoi cette question ? fit-il avec surprise et le cœur serré sans savoir pourquoi.

— Condamné à M...? continua imperturbablement le marin.

— Oui, mon ami, à propos des troubles de Z...; que désirez-vous?

— C'est bien cela, reprit le matelot, et sortant un papier plié très fin de la poche de son pantalon : Prenez cela et grand bien vous fasse; surtout, quand vous aurez lu cette lettre, déchirez-la et jetez-en les morceaux à la mer.

— Soyez tranquille, mon ami, cela sera fait, dit Julian en prenant le papier et le cachant. Merci, acceptez cela, ajouta-t-il en lui présentant un louis.

— Non, répondit le marin en repoussant l'argent; je puis rendre un service, mais je ne le vends pas. Gardez votre argent, vous en aurez besoin.

— Alors laissez-moi vous serrer la main.

— Oh! quant à cela, avec plaisir.

Ils échangèrent à la dérobée une chaleureuse étreinte et ils se séparèrent.

Il était défendu aux matelots de causer avec les transportés.

Cette lettre, si étrangement remise au jeune homme, lui faisait éprouver une émotion à la fois douce et douloureuse.

Quel ami lui écrivait enfin? Quel malheur allait-il apprendre?

Malgré la curiosité qui lui étreignait le cœur, Julian tremblait; il désirait connaître le contenu de cette lettre, et il tremblait de l'ouvrir.

Cet inconnu lui faisait peur ; après tant de souffrances imméritées, la joie l'effrayait plus que toute autre chose; son hésitation fut longue; assuré contre la douleur, il craignait de n'avoir pas la force de supporter un rayon de bonheur, si faible qu'il fût.

Cette lettre le brûlait.

Enfin, par un mouvement presque machinal, il l'ouvrit.

Une fois ouverte, il la lut avec une indicible palpitation de cœur.

Cette lettre était courte, mais elle contenait une foule de choses intéressantes, nous la transcrivons textuellement:

» Denisà vous aime, pleure et vous attend ; elle vous recommande de ne pas l'oublier ; votre père a failli mourir de douleur en apprenant l'odieuse machination dont vous avez été victime.

» Denisà s'est faite l'ange gardien de votre père, elle l'a sauvé de son désespoir ; une amie inconnue veille sur eux.

» Quatre jours après votre départ de D... vous apercevrez un brik naviguant de conserve avec votre frégate ; vous reconnaîtrez ce brick à un signe particulier, son petit perroquet sera en toile rouge, tandis que toutes ses autres voiles seront blanches.

» Le navire s'approchera insensiblement de la frégate, au coucher du soleil il n'en sera plus éloigné que de deux encâblures.

» Vous êtes, dit-on, un nageur émérite, un trajet de deux encâblures ne doit être rien pour vous.

» A sept heures et demie du soir, vous vous coulerez tout doucement à la mer, dans la direction du brick ; une de ses embarcations vous recueillera ; cette embarcation portera un fanal allumé à l'arrière.

» Que Dieu vous conserve pour ceux que vous aimez et ceux qui vous aiment !

» Souvenez-vous que l'homme auquel vous devez tous vos malheurs est Felitz Oyandi.

» Votre père vous bénit et votre fiancé vous aime plus que jamais.

» Pour que vous ne conserviez aucun doute sur les sentiments de la personne qui vous écrit cette lettre, et afin que vous ayez une entière confiance, elle signe d'un pseudonyme que votre père et vous connaissez seuls.

» Bon espoir.

» LA MORTE VIVANTE. »

— Oui, murmura-t-il en repliant la lettre, je vous reconnais, madame, et je ferai ce que vous m'indiquez, dussé-je rester enseveli sous les flots. Je vous remercie, noble femme, de me payer si loyalement votre dette de reconnaissance.

Il baisa la lettre, et, malgré la recommandation expresse du matelot, il la serra précieusement dans son portefeuille. Il avait deux jours encore à attendre.

Deux jours après lesquels il serait tremblement, sauvé ou mort.

Les quarante huit-heures dont se composaient ces deux jours semblèrent à Julian durer un siècle; il croyait ne les voir jamais finir.

Le jeune homme était en proie à une impatience fébrile, il ne tenait pas en place; il était agité de frissons nerveux et il lui fallait toute la force de sa volonté pour qu'il réussît à cacher aux yeux de tous les divers sentiments qui le maîtrisaient malgré lui.

Enfin, l'aube du quatrième jour parut.

Lorsqu'il lui fut permis de monter sur le pont, les regards de Julian se dirigèrent aussitôt vers la mer.

Ce mouvement involontaire passa inaperçu, et cela d'autant plus facilement, que les regards des passagers et de l'équipage étaient fixés sur un brick d'un assez faible tonnage, dont la voile de perroquet venait d'être déchirée et enlevée par la brise, très forte en ce moment, et que les matelots de ce bâtiment étaient en train de déverguer et de remplacer par une autre voile de toile plus grossière et d'une teinte presque rouge, parce que, sans doute, ils n'en possédaient pas d'autre.

— C'est un faux coup de barre, disaient les matelots entre eux.

— A quelle nation appartient-il ? demanda un transporté.

— Il n'a pas de pavillon, répondit un quartier-maître; mais ce doit être un anglais ou un américain.

En effet, presque aussitôt le brick, répondant sans doute à l'appel de la frégate, dont le pavillon venait d'être hissé, arbora le pavillon anglais à sa corne.

Sur un signal de la frégate, le brick mit sur le mât et une embarcation fut expédiée à son bord.

L'embarcation revint au bout de deux heures, le brick orienta ses voiles et reprit sa route.

Ce brick se nommait la *Leona*, de Southampton.

Il jaugeait deux cents tonneaux, était chargé de quincaillerie, d'alcools et de cotonnades, pour Bahia.

Le brick et la frégate conservaient à peu près la même distance entre eux.

Cependant, vers le soir, le brick sembla se rapprocher presque insensiblement.

Du reste, la frégate, rassurée par la visite qu'elle lui avait faite et l'examen de ses papiers de bord, ne s'occupait plus de lui.

Vers six heures du soir, Julian se rapprocha de Bernardo, à qui, depuis la veille, il n'avait pas parlé.

Tout en se promenant avec lui sur l'avant, il entama la conversation en basque, langue que personne à bord ne comprenait :

— Ecoute bien ce que je vais te dire, mon Bernardo, fit-il, et si étrange que te paraisse ce que tu entendras, ne laisse voir aucune émotion sur ton visage.

— Parle, mon Julian, répondit Bernardo, je serai de pierre.

— Ce brick qui navigue de conserve avec la frégate est là pour moi ; j'ai été averti par une lettre de sa présence aujourd'hui ; à sept heures et demie, ce soir, je me jetterai à la mer, une embarcation me recevra ; sais-tu nager ?

— Très peu, quoique j'aie fait un voyage à la pêche à la baleine ; pour dire la vérité, je puis nager peut-être pendant un quart-d'heure ; mais la mer est en ce moment bien grosse !

— Alors, dit Julian avec un soupir étouffé, je partirai seul.

— Non pas, dit-il vivement, je t'accompagnerai, je ne veux pas te quitter ; que deviendrai-je seul ici, je mourrai de désespoir ? je préfère me noyer tout de suite, en essayant de me sauver.

— Tu es bien résolu ?
— Oui.

— C'est bien, c'est à cause de ton amité pour moi que tu as été condamné à la déportation, nous périrons ou nous nous sauverons ensemble.

— Merci, mon Julian, dit le jeune homme les larmes aux yeux.

— A sept heures et demie, trouve-toi dans les porte-haubans de misaine à tribord, j'y serai, ne conserve que ton pantalon de toile et ta chemise, une ceinture serrée aux hanches et les pieds nus; c'est entendu.

— Oui, mon Julian, sois tranquille.

— C'est bien; maintenant séparons-nous, une plus longue conversation entre nous pourrait donner des soupçons.

Ils se quittèrent alors, et chacun prit une direction différente.

Depuis son arrivée à D..., grâce à son argent, Julian avait été à même de rendre certains services à plusieurs condamnés.

Depuis le départ, il leur en avait rendu d'autres encore, de sorte que tous les condamnés l'aimaient et le plaignaient, car ils connaissaient son innocence.

Julian s'aboucha avec plusieurs de ces condamnés; il leur distribua quelques pièces d'or, et, sans leur révéler son secret, il s'entendit avec eux pour qu'ils détournassent l'attention des sentinelles chargées de surveiller les transportés pendant le temps qu'ils passaient sur le pont.

Vers sept heures un quart, les transportés se groupèrent sous les haubans de misaine à tribord, et, ainsi qu'ils le faisaient quelquefois, ils commencèrent à chanter des chœurs.

Un espèce d'orphéon avait été formé par eux, et, chaque jour, ils admettaient de nouveaux adhérents.

Ce soir-là, les chanteurs étaient plus nombreux que de coutume.

Peu à peu tous les condamnés s'étaient réunis autour d'eux, pour écouter ces chants qui leur rappelaient la patrie, peut-être à jamais perdue.

Il se forma donc un groupe compact qui remplit presque tout le gaillard d'avant.

La nuit était sombre, il n'y avait pas une étoile au ciel.

Heureusement, la brise était tombée au coucher du soleil et la mer était presque calme. La brise remplissait les voiles, mais c'était tout.

Les deux Basques avaient réussi à se glisser dans les porte-haubans sans être aperçus.

Tous deux étaient en tenue de nage : pantalon de toile, chemise, ceinture et les pieds nus.

Julian avait solidement amarré une corde dont l'extrémité trempait dans l'eau.

Au moment où le timonier frappa un coup double, signifiant sept heures et demie, sur la cloche, Julian se laissa glisser doucement à la mer, sans produire le plus léger bruit.

Bernardo le suivit sans hésiter avec le même succès.

Tous deux alors nagèrent dans l'ombre épaisse produite par les voiles, mais en ayant le soin de s'éloigner de la frégate, qui sans cette précaution aurait passé sur eux, car ils s'étaient mis à la mer sous le vent, le côté du vent étant interdit aux transportés.

Les dix premières minutes se passèrent sans encombre.

Les deux hommes nageaient de conserve sans se presser.

Ils avaient laissé bien loin devant eux la frégate qu'ils ne distinguaient plus que difficilement au milieu des ténèbres opaques qui les enveloppaient.

— Fais la planche pour te reposer un peu, dit Julian à son ami.

Celui-ci obéit ; Julian l'imita.

Puis, après deux ou trois minutes, ils se remirent à nager.

Cela alla bien pendant quelque temps, mais bientôt la respiration de Bernardo devint sifflante, ses mouvements perdaient de leur régularité.

— Courage ! lui cria Julian.

Bernardo redoubla d'efforts, il se tourna sur le dos et fit la planche.

Mais soudain un grand bruit se fit entendre.

La frégate presque perdue dans les ténèbres s'estompa de nouveau en une silhouette sombre sur le ciel un peu éclairci par l'approche du lever de la lune.

Il était évident qu'on s'était aperçu à bord de la *Bellone* de la disparition des deux transportés.

On les cherchait.

Bernardo reprit la nage.

— Approchons-nous ? demanda le jeune homme d'une voix haletante.

— Je l'ignore, répondit Julian ; je ne vois rien encore ; courage, mon Bernardo, pose ta main sur mon épaule, cela te reposera.

Le jeune homme essaya d'obéir, mais il ne réussit pas.

Julian plongea, se glissa sous le corps de son ami, le souleva et posa lui-même la main inerte du jeune homme sur son épaule.

— Laisse-toi conduire par moi, dit Julian ; je suis fort, ne crains pas de t'appuyer ; je viens de voir luire la lumière d'un fanal ; quelques instants encore, et nous serons sauvés.

— Il est trop tard ! murmura Bernardo d'une voix étouffée ; mes forces m'abandonnent, et je n'y vois plus ; on nous cherche, la frégate s'approche ; abandonne-moi, sauve-toi, laisse-moi mourir.

— J'ai juré de vivre ou de mourir avec toi, dit Julian avec âme ; ce serment, je le tiendrai !

Bernardo ne répondit pas ; deux ou trois minutes s'écoulèrent.

D'un côté, la frégate revenait sur ses pas, embardant à droite et à gauche, à la recherche des fugitifs.

De l'autre, l'embarcation du brick s'avançait à force de rames, faisant luire à son arrière, comme une rayonnante étoile, la lueur brillante de son fanal.

— Tout à coup, la main de Bernardo glissa sur l'épaule de Julian.

— Adieu ! adieu ! murmura le jeune homme.

Une lame passa sur sa tête ; il coula.

Une douleur horrible mordit Julian au cœur.

— Oh ! mon seul ami ! s'écria-t-il avec désespoir.

Il jeta à travers l'espace un de ces cris particuliers aux marins, et qui, comme ceux des montagnards, s'entendent à des distances énormes, au-dessus des sifflements de la tempête, et il plongea à l'endroit même où Bernando avait coulé.

Deux fois, Julian revint sur le sommet des lames, ramenant son ami.

Mais celui-ci, à demi asphyxié, n'avait plus conscience de ses actes ; poussé par l'instinct de la conservation, il s'était cramponné au jeune homme dont il paralysait, sans le savoir, les mouvements.

Julian reparut une troisième fois.

Il jeta un cri strident, de désespoir et d'appel, et coula, sans doute pour ne plus reparaître cette fois, car ses forces étaient complètement épuisées.

Mais, au même instant, le canot apparut, un homme plongea, se glissa sous les deux corps entrelacés, les souleva jusqu'au sommet des lames où des bras les saisirent et les hissèrent complètement évanouis dans l'embarcation du brick.

Le fanal fut aussitôt éteint, et le canot demeura immobile, perdu dans les ténèbres.

La frégate passa presque à le ranger sans l'apercevoir, tant la nuit était sombre, et s'enfonça de nouveau dans l'obscurité où elle disparut.

Dix minutes plus tard, les deux fugitifs, toujours évanouis, étaient hissés à bord du brick qui orientait immédiatement ses voiles, et mettait le cap sur la Terre-de-Feu.

Après trois heures de recherches vaines, la frégate reprit sa route.

Deux actes de décès furent dressés par le commissaire,

et signés par le commandant et l'état-major, constatant que deux transportés nommés Julian d'Hérigoyen et Bernardo Zuméta, tombés accidentellement à la mer, par le travers du cap Vert, pendant la nuit, s'étaient noyés sans qu'il fût possible de les sauver à cause de l'état de la mer et l'obscurité d'une nuit sans lune.

Cependant, les deux fugitifs dont on dressait ainsi les actes de décès étaient sauvés.

Ils étaient complètement remis de leurs rudes émotions et faisaient gaiement route vers le cap Horn, à bord du brick *la Leona*.

Au lever du soleil, les deux ressuscités s'élancèrent sur le pont et interrogèrent avidement l'espace.

La mer était libre de toute voile, d'un point de l'horizon à l'autre.

Julian poussa un soupir de joie, presque de bonheur.

— Libre! je suis libre! s'écria-t-il avec un accent impossible à traduire, je reviendrai en France un jour, et alors!...

Il n'acheva pas, sa tête tomba pensive sur sa poitrine et il s'abîma complètement dans le monde de réflexions qui tourbillonnaient dans son cerveau.

Quant à Bernardo, il jouissait avec délices de cette vie qu'il avait failli perdre, et jurait dans son cœur une reconnaissance et un dévouement de séide à cet ami, qui avait si généreusement fait le sacrifice de sa vie pour sauver la sienne.

FIN DE LA PREMIÈRE PARTIE

DEUXIÈME PARTIE

LES FAUVES DES SAVANES

I

CE QUE C'ÉTAIENT QUE L'HOTEL DE LA PROVIDENCE ET MAITRE LAFRAMBOISE, SON PROPRIÉTAIRE.

C'était dans les Montagnes-Rocheuses, vers la fin de l'année 1865.

La saison froide s'annonçait.

Tous les matins, depuis quelques jours, la gelée pénétrait le sol jusqu'à deux et même trois pouces de profondeur.

Les coyotes affamés et errant par bandes nombreuses, troublaient le silence des nuits par leurs glapissements, que répercutaient avec un accent railleur les échos des mornes.

Une forêt épaisse, à peine sillonnée çà et là par quelques *sentes* de bêtes fauves, s'étendait sur toute une large vallée, puis escaladait les pentes abruptes de hautes montagnes, dont les sommets chenus et couverts de neiges éternelles fermaient l'horizon de toutes parts.

Cette forêt était formée par une seule essence d'arbres géants, véritables merveilles de la création végétale, et appartenant à la famille des cyprès, que les savants désignent sous le nom de *sequoia gigantea*.

Ces arbres acquièrent dans ces régions des proportions si colossales qu'elles dépassent toutes limites rationnelles, si bien que les premiers voyageurs qui les signalèrent furent presque taxés de mensonge.

Plusieurs cours d'eau, se précipitant des montagnes, se creusent un lit à travers cette forêt, qu'ils traversent, en faisant les plus capricieux détours.

Sur la rive gauche de l'un de ces cours d'eau, plus large et plus profond que les autres, et très poissonneux, au centre d'une vaste clairière, s'élevait, à l'époque où recommence notre histoire, une maisonnette construite en rondins, comme en bâtissent d'ordinaire les chasseurs et coureurs des bois de ces contrées sauvages, soit pour hiverner, soit pour s'abriter pendant la saison des grandes chasses.

Cette maison, plus régulièrement construite qu'on ne le fait d'ordinaire dans ces parages, percée de fenêtres garnies de solides volets, et élevée d'un étage, n'avait jamais eu cette destination.

Elle était la propriété d'un spéculateur canadien, qui en avait fait une auberge destinée à héberger et abriter les peu nombreux voyageurs qui se rendaient soit en Californie, soit dans l'Utah, ou revenaient de ces deux pays pour rentrer dans l'intérieur des États-Unis par le Nébraska.

Cette maison était placée au centre d'un groupe d'une vingtaine de ces cyprès dont nous avons parlé et dont le plus élevé avait cent soixante-huit mètres de haut et trente-trois mètres soixante-dix centimètres de circonférence à la base.

Les autres variaient entre cent et cent cinquante mètres de hauteur.

Un de ces conifères géants, dont tout l'intérieur était creux jusqu'à une hauteur de quinze mètres et qui ne semblait pas s'en porter plus mal pour cela, servait d'écurie à l'auberge et pouvait contenir une douzaine de chevaux fort à l'aise.

Une porte, surmontée d'une fenêtre en forme d'œil-de-bœuf, avait été adaptée fort adroitement à cette écurie d'un nouveau genre, et la fermait hermétiquement pendant la nuit.

Rien de pittoresque et de saisissant comme l'aspect de cette maisonnette pygmée, abritée et comme blottie au milieu de ces géants de la création qui la protégeaient superbement de leur puissante et immense ramure.

Le jour où recommence notre récit, vers sept heures du soir, trois hommes étaient assis autour d'une table dans la grande salle de l'auberge, servant à la fois de cuisine, de *bar-room* et de salle à manger.

Un grand feu flamblait dans la cheminée ; portes et fenêtres étaient closes, à cause du froid piquant du dehors.

Deux lampes à pétrole, posées sur la table, répandaient une lumière claire et un peu crue qui éclairait toute la salle, faisait briller comme de l'or la batterie de cuisine en cuivre rouge accrochée de chaque côté de la cheminée, donnait des reflets d'argent à la vaisselle placée sur deux dressoirs à la mode normande, aux brocs et aux mesures d'étain disposées en grand nombre sur le comptoir très long et très large, garni de robinets destinés à verser certaines boissons particulièrement affectionnées par les Américains.

Derrière le comptoir se trouvaient une grande quantité de bouteilles de toutes formes et de toutes couleurs, rangées sur des étagères.

Particularité significative, et qui indiquait suffisamment l'isolement de l'auberge, deux revolvers à six coups et un « *bowieknife* » étaient accrochés au mur, à portée de la main de l'aubergiste quand il servait ses pratiques debout derrière *son comptoir*.

Sans cette précaution significative et quatre rifles américains accrochés au manteau de la cheminée, on se serait cru dans une auberge de Québec ou de Montréal.

Deux portes, l'une à droite, l'autre à gauche, ouvraient sur des chambres particulières.

Au fond, à gauche, un escalier en colimaçon montait à l'étage supérieur.

Le parquet était en bois, et, pour entrer du dehors dans la salle, il fallait monter cinq marches.

Au fond, à droite, une trappe garnie d'un anneau de fer et fermée en ce moment, donnait accès dans une cave assez grande et très profonde, dans laquelle on descendait au moyen d'une échelle.

Quelques chaises, des bancs et cinq ou six tables complétaient l'ameublement.

Nous ajouterons, pour terminer cette description un peu longue, que les murs étaient garnis de patères de bronze alternant de distance en distance avec sept ou huit tableaux encadrés de noir et garnis d'un verre, sortis des fabriques d'Epinal, outrageusement enluminés et représentant divers sujets de la première Révolution française ; un coucou de la forêt Noire était accroché derrière le comptoir.

Les trois hommes dont nous avons parlé achevaient de dîner copieusement, comme le prouvaient les reliefs posés près d'eux sur une table.

Ils en étaient au café, qu'ils dégustaient en véritables amateurs, tout en fumant et causant entre eux.

La conversation avait lieu en français.

Ces trois hommes étaient de haute taille, c'étaient presque des géants, musclés et membrés en hercules.

Les deux premiers étaient jeunes.

Malgré leur barbe d'un noir de jais, qu'ils portaient entière, et le bistre répandu sur leur visage, ils ne semblaient pas avoir dépassé trente-deux ou trente-trois ans.

Ils portaient le costume des chasseurs des prairies dans toute sa pittoresque rigueur.

De plus, ils étaient armés jusqu'aux dents : revolvers, bowie-knife, carabines doubles à canons tournants et balles coniques ; rien ne leur manquait.

Leurs armes, d'un nouveau modèle et d'une rare précision, sortaient de chez Devisme, le grand armurier parisien.

Ces deux hommes étaient deux chasseurs renommés, des montagnes Rocheuses au Vancouver, et du Texas à la Sonora et à la Californie.

Ils étaient connus sous les noms bizarres de *Cœur-Sombre* et *Main-de-Fer*, sobriquets que sans doute leur avaient donnés les Indiens ; au premier à cause de sa tristesse habituelle, au second pour sa force extraordinaire.

Le premier était plus généralement nommé le *Docteur* par les chasseurs blancs ; il passait, en effet, pour un médecin expérimenté.

On citait de lui des cures presque impossibles.

Quoi qu'il en fût, ces deux hommes avaient accepté ces appellations singulières, y répondaient et n'étaient pas connus autrement.

Dans les prairies et les nouveaux établissements chacun vit à sa guise, sans que personne s'occupe de ce que l'on est ou de ce que l'on a été.

Les populations nomades de ces contrées sont en général composées d'hommes qui, pour une raison ou pour une autre, tiennent à conserver l'anonyme.

Tous les *Incognitos* sont, par conséquent, scrupuleusement respectés.

Notre troisième personnage était maître Michel Laframboise, né à Québec, maître, après Dieu, de l'hôtel de la *Providence*, ainsi s'appelait son auberge.

Maître Laframboise était un homme de cinquante ans, très vert, très vigoureux, qui n'en paraissait pas quarante.

Après avoir été pendant dix ans coureur des bois, il s'était retiré des affaires, s'était marié à une de ses cousines, native de Montmorency, dont il avait eu six garçons et une fille, en compagnie desquels il vivait dans son ermitage.

Quatre de ses fils couraient les prairies et les *placeres* ; les deux derniers et sa fille Nanette restaient à la maison pour aider au service et tenir compagnie au père et à la mère.

Le fils Jérôme avait vingt ans, Etienne dix-neuf, Nanette dix-huit.

Quant à Pierre, Joseph, Jean-Marie et Dieudonné, c'étaient de francs, solides et joyeux gaillards.

Bien qu'ils fussent absents depuis plus de huit mois, le père ne les attendait pas avant une quinzaine de jours.

— Enfin, mieux vaut tard que jamais, comme dit le proverbe! fit l'hôtelier en versant du rhum dans les verres des chasseurs.

— Ma foi oui, dit Main-de-Fer; à votre santé !

— A la vôtre! Vous avez donc été bien loin dans les vieux établissements ?

— Jusqu'à New-York ; voilà du rhum excellent.

— Je suis heureux qu'il vous plaise; vous retournez dans les prairies ?

— Nous allons à Monterey, et de là à San-Francisco.

— Excusez! les voyages ne vous coûtent pas. Ah! dame, j'en faisais autant autrefois : j'étais bien heureux, alors ; mais je me suis marié trop jeune.

— Ah! fit Cœur-Sombre ; à quel âge, donc?

— A vingt-deux ans. Les enfants sont venus : quand il y en a eu quatre à la maison, il a fallu renoncer au métier ; vous comprenez, ma ménagère avait besoin de mon aide.

Cœur-Sombre soupira.

— Quand on se marie jeune, on est heureux plus longtemps si l'on a épousé une femme honnête, bonne et que l'on aime.

— Vous avez raison, Cœur-Sombre, je ne me plains pas. Marianne est une honnête femme et je l'aime comme au premier jour.

— Alors, c'est le bonheur.

— Un peu monotone, mais, en somme, je ne me plains pas. C'est égal, c'est une rude chance pour moi que vous ayez songé à passer par ici au lieu de prendre la passe de l'Ouest.

— C'est ce qui a failli arriver. Cœur-Sombre n'y songeait pas. C'est moi qui lui ai dit : Si nous faisions une visite à Laframboise? Cœur-Sombre m'a répondu oui. Et voilà.

— Eh bien, vous pouvez vous flatter, Main-de-Fer, d'avoir eu là une fameuse idée; sans vous, mon pauvre gars et ma petite Nanette n'auraient peut-être jamais guéri; aussi voyez-vous cette idée de petite fille d'aller seule courir la forêt quand elle est pleine de coyotes.

— Sa morsure n'est pas dangereuse, dit Cœur-Sombre, quant à celle de Jérôme, dans deux jours il n'y pensera plus.

— Grâce à vous, dit le Canadien avec sensibilité, c'est une bénédiction dans une maison, quand vous y entrez.

— Le beau mérite, dit Cœur-Sombre, en haussant les épaules, d'avoir pansé deux égratignures.

— Il est possible que ces blessures ne soient pas dangereuses, et cela doit être puisque vous le dites, Cœur-Sombre; mais comptez-vous pour rien l'inquiétude et l'angoisse d'un père et d'une mère, seuls et sans secours au milieu d'un désert? D'un mot, vous nous avez sauvés du désespoir.

— Allons, n'en parlons plus, mon ami, je suis heureux de vous avoir rendu ce service; à votre santé ! Quoi de nouveau de ce côté des Rocheuses?

— C'est vrai, ajouta Main-de-Fer, il y a si longtemps que nous sommes absents que nous ne savons plus rien.

— On parle de mettre définitivement les Mormons à la raison.

— Qui cela, les Indiens? dit Main-de-Fer avec ironie.
— Non, le président des États-Unis.
— Oh! oh! ceci est grave, reprit Main-de-Fer.
Cœur-Sombre réfléchissait sans paraître écouter.
— Très grave, reprit Laframboise; aussi, d'après ce que j'ai entendu dire, les Mormons se remuent beaucoup.

— Songeraient-ils donc à résister?
— Certes; ils s'arment et s'approvisionnent.

— Bon ! cela n'est pas sérieux ?

— Très sérieux, au contraire ; ils enrôlent de toutes parts, contractent des alliances avec les Peaux-Rouges, et même, dit-on, ils pensent à prendre à leur solde ces aventuriers de tous les pays qui, depuis la découverte de l'or, se sont, comme une nuée de vautours, abattus sur ces riches contrées. Les Mormons ont expédié partout des émissaires ; ils en ont aussi bien dans Francisco même qu'en Sonora, et dans les autres contrées du Mexique qui bordent le Colorado.

En ce moment, Cœur-Sombre releva la tête, et, tout en tordant une cigarette, d'un air ennuyé :

— A propos, Laframboise, dit-il, pourriez-vous me donner quelques renseignements sur un misérable qui, avant mon départ pour New-York, était devenu un véritable fléau pour les caravanes d'émigrants, voyageant à travers les prairies, et même pour les chercheurs d'or, qu'il allait relancer et rançonner jusque sur les placeres.

— Attendez donc, dit l'hôtelier, en frappant du poing sur la table ; ne serait-ce pas du *Mayor* ou le *Bisojo*, ainsi qu'on le nomme quelquefois, que vous voulez me parler ?

— Précisément ; vit-il encore ? ou bien l'a-t-on *lynché* ?

— Il est plein de vie et plus redouté que jamais ; c'est un coquin d'une impudence rare, mais d'un courage à toute épreuve. Il doit rôder par ici, aux environs.

— Comment le savez-vous ?

— Je l'ai vu hier.

— Vous ?

— Comme je vous vois.

— Ici, chez vous ?

— Mon Dieu, oui, il a déjeuné à cette table où nous sommes, et m'a donné généreusement une once pour ce repas, qui valait à peine deux dollars.

— Comment ? vous, un honnête homme ? vous avez laissé entrer chez vous et vous avez hébergé un tel bandit ?

— Que voulez-vous ! il le fallait, Cœur-Sombre, mon ami, je n'étais pas le plus fort !

— Oh! quelle mauvaise raison vous me donnez là!

— Dame, je vous donne une raison excellente, il me semble, et, si vous voulez réfléchir un instant, vous la trouverez telle. Ma position est très critique à l'entrée de ces montagnes; seul, avec ma femme, mon fils et ma fille, sans un voisin que je puisse appeler à mon aide en cas de danger, je dois rester neutre, l'ami de tout le monde, et même au besoin, ajouterai-je, sourd et muet; le *Mayor* ou ceux qui lui ressemblent — et malheureusement ils sont très nombreux dans ces contrées — n'hésiteraient pas, à la plus légère observation de ma part, à me faire sauter la cervelle; alors que deviendraient ma femme et ma fille?

— En effet, vous êtes dans une situation très difficile. J'ai eu tort, excusez-moi. Mais ces surnoms qu'il porte cachent un autre nom que je voudrais connaître. Je ne sais trop pourquoi cet homme m'intrigue. Moi, si peu curieux de ma nature, je voudrais savoir qui il est, d'où il vient, son nom véritable et le but de ces rapines incessantes et de toutes ces atrocités que l'on met sur son compte. Il est évident que cet homme n'est pas un scélérat ordinaire. Il doit se venger, non pas comme on l'entend vulgairement; mais, dans ma pensée, ayant souffert des insultes fort graves, peut-être imméritées — on peut tout supposer en pareil cas — dans l'impossibilité d'atteindre ses ennemis, s'est-il déclaré l'ennemi de tous, et venge-t-il, sur ceux que la fatalité jette sous ses griffes de tigre, les douleurs que d'autres, hors de ses atteintes, lui ont fait souffrir.

— A cela, je ne saurais rien répondre, Cœur-Sombre; il court bien des bruits étranges, bien des histoires extraordinaires sur ce mystérieux personnage; il a paru tout à coup dans les prairies, il y a une quinzaine d'années; il se rendit d'abord sur les placeres; puis, à la tête d'une troupe de bandits, il se mit à écumer les savanes; les uns disent qu'il est Français, d'autres soutiennent au contraire qu'il est Mexicain, né sur le territoire de Colima. On assure qu'il est marié à une femme charmante et fort riche, qui habite avec sa famille une hacienda près de los Angeles ; on ajoute qu'il a une fille fort jolie, âgée d'une dizaine d'années, qu'il élève avec le plus grand soin. Quelquefois, le *Bisojo* disparaît sans que ses compagnons eux-mêmes sachent ce qu'il est devenu ; son absence se prolonge ; on commence à respirer ; on le croit mort ; tout à coup, il reparaît, reprend le commandement de sa troupe, et se livre de nouveau avec une sorte de rage et une barbarie furieuse à son horrible métier d'écumeur du désert : la vie de ce brigand est une véritable légende.

— Comment se fait-il que parmi tous ces chasseurs et tous ces chercheurs d'or, si généralement braves, il ne s'en soit pas trouvé un seul assez résolu pour se mettre à la tête de quelques-uns de ses camarades et essayer de débarrasser le désert de ce misérable?

— Ah! voilà ; mais ce diable d'homme a une expression si terrible dans son regard louche, que les plus braves tremblent devant lui ; sa force provient surtout de la terreur superstitieuse qu'il inspire ; quelques-uns soutiennent même que c'est un démon. Nul n'oserait s'attaquer à lui ; quelques-uns l'ont tenté dans les premiers temps, mais aujourd'hui il n'a plus rien à redouter de pareil ; les chasseurs et les mineurs prétendent que le Mayor est à l'épreuve des balles et des coups de poignard, que nul ne peut rien contre lui, jusqu'à l'heure où finira le pacte qu'il a signé avec l'enfer.

Cœur-Sombre haussa les épaules avec mépris.

— C'est lui-même qui a répandu ces bruits absurdes, dit-il.

— Hum! Qui le sait? Jean Pivert, le trappeur de la rivière Humbolt, un des meilleurs tireurs des prairies du Nébraska à la Nevada, à qui le Mayor a joué plus d'un mauvais tour, m'a affirmé avoir deux fois tiré sur lui à cent cinquante pas et l'avoir manqué ; que pensez-vous de cela?

— Eh pardieu! je pense que, selon son habitude, Jean Pivert était ivre, et qu'il y voyait double, voilà tout.

L'hôtelier hocha la tête d'un air peu convaincu :

— Non, dit-il, il y a dans tout cela quelque chose que l'on ignore; cette puissance n'est pas naturelle. Si fort que soit un homme, il n'en vaut pas quatre; je l'ai vu combattre seul contre le double de ce nombre et s'en tirer sans une égratignure.

— Alors, dit Main-de-Fer en riant, ce diable d'homme doit être Satan en personne.

— Eh! eh! l'ennemi est bien fin; dans les prairies nul ne sait jusqu'où va sa puissance, dit l'hôtelier en remplissant les verres.

— Qu'il soit ce qu'il voudra, diable ou non, si cet homme croise mon chemin, je verrai la couleur de son sang ou il verra celle du mien, je vous le promets, dit Cœur-Sombre.

— Ne faites pas cela, docteur, ceux qui lui ont cherché querelle s'en sont toujours mal trouvés.

— Comprenez-moi bien, Laframboise; il ne s'agit pas ici de querelle, je ne chercherai pas cet homme, je ne le provoquerai pas; mais, si le hasard nous place en face l'un de l'autre, l'un de nous restera couché sur le sol.

— Vous le haïssez donc? Vous avez sans doute une vengeance à tirer de lui?

— Moi? pas le moins du monde; je ne l'ai jamais vu; je ne sais s'il est vieux ou jeune, grand ou petit, beau ou laid; et tout cela, je vous l'avoue, m'inquiète fort peu.

— Mais alors, pardonnez-moi cette question, pourquoi voulez-vous le tuer, puisqu'il ne vous a rien fait et que jamais vous n'avez eu à vous plaindre de lui?

— Alors que vous étiez chasseur, répondit Cœur-Sombre d'une voix profonde, vous avez eu souvent, n'est-ce pas, maille à partir avec des ours gris, des jaguars et même avec des loups rouges?

— Certes, bien des fois; grâce à Dieu, j'en ai tué quelques-uns, et bravement je m'en vante, quoique cela ne soit pas chose facile; vous le savez aussi bien que moi, Cœur-Sombre.

— Parfaitement. Pourquoi les avez-vous tués?

— Pourquoi je les ai tués? fit-il avec surprise.

— Oui, je vous le demande.

— Dame, pour ne pas être tué par eux. Chacun sait que les ours gris, les jaguars et les loups rouges sont des bêtes féroces. L'ours gris surtout, qui attaque les caravanes aussi bien que les voyageurs isolés, commet d'énormes dégâts et cause de grands malheurs pour le seul plaisir de faire le mal.

— Tout cela est vrai. Ces animaux sont poussés au mal par leur instinct sanguinaire. Vous n'aviez aucune haine contre ces fauves que vous avez tués ainsi?

— Je les tuais parce que je savais rendre un service à mes confrères; j'agissais dans l'intérêt général, et je me disais : Plus j'en tuerai, moins il en restera, et plus la sécurité sera grande.

— Eh bien! c'est précisément pour cela que je veux essayer de délivrer cette contrée de ce bandit qui, depuis trop longtemps, la désole. Je n'ai aucune haine particulière contre lui, et pourtant je le tuerai, dans l'intérêt général. Me comprenez-vous, maintenant?

— Très bien. Mais vous vous donnez là une rude tâche.

— Bah! nous en avons vu bien d'autres! fit Main-de-Fer en riant et vidant son verre. Puisque vous connaissez le Mayor, faites-nous donc un peu son portrait, afin que le cas échéant d'une rencontre nous puissions le reconnaître.

— Je le veux bien, si vous le désirez.

— Oui, allez, dit Cœur-Sombre.

— Il nous importe de savoir quel homme est ce mystérieux personnage, qu'un jour ou l'autre nous rencontrerons indubitablement.

— Le *Mayor*, le *Bizco* ou le *Bisojo*, car on lui donne tous ces noms, est un homme auquel il serait bien difficile d'assigner un âge certain, à cause de la mobilité singulière de sa physionomie et du soin qu'il prend de sa personne; il se soigne et se bichonne comme une petite maîtresse de Québec ou de New-York. Quand il est calme, reposé, que rien ne le préoccupe, il paraît à peine trente-cinq ans; mais quand il est sous le coup d'une émotion forte, comme un combat par exemple ou une vive contrariété, ses traits se décomposent, se bouleversent; des rides se creusent sur son visage; sa physionomie prend une expression d'indicible fatigue, d'ennui, de dégoût même, et alors il paraît presque cinquante ans. C'est un homme de haute taille, d'apparence très vigoureuse, fort agile et très adroit à tous les exercices du corps; il monte supérieurement à cheval. C'est, comme disent les Mexicains, un véritable *hombre de a caballo*. Les aventuriers de l'Arizona et de la Sonora le reconnaissent pour leur maître en équitation. Pris séparément, ses traits sont fort beaux, mais ils ne s'harmonisent pas entre eux. L'ensemble n'existe pas; tout est gâté par le regard; ses yeux sont d'un bleu faïence, sa pupille se dilate et se contracte comme celle des félins. Il ne louche pas dans la véritable acception du mot, mais son regard se croise d'une façon étrange, ou s'écarte à droite et à gauche d'une manière incompréhensible. Ses yeux ronds et éloignés du nez sont enfoncés dans l'orbite, presque cachés sous l'arcade sourcilière, et la paupière trop lourde, à moins d'un effort, les couvre toujours à demi et les empêche de s'ouvrir complètement. Je ne saurais vous expliquer l'impression que cause ce regard filtrant à travers de longs cils, qui semble, à demi voilé, lancer de fauves effluves; c'est à la fois le regard fascinateur du serpent cascabel, le regard glauque et froid du vautour. Quand on le subit, si brave que l'on soit, on éprouve un sentiment de répulsion; on frissonne et on se sent froid au cœur; malgré soi on baisse la tête pour ne pas le supporter.

— Voilà un hideux coquin! dit Main-de-Fer en riant.

— Et pourtant, continua le Canadien, il a le front large, le nez droit, la bouche belle, les dents éblouissantes, les cheveux longs et admirablement bouclés, noirs, ainsi que sa barbe qu'il porte entière et tombant sur la poitrine; je le soupçonne de se les teindre; sa taille est bien prise, ses gestes et ses allures de la plus suprême élégance, et sa démarche remplie de dignité; une fois il m'a tendu la main qu'il a blanche et très soignée, j'ai tressailli; cette main était glacée, humide et visqueuse comme la peau d'un serpent.

— Pardieu! s'écria Main-de-Fer en riant, c'est en personne le portrait du diable, que vous nous avez fait là!

— N'est-ce pas? dit naïvement le Canadien.

— Ma foi, oui, répondit l'aventurier; il m'en est resté une odeur insupportable de souffre et de bitume dans la gorge.

Et, sans doute pour faire disparaître cette odeur, il avala d'un trait un grand verre de rhum.

— Ainsi, reprit Cœur-Sombre, vous dites que cet homme rôde aux environs?

— Il ne doit pas être bien loin, du côté de la *passée* du Sud, où sans doute il se sera embusqué pour guetter une nombreuse caravane d'Allemands qui, dit-on, se rendent en Californie.

En ce moment deux chiens, jusqu'alors invisibles, révélèrent leur présence dans la salle par un sourd grondement.

Ils sortirent de derrière le comptoir où ils étaient sans doute couchés, et allèrent à pas lents souffler sous la porte d'entrée.

Ces chiens étaient de nobles bêtes, hauts comme des ânes, d'apparence très vigoureuse et d'aspect féroce.

Ils étaient croisés de terre-neuve et de loup des prairies.

Ils avaient le poil long et frisé, les oreilles tombantes, la queue en panache; ils étaient noirs, marqués de larges taches blanches et fauves.

Leurs yeux sanglants et brillant comme des charbons ardents, leurs larges mâchoires armées de dents blanches, longues et aiguës, en faisaient de formidables défenseurs; ils devaient étrangler un loup d'un coup de gueule, et ne pas craindre de se mesurer même avec un ours gris.

Ces deux redoutables animaux, âgés de quatre ans à peine, frère et sœur; jouissaient d'une grande réputation parmi les chasseurs et les aventuriers de ce côté des Rocheuses.

Ils passaient pour être fort doux de caractère; mais, sur un signe ou un mot de leur maître, homme ou fauve, l'ennemi désigné aurait été immédiatement étranglé.

Le chien se nommait *Bonhomme* et la chienne *Sahourah*.

Le Canadien adorait ces magnifiques animaux; il ne les aurait pas vendus, même pour mille dollars.

— Eh bien! les chiens, qu'y a-t-il donc? demanda Laframboise.

Les deux animaux remuèrent la queue, tournèrent la tête, puis ils se mirent à souffler pendant quelques instants sous la porte, bâillèrent, grondèrent doucement, et vinrent ensuite se coucher majestueusement aux pieds de leur maître, mais sans perdre la porte de vue.

— Les chiens ont entendu quelque chose, dit l'hôtelier.

— Des coyotes qui rôdent aux environs, sans doute, dit Main-de-Fer.

— Non, ils ne se seraient pas dérangés pour si peu; ce sont des rôdeurs à deux pieds qu'ils ont éventés et non des fauves à quatre pattes; leur instinct ne les trompe jamais; je connais leur manière de gronder. N'est-ce pas, Bonhomme, mon garçon, que tu as senti des hommes?

Le chien tourna la tête, regarda fixement son maître de ses yeux flamboyants, et remua doucement la queue.

— Il est impossible de répondre plus clairement, dit Main-de-Fer.

Presque au même instant, les chiens bondirent vers la porte et se mirent à aboyer avec fureur.

— Silence! et ici tout de suite! s'écria le Canadien.

Les chiens obéirent et allèrent, la queue basse, se coucher derrière le comptoir où il disparurent.

— Définitivement, il y a quelque chose, grommela le Canadien.

Les trois hommes prêtèrent attentivement l'oreille.

Ils n'entendirent rien.

Quelques minutes s'écoulèrent ainsi.

— Il faut voir! dit péremptoirement Cœur-Sombre.

Il se leva et marcha à grands pas vers la porte.

— Que voulez-vous faire ? demanda l'hôtelier.

— Ouvrir la porte.

— Prenez garde, peut-être sommes-nous épiés ? dit le Canadien.

— C'est ce dont je vais m'assurer, répondit Cœur-Sombre froidement.

Il leva les barres, retira les verrous et tourna la clé ; la porte s'ouvrit.

Un spectacle magnifique s'offrit alors aux regards charmés des aventuriers :

Une lueur transparente et d'un blanc laiteux éclairait le ciel, et se reflétait avec des ombres fantastiques d'un ton cru sur les arbres géants, dont les branches et les troncs eux-mêmes étaient garnis de lichens et de mousses qui flottaient comme de longues chevelures aux caprices de la brise nocturne.

Un brouillard grisâtre, mais essentiellement subtil, planait sur tout le paysage.

C'était une aurore boréale, phénomène assez fréquent dans ces contrées.

On distinguait les moindres objets à une très grande distance.

Il fut facile aux trois hommes de s'assurer que les alentours de la cabane étaient déserts.

Ils allaient rentrer et fermer la porte, lorsque tout à coup un hennissement éloigné traversa l'espace et les fit tressaillir.

Puis, quelques secondes plus tard, un bruit continu, ressemblant aux roulements d'un tonnerre lointain frappa leurs oreilles.

— C'est un galop de chevaux, dit Cœur-Sombre.

— Ils se rapprochent rapidement, appuya Main-de-Fer.

— Que faire ? murmura l'hôtelier.

— Rentrer d'abord, nous verrons ensuite.

La porte fut aussitôt refermée et solidement barricadée.

Puis chacun reprit sa place à la table.

— Maintenant, causons, dit Main-de-Fer.

— Ces cavaliers doivent être nombreux, reprit Cœur-Sombre. Votre intention est-elle de les recevoir ?

— Dieu m'en préserve. De bonne volonté, je ne leur ouvrirai pas ma porte, à cette heure de nuit surtout.

— Croyez-vous donc avoir à redouter quelque violence de leur part ?

— Je ne sais, répondit le Canadien avec agitation, mais j'ai toujours entendu dire qu'il n'y a rien de meilleur, pour parlementer, que d'être derrière des murs solides et une porte bien fermée ; aussi, n'ouvrirai-je qu'à bon escient ; les gens qui galopent ainsi à travers la prairie, à cette heure de nuit, ne doivent pas avoir de bonnes intentions.

— Peut-être vous trompez-vous. Voyons, parlez franchement et sans ambages ; avez-vous des voisins qui vous en veulent ? Craignez-vous une attaque.

— Je n'ai aucuns voisins à cent milles à la ronde ; mais je ne suis pas tranquille.

— Est-ce que le Mayor, dont nous parlions, serait plus près de nous que vous le supposiez ?

— Je le crains.

— Que comptez-vous faire, si c'est lui qui revient ?

— Ne pas ouvrir, si cela est possible.

— Très bien, les chevaux se rapprochent rapidement ; il n'y a plus de doute, c'est de ce côté qu'ils se dirigent ; cachez les lumières, empêchez les chiens d'aboyer et attendons ; nous saurons bientôt à quoi nous en tenir sur le compte de ceux qui arrivent si vite.

Le Canadien se leva, alla décrocher un des fusils, et cacha les lampes allumées dans un placard.

Puis il appela ses chiens qui accoururent vers lui et leur recommanda le silence.

Les deux chasseurs avaient échangé quelques mots de bouche à oreille dans une langue inconnue.

Un obscurité complète et un silence profond régnèrent dans la grande salle de l'auberge.

Quelques minutes s'écoulèrent.

On entendait maintenant très distinctement le galop des chevaux ; ils arrivaient avec une rapidité foudroyante.

Ils ne tardèrent pas à pénétrer dans la clairière.

Bientôt ils firent halte à demi-portée de fusil au plus devant l'auberge.

Puis, presque aussitôt, plusieurs hommes mirent lourdement pied à terre et échangèrent entre eux quelques phrases brèves en espagnol.

Ils parlaient à voix haute et ne semblaient nullement se soucier d'être entendus ou non.

Le Canadien s'approcha doucement de Cœur-Sombre.

— Eh bien ! les reconnaissez-vous ? lui demanda celui-ci.

— Oui, répondit l'hôtelier d'une voix sombre, c'est la troupe du Mayor.

— Ah ! murmura le chasseur avec un accent singulier, je vais donc enfin connaître cet homme !

II

COMMENT CŒUR-SOMBRE ET LE MAYOR SE TROUVÈRENT EN PRÉSENCE ET DE CE QU'IL ADVINT.

Il y eut un instant de silence relatif au dehors.

On chuchotait à voix basse et on semblait se consulter.

Les chevaux renâclaient, ébrouaient et creusaient de leurs sabots la terre durcie par le froid.

Au loin, dans le fond des mornes, on entendait les glapissements ironiques des coyotes.

Le vent d'ouest se levait et commençait à courir à travers les branches des hauts cyprès géants, qu'il faisait s'entrechoquer avec de mystérieux murmures.

Dans l'auberge, pas un bruit; silence calme et profond.

Cependant les inconnus, groupés à une courte distance de la cabane, chuchotaient toujours.

— A quoi bon discuter plus longtemps, caballeros? s'écria tout à coup une voix haute et ferme; à cinquante milles aux alentours, nous ne trouverons pas un endroit plus propice et plus sûr pour ce que nous voulons faire.

— Sans compter, dit une voix railleuse, que, dès que nous serons entrés, nous pourrons nous désaltérer tout à notre aise.

— Le fait est, dit une troisième voix, que les liquides ne manquent pas dans cette bicoque.

— Et ils sont bons! s'écrièrent plusieurs voix ensemble.

— Raison de plus pour ne pas aller plus loin, reprit la première voix.

— Le Canadien doit dormir; il n'ouvrira pas sa porte à cette heure de nuit, objecta quelqu'un.

— Bon! reprit un autre; que nous importe! nous saurons l'ouvrir.

— Compagnons, prenez garde à ce que vous allez faire, dit une voix nouvelle. Le Canadien a acheté la franchise; il a payé sans discussion le prix qui lui a été demandé; nous ne devons pas ainsi manquer à nos engagements envers lui, ce serait nous déshonorer.

— Bon! fit un autre en ricanant; nous sommes des voyageurs paisibles qui réclamons un abri; c'est notre droit.

— Oui, oui! c'est notre droit! crièrent les autres.

— D'ailleurs, reprit le premier interlocuteur, de quoi se plaindrait-il? Tout ce que nous prendrons ou casserons chez lui, à commencer par sa grosse tête canadienne, nous le payerons généreusement, nous sommes des *caballeros, por el rayo de Dios!*

— C'est cela! c'est cela! s'écrièrent un grand nombre de voix, entrons! entrons!

— Oui, entrons, d'autant plus, je vous le répète, qu'à cinquante milles aux alentours nous ne trouverons pas un lieu aussi propice que celui-ci, reprit la première voix.

Ainsi à l'œuvre et vivement, nous n'avons déjà perdu que trop de temps.

Le silence se rétablit de nouveau au dehors.

Puis on entendit des pas pressés se dirigeant vers l'auberge.

La distance n'était pas grande.

En moins de deux ou trois minutes elle fut franchie.

— Je ne vois pas une seule lumière ! dit une voix. Tous dorment, sans doute.

— S'ils dorment, ils se réveilleront ! répondit la voix forte et accentuée qui précédemment avait parlé d'un ton de commandement. Frappe ferme avec la crosse de ton rifle ! Ils ont peut-être le sommeil dur...

— C'est la voix du Mayor ! glissa le Canadien à l'oreille du chasseur.

Celui-ci lui répondit, apres quelques secondes de réflexion :

— Tout bien pesé, mieux vaut ouvrir de bonne volonté, de peur d'y être contraint par la force.

L'hôtelier ne put s'empêcher de témoigner sa surprise par un cri étouffé.

Cœur-Sombre lui dit quelques mots à voix basse.

— Ainsi, vous l'exigez ? répondit le Canadien.

— C'est le seul moyen de les mettre dans leur tort. Faites, je réponds de tout, dit gaiement Main-de-Fer.

— C'est singulier, murmura Cœur-Sombre, il me semble reconnaître cette voix : ce n'est pas la première fois qu'elle frappe mon oreille.

— Je faisais la même réflexion, dit Main-de-Fer.

L'échange de ces quelques mots n'avait duré que l'espace de deux ou trois minutes ; pendant ce temps, le Canadien avait retiré les lampes allumées de l'armoire, où il les avait renfermées.

Cela fait, les trois hommes s'étaient remis à table comme s'ils achevaient de souper.

Pendant une seconde, le visage effrayé de la femme de l'aubergiste avait apparu à l'entrebâillement d'une porte.

Mais le Canadien avait rassuré sa femme d'un mot, et lui avait intimé l'ordre de ne plus revenir quoi qu'elle entendît.

La pauvre femme avait poussé un soupir, mais elle s'était retirée aussitôt, et avait soigneusement refermé la porte derrière elle.

Des coups retentirent fortement appliqués sur la porte.

Les chiens s'élancèrent en aboyant à pleine gueule.

— A bas! à bas! allez coucher! à bas! ici Bonhomme! ici Sahourah! cria le Canadien d'un ton de menace.

On continuait à frapper contre la porte.

Le Canadien se leva et se rapprocha.

— Holà! dit-il, qui frappe ainsi, à pareille heure?

— Ouvrez, ce sont des amis, répondit-on du dehors.

— Les amis sont rares, même en plein jour, dans la savane, reprit le Canadien en ricanant; ils doivent être bien plus rares encore pendant la nuit ; passez votre chemin.

— Ouvre, *bribon*, je suis le Mayor ; ne reconnais-tu pas ma voix? répondit-on du dehors.

— Bon! le Mayor est loin, s'il galope toujours, fit le Canadien riant; d'ailleurs, je ne reconnais rien à travers une porte. D'ailleurs, comment serait-ce le Mayor? puisque hier, en me quittant, il m'a assuré qu'il ne reviendrait pas de ce côté avant un mois.

— Ouvre, *mil demonios !* si tu ne veux pas que je fasse jeter ta porte maudite en dedans.

— Pensez-vous donc que je vous laisserai faire? Je ne suis pas seul chez moi. Sans parler de mes fils qui sont arrivés ce matin, j'ai plusieurs voyageurs prêts à me défendre si l'on m'attaque.

— Qui parle de t'attaquer, imbécile? N'as-tu pas une franchise? Ah çà! est-ce que la peur te rend idiot au point de ne pas reconnaître les amis? Ouvre ta porte! te dis-je. Tu n'as rien à craindre de nous, ou, si tu le préfères, entr'ouvre une fenêtre, et tu pourras t'assurer que je ne te mens pas.

— C'est bon! mais avant, chers amis inconnus, veuillez vous reculer de quelques pas, s'il vous plaît ; il est bon de prendre ses précautions ; on ne sait pas ce qui peut arriver.

— Je veux bien consentir à ce que tu demandes, mais fais vite, sinon...

— Ah ! pas de menaces, ou je n'ouvre ni portes ni fenêtres !

On entendit le pas de plusieurs hommes qui s'éloignaient.

— Ouvriras-tu, maintenant ? reprit le Mayor.

Le Canadien ne répondit pas.

Il était occupé à lever sans bruit les barres d'une fenêtre.

Les deux chasseurs s'étaient embusqués à droite et à gauche.

Les chiens se tenaient en arrêt à quelques pas en arrière.

— Voilà ! cria la Framboise en entr'ouvrant vivement une fenêtre.

Non moins vivement, quatre vigoureux gaillards, accroupis au pied du mur, bondirent dans la salle en repoussant si brutalement le Canadien, que celui-ci fut presque renversé.

— Pille ! pille ! cria-t-il.

On entendit, pendant quelques secondes, le bruit d'une lutte acharnée, mêlée à des grondements, des blasphèmes et des cris de douleur.

— Lâchez ! lâchez ! nous les tenons ! criait l'hôtelier. Là ! voilà qui est fait.

Et, couchant en joue le Mayor, debout à quelques pas, le Canadien, qui n'avait pas quitté la fenêtre, restée ouverte, cria avec colère :

— Vive Dieu ! vous vous êtes conduits comme un traître et un bandit, Mayor ; je ne sais qui me retient de vous loger une balle dans la tête !

— N'en fais rien, la *Sanguësa* — la Framboise — répondit en riant le Mayor ; ce sont des entêtés qui m'ont désobéi. Sont-ils morts ?

— Non ; deux ont été presque étranglés par les chiens, voilà tout.

— Bon. Je te donne ma parole de caballero — et tu sais que je n'y manque jamais, — que tu recevras 1,000 dollars de rançon pour tes quatre prisonniers, que nous ne briserons rien chez toi, et que tout ce que tu nous serviras te sera intégralement payé. Ouvre donc ta porte sans plus hésiter.

— Puis-je compter sur votre promesse ?

— Tu as ma parole ! Seulement, fais retirer tes fils et tes voyageurs ; nous avons besoin d'être seuls et les maîtres dans ta grande salle, pendant le temps que nous resterons chez toi.

— J'ai déjà renvoyé mes fils et mes voyageurs, sauf deux qui désirent rester près de moi. Quant à mes chiens, ils ne me quittent jamais. J'ai confiance en vous. J'ouvrirai la porte à la condition que ces deux voyageurs resteront dans la salle et que vous vous comporterez comme des caballeros.

— Sois donc tranquille, niais ; ne nous laisse pas plus longtemps nous morfondre dehors ; ouvre au plus vite, et garde tes deux amis, si cela te convient ; il ne leur sera rien fait : c'est convenu.

— Très bien ! Ayez encore quelques minutes de patience ; le temps seulement d'ouvrir la porte.

— Soit ! mais hâte-toi, nous sommes gelés !

Chose bizarre, le Mayor, ce sombre scélérat, qui ne respectait rien, respectait sa parole ; dès qu'il l'avait donnée, il n'y avait plus rien à redouter de lui.

De tous les sentiments humains, sombrés les uns après les autres dans cette âme de boue, un seul avait surnagé, le respect de sa parole, respect qu'il exagérait et poussait jusqu'à ses dernières limites.

Et cela se comprend : ne se rattachant plus que par ce point seul à la société qui l'avait justement renié, il se parait de sa parole dont il avait fait une vertu, et en était fier aux yeux de tous.

Le Canadien savait tout cela.

13.

Aussi, après avoir en un tour de main fait disparaître les rifles accrochés au manteau de la cheminée, il s'était mis tranquillement à lever les barres, à repousser les verrous et à tourner la clef dans la serrure de la porte.

Les deux aventuriers avaient essayé de lui faire quelques observations sur l'imprudence qu'il commettait de se mettre ainsi, sans autre garantie, à la merci de cet homme.

Le Canadien leur avait répondu en riant :

— Vous ne connaissez pas le Mayor ? J'ai sa parole ; elle est d'or ; il tiendra tout ce qu'il a promis et au-delà, je suis aussi en sûreté maintenant que si j'étais dans ma maison de la rue de Paris, à Québec.

— Comme il vous plaira, dit Cœur-Sombre, et il se détourna avec indifférence.

Le Canadien ouvrit la porte toute grande :

— Entrez et soyez les bienvenus sous ce toit dont vous franchissez le seuil en amis.

— Ne t'inquiète de rien, répondit le Mayor en pénétrant dans la grande salle.

Cet homme était bien tel que l'hôtelier l'avait dépeint aux chasseurs.

La ressemblance était frappante.

Tout, dans ses allures et ses moindres gestes, dénotait l'homme du monde, le « gentleman », ainsi que disent les Anglais.

Mais son regard repoussait et faisait froid ; on éprouvait un indicible sentiment de malaise et de répulsion à sa vue.

Le Mayor semblait ne se préoccuper que très médiocrement de cet effet qu'il produisait sur tous ceux avec lesquels le hasard le mettait en rapport.

Il est vrai qu'il devait depuis longtemps y être accoutumé.

Une quinzaine d'individus appartenant à toutes les nationalités existantes, mais dont la majorité provenait du Mexique, entrèrent dans la cabane à la suite du Mayor.

Une vingtaine d'autres étaient restés au dehors, accroupis autour d'un immense feu qu'ils avaient allumé pour se réchauffer, ou occupés à donner la provende à leurs chevaux, tout en préparant à souper pour eux-mêmes.

Tous ces individus d'aspect farouche et repoussant, sur les traits desquels le mot *potence* était écrit très lisiblement, étaient armés jusqu'aux dents, et vêtus d'habits qui avaient dû, à une autre époque, être magnifiques, mais, maintenant, n'étaient plus que de lamentables guenilles, où les trous le disputaient aux taches.

Ce qui ne les empêchait pas de se redresser et de se draper fièrement dans leurs haillons, et de prendre des airs de capitans.

— Hé! dit le Mayor en s'adressant au Canadien, occupé à jeter d'énormes brassées de bois dans le feu, te défies-tu de moi, *compadre* ?

— Moi? Pourquoi me demandez-vous cela, Mayor?

— Ordinairement, tu as quatre rifles accrochés au manteau de ta cheminée, comment n'y sont-ils pas en ce moment?

— Ah! bon! C'est cela qui vous inquiète? fit-il en haussant légèrement les épaules, ne vous ai-je pas dit que mes enfants sont de retour à la maison? Quand je leur ai donné l'ordre de se retirer, ils ont insisté pour emporter les rifles avec eux. Voulez-vous que je rappelle mes gars? ajouta-t-il de l'air le plus naturel, mais avec une imperturbable effronterie.

— Non, dit le Mayor en s'asseyant près d'une table et jetant un regard inquisiteur autour de lui.

Le coup d'œil ne manquait pas de pittoresque.

Les quatre bandits faits prisonniers étaient garrottés et couchés sur une table.

Non loin d'eux, les deux chasseurs, toujours attablés, buvaient ou semblaient boire, sans paraître attacher la moindre attention à ce qui se passait autour d'eux.

Les bandits s'étaient assis autour des tables inoccupées, et buvaient à longs traits les liqueurs servies par l'hôtelier.

Ce tableau, digne de Rembrandt ou de Salvator Rosa, était éclairé de la façon la plus fantastique par la lumière des lampes presque effacée par celle du foyer.

Au dehors, on apercevait le campement des autres bandits à demi noyé dans le brouillard, qui de nouveau s'était abattu sur la vallée.

Après avoir examiné pendant quelques instants les deux chasseurs d'un air soupçonneux, le Mayor appela l'hôtelier.

— Qui sont ces deux hommes? demanda-t-il à voix basse.

— Deux chasseurs bien connus dans la prairie, répondit le Canadien.

— Ah! ils ont un nom sans doute; quel est-il?

— Le plus rapproché de nous se nomme Cœur-Sombre, l'autre Main-de-Fer.

— Ah! ah! fit-il en leur lançant un coup d'œil curieux, ce sont les deux coureurs des bois si renommés dans toutes les prairies de l'Ouest? Je ne suis pas fâché de les avoir vus; et il ajouta entre ses dents : « J'espère, avant peu, faire plus ample connaissance avec eux. »

— Vous dites, Mayor?

— Rien. Prends cette bourse, elle renferme en onces d'or mexicaines la rançon promise, rends la liberté à mes quatre camarades.

Il lui tendit la bourse.

— Tout de suite, Mayor, répondit le Canadien en faisant disparaître la bourse avec une dextérité extrême.

Le Mayor appela du geste un grand gaillard, aux traits sombres et sournois qui, l'épaule contre la cheminée, fumait un régalia tout en suivant d'un regard distrait les capricieux élans des flammes du foyer.

A l'appel de son chef, cet homme se redressa et vint s'asseoir nonchalamment sur la chaise que celui-ci lui désigna près de lui.

— Qu'as-tu donc? lui demanda dans une langue incompréhensible pour les autres bandits, le Mayor d'un ton presque affectueux, qu'as-tu donc, mon pauvre Felitz?

Depuis deux jours, je ne te reconnais plus, tu es sombre comme la nuit, serais-tu malade?

— D'esprit et de cœur, oui, je ne sais quel sombre pressentiment m'agite, je ne me reconnais plus moi-même, si j'étais superstitieux, je croirais, le diable m'emporte, qu'un malheur est suspendu sur ma tête! répondit-il dans la même langue.

— Allons donc! Felitz, mon ami, est-ce que des gens comme nous doivent avoir de ces craintes puériles, bonnes pour les enfants et les vieilles femmes? Nous ne reconnaissons qu'un Dieu, nous autres, le plus puissant de tous : l'or! Secoue-toi et redeviens homme, nous tenons notre fortune entre nos mains, et quelle fortune! je ne sais combien de millions, la laisserons-nous échapper par notre faute, ami Felitz, réponds-moi?

— Mayor, voici trois fois que vous me donnez un nom que je ne porte plus quant à présent; appelez-moi *Calaveras*, je vous prie, mon autre nom dans votre bouche me fait mal.

— Décidément tu deviens une petite maîtresse! il est temps que nous nous retirions des affaires, toi tout au moins, ami Calaveras; qui diable veux-tu qui nous comprenne ici, quel que soit le nom que je te donne!

— Qui sait? la prudence est mère de la sûreté; d'ailleurs je ne me suis associé avec vous que pour cette affaire seulement; je ne fais qu'accidentellement partie de votre troupe.

— Comptes-tu donc me quitter?

— Aussitôt l'affaire faite, de graves intérêts exigent mon retour en France.

— A ton aise, compagnon; tu es libre comme l'air. En attendant, fais conduire ici nos quatre prisonniers.

Calaveras, puisque tel est son nom, se leva et sortit sans répondre.

— Ce gaillard-là me fait l'effet de saigner du nez, murmura le Mayor en le suivant du regard; mais que m'importe! il n'en est pas où il croit. Dès que tout sera fini, je réglerai son compte.

Le Mayor avait commis une lourde faute, en causant ainsi qu'il l'avait fait avec son complice, à haute voix, dans une langue qu'il supposait ignorée de tous; deux hommes avaient entendu et compris tout ce qui s'était dit.

Ces deux hommes étaient les chasseurs.

Si, pendant qu'il causait avec son complice, le Mayor avait songé à jeter un regard du côté de ces deux hommes, il aurait remarqué l'expression étrange qui, à plusieurs reprises, avait contracté leurs traits caractérisés; peut-être aurait-il regretté d'avoir parlé si franchement.

Cependant, Calaveras s'était acquitté de l'ordre qu'il avait reçu.

Quatre nouveaux personnages étroitement garrottés et conduits par cinq ou six bandits, venaient de faire leur entrée dans la salle de l'auberge.

Ces quatre personnages appartenaient à la race indienne pure; il y avait un homme, une femme, une fillette de treize ans au plus, et un jeune homme de dix-huit.

Ils furent amenés en présence du Mayor, devant lequel ils s'arrêtèrent sans que leurs traits impassibles et d'un froid de marbre éprouvassent le plus léger frémissement.

L'homme avait quarante-cinq ou cinquante ans.

C'était un personnage de haute mine, fier, imposant et au regard de feu.

Une majesté suprême émanait de toute sa personne.

C'était, non pas un simple chef, mais un *sachem*, un *sagamore*.

Bien que son teint fût bruni par le soleil, la pluie et les intempéries des saisons, les parties de son corps préservées du contact immédiat de l'air étaient blanches, mais avaient cette teinte olivâtre particulière à la race espagnole des provinces méridionales.

Il en était de même pour les trois autres personnages.

Bien que la femme eût depuis quelques années dépassé la trentaine, cependant elle était encore très belle; sa physionomie avait une grande expression de douceur.

Quant à la fillette, elle avait treize ans.

C'était une admirable enfant, petite, mignonne, en un mot, toute pétrie de grâces.

Le jeune homme avait dix-huit ans, il était de haute taille; c'était un homme pour la vigueur et la résolution.

Il était vif, alerte, et ressemblait beaucoup à son père, dont il avait les traits caractérisés et la physionomie intelligente et fière.

Ces quatre personnes ne portaient nullement les vêtements des Peaux-Rouges du désert, mais bien le costume riche et pittoresque des rancheros mexicains.

Leurs yeux, dont l'extrémité était légèrement relevée vers les tempes, sans que cette courbe fût aussi prolongée que chez les Mongols et les Malais, ce signe caractéristique et particulier à la race indienne pure, établissaient seuls une différence entre eux et les Espagnols d'Europe.

A l'entrée de ces prisonniers, les deux chasseurs s'étaient levés d'un air indifférent, et s'étaient rapprochés du Mayor, occupé à causer avec le Canadien.

Les chasseurs se mêlèrent aux bandits et attendirent.

Il y eut un silence complet de deux ou trois minutes.

Enfin le Mayor, se tournant vers les prisonniers, leur dit d'une voix railleuse, en langue comanche :

— Êtes-vous enfin décidés à me répondre ?

— Oui, répondit le père en espagnol, si vous m'adressez la parole en castillan, que vous parlez aussi purement que moi, et que tout le monde comprend ici.

— Vous êtes Indien, je vous parle dans votre langue, reprit le Mayor avec mépris.

— Non pas, ma langue est l'espagnol ; je suis Indien, il est vrai, je descends de race royale, mes ancêtres ont régné à Mexico, je suis Inca ! Après la conquête du Mexique par Fernan Cortès, ma famille a embrassé le christianisme, a reconnu le gouvernement espagnol et adopté les coutumes de ses conquérants; je suis, moi, alcade mayor du presidio de Tubac. Vous savez toutes ces choses aussi bien que moi, pourquoi donc feignez-vous de les ignorer ? Prenez garde, je ne suis peut-être pas aussi abandonné que vous le croyez ?

En ce moment les deux chasseurs écartèrent les bandits derrière lesquels ils s'étaient abrités jusque-là, et ils allèrent résolument se placer entre le Mayor et ses prisonniers, ayant le Canadien à leur gauche.

Sans laisser au Mayor le temps de répondre à l'alcade, Cœur-Sombre s'inclina avec une politesse exquise devant celui-ci et lui tendit la main :

— Je vois que j'ai été bien inspiré de venir vous attendre ici avec mes partisans, senor don Cristobal Mytzli de Cardenas; je me félicite d'avoir fait diligence, je vous ai manqué d'une heure, au *paso del Lobo*. Mais, grâce à Dieu, je vous ai devancé ici, et j'espère que tout va s'arranger à l'amiable.

Ces paroles furent prononcées avec un tel accent d'ironie à l'adresse du Mayor, que celui-ci, malgré toute son impudente audace, en fut complétement démonté.

— Merci, senor Cœur-Sombre, répondit l'alcade en serrant cordialement la main que lui tendait le chasseur, merci pour ma femme et mes enfants, qui vous devront d'échapper à d'horribles tortures.

— Oui, fit avec ironie le chasseur, le Mayor est expéditif; le vol et le meurtre ne sont rien pour lui. Mais, cette fois, ses espérances seront trompées. Il s'est jeté lui-même dans le piège tendu sous ses pas; il s'est perdu par excès de précautions en choisissant cette auberge isolée, où il se figurait pouvoir, en toute sûreté, mettre le sceau à son infâme trahison envers vous.

— C'en est trop! s'écria le Mayor en se levant avec violence; croyez-vous m'effrayer par ces menaces ridicules? Regardez autour de vous, ma troupe vous enveloppe; avant que vous puissiez appeler à l'aide, je vous aurai étendu à mes pieds!

Et, saisissant un revolver à sa ceinture:

— Calaveras! cria-t-il dans cette langue que déjà il avait employée précédemment : Calaveras! *Haïncinat, animu! Salto eyhiozu!* — Cavaleras! en avant! courage! précipitez-vous dessus!

— *Zande ichtampat* — Attendez un moment — dit le

chasseur avec ironie, *Ez zitela hain presatua izan jauna* Felitz Oyandi — Ne soyez pas si pressé, monsieur Felitz Oyandi.

Et d'un mouvement rapide comme la pensée, il saisit le Mayor à l'improviste, et malgré la force du bandit, il l'enleva dans ses bras et le lança sur le sol avec une violence telle que le Mayor demeura étendu sans donner signe de vie sur le sol de la salle.

De son côté, Main-de-Fer avait agi de même avec Calaveras, en lui disant d'une voix railleuse :

— *Hartzazu aûchet !* — Acceptez ceci.

La foudre éclatant sur la tête des deux scélérats ne les aurait pas plus épouvantés et stupéfiés que d'entendre les deux chasseurs leur parler le basque, cette langue qu'ils croyaient seuls posséder.

Aussi Cœur-Sombre avait-il eu bon marché d'eux.

Leur défense n'avait été pour ainsi dire que machinale et inconsciente.

Leurs armes avaient été enlevées en un tour de main et données à l'alcade et à son fils.

De sorte que les bandits virent soudain se dresser devant eux cinq hommes résolus et les ajustant avec un revolver à six coups de chaque main.

Ce que nous avons mis tant de temps à raconter s'était passé si rapidement, que les Mexicains, terrifiés par le succès incroyable de cet acte audacieux de violence, étaient restés sous le coup d'une surprise touchant à l'hébétement.

Ils échangeaient entre eux des regards de stupeur et faisaient force signes de croix, en grommelant des exclamations sans suite, et pour ainsi dire involontaires.

Les métis mexicains sont d'une bravoure poussée parfois jusqu'à la férocité, le couteau, le poignard ou la lame et le *machete* à la main.

Ils ont besoin de sentir palpiter sous leur arme la chair de leur ennemi.

Sous le plus léger prétexte, ils jouent du couteau, à Mexico même, en pleine rue, sans souci de la foule.

Mais ils ont conservé une terreur superstitieuse des armes à feu ; ils ne souffrent pas d'être frappés de loin, autrement que par le lasso ou la *reata*.

La vue d'un pistolet dirigé contre eux suffit pour les mettre en fuite, fussent-ils dix contre un.

Ce fait bizarre est trop bien établi pour que nous insistions davantage.

Ils étaient trente, armés jusqu'aux dents, de fusils, pistolets, lances, machetes, navajas, etc., etc., devant eux, il n'y avait que cinq hommes.

Mais cinq hommes résolus, disposant de soixante coups de revolver au moins, sans parler des rifles et des revolvers de rechange ; de plus, les bandits étaient convaincus que de nombreux partisans, cachés dans l'auberge, n'attendaient qu'un signal pour paraître.

Et puis, raison péremptoire et qui décidait la question contre eux, ils n'avaient plus de chefs.

Cœur-Sombre savait tout cela, il connaissait de longue date les hommes auxquels il avait affaire ; il savait comment les prendre.

Sans leur laisser le temps de réfléchir, il s'approcha d'eux, et, d'une voix tonnante :

— Bas les armes, mes maîtres ! cria-t-il ; vous n'êtes pas les plus forts. Ne m'obligez pas à vous le prouver.

— Si nous nous rendons, serons-nous libres de nous retirer où bon nous semblera ? demanda un des bandits au nom de tous.

— Oui, parce que ni meurtres ni vols n'ont été commis encore ; vous conserverez vos chevaux avec les harnais, la *reata* et le sac à la médecine ; vous emporterez vos navajas ; mais toutes les autres armes, lances, machetes, fusils, rifles, pistolets et revolvers, doivent immédiatement être abandonnés ici. Vous avez cinq minutes pour obéir.

— Les cinq minutes sont inutiles, dit le bandit qui déjà avait parlé, et il jeta ses armes.

— C'est bien, reprit le chasseur, partez, hâtez-vous et

prenez garde de ne pas retomber dans nos mains, vous n'en seriez pas quittes à aussi bon marché.

Le bandit sortit, et bientôt on l'entendit s'éloigner au galop.

Un par un tous les bandits sortirent de l'auberge après avoir jeté leurs armes.

Ils montèrent à cheval et s'éloignèrent dans des directions différentes.

Un quart d'heure plus tard, la clairière était déserte.

Il ne restait plus dans l'auberge que le Canadien, les deux chasseurs, l'alcade et sa famille.

Puis, le Mayor et Calaveras fortement garrottés.

Les Mexicains s'étaient éloignés sans même songer à s'inquiéter de leur chef, qu'ils redoutaient fort mais qu'ils haïssaient cordialement.

Ils l'avaient donc abandonné sans le moindre remords et avec la plus entière indifférence.

— Caballero, dit Cœur-Sombre au Mayor, je ne vous fais pas l'injure de supposer que vous avez cru un instant à mes cinquante partisans, vous voyez ici toute ma troupe.

Le Mayor eut un frémissement de rage.

Il grinça des dents, frappa du pied avec colère, mais il ne prononça pas un mot.

— Dans une heure, vous serez libre, continua Cœur-Sombre; je vous connais, je sais que vous essayerez de de vous venger, mais je vous ai arraché les griffes, je ne vous crains pas.

— Tuez-moi, je suis entre vos mains, répondit le bandit les dents serrées.

Cœur-Sombre hocha la tête avec tristesse.

— Je ne me venge pas, je vous châtie, répondit-il avec un accent glacé. La punition que je vous réserve est mille fois pire qu'une mort immédiate; mais elle renferme une chance de salut, bien faible à la vérité. Voilà pourquoi c'est un châtiment. Je vous abandonne à la justice divine; seule, elle peut vous condamner ou vous absoudre, car vos crimes dépassent tout ce que les instincts monstrueux des plus grands scélérats ont conçu jusqu'à ce jour. On vous conduira en plein désert, les yeux bandés, afin que vous ne puissiez retrouver votre route. Là, vous serez abandonné, sans armes, sans vivres et sans moyen d'allumer du feu, seul face à face avec vous-même.

— Oh ! s'écria-t-il avec désespoir, par grâce, tuez-moi plutôt que de me condamner à cet horrible supplice !

— Je vous laisse une chance ; Dieu, s'il le veut, peut vous sauver, rentrez en vous-même, implorez-le.

— Vous êtes sans pitié, soit ! dit le bandit en grinçant des dents ; mais si je m'échappe, prenez garde, ajouta-t-il avec une expression terrible.

— Je méprise vos menaces, senor ; elles ne sauraient ni m'effrayer ni m'émouvoir ; je vous répète que je ne vous crains pas.

Et s'adressant à son compagnon :

— Va, Main-de-Fer, lui dit-il.

Après avoir été minutieusement fouillé, le Mayor fut de nouveau solidement garrotté ; on lui enveloppa la tête dans un zarapé ; puis le chasseur l'attacha solidement sur la croupe de son cheval et partit au galop.

Cœur-Sombre et Calaveras étaient demeurés seuls dans la salle.

L'alcade et sa famille, sur les instances du chasseur, s'étaient retirés pour prendre quelques heures d'un repos bien nécessaire, après les fatigues et les mauvais traitements qu'ils avaient subis depuis deux jours.

— Prétendez-vous me garder longtemps lié ainsi comme un veau ? demanda Calaveras avec une impudente ironie.

Le chasseur le regarda un instant avec un indicible dégoût.

— Êtes-vous un homme ! lui dit-il. Non, vous êtes un monstre cent fois plus méprisable que le Mayor lui-même. Au moins lui, il est franchement brigand ; vous, attaché à l'armée française, portant un grade honorable dans l'intendance, vous avez abusé des saintes lois de l'hospitalité pour livrer vos hôtes à un bandit, les torturer et les tuer pour leur voler leur fortune. C'est aux chefs de cette armée loyale que vous déshonorez que je vous livrerai, seuls ils disposeront de vous.

— Qui donc êtes-vous ? s'écria-t-il les traits décomposés par l'épouvante. Que vous ai-je fait pour que vous vous vengiez si cruellement de moi ?

Sans plus se préoccuper du misérable qui se tordait avec une rage impuissante dans ses liens, le chasseur se détourna, laissa tomber sa tête sur la poitrine et s'absorba en lui-même.

Calaveras, ou Felitz Oyandi, s'était aplati sur le sol.

Il était immobile ; veillait-il ? était-il évanoui ? dormait-il ?

Nul n'aurait su le dire.

III

DANS LEQUEL FELITZ OYANDI JOUE UNE PARTIE
DÉCISIVE ET LA PERD

Les lampes s'étaient depuis longtemps éteintes.

Le feu, presque entièrement consumé, ne lançait plus qu'à de longs intervalles des jets de flamme, presque aussitôt dissipés en fumée.

Par les fentes des volets mal fermés des fenêtres commençaient à filtrer les lueurs blâfardes d'une aube pâle et froide.

Un silence profond régnait au dedans comme au dehors de l'auberge.

Tout à coup, un horrible cri d'agonie se fit entendre au milieu du silence, mêlé à des appels désespérés poussés d'une voix étouffée et n'ayant plus rien d'humain.

Cœur-Sombre se dressa aussitôt, un revolver de chaque main, de la chaise où il avait fini par céder au sommeil, en même temps que La Framboise apparaissait à une porte, une lampe à la main, suivi de don Cristoval de Cardenas et de son fils don Pancho, tous deux bien armés.

Au milieu de la salle, Calaveras, dont les liens étaient coupés, se débattait avec désespoir contre Bonhomme et Sah Ouh-Ra, les deux redoutables molosses du Canadien.

Sur l'ordre de Cœur-Sombre, l'hôtelier se hâta d'appeler ses chiens, qui vinrent en rechignant, mais en remuant triomphalement la queue, se ranger enfin derrière lui, tout en lançant des regards de colère au misérable couvert de sang et de blessures qui se tordait comme un serpent sur le sol.

Voici ce qui s'était passé :

On se souvient que, avant d'ouvrir sa porte aux bandits, l'hôtelier avait renvoyé ses chiens sous le comptoir, leur place habituelle pendant la nuit.

Tandis que s'étaient passés les événements rapportés dans notre précédent chapitre, les deux obéissantes bêtes ne s'étaient pas montrées.

Elles n'avaient dénoncé leur présence ni par un grondement, ni même par un de ces bâillements assez ordinaires chez les animaux de leur espèce.

Calaveras ignorait donc leur présence. Il se croyait seul dans la salle avec le chasseur.

Mais les molosses, dès que le silence avait été rétabli, que les bandits étaient sortis de l'auberge, avaient, avec cette intelligence presque humaine qu'ils possèdent, compris que leur faction commençait dès ce moment, qu'ils devaient veiller sur le repos de leur maître et de ses hôtes.

Chacun d'eux s'était embusqué à un angle du comptoir, de façon à ce que, tout en surveillant le bandit, étendu sur le sol, ils ne fussent pas vus de lui.

Cette double position prise, ils étaient demeurés immobiles comme des sphinx de granit, leurs yeux flamboyants implacablement fixés sur le bandit.

Celui-ci, naturellement, ne se doutait pas le moins du monde qu'il était surveillé par ces deux redoutables espions.

Felitz Oyandi était devenu un profond scélérat.

A la suite de quels événements s'était-il vu dans l'obligation de se faire attacher à l'intendance de l'armée expéditionnaire française au Mexique ?

Comment avait-il été amené à contracter alliance avec un exécrable bandit comme le Mayor ?

Par quelle mystérieuse affinité ces deux gredins s'étaient-ils reconnus et avaient-ils, de compte à demi, conçu et presque exécuté un crime horrible ?

C'est ce que nous ne pouvons dire en ce moment.

Mais ce que nous devons constater, c'est que Felitz Oyandi redoutait surtout d'être livré aux autorités françaises, qui ne lui feraient d'autre grâce que de le faire fusiller, ce dont le bandit ne se souciait pas le moins du monde.

Mais, à part cette crainte bien naturelle d'une mort infamante, en ce moment Felitz Oyandi en éprouvait une plus grande encore, s'il est possible.

Quel était ce mystérieux adversaire, si malencontreusement retrouvé au milieu du désert, à cinquante ou soixante lieues de toute terre habitée ?

D'où lui venait cet ennemi qui parlait la langue basque, si difficile cependant, aussi bien qu'il la parlait lui-même ? qui connaissait sa vie dans tous ses détails, et avait déclaré vouloir être sans pitié pour lui ?

Dans sa carrière de crimes, déjà très longue, Felitz Oyandi avait amassé tant de haines autour de lui, jonché sa route de tant d'ennemis, qu'il lui devenait impossible de reconnaître celui qui se révélait ainsi à l'improviste.

Mais, reconnu ou non, sa résolution n'en fut pas moins prise aussitôt : se débarrasser de lui, n'importe par quel moyen, si l'occasion s'en présentait, et s'échapper après.

Mais, pour atteindre ce but, il lui fallait d'abord une occasion, et il avait bien peu de temps devant lui, puis se délivrer de ses liens.

Ces deux points obtenus, l'affaire marcherait toute seule, puisqu'à quelques pas de lui seulement gisaient, réunies en monceau, toutes les armes abandonnées par les bandits mexicains avant de quitter l'auberge.

Provisoirement, comme on dit vulgairement, Felitz Oyandi jugea à propos de faire le mort.

Plusieurs heures s'écoulèrent sans qu'il fît un mouvement, demeurant les yeux fermés et feignant de dormir.

Cœur-Sombre, assis près de la table devant la cheminée, lui tournait presque le dos.

Le chasseur s'était d'abord absorbé dans ses réflexions, puis il avait appuyé le coude sur la table, avait machinalement posé la tête dans la main, et finalement il avait cédé à la fatigue et s'était laissé aller au sommeil.

C'était l'occasion qu'attendait le bandit ; il la saisit aux cheveux avec empressement.

Doucement, d'une manière presque imperceptible, par des mouvements admirablement calculés et sans produire le plus léger froissement, il s'était mis à ramper, comme un serpent, vers l'amas d'armes abandonnées.

Il lui fallut près d'une heure pour accomplir ce trajet de six ou huit pas.

Mais le Basque était patient : et puis, du résultat de cette tentative dépendait pour lui la vie ou la mort, et surtout le succès de sa vengeance.

Aussi n'eut-il pas une seconde de faiblesse ou d'hésitation.

Enfin, il toucha l'amas des armes.

Il s'arrêta un instant.

Il était accablé de fatigue, à cause des efforts qu'il avait faits.

Felitz Oyandi avait été garrotté depuis les épaules jusqu'aux pieds, les bras collés au corps, au moyen d'un lasso en cuir tressé.

Il était, selon l'expression maritime un peu vulgaire sans doute, mais caractéristique, il était ficelé comme une carotte de tabac, et si fortement serré que sa respiration en était gênée.

Les armes laissées par les Mexicains étaient toutes des armes à feu, rifles, fusils, carabines, revolvers et pistolets.

Mais heureusement, parmi ces armes se trouvaient deux machetes et deux poignards, enlevés au Mayor et à lui-même lors de leur arrestation.

C'était un machete que Felitz Oyandi pouvait atteindre.

Le machete mexicain est une espèce de sabre-poignard, à lame très large, que les rancheros portent sans fourreau, passé dans un anneau de fer.

Les deux machetes et les poignards avaient été jetés sur le monceau d'armes; ils étaient assez difficiles à atteindre.

Mais le prisonnier ne désespéra pas.

Après s'être reposé pendant cinq ou six minutes, comme la plus complète tranquillité continuait à régner dans la salle, il recommença ses efforts; mais cette fois dans le but de faire descendre un machete jusqu'à lui.

Enfin, après bien des tentatives infructueuses, il réussit à en faire venir un jusqu'à ses pieds.

Ce résultat obtenu, il reprit haleine.

Le plus difficile restait à accomplir.

Il s'agissait de réussir à mettre ce machete droit sur un des coupants.

C'était une question d'équilibre.

Il y parvint en engageant fortement la poignée du machete sous les autres armes.

La sueur lui coulait sur le visage et lui obscurcissait la vue.

Pour comble de malheur, la lampe s'éteignit en ce moment.

Le prisonnier se trouva alors dans une obscurité presque complète, n'ayant plus pour s'éclairer et se guider que la lueur faible et intermittente du feu presque éteint.

Felitz Oyandi haletait; cependant il ne s'arrêta pas. Il était trop près de la réussite pour perdre une seconde.

Les machetes ont une trempe excellente, ils coupent comme des damas.

Le prisonnier parvint à soulever un peu ses pieds, au prix d'incroyables efforts, et il les posa à cheval sur le fil du machete; puis, sans appuyer trop fortement, il leur imprima un mouvement de scie, d'aller et venir.

Trois tours de lasso furent tranchés net; les pieds se desserrèrent et les jambes s'écartèrent.

Ses pieds et ses jambes étaient libres, à la vérité; mais au premier mouvement qu'il essaya, il éprouva une violente douleur.

La circulation du sang, depuis longtemps arrêtée dans tous les membres, avait causé un engourdissement général du corps qui, provisoirement du moins, paralysait complètement les articulations.

Il fallait attendre que le sang eût repris un cours régulier; Felitz Oyandi se résigna.

Mais au prix d'horribles souffrances, il avait réussi à se retourner, de façon à poser un de ses bras sur le fil du machete; plusieurs tours du lasso éclatèrent, ce qui facilita et accéléra la circulation du sang.

Quelques minutes s'écoulèrent; le bras délivré, d'abord inerte, avait peu à peu repris son élasticité et sa vigueur.

Le Basque poussa un soupir de soulagement, et pendant quelques instants il conserva son immobilité de statue.

Il réfléchissait et savourait à l'avance la vengeance, que maintenant il avait la certitude d'accomplir avant de prendre la fuite.

Il ne se doutait pas, en ce moment où il se croyait libre et maître de la vie de son ennemi, que deux espions terribles le guettaient; que ces espions invisibles n'avaient perdu aucun de ses mouvements et de ses efforts; que leur brûlant regard ne s'était pas une seconde détourné;

qu'ils se tenaient prêts, et que jamais il n'avait été aussi exposé à une mort horrible.

Et pourtant peut-être, si Felitz Oyandi, au lieu de tenter de se venger, s'était levé et dirigé tout droit vers la porte, les fidèles gardiens l'auraient laissé fuir, comme ils avaient vu fuir ses compagnons.

La porte était à la droite du bandit.

Pour se diriger vers elle, il lui fallait s'éloigner de la cheminée et du comptoir, par conséquent augmenter la distance existant entre lui et le chasseur endormi.

Les molosses, n'apercevant aucunes intentions agressives, n'auraient probablement pas bougé.

Mais Felitz Oyandi n'était pas homme à renoncer à une vengeance si longtemps caressée, surtout maintenant qu'il se la figurait sûre, et avec la persuasion où il était, de ne courir aucun danger.

Enfin, il sentit que toute sa vigueur était revenue ; il se mit sur son séant, et, en un tour de main, il acheva de se délivrer du lasso, dont les morceaux enveloppaient ses épaules et son buste.

Cela fait, il se leva.

Il trébucha d'abord ; il lui fallut une seconde ou deux pour s'affermir sur ses pieds encore endoloris.

— Enfin ! murmura-t-il avec une expression de joie inexprimable.

Rien ne le pressait, il prit son temps. Il commença par mettre à part un excellent rifle, quatre revolvers, un machete, une corne remplie de poudre et un sac plein de balles ainsi que sa gibecière.

— Quand j'en aurai fini avec lui, murmura-t-il en jetant un regard de haine au chasseur endormi, je prendrai ces armes et je partirai.

Il sembla hésiter pendant une seconde, mais bientôt il releva la tête, et souriant avec une hideuse ironie :

— Il y a loin de la coupe au lèvres ; je ne suis pas encore aussi près de la mort que je l'ai cru un moment, ajouta-t-il avec un ricanement diabolique.

Il prit alors son poignard, le dégaina et en tâta le fil.

— Allons, reprit-il, il faut en finir ; c'est trop tarder.

En ce moment le feu lança une flamme brillante, qui, pendant quelques instants, illumina toute la salle.

Felitz Oyandi saisit le poignard de la main droite, pencha le corps en avant, et s'avança à pas de loup vers la cheminée.

Un grondement sourd se fit entendre.

L'assassin s'arrêta, hésitant, et regarda anxieusement autour de lui.

Les nobles animaux lui donnaient un avertissement suprême !

Sa haine l'aveuglait.

Il ne vit et n'entendit rien.

Le silence le plus profond régnait de nouveau.

Le bandit, bien qu'il fût en proie à une terreur superstitieuse, essaya de se rassurer lui-même ; et comme rien de suspect ne s'offrait à ses regards, il y réussit assez facilement.

— Est-ce que je deviens fou ? murmura-t-il avec un ricanement railleur, en essuyant la sueur qui, malgré le froid, inondait son visage ; idiot que je suis ! ajouta-t-il après un instant, c'est ce chasseur ; me laisserai-je donc effrayer par les ronflements d'un homme endormi ? Caraï ! ce serait plaisant !

Il rit avec amertume, brandit son poignard d'un air de menace, et se ramassant sur lui-même, comme un jaguar aux aguets, il s'élança en avant, l'arme haute.

Mais alors il se passa une chose terrible, inouïe, incompréhensible, et capable de terrifier l'homme le plus brave.

Un grondement bref, strident, retentit tout à coup ; deux masses sombres, énormes, bondirent à travers l'espace de deux points opposés, et s'abattirent avec une orce irrésistible sur le misérable, glacé d'épouvante, qui, du choc, roula sur le sol en laissant échapper son poignard.

Cependant il essaya machinalement une défense désespérée, mais impossible,

Ses deux terribles adversaires s'acharnaient contre lui, et, tout en continuant leurs grondements sinistres, ils le mordaient et le déchiraient à pleine gueule.

La lutte se continua pendant quelques instants, silencieuse et acharnée.

Le bandit comprenait combien il était important pour lui de ne pas donner l'éveil.

Tout en se défendant du mieux qu'il pouvait contre ses redoutables adversaires, dont il avait reconnu l'espèce, il essayait de ressaisir son poignard ou de se rapprocher du monceau d'armes.

Mais les chiens ne lui laissaient pas de relâche.

Ils redoublaient de fureur contre lui.

Ils avaient goûté du sang, leur naturel féroce commençait à reprendre le dessus.

Enfin, la lutte prit bientôt des proportions si horribles, que, succombant à la douleur et se sentant perdu, il poussa un effroyable cri d'agonie, en même temps qu'il appelait au secours d'une voix lamentable.

Il était temps que le secours réclamé par le misérable arrivât.

Quelques minutes encore et les molosses auraient accompli leur effroyable besogne, en ne laissant de lui qu'un cadavre horriblement mutilé.

Ils le dévoraient tout vivant.

— Braves bêtes, hein? s'écria le Canadien avec orgueil; ils vous ont sauvé, Cœur-Sombre.

— Oui, répondit le chasseur, en flattant amicalement les molosses, tout joyeux de se voir ainsi remerciés ; mais voyons en quel état est ce drôle ?

— Je le crois bien malade, dit don Cristoval.

— Il n'a que ce qu'il mérite, appuya don Pancho avec ressentiment. C'est un lâche assassin !

— C'est vrai, mais le châtiment qu'il a reçu est rude, trop rude peut-être, reprit le chasseur avec mélancolie. Voyons ce que nous pouvons faire pour lui ; il ne doit plus maintenant inspirer que la pitié.

14.

Felitz Oyandi était évanoui ; il gisait dans une mare de sang.

Le Canadien s'agenouilla, se pencha sur lui, l'examina attentivement, puis il se releva.

— Il a d'affreuses morsures, dit-il, mais elles sont plus douloureuses que véritablement dangereuses ; sa vie n'est pas en danger.

— Dieu soit loué ! murmura le chasseur, ainsi il en reviendra ?

— Oui, et promptement ; sauf le bras gauche, dont le poignet est horriblement mutilé, et qui est cassé en deux endroits, il sauvera ses membres.

— Mais le bras gauche ?

— Je crois que l'amputation sera nécessaire, dit le Canadien.

— Voyons un peu ? reprit le chasseur.

Il se pencha alors sur le blessé, qu'il examina à son tour avec la plus sérieuse attention.

— Eh bien ? lui demanda le Canadien, quand il se releva, qu'en pensez-vous, docteur ? Avais-je raison ?

— Oui, reprit le chasseur, seulement l'amputation n'est pas nécessaire, elle est indispensable, et doit être opérée séance tenante ; les os et les muscles sont broyés de telle sorte que la gangrène est à redouter, si l'on tarde à faire l'opération.

— Alors c'est un homme mort ? dit don Cristoval.

— Pourquoi cela ? demanda le chasseur, je suis médecin, je l'opérerai.

— Mais cet homme n'a reçu ces blessures qu'en essayant de vous assassiner ? s'écria don Pancho, songez-y, chasseur ?

Celui-ci sourit avec amertume.

— C'est vrai, dit-il ; mais qu'importe cela ? Jeune homme, souvenez-vous que l'exercice de la médecine est un sacerdoce, surtout dans une contrée comme celle où nous nous trouvons. Cet homme a voulu me tuer, dites-vous ; soit, moi je le guérirai ; nous nous vengerons chacun à notre manière.

— Mais si plus tard cet homme sauvé par vous...

— Tente de nouveau un assassinat contre moi? interrompit tristement le docteur, eh bien! il le tentera, et ma conviction intime est que, dès qu'il se sentira guéri, il reprendra toute sa haine. Je le connais depuis longtemps; je sais ce dont il est capable; depuis quinze ans nous sommes ennemis; c'est une longue haine! Plusieurs fois il a attenté à ma vie : chaque fois nos rôles ont été les mêmes. Que voulez-vous, ajouta-t-il avec un sourire douloureux, on se venge comme on peut! Ne le trouvez-vous donc pas assez puni?

— Non, dit nettement le jeune homme, nous autres Indiens, quand un serpent nous pique ou essaye de nous piquer, nous lui écrasons la tête sous notre talon : ménager son ennemi, c'est l'engager à recommencer.

— Peut-être? Mais le temps presse; ne le perdons pas davantage. La Framboise et vous, jeune homme, étendez cet homme sur la table et maintenez-le solidement tandis que j'opérerai. Heureusement il est évanoui et n'a pas conscience de ce qui va se passer.

Tout en parlant ainsi, le chasseur avait ouvert sa valise, dont il avait retiré une trousse d'un grand prix, dont tous les instruments étaient d'argent et de l'acier le plus fin.

Le chasseur étala ses instruments sur une table; puis il revint au blessé, que les deux hommes avaient désabillé.

Le chasseur commença par examiner de nouveau les blessures.

Il les lava et les pansa avec le plus grand soin, ce qui fut assez long, car les blessures étaient nombreuses.

Le blessé n'avait pas donné signe de vie, mais cette défaillance, loin d'inquiéter le chasseur, semblait, au contraire, lui causer une certaine satisfaction.

Sur ces entrefaites, le jour s'était levé tout à fait.

Les volets avaient été ouverts et un énorme feu était allumé dans la cheminée.

— Y sommes-nous? demanda le chasseur.

— Oui, répondirent d'une seule voix don Pancho et le Canadien.

— Et moi, ne pourrai-je vous être utile ? dit l'alcade ; j'ai une certaine habitude des blessures.

— Vous me servirez d'aide, dit le chasseur avec un sourire.

— Merci, répondit doucement don Cristoval.

Au moment où l'opération allait commencer, un galop de cheval se fit entendre au dehors.

— Qu'est cela ? grommela l'hôtelier.

— Nous allons le savoir bientôt, répondit le chasseur avec indifférence.

Quelques minutes s'écoulèrent, au bout desquelles la porte s'ouvrit, et un homme parut.

Cet homme était Main-de-Fer.

— Oh ! oh ! dit-il, il y a du nouveau ici.

— Oui, un peu, répondit Cœur-Sombre.

Main-de-Fer s'approcha.

— Felitz Oyandi ! s'écria-t-il. Bon ! le misérable aura voulu te jouer quelque tour ?

— Il a essayé de m'assassiner pendant mon sommeil. Ce sont les molosses de La Framboise qui m'ont sauvé.

— Braves bêtes ! s'écria-t-il en les caressant, pourvu qu'ils ne deviennent pas enragés d'avoir mordu ce sinistre coquin, ajouta-t-il avec un gros rire. Que diable ! il devrait y prendre garde, ce cher ami ; il n'est pas heureux dans ses tentatives contre toi.

— Que veux-tu ! il espère qu'un jour le diable le protégera.

— Qu'il n'y compte pas, le diable n'a plus de ménagements à garder envers lui ; et toi, comme toujours, tu vas le sauver.

— N'est-ce pas mon devoir ?

— Hum ! il y aurait bien des choses à répondre à cela ; après tout, ça te regarde ; il me semble que cette fois il ne s'en tirera pas aussi facilement que les autres.

— Non, malheureusement pour lui ; je vais l'amputer d'un bras.

— Le droit ?

— Non, l'autre, le gauche.

— Tant pis ; j'aimerais mieux le droit, répondit Main-de-Fer d'un air goguenard. Moi, à ta place, pendant que j'y serais, je couperais les deux ; ce serait autant de fait pour plus tard.

— Peux-tu plaisanter ainsi, dans l'état où se trouve le pauvre diable !

— Allons donc ! supposes-tu par hasard que je vais m'attendrir sur le compte de ce misérable assassin? Caraï ! il faudrait que j'eusse de la pitié de reste ! Je te laisse agir avec lui à ta guise, c'est bien le moins que je parle à la mienne.

Et il alla, d'un air bourru et en tordant entre ses doigts une fine cigarette, s'asseoir auprès de la cheminée.

Cœur-Sombre le suivit un instant du regard, avec une expression singulière ; il hocha la tête à deux ou trois reprises, puis il se remit activement aux préparatifs de l'opération qu'il voulait faire subir au blessé.

Cependant celui-ci, soulagé sans doute par les soins qu'on lui avait donnés et par le pansement de ses blessures, avait, depuis quelques instants, fait plusieurs légers mouvements ; ses paupières battaient comme pour s'ouvrir.

Ces pronostics semblaient indiquer qu'il ne tarderait pas à reprendre connaissance.

Le chasseur, après l'avoir attentivement examiné pendant quelques instants, choisit un mince flacon dans sa pharmacie portative, le déboucha, versa sur du coton quelques gouttes de la liqueur qu'il contenait, puis, soulevant légèrement la tête du blessé, il approcha le coton imbibé de ses narines, et le lui fit respirer.

Aussitôt, les paupières presque entr'ouvertes se refermèrent.

Le blessé dormait.

— A l'œuvre ! maintenant, dit le chasseur ; maintenez

seulement le corps, il ne bougera pas pendant l'opération, dont il ne s'apercevra même point.

— Pardieu! je ne serais pas fâché d'assister à ce miracle, s'écria Main-de-Fer.

— A ton aise, mon ami ; regarde.

Le chasseur se leva et s'approcha de la table.

L'opération fut faite avec une grande habileté et fort rapidement par Cœur-Sombre, qui semblait posséder une longue expérience.

Ainsi qu'il l'avait annoncé, pendant tout le temps que dura l'opération, le patient ne fit pas le plus léger mouvement.

Il ne poussa pas un soupir, même au moment le plus douloureux, c'est-à-dire lorsque l'opérateur scia l'os un un peu au-dessus du coude.

Tous les assistants étaient émerveillés de l'adresse et de la sûreté de main du docteur improvisé ; il était impossible de mieux opérer.

Le patient, toujours immobile et profondément endormi, fut pansé, et, sur l'ordre du chasseur, emporté par La Framboise et don Pancho dans une chambre particulière, où il fut couché.

— Et dire que tu ne seras peut-être payé de cette magnifique opération que par un coup de poignard dans le cœur, dit Main-de-Fer avec un sourire railleur.

— C'est le seul payement que je puisse attendre de ce drôle ; mais qu'importe ! j'ai fait mon devoir, dit philosophiquement Cœur-Sombre, tout en se lavant les mains. Eh bien ? ajouta-t-il en s'adressant au Canadien qui rentrait en ce moment.

— Il dort comme un opossum, répondit celui-ci.

— Très bien ; il est bon qu'il dorme ainsi une heure ou deux. Avant de partir, je vous donnerai de quoi l'éveiller.

— Est-ce que vous me le laissez ici ?

— Que voulez-vous que j'en fasse ? J'avais d'abord l'intention de le conduire soit à Tubac, soit à Paso del Norte, et de le livrer aux autorités françaises. Mais maintenant, dans l'état où il est, ce serait de la barbarie. Il a été rudement châtié ; mieux vaut lui laisser cette chance de salut. Gardez-le ici, La Framboise ; vous avez assez de connaissances en médecine pour le soigner et le remettre sur ses jambes. D'ailleurs, il ne manque pas d'argent, et il vous payera ce que vous lui demanderez.

— Mais quand il sera guéri ?

— Eh bien, quand il sera guéri ?

— Oui, que ferai-je de lui ?

— Rien du tout ; vous le laisserez aller où il lui plaira. Soyez tranquille, c'est un papillon de nuit, il ne manquera pas les occasions de se brûler à la chandelle.

— Oh ! quant à cela, je m'en moque ; je ne m'intéresse pas à lui le moins du monde.

— Maintenant, servez à déjeuner à mon compagnon et à moi, nous sommes pressés.

— Dans dix minutes, le déjeuner sera prêt. Que ferai-je de toutes ces armes ?

— Ce qu'il vous plaira. Je vous les donne. Je vous autorise à dire, si l'on vous interroge, que je les ai brisées et brûlées.

— Merci, Cœur-Sombre, je les garderai soigneusement ; on ne sait pas ce qui peut arriver.

— Peut-être aurez-vous raison. Hâtez le déjeuner.

— J'y vais.

Et il sortit.

— Ainsi vous partez, seigneur Cœur-Sombre ? dit alors don Cristoval.

— Vous le voyez, seigneur. Une affaire importante m'oblige à quitter cette auberge au plus vite.

— Serait-il indiscret de vous demander dans quelle direction vous comptez vous diriger ?

— Nullement, señor, d'autant plus que je me proposais de vous offrir mon escorte et celle mon compagnon, pendant une partie de votre voyage. Je me dirige vers la frontière mexicaine, du côté de l'Arizona.

— Je ne sais véritablement, señor, comment je m'acquitterai jamais envers vous, après le service immense que vous avez rendu à ma famille et à moi, et celui que vous allez nous rendre encore. Avec une femme et un enfant, j'ignore vraiment comment j'aurais fait, seul au milieu de ce désert.

— Bon ! ne parlons pas de cela, don Cristoval. Je vous rends service aujourd'hui, demain peut-être ce sera à votre tour de m'obliger, une bonne action porte avec soi sa récompense. Il faut bien que de temps en temps il se rencontre d'honnêtes gens au désert, fit-il en riant, sans cela il serait inhabitable ; serrons-nous la main, soyons amis.

— Oh ! de grand cœur, interrompirent le père et le fils avec élan en lui tendant la main.

— A la bonne heure ! me voilà payé, dit-il gaiement en leur pressant les mains. Voici notre ami La Framboise qui apporte le déjeuner ; la senora et sa charmante fille le suivent. Mettons-nous à table afin de partir au plus vite ; nous avons une longue traite à faire.

Dona Mercedès de Cardenas, la charmante enfant, se jeta joyeusement dans les bras du chasseur en le remerciant avec une effusion touchante. Sa mère, dona Luisa de Cardenas, adressa, elle aussi, de chaleureux remercîments au Cœur-Sombre, puis on se mit à table.

— Aviez-vous des chevaux ? demanda le chasseur.

— Nous en avions trois, répondit don Cristoval.

— Ils sont à l'écurie, dit le Canadien, avec celui du Mayor, qui est une bête magnifique, et celui du señor Calaveras.

— Donnez la provende aux trois chevaux, ainsi qu'à celui du Mayor et aux nôtres.

Au moment de partir, Cœur-Sombre se chargea de payer pour tous.

— Je vous laisse faire, dit don Cristoval avec un rire un peu forcé ; les bandits ne m'ont pas laissé un ochavo ; nous règlerons plus tard.

— Que cela ne vous inquiète pas, caballero. La Framboise, mon ami, ajouta-t-il en s'adressant au Canadien ; voici deux onces d'or, est-ce assez ?

— Plaisantez-vous, Cœur-Sombre ? répondit l'hôtelier ; vous ne me devez rien, c'est moi, au contraire, qui suis votre débiteur.

— C'est possible, répondit-il en riant, mais comme je n'ai pas en ce moment le temps de régler nos comptes, prenez toujours ceci, nous nous arrangerons plus tard.

Et il le força à accepter les deux pièces d'or.

Cinq minutes plus tard, la petite caravane s'éloignait au galop de l'auberge où, en si peu de temps, s'étaient accomplis tant de curieux et terribles événements.

IV

COMMENT ARMAND DE VALENFLEURS PARTIT EN CHASSE AVEC SON CHIEN DARDAR, ET QUELLE DÉCOUVERTE IL FIT DANS LA SAVANE, AU PIED D'UN ROCHER.

Nous quitterons maintenant ces parages désolés pour nous transporter en Apacheria, aux environs du Rio Gila, magnifique rivière qui, pendant neuf mois de l'année, a cela de commun avec le Mançanarès, si célébré par les faiseurs de romances, qu'elle manque presque complètement d'eau, et que, sur certains points, on peut la traverser presque à pied sec.

Entre le rio Gila et le Rio Bravo del Norte s'étendent d'immenses plaines ou prairies, couvertes sur des espaces considérables par des herbes d'une hauteur extraordinaire, entrecoupées de bois touffus, de maigres cours d'eau, et fermées à l'horizon par des forêts vierges de châtaigniers, de chênes noirs, de mahoganis, et autres essences encore, dont les derniers contreforts grimpent et escaladent les pentes abruptes de sombres et mystérieuses montagnes, dont les pics, capricieusement découpés et couverts de neiges éternelles, se perdent dans les profondeurs du ciel.

Ces prairies, qui s'étendent fort loin, forment ce qu'on

l'on est convenu de nommer le territoire indien: elles sont habitées, ou plutôt parcourues par les hordes indomptées des *Apaches*, des *Sioux*, des *Comanches*, des *Pawnies*, des *Piekanns*, ou *Indiens du sang*, et beaucoup d'autres nations moins célèbres que celles-ci.

Ces nations, divisées en une infinité de tribus, se partagent selon leur importance, et d'une façon quasi-amicale, cet immense territoire, sur lequel elles chassent et campent à certaines époques de l'année.

Leurs villages d'hiver, permanents et fortifiés, sont cachés au fond des forêts vierges.

Les chemins compliqués qui y conduisent sont connus des membres seuls de la tribu.

Outre les *Indiens bravos* ou Peaux-rouges dont nous parlons, ce territoire est fréquenté encore par des chasseurs blancs ou métis, des trappeurs, des trafiquants américains et des bandits redoutables, appartenant à toutes les nationalités, et à toutes les races des deux mondes.

Ces hommes, écume et boue de toutes les civilisations, qui se réunissent en bandes nombreuses et attaquent indifféremment toutes les caravanes d'émigrants, les partis de chasseurs et de trappeurs, ainsi que les Peaux-rouges, s'associent tantôt avec les uns, tantôt avec les autres selon l'intérêt du moment.

Ces bandits sans foi ni loi, plus cruels que les Indiens eux-mêmes, sont connus sous le nom de *Pirates et d'écumeurs du désert*.

Par ce que nous venons de dire, on voit que ce désert est fort peuplé, sans parler des bêtes fauves qui y pullulent.

En Amérique, on ne donne pas au mot désert la signification que nous lui donnons en Europe.

Désert, en Amérique, veut dire contrée privée non pas d'habitants, mais de villes et de villages; ce qui n'est pas du tout la même chose.

Aussi, la plupart des déserts du Nouveau Monde sont-ils très peuplés, souvent même ils le sont trop.

Heureusement ou malheureusement, ceci au point de vue auquel se placera le lecteur, les Américains du Nord, avec leur fougue exubérante, et la rage d'envahissement et d'accaparement qui les domine, ne respectent aucune barrière et sautent résolument par dessus toutes les frontières, établissent des plantations, construisent des maisons, forment des villages, créent des centres de populations de tous les côtés.

Ils diminuent d'autant le territoire indien, qui s'en va se rétrécissant de plus en plus, pour, dans un temps donné, peut-être avant cinquante ans, disparaître définivement sous les coups incessants de ces implacables pionniers, et faire ainsi place à une civilisation non pas nouvelle, ne nous y trompons pas, mais vieille au contraire, trop vieille même !

Car tout ce qu'elle avait de bon, elle l'a perdu sans retour, pour devenir l'expression brutale de toutes les négations, l'épanouissement de toutes les convoitises et la mise en pratique du trop fameux axiome : la force prime le droit !

Après cela, ce qui est faux en Europe est peut-être la vérité en Amérique.

En somme, il ne s'agit que de s'entendre.

Quant à présent, le premier résultat certain de tout cela, est l'extinction complète de la race autochthone.

Race si recommandable sous tous les rapports, et qui méritait certes un destin plus heureux.

Est-ce un bien? est-ce un mal ? c'est ce que l'avenir nous démontrera.

Nous constatons, voilà tout.

Il est vrai que les Américains du Nord s'élancent dans le désert, en enfants perdus, à leurs risques et périls, et qu'ils tombent par milliers le long des sillons qu'ils creusent; que leurs ossements, réduits en poussière, marbrent les prairies dans toute leur longueur et tracent des chemins larges de quarante à cinquante mètres, sur des milliers de milles de parcours non interrompu.

Mais ces sinistres vestiges n'effraient personne.

Les nouveaux venus y reconnaissent une route et la suivent, avec cette philosophique indifférence qui caractérise les Américains.

Ces nouveaux venus tombent à leur tour, mais ils sont aussitôt remplacés par d'autres.

Et cela, toujours, sans cesse et aussi nombreux.

Le doigt de Dieu est là : on est contraint de s'incliner.

Les migrations barbares ont fait place aux missions civilisatrices.

Il faut se soumettre ou disparaître; il n'y a pas de moyen terme.

Le nouveau monde doit se régénérer, disent les Américains du Nord, pour remplacer le vieux monde pourri, qui s'écroule de tous côtés.

Et ils croient à leur mission providentielle !

Deux mois, presque jour pour jour, s'étaient écoulés depuis les événements rapportés dans notre précédent chapitre.

Six heures du matin achevaient de sonner à la mystérieuse horloge de la nature.

Le soleil, surgissant soudain à l'horizon, comme le bouquet éblouissant d'un feu d'artifice grandiose, venait, de ses millions de gerbes d'or projetées dans toutes les directions, de dissiper les ténèbres, et comme un rideau qui se lève sur un décor splendide, d'illuminer instantanément, et sans transition aucune, le magnifique paysage dont nous avons, plus haut, essayé de crayonner quelques-uns des traits principaux.

Une solitude complète semblait régner sur la prairie.

D'épaisses masses de vapeurs, incessamment pompées par les rayons ardents du soleil, se balançaient en nuages capricieux au-dessus des cours d'eau, dont elles désignaient ainsi l'emplacement.

De nombreux vols de vautours, de gypaètes et d'urubus, tournoyaient et se poursuivaient au plus haut des airs, avec des glapissements criards et discordants.

Dans les bois, les oiseaux de toutes sortes, frileusement blottis sous la feuillée emperlée de rosée, égrenaient à pleine gorge le riche chapelet des notes mélodieuses et des trilles de l'hymne que, chaque matin, ils chantent pour saluer le réveil de la nature.

L'obscurité, comme une armée en déroute, se réfugiait au fond des mornes.

Le ciel, d'un point de l'horizon à l'autre, avait pris une teinte indigo foncée.

Sur la lisière des insondables forêts, certaines ondulations mystérieuses, à peine sensibles dans les herbes, laissaient deviner le passage des fauves chassés par le jour, et regagnant au plus vite leurs retraites ignorées.

Ça et là, à de longues distances, debout sur la pointe d'un rocher émergeant de l'océan de verdure, on apercevait des élans, des asshatas et des antilopes, sentinelles vigilantes interrogeant au loin l'espace, et veillant au salut commun des familles dont ils étaient les chefs.

Un calme majestueux et profond planait sur cette nature primitive et puissante, essentiellement pittoresque dans sa sévérité un peu abrupte, et que la main de l'homme n'avait pas encore déformée et enlaidie en la mutilant.

Mais hélas! ce calme était trompeur, ce tableau magique, dont le regard ne pouvait effleurer que superficiellement la mouvante surface, recélait dans ses mystérieuses profondeurs bien de sinistres secrets!

Là se continuait cette terrible bataille de la vie; lutte incessante et implacable des bons et des mauvais instincts de l'homme aux prises avec ses passions.

L'homme est partout le même.

La civilisation n'est qu'un manteau jeté sur ses vices, et que les murs étouffants de nos villes, pas plus que les larges frondaisons des forêts vierges, ne réussissent jamais à modérer, ni même à cacher.

Seulement, au désert, les passions se montrent plus franchement farouches, privées qu'elles sont de ce vernis d'hypocrisie qui, dans nos cités, les rendent si odieusement hideuses.

Tout à coup, les sentinelles postées sur les rochers poussèrent un cri strident, ressemblant à un sifflet de contre-maître, plongèrent au milieu des herbes, où elles disparurent; et des ondulations violentes dans plusieurs directions dénoncèrent une fuite précipitée.

Une troupe de cavaliers émergeant d'une forêt venait d'apparaître sur la rive gauche du Rio-Gila, qu'elle se préparait à traverser à gué.

Ces cavaliers étaient nombreux.

On voyait reluire au soleil les fers de leurs longues lances, garnies à la pointe de touffes de plumes multicolores.

Arrivés sur le bord de la rivière, les cavaliers se mirent sur une longue file, la traversèrent et s'engloutirent résolument au milieu des hautes herbes, où bientôt ils disparurent complètement.

Ces cavaliers devaient être des voyageurs de passage dans la prairie, et non des chasseurs, car ils menaient avec eux deux ou trois mules chargées de bagages, et, au lieu de s'enfoncer dans la prairie, ils se dirigeaient, presque en droite ligne, vers l'Arizona, ancienne province mexicaine cédée depuis aux Etats-Unis, et qui, malgré cela, a conservé encore toute sa physionomie espagnole,

Ces voyageurs étaient seize en tout :

Trois guerriers comanches, vêtus de cuir à demi tanné, recouverts de larges robes de bison, les cheveux relevés sur la tête en forme de casque, et le visage peint de plusieurs couleurs; six chasseurs canadiens dans leur pittoresque costume semi-indien, semi-civilisé; quatre péones et arrieros mexicains, tous armés jusqu'aux dents; et enfin trois personnes faciles à reconnaître au premier coup d'œil pour appartenir à la haute société civilisée, et dont la présence au milieu de ce désert ne devait être que fortuite et accidentelle.

De ces trois personnes deux étaient des dames, dont la première justifiait hautement ce titre.

Elle paraissait à peine vingt-six ans, bien qu'en réalité elle eût bien davantage.

Elle était grande, svelte, admirablement faite, blonde avec des yeux noirs et d'une beauté sympathique et rêveuse, qui avait quelque chose de triste et de touchant à la fois.

Cette dame portait une espèce d'amazone taillée à peu près comme celle des chasseresses de la cour Louis XV, mais encore un peu plus féminine.

Un large chapeau mexicain la garantissait des ardents baiser du soleil.

Son ceinturon de cuir fauve supportait un couteau de chasse et deux mignons revolvers.

Elle maniait son cheval, magnifique mustang des prairies, avec une habileté remarquable.

A sa gauche se tenait sa camériste, à peu près du même âge qu'elle, fort jolie, avec une physionomie mutine et espiègle.

Cette camériste était à peu près vêtue comme sa maîtresse, mais moins richement, et elle ne portait pas d'armes.

A la droite de la dame venait un enfant, son fils, âgé de treize ans à peine, mais en paraissant quatre ou cinq de plus, à cause du développement extraordinaire de sa taille, de la vigueur et de l'adresse qu'il déployait à la moindre occasion, soit pour franchir un obstacle, soit pour maintenir son cheval, animal plein de feu et d'humeur inquiète qu'il fallait un poignet de fer pour diriger.

L'expression à la fois fine, intelligente, et surtout hautaine de la physionomie expressive et caractérisée de ce jeune homme, dénotait chez lui une précoce expérience de la vie et une intelligence fort au-dessus de son âge.

Il ressemblait beaucoup à sa mère dont il était adoré, et pour laquelle il éprouvait une tendresse à toute épreuve.

La troupe, guidée par les guerriers comanches, continua à marcher jusque vers onze heures du matin.

A ce moment, la chaleur commençant à devenir insupportable, un des guerriers, après avoir soigneusement exploré le terrain sur lequel on se trouvait, commanda la halte.

On était alors dans un endroit des mieux choisis pour y camper.

C'était une large clairière, dans un bois fort touffu, et traversée par un clair ruisseau, dont les eaux cristallines s'enfuyaient, en jasant sur un lit de cailloux, sous les nénuphars et les glaïeuls.

Ce ruisseau sortait ou du moins semblait sourdre à travers les nombreuses fissures d'un immense chaos de rochers entassés sans ordre apparent et formant une petite colline aux pentes abruptes et couvertes de lichens et de pariétaires.

Dès que la halte avait été décidée, les *peones* s'étaient empressés de dresser une tente de coutil, rayé bleu et blanc, pour abriter les voyageurs.

De leur côté, les chasseurs avaient, à une distance respectueuse de la tente, allumé un grand feu, destiné à faire cuire leur second repas du matin.

Quant aux guerriers comanches, ils s'étaient contentés d'entraver leurs chevaux, de leur ôter le mors, et d'étaler devant eux, sur un zarapé, leur provende de maïs et de pois grimpants.

Puis ils avaient retiré quelques vivres grossiers de leur sac à la médecine, s'étaient accroupis sur l'herbe et avaient commencé silencieusement leur déjeuner.

Les chasseurs, sauf les préparatifs plus compliqués de leur repas, avaient à peu près agi de même.

Seulement, ils avaient placé une sentinelle destinée à veiller au salut général.

Dans certaines parties du Mexique, ainsi que dans l'Apacheria ou territoire indien, la chaleur prend une intensité telle de onze heures du matin à trois heures de l'après-dîner, que ce serait s'exposer à de sérieux dangers, et même à la mort bien souvent, que de braver les rayons incandescents du soleil.

De la lave en ébullition semble tomber du ciel.

La terre elle-même, pâmée de chaleur, se gerce, se fend, et devient si brûlante, que le pied, même fortement chaussé, ne peut s'y appuyer.

Les Mexicains des villes, pendant ces cinq heures, ferment portes et fenêtres, abandonnent tout commerce, et se retirent au fond de leurs appartements, où ils font la *siesta*, c'est-à-dire où ils dorment

Les villes deviennent alors de vastes solitudes.

Aucun bruit ne se fait entendre, aucun mouvement ne se révèle; la vie de toute la population est comme suspendue subitement.

On se croirait dans ces cités des mille et une nuits qu'un méchant enchanteur a frappées de sa baguette, et changées temporairement en nécropoles fantastiques.

Au désert, les chasseurs et les voyageurs font halte, sous le couvert, au bord des ruisseaux ou des rivières pour trouver un peu d'ombre et de fraîcheur.

Ils attendent sous ces abris que le soleil soit descendu et ait accompli les deux tiers de sa course avant de reprendre leur marche.

Bientôt tous les membres de la petite troupe furent endormis, sauf la sentinelle, couchée au milieu d'un buisson et qui, du regard, interrogeait la solitude, tandis que son oreille, ouverte à tous les bruits de la savane, les analysait pour s'en rendre compte et s'assurer qu'ils étaient naturels et ne refermaient aucune menace de danger.

Sous la tente, la dame, après avoir mangé du bout des lèvres quelques friandes conserves que lui avait présentées sa camériste, s'était, ainsi que celle-ci, laissée aller au sommeil.

Le jeune homme avait semblé les imiter.

Mais, dès que le souffle régulier de leur respiration lui avait révélé la réalité de leur sommeil, il avait ouvert les yeux, s'était levé, avait jeté sa carabine en bandoulière, s'était dirigé à pas de loup vers le rideau de la tente, l'avait soulevé, s'était glissé dans l'interstice, et avait laissé doucement le rideau retomber derrière lui.

Et, suivi pas à pas par un magnifique molosse, haut

comme un lion, à l'œil de feu, aux longs poils soyeux, tacheté de noir, de blanc et de fauve, dont nous avons oublié de parler, oubli dont nous nous excusons, et qui, bien que couché nonchalamment aux pieds de sa maîtresse, avait surveillé les mouvements de l'enfant avec un regard d'une expression presque humaine, et avait avec lui bondi au milieu de la clairière.

Ce chien était tout jeune encore, il avait à peine un an ; sa vigueur, son courage et son intelligence étaient extraordinaires. Il était de race croisée, du Saint-Bernard et des Pyrénées.

Dire comment ses père et mère étaient venus en Amérique serait trop long et n'intéresserait que médiocrement le lecteur ; nous nous bornerons à constater qu'il avait voué à son jeune maître un de ces dévouements dont la race canine, si calomniée, est seule capable ; que, de son autorité privée, il s'était constitué son garde du corps ; qu'il lui obéissait par un signe, sur un clignement d'yeux, et ne le quittait jamais d'un pas.

Il semblait exister entre l'enfant et l'animal une affinité mystérieuse, magnétique, pour ainsi dire, qui les reliait entre eux, et, si ce n'était pas trop ambitieux, nous ajouterions, les complétait l'un par l'autre, tant ils s'entendaient et se comprenaient, même sans le secours de la voix.

Le jeune homme traversa la clairière et se trouva bientôt près du buisson où la sentinelle s'était embusquée.

Le chasseur se leva.

— Eh ! dit-il en riant, vous voilà, monsieur Armand ; vous ne dormez donc pas ?

— Non, mon brave Charbonneau, répondit le jeune homme ; il fait trop chaud pour dormir.

— Le fait est qu'il fait une polissonne de chaleur ! Vous n'en voyez pas de pareilles, hein, là-bas, dans la vieille France, de l'autre côté de l'eau ? reprit le Canadien d'un air de bonne humeur.

— Je ne pourrais dire ni oui ni non, ami Charbonneau, j'avais à peine quatre ans lorsque ma mère m'a emmené avec elle en Amérique ; à cet âge, on ne conserve pas encore de souvenirs ; cependant, je crois que vous avez raison, et que la chaleur n'est jamais aussi élevée en France.

— C'est vrai, c'est vrai, et où allez-vous comme cela, monsieur Armand ?

— Ma foi, je ne sais trop ; je vais un peu au hasard, faire une promenade, pousser une reconnaissance et tirer un coup de fusil si l'occasion s'en présente.

— Oh ! le gibier ne manque pas, fit le Canadien en riant ; il y en a de toutes sortes dans la savane, du bon comme du mauvais, vous savez ?

— Je me méfierai. Je ne suis pas un novice.

— Oh ! non, ça, c'est vrai. Vous connaissez le désert comme si vous l'habitiez depuis de longues années. C'est une justice à vous rendre. Avant deux ans d'ici, bien malin sera celui qui vous en remontrera, foi de Charbonneau qui est mon nom ! Si vous continuez, vous ferez un rude coureur des bois : je ne vous dis que cela !

— Vous me flattez, Charbonneau, mon ami ; mais il est certain qu'avec des maîtres comme vous et vos camarades, je reçois d'excellentes leçons, dont j'essaie de profiter le plus que je puis.

— Bon ! des leçons ? Vous n'en avez plus besoin, monsieur Armand ; vous comprenez et devinez tous les secrets du désert, comme si vous n'aviez jamais fait d'autre métier. Vous vous servez de votre carabine aussi bien que moi ; vous montez à cheval comme un Comanche, et ce n'est pas peu dire ; il ne vous manque plus que l'expérience, et elle ne s'acquiert qu'avec l'âge : vous avez du temps devant vous.

— Charbonneau, mon ami, vous êtes un détestable flatteur, dit le jeune homme en riant ; allons, bonne veille !

— Et vous, bonne chasse, monsieur Armand. Qui sait ce que vous nous rapporterez ; seulement, soyez prudent, prenez bien garde ! songez au désespoir de madame la comtesse, s'il vous arrivait quelque chose.

— Bah! que voulez-vous qui m'arrive? N'ai-je pas Dardar avec moi?

— C'est vrai, dit le Canadien en flattant le chien, qui se laissa faire, en remuant la queue; c'est un bon compagnon et un rude défenseur; je n'ai jamais vu un animal aussi beau, aussi bon et aussi intelligent. A bientôt, monsieur Armand!

— A bientôt! dit le jeune homme en lui serrant la main.

Et, toujours suivi par son chien, il s'enfonça sous le couvert, où il disparut.

— Oui, murmura le Canadien en suivant le jeune homme du regard, ce sera un rude chasseur, et si riche avec cela! une vraie mine d'or. Et il ne s'en fait pas accroire; il est bon et aimable avec tout le monde. Que Dieu le garde, ainsi que sa mère! ce sont de braves et dignes personnes.

Ayant ainsi parlé, le Canadien reprit sa faction.

Madame la comtesse de Valenfleurs habitait depuis quelques années seulement l'Amérique.

Elle avait toujours vécu fort retirée, depuis son arrivée aux États-Unis.

D'abord à New-York, où elle habitait sur Broadway une magnifique maison lui appartenant.

Puis elle était passée au Canada, où elle avait acheté une forte belle propriété aux environs des « Trois-Rivières. »

On savait fort peu de choses sur son compte.

Elle n'allait pas dans le monde, ne recevait pas de visites, ce qui arrêtait net tous les commentaires que l'on aurait pu faire sur elle.

Cependant, comme il faut toujours que l'on parle, voici ce que l'on disait sur elle :

La comtesse de Valenfleurs, restée veuve après un an de mariage, s'était vouée à l'éducation de son fils, qu'elle aimait beaucoup en souvenir de son mari, que, prétendait-on, elle pleurait encore.

Des raisons fort graves que l'on ignorait l'avaient obligée à s'expatrier, alors que son fils avait à peine cinq ou six ans.

Deux personnes seulement l'accompagnaient, sa camériste, en même temps sa sœur de lait, nommé Clara, et un parent de celle-ci nommé Jérôme Desrieux, homme de trente-deux ans au plus, ancien zouave, d'une bravoure à toute épreuve : elle en avait fait son intendant, et elle avait en lui une entière confiance.

Ces deux personnes étaient dévouées à la comtesse, dont elles ne se séparaient jamais; elles ne parlaient jamais de leur maîtresse qu'avec vénération.

On avait vainement essayé d'obtenir par elles des renseignements sur la comtesse.

Trois mois à peu près avant le jour où nous la rencontrons en pleine *apacheria*, madame de Valenfleurs avait reçu de France une lettre renfermant sans doute des nouvelles d'une haute importance, car elle avait aussitôt fait les préparatifs d'un long voyage.

Elle avait engagé des coureurs des bois canadiens, loué des domestiques ou peones, et s'était mise en route pour le Mexique, sans même révéler aux quelques personnes de son intimité les causes et le but de son voyage, qui était ainsi demeuré secret.

En arrivant sur le territoire indien, elle avait engagé, en qualité de guide, trois guerriers comanches, sur la recommandation de Charbonneau, dont ils étaient connus.

Deux jours avant celui où nous avons rencontré la comtesse, elle s'était séparée de Jérôme, qui était parti en avant en compagnie d'un des guerriers comanches, chargé, selon toute apparence, d'une mission importante, mais que, seuls, la comtesse et lui connaissaient.

Voilà tout ce qui avait transpiré dans le public sur madame de Valenfleurs.

Ce n'était pas beaucoup.

Aussi, à New-York et aux Trois-Rivières, la curiosité était-elle extrême.

Armand de Valenfleurs, ce charmant enfant que nous avons vu si amicalement causer avec Charbonneau, s'était enfoncé sous bois, en compagnie de son chien Dardar.

Le jeune homme, en proie à ce besoin de mouvement si naturel à son âge, et ne se sentant pas la plus légère disposition au sommeil, n'osant pas avouer à sa mère son envie de promenade de crainte de l'effrayer, avait attendu qu'elle fût endormie pour se lever et s'échapper de la tente.

Il n'avait pas l'intention de chasser.

Ce qu'il voulait, c'était marcher et tromper le temps en prenant de l'exercice.

Il marchait donc nonchalamment à travers bois, le fusil sous le bras, et regardant autour de lui tout ce qui s'offrait à ses yeux sans y attacher autrement d'importance.

D'ailleurs, à cette heure chaude de la journée, la chasse, s'il l'avait essayée, n'aurait pas été fructueuse.

Le gibier à poil, accablé par la chaleur, dormait au remisage, et les oiseaux, blottis au plus épais de la frondaison, dormaient la tête sous l'aile.

Le bruit seul des pas du jeune homme troublait le calme profond de la solitude ensommeillée.

Il n'y avait pas le plus léger souffle dans l'air.

Arbres et plantes étaient immobiles et semblaient, eux aussi, se livrer au repos, en attendant la fraîcheur bienfaisante de l'après-dîner.

Seules des myriades de moustiques et de maringouins tournoyaient fiévreusement en bourdonnant dans chaque rayon de soleil qui avait réussi à percer l'épaisseur du feuillage.

Armand avait ainsi fait près d'une lieue, en errant à l'aventure, sans que rien n'eût encore sérieusement attiré son attention.

Il se préparait à revenir sur ses pas, et à reprendre le chemin du campement, lorsque Dardar, qui marchait un peu en avant de lui en éclaireur, s'arrêta subitement sur ses jarrets, en relevant la tête et en aspirant l'air avec force.

Puis il se retourna vers son maître, le regarda fixement de son œil presque humain, et fit entendre une de ces plaintes douces presque inarticulées dont il avait l'habitude.

— Qu'y a-t-il? mon bon chien, lui demanda le jeune homme, en armant son fusil, as-tu vu quelque chose de suspect? as-tu senti un fauve?

Le chien ne remua pas; il semblait changé en pierre.

— Est-ce un ennemi?

Le chien ne bougea pas.

— Alors, nous avons sans doute affaire à un ami? reprit le jeune homme.

Dardar remua joyeusement la queue : il n'y avait pas à se tromper à cette réponse; Armand désarma son fusil et le remit en bandoulière.

— Quel ami puis-je rencontrer ici? murmura-t-il; enfin, nous verrons; marche, Dardar, je te suis.

Le chien agita la queue de nouveau, et il se remit en route, mais lentement, pas à pas, avec précaution, comme s'il eût voulu ne pas effaroucher l'être, quel qu'il fût, qu'il avait découvert et dont il avait dénoncé la présence.

Arrivé près d'un buisson assez touffu, le molosse s'arrêta de nouveau et regarda son maître.

— Bien, répondit celui-ci, tu veux que je vois par moi-même avant que d'aller plus loin, n'est-ce pas, Dardar? soit, mon garçon!

Le jeune homme s'avança alors.

Il écarta avec précaution les branches du buisson, puis il se pencha en avant et regarda.

Il retint avec peine un cri d'admiration, au tableau enchanteur qui s'offrit alors à son regard.

Étendue au pied d'un rocher, abritée par le feuillage touffu d'un immense mahogany, une fillette de huit à neuf ans, d'une beauté presque surhumaine, dormait de tout son cœur.

Près d'elle, sur l'herbe, gisaient les restes d'un frugal repas, quelques fruits et quelques morceaux de biscuit, et une légère valise en cuir, entr'ouverte et laissant apercevoir des aliments en petite quantité et quelques autres provisions de bouche.

Un magnifique cheval, de taille moyenne, à la tête fine et intelligente, à l'œil de feu et aux jambes de cerf, tout sellé à la mode mexicaine, mais dont le mors était enlevé, après avoir achevé sa provende, dont on voyait encore les traces sur un zarapé jeté à terre, allongeait la tête vers l'enfant, comme s'il eût voulu protéger son sommeil.

Rien de simple, de frais et de ravissant comme ce tableau.

Au milieu de ce désert peuplé de fauves, de sauvages et de bandits, cette fillette dormait, calme et sans crainte, sous l'œil de Dieu, sans autre protection que son innocence et son ignorance complète des dangers terribles qui l'entouraient de toutes parts, sans qu'elle semblât même les soupçonner.

Armand était au comble de la surprise.

C'était en vain qu'il sondait du regard les profondeurs du bois et qu'il interrogeait le sol.

L'enfant était bien seule, et seule elle était arrivée là.

Mais d'où venait-elle?

Comment se trouvait-elle là?

Quel mystère, ou quel crime causait sa présence dans ce coin perdu de la savane?

Toutes ces questions se pressaient en foule dans l'esprit du jeune homme sans qu'il lui fût possible de répondre à aucune.

— Sauvons-la d'abord, murmura-t-il, nous verrons ensuite ce qu'il y aura à faire.

Il se fraya un passage à travers les buissons, et il pénétra dans la clairière, suivi par Dardar, qui avait refusé de passer le premier.

Au premier mouvement du jeune homme, le cheval s'était redressé, avait poussé un hennissement strident comme un appel de clairon et était venu résolûment se placer devant la gentille dormeuse.

Armand s'arrêta indécis, non par crainte, mais pour ne pas effrayer l'enfant, et surtout de peur d'être obligé d'avoir maille à partir avec son brave et dévoué défenseur.

De son côté Dardar avait aboyé à deux ou trois reprises, avec une intonation singulière, mais sans faire aucune démonstration hostile contre le cheval.

La fillette avait ouvert les yeux.

De grands yeux bleus couleur du ciel.

Mal éveillée encore, elle se frottait les yeux en bâillant, mais sans paraître effrayée le moins du monde.

— Que veux-tu? ma bonne Jaguarita, dit-elle d'une voix douce et harmonieuse comme un chant d'oiseau. As-tu senti quelque ennemi?

L'enfant s'était exprimée en langue espagnole, langue qu'Armand parlait fort bien et que sa mère lui avait apprise.

— Non, Senorita, répondit-il en adoucissant le timbre un peu mâle de sa voix. Je suis au contraire un ami, dont le plus vif désir est de vous être utile, si cela lui est possible.

— Oh! s'écria-t-elle en bondissant sur ses pieds, un ami! Enfin, je ne serai donc plus seule! Dieu a eu pitié de moi!

— Cela doit être vrai, répondit aussitôt le jeune homme; car je ne puis attribuer qu'à un miracle la façon dont, sans le savoir, je vous ai rencontrée. Ne vous effrayez donc pas, je vous en supplie, de me voir aussi à l'improviste près de vous?

— M'effrayer! et pourquoi? répondit-elle, et, caressant doucement le cheval : recule-toi, Jaguarita, dit-elle, tu vois bien que j'ai trouvé un ami.

Le cheval s'écarta doucement.

— Soyez le bienvenu, ami, dit la fillette, en s'approchant vivement du jeune homme et lui tendant la main. Oh! je suis bien heureuse de vous avoir rencontré; êtes-vous seul ici?

— Non, j'ai ma mère et quelques amis. Ils sont campés à une lieu environ de l'endroit où nous sommes,

— Une mère, murmura la fillette avec tristesse et les yeux pleins de larmes, vous êtes heureux, ami, d'avoir une mère, moi je suis seule!

Des sanglots lui coupèrent la voix.

Dardar s'approcha et lui lécha les mains.

— Bon chien! s'écria-t-elle, en lui jetant les bras au cou et l'embrassant follement, tu me plains, je t'aime bien, tu es bon!

— Moi aussi je vous aime, reprit doucement le jeune homme, venez avec moi, ma mère sera la vôtre.

— Ma mère est dans le ciel, dit-elle avec douleur, pauvre mère! Si elle savait que je suis seule et abandonnée. Mais elle veille sur moi, c'est elle qui vous a guidé jusqu'ici pour me sauver! Ami, laissez-moi remercier ma mère.

Et, ployant les genoux et joignant les mains, elle fit à voix basse une fervente prière.

Armand, attendri par cette scène étrange, ne savait plus que penser de cette singulière enfant.

Tout à coup, elle se releva, essuya ses larmes, et accourant vers Armand :

— Embrassez moi aussi, lui dit-elle.

Puis, lorsque le jeune homme l'eut affectueusement embrassée :

— Conduisez-moi près de votre mère, lui dit-elle résolûment.

— Tout de suite, ma chère petite amie, répondit-il.

— Appelez-moi Vanda, c'est mon nom, et vous ami, quel est le vôtre?

— Armand.

— Armand et Vanda, c'est bien, dit-elle en riant; nous serons frère et sœur, et nous nous aimerons bien.

— Oh! oui, s'écria le jeune homme, avec un élan passionné qui le surprit lui-même.

V

COMMENT ARMAND PRÉSENTA SA SINGULIÈRE TROUVAILLE A SA MÈRE ET CE QUI S'ENSUIVIT.

Vanda était une enfant.

Elle avait neuf ans à peine.

Chez elle, toutes les sensations étaient vives, rapides, mais s'effaçaient presque aussitôt, pour faire place à d'autres, tout aussi profondes en apparence.

Heureuse d'avoir trouvé un compagnon, de ne plus être seule et d'avoir quelqu'un avec qui rire, causer, jouer et même pleurer, à l'occasion, elle ne voyait pas au-delà.

Cependant elle paraissait avoir conservé un profond et touchant souvenir de sa mère, dont elle ne parlait que les larmes aux yeux.

Quant à son père, elle en parlait beaucoup moins et presque avec indifférence, bien que parfois un éclair de sensibilité jaillît de son grand œil bleu, quand elle disait quelques mots se rapportant à lui.

Il était évident que, pour une raison ou pour une autre, l'enfant connaissait peu son père.

Sans doute cet homme était un chasseur, peut-être un *gambucino*, ou un chercheur d'or contraint, par le genre même de ses occupations, de s'absenter souvent de sa maison, où il ne revenait qu'à de longs intervalles, pour n'y passer que quelques jours et parfois même quelques heures seulement.

Du reste, Armand de Valenfleurs était trop enfant lui-même, et avait encore trop peu de suite dans les idées pour être en état d'interroger la fillette, et d'obtenir sur son passé les renseignements nécessaires pour lui faire plus tard retrouver sa famille.

La conversation des deux enfants avait donc lieu à

bâtons rompus; allant au hasard, battant les buissons à droite et à gauche, sans aucune suite, interrompue subitement par le plus léger caprice de la petite fille, qui s'arrêtait à l'improviste au milieu d'une phrase intéressante pour caresser Jaguarita, jouer avec Dardar ou avec Armand.

De sorte que ce qu'elle dévoilait de son passé était très peu de chose.

Non pas que la fillette essayât de dissimuler; elle n'avait rien à cacher, cela se voyait tout de suite.

Au contraire, elle ne demandait qu'à parler, et jasait à tort et à travers, comme une charmante petite perruche qu'elle était.

Mais son babillage, n'étant pas sérieusement dirigé, s'égarait à chaque minute.

Et puis, qu'importait à Armand ce qu'était Vanda, ou ce qu'elle avait été? Il en raffolait, la trouvait charmante, et ne s'inquiétait que fort médiocrement du reste.

Ce qui plaisait surtout au jeune homme, dans cette aventure singulière, c'était son étrangeté, la situation qu'elle lui faisait, en le posant aux yeux de tous en protecteur de la gentille enfant.

C'était lui seul qui, conduit par le hasard, ce pseudonyme si vrai de la Providence, avait été amené, comme par la main, à l'endroit caché au milieu des fourrés où elle dormait, insouciante de tout danger.

Sans lui, sans cet incompréhensible désir de promenade qu'il avait éprouvé et voulu satisfaire au lieu de dormir, comme il le faisait chaque jour à la halte de onze heures, les voyageurs auraient continué leur route sans découvrir la petite abandonnée, réfugiée si près de leur campement.

Qui sait ce qui serait alors advenu de la pauvre enfant?

Si elle ne serait pas tombée entre les mains des Peaux-Rouges ou des bandits de la savane, ou peut-être, chose plus terrible encore, n'aurait pas été dévorée par les fauves?

Toutes ces suppositions étaient non seulement plausibles, mais encore d'une indiscutable logique.

Armand était donc bien véritablement le sauveur de Vanda; elle lui devait ou la vie ou la liberté, et peut-être même les deux ensemble.

Cette situation relevait le jeune homme dans sa propre estime; il était fier de ce qu'il avait fait; il se sentait presque un homme, puisqu'il avait, lui aussi, quelqu'un à protéger.

Aussi se promettait-il fermement, dans son for intérieur, d'accepter toutes les conséquences de la mission que lui confiait ainsi le hasard à l'improviste, et d'en remplir toutes les conditions.

Tout en riant, en jouant et en babillant, la fillette avait lestement fait ses préparatifs de départ.

Préparatifs fort courts à la vérité.

Il s'agissait simplement de refermer la valise, de l'attacher sur la croupe de Jaguarité, puis de remettre le mors à la bonne bête et de grimper ensuite sur la selle.

Curieux de voir comment sa nouvelle amie se tirerait de ces difficultés, Armand résolut de rester spectateur passif de ce qui allait se passer, tout en se réservant, bien entendu, d'intervenir si besoin était.

L'attente d'Armand fut trompée, la fillette fit très bien ses petites affaires toute seule.

Elle remit le mors à son cheval, puis, après avoir fermé la valise, elle s'approcha de l'animal et lui dit en le flattant doucement :

— Baisse-toi, Jaguarita.

La bonne bête plia les jarrets pour donner à la fillette la facilité d'attacher la valise, puis, cela fait, l'enfant saisit fortement la bride et la crinière, en même temps qu'elle disait de sa douce voix :

— Baisse-toi un peu plus, Jaguarita.

L'animal obéit.

Alors Vanda passa le pied gauche sur l'étrier, s'accrocha à la selle, s'enleva comme un flocon de duvet et se mit légèrement à califourchon, jambe de ci, jambe de là, à la mode mexicaine.

Dès qu'elle sentit la fillette solidement installée sur son dos, Jaguarita se releva en hennissant de plaisir.

Cette petite scène, si simple en apparence, n'avait duré que deux ou trois minutes au plus ; elle avait charmé Armand à cause de la décision mutine de la jeune fille, de l'obéissance et de la douceur de la jument, qui se prêtait si bénévolement à tous ses caprices.

— Maintenant, mon ami, nous partirons quand tu voudras, dit Vanda avec un mignon sourire ; marche en avant pour m'indiquer la route, je te suivrai.

— Non, répondit le jeune homme en riant, je resterai derrière toi pour te défendre si besoin est ; c'est Dardar qui marchera en avant.

— Comme il te plaira, ami ; tu es mon grand-frère, je dois t'obéir.

— Sois tranquille, petite sœur, je n'exigerai jamais rien de toi qui ne soit juste.

Et, s'adressant à Dardar, du même ton qu'il eût parlé à un homme :

— Passe devant, mon garçon, lui dit-il, nous retournons au campement.

Le molosse fit deux ou trois bonds joyeux autour du cheval, avec lequel il semblait être déjà dans les meilleurs termes, il remua la queue, passa de l'arrière-garde à l'avant-garde, et après avoir retourné la tête pour voir si on la suivait, il prit un trot relevé.

Le cheval le suivit aussitôt, et Armand, le fusil sur l'épaule, ferma la marche.

La distance n'était pas longue, du fourré où s'était abrité la fillette au campement des voyageurs.

Il y avait une lieue à peine : cette fois on marchait d'un pas allongé ; en moins de vingt minutes, elle fut franchie, et l'on atteignit la clairière...

Tout le monde dormait encore.

— Eh ! s'écria Charbonneau en sortant de son embuscade, vous voilà de retour, monsieur Armand ? Eh ! mais, que nous ramenez-vous donc là ?

— Le produit de ma chasse, répondit le jeune homme en riant.

— Ma foi de Dieu ! c'est affaire à vous, monsieur Armand ! s'écria le digne chasseur. Où avez-vous donc rencontré ce chérubin du bon Dieu ?

— Dans le fourré, dormant, son cheval auprès d'elle.

— Pauvre chère enfant abandonnée ! c'est une bonne action de l'avoir ainsi sauvée !

Plusieurs chasseurs et les deux guerriers comanches, éveillés par le bruit des pas du cheval, s'étaient groupés autour de la petite amazone, s'extasiant sur sa gentillesse, et renchérissant à qui mieux mieux sur cette singulière découverte, à laquelle ils ne comprenaient rien.

Les deux guerriers comanches, après avoir échangé entre eux quelques paroles à voix basse, s'étaient glissés doucement hors de la clairière et avaient disparu sous bois.

Ils partaient à la découverte.

Les commentaires allaient grand train parmi les chasseurs.

La fillette, toujours à cheval, souriait à chacun et faisait des petites mines qui la rendaient gentille à croquer.

— Ah ! dit Charbonneau, madame la comtesse sera bien heureuse quand elle saura que vous avez sauvé cette belle petite, monsieur Armand.

— Ma mère est si bonne ! dit le jeune homme. Mais il ne faut pas l'éveiller ; attendons son réveil qui ne saura tarder. Viens, Vanda, ajouta-t-il en lui tendant les bras.

— Oui, grand frère, répondit-elle, en abandonnant les rênes et se laissant glisser dans les bras d'Armand.

En ce moment, le rideau de la tente fut soulevé, et la comtesse parut.

— Que se passe-t-il donc, demanda-t-elle avec inquiétude, pourquoi ce bruit ? Serions-nous menacés de quelque danger ?

Armand indiqua du doigt la comtesse à la fillette, en lui disant :

— Voici ma mère, ne veux-tu pas lui parler ?

— Oh ! si, répondit-elle, elle a l'air d'être bien bonne.

Echappant alors aux bras du jeune homme, et courant à la comtesse, dont elle saisit la robe dans ses petites mains, elle s'écria d'une voix câline :

— Maman, madame, veux-tu m'aimer, je t'aimerai bien !

La comtesse tressaillit à ces accents d'une douceur infinie ; elle pâlit tant son émotion fut poignante.

Mais, se remettant aussitôt, elle saisit la fillette dans ses bras, la serra sur son sein en la couvrant de baisers.

— Oh ! la mignonne enfant ! s'écria-t-elle. D'où viens-tu-donc, chère petite ?

— Je ne sais pas, répondit-elle en lui rendant ses caresses. Mon frère Armand, qui m'a trouvée toute seule avec Jaguarita, m'a dit de venir près de toi, que tu serais ma mère. Veux-tu, madame maman ?

— Si je le veux, cher ange ? dit la comtesse avec une joie douloureuse ; oui, je le veux, tu seras ma fille chérie, bien aimée !

— Oh ! tu ne m'aimeras jamais autant que je t'aimerai moi, madame maman, s'écria l'enfant en lui faisant un collier de ses bras, et l'embrassant à pleine bouche en riant et pleurant à la fois.

— Quel charmant chérubin, s'écria un chasseur.

— La gentille câline ! reprit un autre.

— Elle peut se flatter d'avoir de la chance celle-là ! ajouta un troisième.

— Ma foi, elle le mérite, s'écria Charbonneau, car elle paraît reconnaissante et surtout aimante.

— C'est vrai ! c'est vrai ! s'écrièrent-ils tous en chœur.

— Cette enfant est perdue sans doute, il faudrait s'informer, dit la cameriste qui s'était mêlée au groupe ; ses parents doivent être dans une inquiétude mortelle...

— En effet, dit la comtesse ; il faudrait voir, chercher ;

mon Dieu, pauvres gens, leur désespoir doit être terrible.

— Les éclaireurs comanches sont allés à la découverte, dit Charbonneau.

— Ils n'apprendront rien, dit Armand avec tristesse, la pauvre enfant est bien seule; toutes les recherches seront inutiles.

— Oui, je suis seule, s'écria la fillette, en cachant son visage ruisselant de larmes dans le sein de la comtesse, ne me renvoie pas, madame maman, je t'en prie! je serais si malheureuse! s'écria-t-elle en sanglotant.

— Te renvoyer, pauvre chère mignonne, fit la comtesse, en redoublant de caresses, tu ne me quitteras plus.

— Jamais? fit-elle, riant et pleurant à la fois.

— Jamais!... tu es ma fille.

— Oh! que tu es bonne et que je t'aime! reprit-elle en l'embrassant.

— Aussitôt que reviendront les guerriers, dit la comtesse, vous m'avertirez, n'est-ce pas, Charbonneau? J'éprouve une inquiétude mortelle.

— Soyez tranquille, madame la comtesse; aussitôt leur retour, ils vous rendront compte de ce qu'ils auront fait.

— Viens, fillette, allons nous reposer. Comment te nommes-tu?

— Vanda, madame maman.

Et, s'échappant de ses bras, elle courut à sa jument, qu'elle caressa en lui disant:

— N'aie pas peur, Jaguarita; sois bien sage, on aura bien soin de toi, ici personne ne te fera de mal.

L'animal se prêta paisiblement aux caresses de l'enfant, hennit doucement et se laissa emmener par un chasseur, mais en détournant deux ou trois fois la tête pour regarder sa maîtresse, que la comtesse tenait par la main et conduisait sous la tente.

— Tu aimes bien Jaguarita? dit la comtesse, à la fillette.

— Oh! oui, elle est si bonne et si brave, répondit l'enfant.

La comtesse, Vanda, la camériste, Armand et Dardar pénétrèrent alors sous la tente dont le rideau retomba derrière eux.

Dardar se coucha aux pieds de son maître, mais ses regards demeurèrent fixés sur ceux de l'enfant avec une indicible bonté.

Le premier soin des deux femmes fut de présenter des rafraîchissements à la fillette, mais elle n'avait ni faim ni soif.

Elle n'avait besoin que de caresses, elles ne lui manquèrent pas.

La comtesse et sa camériste la mangeaient littéralement de baisers que, du reste, la petite câline rendait avec usure.

— Comment as-tu trouvé cette chère petite ? demanda enfin madame de Valenfleurs à son fils.

— Oh ! bien simplement, ma mère ; d'ailleurs je ne puis revendiquer l'honneur de cette découverte, elle ne m'appartient pas.

— A qui donc appartient-elle alors ?

— A Dardar, à mon brave chien tout seul — et il le flatta. L'enfant était si bien cachée que je serais vingt fois passé devant elle sans l'apercevoir, si Dardar ne m'avait donné non-seulement l'éveil, mais encore ne m'avait conduit près d'elle.

— Bien, Dardar, bien, mon bon chien, dit la comtesse.

— Viens près de moi, Dardar, dit Vanda.

Le chien obéit et alla se coucher à ses pieds.

Au bout de cinq minutes, l'enfant et le molosse jouaient et se roulaient ensemble.

— L'enfant dormait, continua le jeune homme. La jument veillait sur son sommeil, prête à la défendre contre toute attaque. En m'apercevant, elle hennit et alla se placer d'un air de défi devant l'enfant. La petite s'éveilla. Au bout de quelques secondes, nous étions les meilleurs amis du monde, et elle consentait à me suivre ici.

— Tu n'as pas été sans l'interroger, sans doute. Que t'a-t-elle appris ? Que t'a-t-elle dit sur sa famille ?

— Pas grand'chose, ma mère. Soit qu'elle ne sache rien, soit, ce qui est le plus probable, que je n'ai pas su l'interroger, elle ne m'a presque rien appris. Tout ce que j'ai pu comprendre, au milieu de son babillage enfantin et sans suite, c'est ce que sa mère, qu'elle aimait beaucoup, est morte. Quand et comment ? je l'ignore. Elle n'est, paraît-il, ni perdue, ni abandonnée, mais elle est positivement seule au monde, sans personne sur la terre qui s'intéresse à elle.

— Pauvre enfant ! dit la comtesse avec une vive pitié, si jeune et déjà si malheureuse ! Je remplacerai la famille qu'elle a perdue, je l'élèverai près de moi. Elle ne me quittera jamais. Elle sera ta sœur, Armand.

— En faisant cela, vous me rendrez bien heureux, ma mère. Je savais qu'il en serait ainsi. Je connais trop bien votre cœur pour avoir douté un seul instant de vous, ma mère. Aussi même, avant de revenir, je m'étais engagé pour vous auprès de ma petite protégée.

— Et tu as bien fait, mon fils. Vanda sera donc ta sœur. Nous sommes assez riches pour accomplir à nous deux cette bonne action sans que notre fortune en soit beaucoup diminuée.

— Oh ! ma mère, fit tristement le jeune homme, ne songeons pas à l'argent, que Vanda soit heureuse, voilà tout ce que vous et moi devons désirer.

— Pardonne-moi, mon enfant, j'ai eu tort, dit la comtesse avec sentiment, mais je ne suis pas que la dépositaire de ta fortune ; je t'en dois compte.

— Ma fortune nous appartient, ma mère. Jamais tant que vous vivrez, et Dieu veuille que ce soit bien longtemps encore, jamais je ne vous en demanderai que ce que vous consentirez à me donner. Agissez donc comme bon vous semblera dans l'intérêt de notre protégée ; tout ce que vous ferez sera bien, ma mère.

La comtesse, émue jusqu'aux larmes, attira son fils vers

elle et le serra dans ses bras, en l'embrassant à plusieurs reprises.

— Laisse-nous, Clairette et moi, avec Vanda, dit-elle ; peut-être parviendrai-je, en l'interrogeant adroitement, à obtenir d'elle quelques renseignements sur sa famille, ce que tu n'as pu faire, faute de savoir comment t'y prendre.

Armand se leva et se prépara à sortir.

Mais, précisément en ce moment, Charbonneau entra, précédant les deux guerriers comanches ; sur un signe de sa mère le jeune homme reprit sa place.

Les Peaux-Rouges firent laconiquement leur rapport, selon la coutume des Indiens qui n'aiment pas les longs discours, et se bornent généralement, dans des cas semblables, à ne dire que les paroles strictement nécessaires.

Ils s'étaient rendus directement à l'endroit où la fillette avait fait halte ; arrivés là, ils avaient tracé un cercle imaginaire et avaient exploré le terrain pour ainsi dire pouce à pouce sur un périmètre de près de deux lieues.

Ils n'avaient découvert d'autres traces que celles laissées par la jument Jaguarita ; traces d'autant plus faciles à reconnaître, que la noble bête avait une allure particulière et presque inconnue dans les prairies.

Elle marchait l'amble : ses traces, presque en ligne directe et sans déviation sensible, s'enfonçaient dans la direction du Nord-Ouest, c'est-à-dire vers l'Orégon et la Haute-Californie.

Il résultait de ces recherches que l'enfant avait traversé seule, du moins en partie, le territoire indien dans sa plus grande largeur.

Fait incroyable et véritablement merveilleux, vu l'âge peu avancée de la petite voyageuse, et surtout son complet isolement.

Charbonneau remit à la comtesse la valise de l'enfant, deux longs revolvers à six coups fort beaux, cachés dans les fontes, mais dont à cause de leur poids la fillette aurait été incapable de se servir, au cas où il lui aurait fallu se défendre.

De plus, un petit portefeuille, gonflé de papiers qui n'étaient autres que des billets de plusieurs banques des États-Unis, et une longue bourse en soie rouge, avec coulant en or, ressemblant beaucoup à nos bourses algériennes.

Cette bourse était remplie d'onces mexicaines.

La comtesse, après avoir remercié et congédié les Comanches, fit signe à son fils d'attendre quelques instants encore; puis elle donna l'ordre à Charbonneau d'aller chercher deux chasseurs canadiens et de choisir les plus honnêtes.

Charbonneau obéit et revint bientôt avec les deux chasseurs.

La comtesse expliqua alors à ces braves gens qu'elle voulait, séance tenante, faire un inventaire de ce que possédait sa jeune protégée et dresser un procès-verbal, qu'ils signeraient comme témoins, et qu'on ferait légaliser par l'alcade mayor dans la première ville où l'on arriverait.

Les Canadiens s'inclinèrent respectueusement, et Armand s'installa prêt à écrire sur une petite table portative, sur laquelle il disposa papier, plumes et encre.

On commença l'inventaire par la valise.

Vanda donna la clef de la serrure; on enleva les sangles, puis on ouvrit.

La valise contenait des vêtements de femme et d'enfant, en batiste et en mousseline très fine, un rebozo de dentelle en point d'Alençon, un châle de crêpe de Chine fond blanc, richement brodé en soie de plusieurs couleurs.

Au milieu de ces vêtements étaient cachés des écrins, au nombre de huit, renfermant des bagues, des bracelets, des boucles d'oreilles, et une magnifique rivière de diamants.

Ces bijoux, ornés de perles fines et de diamants d'une grande pureté, avaient une valeur considérable, que la comtesse estima au premier coup d'œil à une valeur d'au moins cent cinquante mille piastres fortes.

Au milieu de ces écrins, se trouvait une boîte presque

plate et assez petite, en maroquin, fermée par un ressort que la comtesse fit jouer.

La boîte s'ouvrit et laissa voir une délicieuse miniature sur ivoire, entourée de trois rangs de perles fines.

Cette miniature, due à un artiste de mérite, représentait une femme d'une grande beauté, âgée de dix-neuf à vingt ans, et dont la ressemblance avec la fillette était frappante ; au-dessous était gravé ce seul mot : Luz. 1857.

Vanda jouait avec Dardar pendant cette inspection.

Tous deux se roulaient joyeusement au milieu de la tente.

La comtesse appela sa nouvelle protégée et lui montra le portrait.

L'enfant s'en saisit, le baisa en fondant en larmes et en criant à plusieurs reprises :

— Maman ! maman ! chère maman !

La comtesse reprit le portrait, le referma et, à force de baisers et de caresses, réussit à tarir les larmes de la fillette.

Il n'y avait pas à en douter : ce portrait était celui de sa mère.

L'enfant portait au cou, selon la coutume mexicaine, un petit scapulaire en drap, sur lequel une croix était brodée en perles fines ; elle avait des boutons de diamants aux oreilles.

Tout semblait prouver que cette petite appartenait à une famille riche, dont, à la suite de quelque catastrophe inconnue, elle avait été violemment séparée.

Mais quelle était cette catastrophe ? Voilà ce qu'il importait de savoir.

Après avoir minutieusement relaté tout ce que renfermait la valise, on passa à l'examen de la bourse, du portefeuille et des alforjas, espèces de doubles poches en toile destinées à renfermer les vivres, etc.

On commença par la bourse : elle contenait 478 onces d'or mexicaines ; dans les fontes on avait trouvé, jetées à même : dans celle de droite, 522 onces ; dans celle de gauche, 478 onces ; en tout 1,427 onces, ce qui, réduit en monnaie française, donne 121,295 francs, somme considérable, presque une fortune.

Puis on procéda à la visite du portefeuille, ce qui fut bientôt fait.

Ce portefeuille contenait des billets de banque excellents pour une somme de 120,000 dollars, c'est-à-dire 600,000 francs.

Ces sommes réunies, jointes aux bijoux et aux diamants, constituaient une véritable fortune abandonnée.

Donc Vanda était riche, très riche même; malheureusement, ni dans la valise ni dans les *alforjas*, ni dans les fontes de la selle, on n'avait trouvé le moindre chiffon de papier qui pût éclaircir le mystère qui enveloppait le sort de la famille de la pauvre fillette, et elle-même.

Ce fut en vain que la comtesse chercha, fouilla partout; elle ne découvrit rien.

Il fallait en prendre son parti.

Le procès-verbal, soigneusement rédigé, fut clos et signé par les témoins.

Il restait une dernière chance à la comtesse; elle l'essaya.

Elle demanda à la fillette si elle savait lire et écrire.

La petite répondit affirmativement, d'un air assez fier.

La comtesse tressaillit de joie. Elle allait donc savoir son nom.

— Signe en bas de ce papier, lui dit-elle.

L'enfant prit la plume et écrivit d'une assez belle écriture un peu grosse : Vanda.

— Ajoute ton autre nom, lui dit la comtesse.

La fillette la regarda avec surprise.

— Je n'ai pas d'autre nom, dit-elle.

— Mais le nom de ton père !

— Mon père se nommait don Pablo.

— Mais encore ?

— Je ne l'ai jamais entendu appeler autrement.

— Et ta mère ?

— Ma mère ? tu as vu son nom sur le médaillon, madame maman.

Il était inutile d'insister. La comtesse baissa la tête.

— Va jouer, lui dit-elle.

L'enfant ne se le fit pas répéter.

Vers trois heures, les chevaux furent sellés, les malles chargées, et l'on se remit en marche.

Vanda se tenait entre la comtesse et son fils.

On marcha dans la direction du presidio de Tubac jusque vers dix heures du soir.

La caravane fit halte sur les bords d'un affluent sans nom du Rio-Bravo-Colarado-del-Norte, au sommet d'une accore boisée, d'où l'on dominait la campagne, à une grande distance dans toutes les directions.

On s'installa pour la nuit.

Après le souper, la comtesse prit l'enfant à part et causa longuement avec elle ; puis, voyant ses paupières se fermer, elle lui fit réciter ses prières et la coucha.

La comtesse se rappela alors que dans certaines banques d'Amérique, les billets, avant d'être présentés, doivent être signés par le directeur, espèce d'endos rigoureusement exigé.

Madame de Valenfleurs reprit les billets, et malgré l'heure avancée de la nuit, elle se mit à les examiner attentivement un par un, non pas du côté de l'écriture, mais sur le verso.

Tout à coup, elle tressaillit et regarda : le billet qu'elle tenait à la main était signé ; il portait, sur le haut du verso, ces deux mots espagnols : Pablo Allacuesta.

La comtesse mit le billet de côté et continua son examen.

Quatorze billets, tous émis par la même banque, étaient signés de ce double nom : Pablo Allacuesta.

Ce Pablo Allacuesta était le père de Vanda, puisque elle-même l'appelait don Pablo.

Le lendemain, pendant la marche, la comtesse reprit l'interrogatoire de l'enfant, mais avec une précaution extrême, sans la fatiguer ni avoir l'air de la pousser à parler.

Elle réussit, jusqu'à un certain point, à obtenir des renseignements, très vagues encore, mais qu'elle espérait parvenir à compléter plus tard.

Voici le résumé de ces différents interrogatoires.

Vanda habitait avec sa mère une assez grande ville, entourée de hautes montagnes.

Toutes deux vivaient dans une belle maison, où il y avait un grand jardin rempli de statues et de bassins pleins d'eau, et qui donnait sur une place où se trouvait une église, nommée : l'église de la Merced, où la mère et la fille allaient chaque jour entendre la messe de six heures du matin.

La mère et l'enfant, bien qu'entourées par un nombreux domestique, vivaient presque toujours seules.

Don Pablo, le chef de la famille, ne faisait que de très rares apparitions dans la maison.

Il n'y passait que trois ou quatre jours, et même souvent moins ; puis il partait et ne revenait que deux ou trois mois après.

Cependant il semblait avoir une vive affection pour sa femme et sa fille ; jamais il n'arrivait sans leur apporter de riches présents, et surtout des sacoches remplies d'or.

Dona Luz disait que son mari était *gambucino*, qu'il avait découvert un *placer*, dont il surveillait l'exploitation.

Quelquefois don Pablo arrivait de nuit, accompagné de deux ou trois individus, aux traits sinistres et repoussants, dont les paroles brutales effrayaient beaucoup l'enfant.

Mais son père n'avait qu'à froncer le sourcil pour rendre aussitôt ces hommes polis et respectueux.

La dernière visite de don Pablo fut assez longue.

Plusieurs fois il annonça son départ, mais il restait toujours : il ne pouvait se décider à s'en aller.

Enfin, il partit en annonçant son prochain retour.

Il disait gaiement que c'était son dernier voyage ; qu'il

se trouvait assez riche, et qu'il voulait renoncer aux affaires.

Don Pablo était parti depuis six semaines à peu près, lorsque, une nuit, l'enfant fut réveillée en sursaut par sa mère.

Une grande lueur pénétrait dans la chambre et éclairait tout en rouge.

La maison brûlait sans qu'il fût possible d'arrêter les progrès de l'incendie.

Au dehors, une foule d'hommes, ou plutôt de démons, bondissaient autour de la maison en poussant des hurlements sauvages, et tirant des coups de fusil et de revolver.

Dona Luz avait emporté son enfant dans ses bras et traversé, d'une course furieuse, tout le jardin jusqu'à une porte dérobée qui était ouverte et près de laquelle un cheval tout harnaché était attaché.

La solitude était complète.

Dona Luz embrassa l'enfant, lui ordonna de l'attendre et retourna en courant vers la maison.

Elle fit ainsi plusieurs voyages.

Chaque fois elle apportait quelque chose qu'elle jetait dans les fontes.

La dernière fois, elle apporta une valise et des *alforjas*, très gonflées de toutes sortes de vivres.

Elle attacha le tout sur le cheval, puis elle se mit vivement en selle, en serrant sa fille sur son sein haletant, et lui disant à voix basse :

— Ne crie pas, ne pleure pas, Vanda ! on nous cherche, on veut nous tuer !

Bien que l'enfant ne comprît pas toute la portée de ce mot, elle eut peur et se mit à trembler.

— Où allons-nous ? demanda-t-elle à sa mère.

— Rejoindre papa, répondit dona Luz.

Elle partit à fond de train.

Plusieurs coups de feu furent tirés sur les fugitives, mais rien ne put arrêter l'élan terrible de leur course.

Au jour, elles firent halte en plein désert.

Dona Luz avait reçu plusieurs blessures qui, sans être graves, saignaient beaucoup ; elle était couverte de sang.

Mais que lui importait, elle embrassait sa fille avec frénésie en répétant avec une joie délirante :

— Sauvée ! tu es sauvée, pauvre chère aimée !

Et elle fondit en larmes.

Elle pansa ses blessures, tant bien que mal, changea de vêtements, et dès que Jaguarita fut reposée la mère et la fille repartirent.

Les deux fugitives voyagèrent ainsi à travers le désert pendant un temps assez long, mais que l'enfant ne réussit pas à déterminer positivement.

Les blessures de dona Luz étaient guéries ; cependant elle s'affaiblissait de plus en plus.

Elle pleurait beaucoup et embrassait sa fille avec des élans si passionnés, que parfois l'enfant avait peur.

Un matin, au moment de repartir, dona Luz, ne réussit pas à se lever.

Ses forces l'avaient complètement abandonnée ; son visage avait pris des teintes d'ivoire jaune, ses traits étaient convulsés ; elle ne parlait que difficilement et très bas.

L'enfant tremblait, pleurait et embrassait sa mère, sans se douter de la gravité de son état.

— « Mon enfant, lui dit sa mère, je te laisse seule, abandonnée dans ce désert, ne crains rien, laisse-toi guider par Jaguarita ; elle te conduira vers les établissements ; d'ailleurs, Dieu veillera sur toi, et moi du ciel où je serai bientôt, je le prierai tant, qu'il te prendra en pitié. Embrasse-moi... encore... encore... Dieu te gardera ! »

L'enfant s'était jetée éperdûment dans les bras de sa mère.

Tout à coup le corps de dona Luz fut secoué violemment par une attaque nerveuse.

Un cri déchirant s'échappa de sa poitrine ; le corps se raidit dans une dernière convulsion et prit la rigidité de la mort.

Vanda regarda sa mère avec effroi.

Celle-ci avait les yeux ouverts, mais vitreux et sans regard.

L'enfant l'appela à grands cris, avec des larmes.

La mère ne répondit pas.

La pauvre petite s'évanouit.

Elle resta plusieurs heures sans connaissance.

Quand elle revint à elle, elle comprit toute la porte de son malheur.

Elle s'agenouilla près du corps de sa mère, et pria longuement avec des sanglots et des larmes.

Puis, trop faible pour creuser une fosse, et d'ailleurs manquant d'outils, elle ramassa des feuilles, arracha des herbes, et en recouvrit pieusement le corps de sa mère.

Elle demeura encore une nuit tout entière à prier et à pleurer près de sa mère, qu'elle ne voyait plus.

Enfin, il fallut partir.

Jaguarita, laissée en liberté, ne s'était pas éloignée.

De temps en temps, elle s'approchait de l'enfant, la caressait et hennissait plaintivement.

Elle se baissa pour permettre à la fillette de se mettre en selle et elle partit comme un trait.

Ainsi que sa mère le lui avait recommandé, l'enfant se laissa guider par l'intelligent animal : c'était ce qu'elle avait de mieux à faire.

Depuis cinq jours, elle parcourait le désert, seule désormais.

Ses vivres, presque épuisés, allaient lui manquer, lorsqu'elle avait été si providentiellement découverte par Dardar et sauvée par Armand.

VI

OU CHARBONNEAU, LE CHASSEUR CANADIEN, SE DESSINE

Ces renseignements, obtenus à bâtons rompus, avec d'énormes difficultés, de la pauvre chère petite créature, n'avaient aucune importance réelle et n'apprenaient rien de positif.

Par conséquent, au lieu de déchirer le mystère que la comtesse essayait d'éclaircir, ils ne faisaient, au contraire, qu'épaissir les ténèbres autour de l'enfant.

En effet, quelle était cette ville dans les montagnes !

Depuis la découverte de l'or, d'une part, et la migration des Mormons, de l'autre, bien des solitudes s'étaient peuplées et avaient grandi comme par magie dans la Californie, l'Utah et l'Orégon.

Tous moyens d'investigations étaient impossibles, au milieu de ces populations hétérogènes, à peine organisées, et chez lesquelles l'ordre se faisait avec du désordre.

Quelle était cette attaque faite contre une maison au centre même d'une ville ?

Par qui avait-elle été dirigée ?

Pour quels motifs ?

Autant de questions auxquelles il était impossible de répondre.

Que signifiait ce nom plébéien de Allacuesta ou Alacuesta, car il était orthographié des deux façons sur les billets de banque, ce qui faisait penser à un pseudonyme.

Car les noms étaient différents et ne se prononçaient pas de même, la double lettre *ll* étant mouillée en espagnol.

D'ailleurs, dans ces contrées, peu de personnes, pour

une raison ou pour une autre, portent leur nom véritable.

Il en est ainsi dans tous les pays nouveaux.

Que faisait ce Pablo Alacuesta ?

Etait-il mineur, chercheur d'or ou gambucino ?

Comment le découvrir au milieu de tous les aventuriers occupés à la découverte de l'or ?

Et puis, était-il vivant ou mort ?

Autre problème aussi indéchiffrable que les autres, et dont le temps seul pouvait donner la solution.

Le seul fait certain, positif, était celui-ci :

A la suite d'une attaque nocturne contre sa maison, faite sans doute par des bandits, dona Luz Alacuesta s'était sauvée avec son enfant, en emportant tout ce qu'elle avait pu de sa fortune.

Blessée pendant sa fuite, elle était morte misérablement dans la savane, en laissant son enfant seule et abandonnée.

En dehors de ce fait brutal et poignant, tout le reste n'était que ténèbres.

La comtesse comprit que tenter de nouveaux efforts serait superflu.

Elle se résigna à ne rien savoir.

L'enfant était douce, intelligente, aimante surtout, avec cela, riche.

Le sacrifice qu'elle était prête à s'imposer, si elle n'eût rien possédé, devenait inutile.

Madame de Valenfleurs s'en réjouit pour l'enfant, et l'adopta franchement.

Dès ce moment, à la grande joie de son fils, elle la considéra comme s'il elle eût été véritablement sa fille.

Cependant, le voyage continuait ; on se rapprochait rapidement des établissements.

Déjà la nature se transformait.

La savane se faisait de moins en moins sauvage.

La main de l'homme se laissait découvrir çà et là.

Quelques traces fugitives de civilisation commençaient à apparaître de loin en loin.

On sentait, pour ainsi dire, le monde civilisé venir à soi.

Il était près de cinq heures du soir.

Le soleil, très bas à l'horizon et sur le point de disparaître, allongeait démesurément l'ombre des arbres.

Il n'y avait pas un souffle dans l'air ; la chaleur était lourde.

La caravane cheminait péniblement à travers les hautes herbes desséchées et presque brûlées par les rayons du soleil.

Par intervalles, on entendait, au loin, des roulements sinistres, dont la cause inconnue inspirait une certaine appréhension aux voyageurs, qui ne savaient à quoi les attribuer.

Les deux guerriers comanches, dont les visages marmoréens semblaient taillés dans le granit, tant ils étaient impassibles, donnaient depuis deux heures des marques évidentes d'une secrète inquiétude.

Ces Peaux-Rouges, auxquels aucun bruit de la savane n'était inconnu, semblaient percevoir des sons entendus par eux seuls, et qu'ils ne s'expliquaient pas.

De plus, depuis quelques instants, ils interrogeaient le sol avec insistance, et, hochaient la tête d'un air très peu satisfait.

Les choses en vinrent à un tel point, que Charbonneau qui, lui aussi, était inquiet, et depuis quelques instants examinait curieusement les guerriers, se décida à leur adresser la parole.

— Que disent mes frères les grands guerriers comanches ? leur demanda-t-il.

Les deux éclaireurs échangèrent un regard d'une expression singulière.

Puis le plus âgé répondit d'une voix gutturale, en mauvais espagnol :

— Avertir señora ; marcher beaucoup doucement ; aller trop vite ; ennemis sur la piste.

— Hum ! en êtes-vous sûrs ?

— Peu parler, beaucoup et promptement agir ; que

mon frère regarde ; piste est là à ses pieds, lui baisser, voir.

— Trop tarder, ajouta le second guerrier ; avertir senora, trop courir tout de suite ; danger pressant.

Charbonneau ne se le fit pas répéter ; il courut près de sa maîtresse.

— Madame, lui dit-il, après l'avoir saluée respectueusement, les éclaireurs indiens m'avertissent que nous marchons trop doucement ; ils disent qu'un danger pressant nous menace, et qu'il nous faut partir à toute bride.

— Et vous, Charbonneau, que pensez-vous ? demanda la comtesse.

— Madame, nul ne connaît le désert comme les Indiens : s'ils disent qu'il y a un danger, c'est que ce danger existe. Moi-même et mes compagnons, nous sommes inquiets.

— Alors, vous pensez ?

— Qu'il faut partir ventre à terre ; oui madame.

— Soit ! partons donc ! dites aux éclaireurs que je suis prête.

Le chasseur se hâta de porter la réponse.

— Très bon ! répondit un des guerriers, le plus âgé ; pas loin aller, mais courir très fort ; là-bas, ajouta-t-il, en désignant de la main droite, une accore élevée, s'avançant assez profondément dans le rio Colorado, que les voyageurs cotoyaient depuis le matin, là-bas en sûreté, vous suivre, chasseur ?

— Allez ! nous sommes sur votre piste ! répondit Charbonneau.

Les deux Peaux-Rouges partirent comme le vent.

— En avant ! cria le Canadien.

Les voyageurs piquèrent.

Les chevaux s'élancèrent ventre à terre.

Ce fut alors une course effarée, sans nom.

Les animaux avaient comme les hommes conscience du danger inconnu dont ils étaient menacés.

Les mules, elles-mêmes, toujours si lentes et si volontaires, semblaient dévorer l'espace.

C'était une course affolée, fantastique, incroyable, dont rien ne saurait exprimer la rapidité vertigineuse.

Les chevaux paraissaient ne pas toucher la terre.

Leur course, loin de se ralentir, augmentait d'instant en instant et prenait des proportions extraordinaires de rapidité.

Trois lieues furent ainsi dévorées en moins de vingt minutes.

Et toujours galopant sur les traces des deux Comanches, tous les voyageurs, en colonne serrée, gravirent sans s'arrêter les pentes abruptes de l'accore que l'on s'était donnée pour but.

Il était temps d'arriver, les chevaux râlaient.

Quelques minutes de plus d'un pareil train, ils seraient tombés morts.

En atteignant le sommet large et plat de l'accore, les deux Comanches sautèrent sur le sol et échangèrent quelques paroles rapides avec Charbonneau.

Celui-ci donna aussitôt ses ordres.

Tous les cavaliers mirent instantanément pied à terre, s'armèrent de la hache américaine, et commencèrent à abattre une quantité d'arbres qu'ils faisaient tomber du côté par lequel ils étaient venus.

Ils travaillaient si bien qu'en moins d'une heure ils eurent formé un abatis énorme, impossible à franchir; cet abatis leur formait, du côté de la savane, un inexpugnable rempart derrière lequel, en cas d'attaque, ils pouvaient soutenir un long siège sans craindre d'être forcés.

Du côté du fleuve, l'accore était à pic.

Toute escalade était impossible.

Le sommet de la colline était complétement boisé.

Les Canadiens ne touchèrent pas un arbre, pas un buisson.

Les voyageurs trouvaient là un abri naturel à l'épreuve des balles et des flèches des Peaux-Rouges ou des autres ennemis qui les menaceraient.

L'abatis terminé, il était d'une épaisseur effrayante.

Les Comanches se consultèrent entre eux.

Puis ils sortirent du camp, par deux points opposés, suivis de Charbonneau et d'un autre chasseur.

Les quatre hommes se mirent aussitôt à l'œuvre, en arrachant toutes les herbes sur un périmètre de cinquante à soixante pas en avant de l'abattis.

Cela fait et les herbes mises en monceaux, les Comanches brûlèrent des amorces sur ces herbes entassées.

La comtesse et son fils suivaient curieusement les mouvements des Indiens et des Canadiens, ne comprenant pas encore ce qu'ils voulaient faire.

Tout à coup, ils virent des masses de fumée s'élever dans l'air.

Puis une flamme se dégagea, courut rapidement dans les herbes et les buissons, s'étendit tout le long des pentes, les descendit et gagna la plaine, où elle prit presque aussitôt les proportions d'un incendie formidable.

Bientôt, la savane tout entière fut en feu et prit l'aspect d'un immense brasier, qui alla toujours s'élargissant, tout en s'éloignant dans toutes les directions.

Bientôt, l'accore où étaient campés les voyageurs apparut comme une oasis perdue au centre d'une immense fournaise.

Le soleil était couché depuis longtemps déjà.

Les ténèbres avaient remplacé le jour.

L'incendie, s'éloignant de plus en plus, se perdait au loin et nuançait les derniers plans de l'horizon de lueurs rougeâtres.

— M'expliquerez-vous ce que tout cela signifie, monsieur Charbonneau? demanda la comtesse au Canadien, lorsque celui-ci rentra dans le camp, suivi de ses compagnons ; je vous avoue que je n'y comprends rien.

— C'est cependant bien simple, madame la comtesse, répondit paisiblement le Canadien, tout en bourrant son calumet indien, nous sommes menacés d'un danger terrible.

— Mais lequel ? au nom du Ciel.

— Je l'ignore, madame la comtesse, mais je le sens ; voilà tout ce que je puis vous dire : les Indiens aussi le sentent ; leur instinct ne les trompe jamais, nous nous sommes retranchés ici dans une position que nous avons rendue inexpugnable.

— Comment cela ? Par cet immense abatis de bois ?

— Oui, madame la comtesse, par cet abatis, et en brûlant tout autour de nous. Regardez aussi loin que la vue s'étend : il ne reste pas un arbre, pas un brin d'herbe derrière lequel un Indien, ou un pirate trouve à s'abriter. Quel que soit l'ennemi qui essaiera de nous attaquer, nous l'apercevrons de loin, sans que lui nous voie. Grâce au couvert que nous avons construit ici, nous n'avons plus à redouter de surprise ; l'ennemi sera contraint de venir à découvert, et alors, s'il s'y hasarde, nous le recevrons bravement, et nous le rejetterons du haut des rampes dans la plaine. Ah ! dame ! ajouta-t-il en riant, quand on n'est pas le plus fort, il faut être le plus rusé, n'est-ce pas ? Et en fait de ruses, voyez-vous, madame la comtesse, les Indiens, surtout les Comanches, rendraient des points aux plus fins coureurs des bois de la prairie. Ce sont de rudes hommes, je vous en réponds.

— Oui, je comprends ; tout cela est bien imaginé. Quoi qu'il arrive maintenant, nous sommes en sûreté ?

— Absolument comme si nous nous trouvions à Québec, madame la comtesse.

— C'est vrai, mais pourquoi brûler toute cette immense savane et en faire ainsi un désert affreux, et sans verdure ? tous les animaux qui habitent et peuplent cette prairie mourront de faim.

— Que cela ne vous inquiète pas, madame la comtesse, dit-il en riant ; aux premières lueurs du feu, tous les animaux ont décampé au plus vite ; ils sont à l'abri depuis longtemps. Voyez, l'incendie s'éteint déjà là-bas.

— En effet, les lueurs diminuent rapidement ; mais voilà cette savane, si verte et si belle, il y a quelques heures, devenue stérile je ne sais pour combien d'années, grâce à vous.

— Erreur, madame la comtesse, les cendres sont un engrais puissant ; si vous repassez par ici dans quelques mois, vous verrez la savane plus belle qu'elle n'a jamais été.

— Mais que signifie donc ce bruit ? s'écria tout à coup la comtesse, on dirait un tonnerre lointain.

— Ah ! ah ! vous commencez à l'entendre, madame. Si je ne me trompe, c'est une migration de grands animaux, peut-être de bisons. Du reste, nous saurons bientôt, je l'espère, à quoi nous en tenir car ils ne tarderont pas à paraître.

— Une migration de bisons ?

— Oui, madame la comtesse ; vingt ou trente mille de ces animaux galopant en troupes ; c'est très curieux, vous verrez !

— Oh ! mon Dieu, si nous étions restés dans la plaine ?

— Nous aurions été irrévocablement perdus. Ces animaux sont d'une bêtise et d'une ineptie désespérantes ; ils galopent droit devant eux, brisant tout sur leur passage ; ne s'écartant jamais de leur route, et renversant en aveugles tout ce qui leur fait obstacle.

— Oh ! mon Dieu !

— Mais, reprit nonchalamment le Canadien, si nous n'avions affaire qu'aux bisons, ce ne serait rien ; on réussit quelquefois à leur échapper, bien que ce soit difficile, mais ce sont les compagnons qu'ils entraînent à leur suite, qui sont surtout redoutables.

— Que voulez-vous dire, et de quels compagnons parlez-vous ?

— Il y en a de plusieurs sortes : d'abord les jaguars, qui voltigent littéralement sur les flancs de la colonne, happant un bison de temps en temps ; puis les loups rouges, qui les chassent en groupe, en glapissant après eux avec frénésie, puis après, des animaux plus féroces encore, des Indiens bravos, ou des pirates de la prairie, les plus redoutables de tous.

— Ainsi, vous craignez ?

— Tout simplement, madame la comtesse, que nous

ayons à nous défendre contre l'un de ces quatre ennemis, ou peut-être contre tous à la fois.

En ce moment, bien qu'il n'y eut pas un nuage au ciel, la pluie commença à tomber avec force et prit bientôt les proportions d'un véritable déluge.

Ce fait extraordinaire, tout incroyable qu'il paraisse, se produit assez souvent dans les régions chaudes de l'Amérique.

Tout voyageur qui a résidé pendant quelque temps dans ces contrées en a certainement été plusieurs fois témoin.

Rien de plus singulier, par une chaude journée, le soleil brillant dans toute sa force, et le ciel d'une égale couleur indigo, sans un nuage grand comme la main, que de se sentir assailli à l'improviste par une pluie diluvienne.

Ou parfois, pendant une nuit claire, transparente, avec un ciel d'un bleu profond, semé à profusion de millions d'étoiles étincelantes, de recevoir tout à coup une averse drue et serrée, qui dure souvent pendant une heure, et quelquefois plus, sans qu'il soit possible de découvrir les causes déterminantes de cette bizarre anomalie.

Cette fois, ce fut ce qui arriva.

Pendant plus de trois quarts d'heure, la pluie raya l'atmosphère avec une force inouïe, changeant tous les ravins en torrents et déversant d'énormes masses d'eau sur la terre, et cela bien que le ciel eût conservé toute sa pureté, et que les étoiles continuassent à briller et à répandre leur douce et mélancolique clarté sur le paysage.

Chacun s'était hâté de chercher un abri précaire contre cette trombe humide, qui faisait rage, et pendant quelques instants prit une intensité véritablement effrayante.

Puis soudain, sans transition, la pluie s'arrêta comme elle avait commencé, l'atmosphère reprit sa première limpidité.

Et n'eussent été les cascades improvisées qui achevaient de tomber du haut des pentes dans la plaine, et les innombrables flaques d'eau, dans lesquelles se miraient curieusement les étoiles, cet ouragan soudain aurait pu passer pour un rêve.

Quelques minutes plus tard, la terre, fendillée et pâmée de chaleur, avait complètement absorbé toutes les masses liquides, dont il ne restait plus la plus légère trace.

Alors le bruit que depuis longtemps on entendait, et que le vacarme de l'ouragan avait absorbé, s'éleva de nouveau, mais beaucoup plus rapproché.

— Chacun à son poste! cria Charbonneau.

Les chasseurs et les peones saisirent leurs armes et allèrent s'embusquer derrière l'abatis.

— Allons-nous être attaqués? demanda la comtesse.

— Non, madame, pas encore; ce ne sera qu'après la passée des bisons. Tenez, regardez, madame la comtesse, voici leurs éclaireurs qui arrivent: surtout, abritez-vous bien.

— Ai-je donc quelque chose à redouter de ces animaux? reprit la comtesse.

— Non, madame. Grâce à Dieu, il leur est impossible de monter ici; d'ailleurs, nous ne sommes pas sur leur route; mais l'on ne sait jamais ce qui se cache derrière ces animaux.

Ainsi que l'avait annoncé Charbonneau, quelques bisons isolés commençaient à paraître.

Ils galopaient çà et là par deux et par trois, sans paraître suivre une ligne bien déterminée.

Cependant, après avoir dépassé l'accore de quelque cinquante ou soixante mètres, ils firent un brusque crochet à droite, et s'élancèrent dans l'intérieur de la savane.

Derrière ces bisons en arrivaient d'autres, plus nombreux, qui prirent la même route.

Puis d'autres encore.

Enfin, ils apparurent en masses profondes, galopant la tête entre les jambes et la queue en l'air, renâclant, ébrouant et beuglant à qui mieux mieux.

La savane fut en un instant noire de ces animaux, dont le nombre semblait incalculable.

Ils allaient, serrés les uns contre les autres, en aveugles, sans se détourner jamais.

Leurs meuglements incessants et le bruit de leurs sabots martelant le sol en cadence formaient un roulement sourd et continu, ressemblant aux roulements du tonnerre dans les mornes.

Sur leurs flancs on voyait bondir de grandes ombres.

C'étaient les jaguars qui chassaient.

Lorsqu'un des bisons tombait, les autres passaient par-dessus lui, sans se déranger.

Les cris aigus des coyottes et des loups rouges formaient un effroyable concert de glapissements.

Il y avait quelque chose d'étrange et d'effrayant dans la course affolée de cette masse mouvante, obéissant à un mystérieux instinct, et dont les longs anneaux se déroulaient et serpentaient à travers la savane, jusqu'à la dernière limite de l'horizon.

Depuis plus d'une heure, les bisons passaient ainsi, et leurs masses étaient toujours aussi profondes.

Où les premiers avaient passé, les autres passaient à leur tour sans dévier d'une ligne.

Tout disparaissait devant leurs puissants efforts, tout était brisé, pulvérisé, anéanti.

Tout à coup Dardar, embusqué à l'extrémité de l'accore, du côté de la rivière, se mit à aboyer avec fureur.

— A moi deux hommes! cria Charbonneau, il doit y avoir quelque chose par ici ; et, s'adressant à la comtesse, rentrez sous votre tente, madame, lui dit-il, votre présence est inutile au milieu de nous, et si vous y restiez, vous seriez exposée à des dangers sérieux... d'ailleurs peut-être avant quelques minutes serons-nous attaqués.

— Ne vous raillez pas de moi, Charbonneau, répondit résolûment la comtesse, chacun de nous a ses devoirs dans les circonstances où nous sommes; laissez-moi faire le mien; allez, je le veux !

Le Canadien hocha la tête d'un air mécontent.

Mais il ne répondit pas et s'éloigna au plus vite, suivi par deux de ses compagnons.

Dardar n'aboyait plus.

Au contraire, il remuait la queue et courait d'un air joyeux sur le bord de l'esplanade.

— Serait-ce un ami? murmura Charbonneau; il faut voir !

Après avoir abrité ses deux compagnons derrière des buissons, Charbonneau s'étendit sur le sol et passa avec précaution sa tête par dessus l'esplanade.

Il aperçut presque aussitôt une masse noire accrochée à quelque racine, à une certaine hauteur, et paraissant, à cause de l'obscurité, suspendue entre le ciel et l'eau.

— Eh! murmura le Canadien, voilà un rude gaillard.

Et s'abritant le plus possible contre une balle probable, il dit en indien :

— Qui est là?

— Un ami, répondit aussitôt l'inconnu.

— Bon! que fais-tu là?

— Mission importante, visage pâle...

— Tu es Tahera.

— Oui, guerrier comanche.

— Attends.

Le canadien fit glisser son lasso par dessus la plate-forme.

L'Indien s'en empara :

— Attache ton fusil et ton couteau à scalper à mon lasso.

L'Indien obéit sans répondre.

Le Canadien retira le lasso à lui, détacha les armes et les plaça près de lui.

Puis il appela ses deux compagnons auxquels il dit vivement quelques mots à voix basse; ceux-ci firent un signe affirmatif.

Le lasso redescendit.

— Attache-toi au lasso, reprit le Canadien; si tu es Tahera, c'est bien; si tu es un traître, tu mourras!

— Bon! reprit l'Indien, mon frère sage.

Il s'attacha au lasso par le milieu du corps.

Les trois hommes le hissèrent sur la plate-forme.

L'Indien était le troisième guerrier comanche parti quelques jours auparavant en mission avec Jérôme Desrieux, l'intendant de la comtesse.

Il fut reçu très amicalement à son arrivée sur la plate-forme.

On lui rendit ses armes.

— Eh bien! lui demanda Charbonneau.

— *Collier* pour la senora! répondit le laconique guerrier.

— Viens, lui dit Charbonneau.

Et il le conduisit à la comtesse.

— Madame, dit-il, notre ami Tahera, le guerrier comanche, vient d'arriver; il est porteur d'une lettre pour vous.

— De Jérôme? demanda la comtesse.

L'Indien fit un signe affirmatif, retira de sa ceinture un papier plié en quatre, et lui remit.

La comtesse ordonna aux deux hommes de la suivre, et entra avec eux sous la tente où brûlait une bougie.

Elle ouvrit la lettre et la lut d'abord à voix basse, puis à haute voix.

Voici ce qu'elle contenait :

« Madame la comtesse,

« J'ai échoué sur un point, j'ai réussi sur un autre.

« Vous aurez une grande et agréable surprise; je serai
« bientôt près de vous.

« Recommandez à Charbonneau de redoubler de pru-
« dence et de se tenir sur ses gardes : on a aperçu dans
« ces parages un redoutable bandit, que l'on avait tout
« lieu de supposer mort; il est à la tête d'une troupe nom-
« breuse d'aventuriers.

« Peut-être essaiera-t-il une entreprise de nuit; défen-
« dez-vous, j'arriverai à temps, je l'espère, pour vous
« débarrasser de ces misérables, s'ils tentent quelque
« chose contre vous, ce qui n'est que trop probable.

« Embusquez-vous dans une forte position, s'il es' pos-
« sible.

« Je vous envoie Tahera, c'est un brave guerrier, vous
« pouvez compter sur lui ; il m'a assuré qu'il découvrirait
« votre campement, et que vous auriez ce billet cette nuit
« de bonne heure ; Dieu le veuille !

« Votre tout dévoué serviteur.

« JÉRÔME DESRIEUX, dit MARTEAU.

« Hacienda del Paraiso,
« 7 mai 1865, 11 heures du matin. »

— Vous avez entendu, ajouta-t-elle en repliant la lettre et s'adressant au Canadien.

— Oui, madame la comtesse, répondit-il ; aussi vous le voyez, nos précautions sont prises. Je me méfiais de quelque diablerie, notre voyage avait été trop paisible jusqu'à présent ; nous ferons bonne garde, madame la comtesse. Maintenant, M. Marteau arrivera-t-il à temps, voilà la question.

— Pourquoi n'arriverait-il pas à temps, mon ami ?

— Pour bien des raisons, madame la comtesse, d'abord nous sommes au moins à dix lieues de l'Hacienda del Paraiso. Je connais sa position exacte ; de plus notre ami ne sait pas où nous sommes en ce moment ; il perdra beaucoup de temps à nous chercher, et si, comme je le crains, nous sommes attaqués dans une heure ou deux, au plus tard, nous aurons fort à faire : nous ne sommes que douze hommes en tout ; il est vrai que la position est solide, et qu'il faudra beaucoup de temps pour nous tuer tous. Mais c'est égal, dès qu'il fera jour, nous aurons fort à faire, je le répète.

— Nous ne sommes pas douze, mais quatorze, dit-elle d'un ton de bonne humeur, mon fils et moi nous ne vous laisserons pas combattre seuls ; mais je crois que vous ferez bien, avant tout, d'interroger le brave Tahera ; il nous donnera sans doute un bon conseil.

Cette conversation avait eu lieu en espagnol, par considération pour le guerrier indien, qui comprenait et parlait cette langue.

Il prit la parole avant même d'être interrogé.

— Le Chêne-Puissant, dit-il (c'est ainsi qu'il nommait Jérôme), a quitté l'Hacienda del Paraiso, avec tout son monde, au coucher du soleil. Il a marché du côté de la Savane. C'est un guerrier. Tahera sait où le rencontrer. Il l'amènera tout droit ici. La senora donnera un collier au guerrier pour le Grand-Chêne. Elle expliquera tout. Tahera, yeux de jaguar, voit la nuit, il arrivera bientôt. Tahera attend.

— A la bonne heure! voilà qui est parler, dit la comtesse. Je vais écrire, chef. Attendez, je vous prie.

L'Indien s'inclina courtoisement.

Pendant que la comtesse écrivait, les deux hommes s'entretenaient à voix basse avec une certaine animation.

Mais cette conversation fut de courte durée.

Elle se termina par une chaleureuse poignée de main et un regard d'intelligence.

La comtesse se leva et se rapprocha la lettre à la main.

— Je vous remercie, Tahera, dit-elle avec un charmant sourire. Voici le collier.

— Il sera remis, ou le guerrier mourra, répondit l'Indien en prenant le papier et le cachant dans sa ceinture.

— Tahera ne mourra pas; c'est un guerrier trop fidèle et trop expérimenté pour se laisser prendre, reprit-elle d'une voix affectueuse : il vivra pour conserver ce souvenir que je lui donne.

Et, détachant une lourde chaîne d'or qu'elle portait, elle la jeta sur les épaules de l'Indien.

— Toujours garder, dit-il avec un sourire; face pâle bonne; elle heureuse; toujours espérer; amis venir bientôt.

Il salua la comtesse avec cette grâce innée que possèdent les Indiens.

Puis il sortit, suivi par Charbonneau.

Tahera fut descendu au moyen de lassos ajoutés les uns aux autres.

Et bientôt les Canadiens le virent, aux rayonnements

des étoiles, traverser la rivière à gué, monté sur son cheval.

Au bout de quelques minutes, il disparut dans l'éloignement, et sa noire silhouette se confondit avec les ténèbres.

Charbonneau s'occupa aussitôt à renforcer encore, par tous les moyens en son pouvoir, les fortifications établies en toute hâte autour du campement.

Puis, après avoir désigné à chacun le poste qu'il occuperait en cas d'alerte, il se retira à l'écart avec trois autres Canadiens, et tous quatre s'occupèrent activement à confectionner, au moyen de lassos d'une grande solidité, des espèces de cordes à nœuds, qu'ils attachèrent solidement aux arbres qui bordaient l'esplanade du côté de la rivière.

Cela fait, Charbonneau grimpa sur le plus élevé des arbres laissés debout sur l'esplanade, et inspecta minutieusement la campagne.

La nuit était glaciale, mais claire, et l'atmosphère était d'une grande limpidité.

La lune, à son deuxième quartier, se balançait dans l'éther.

Ses rayons se combinaient avec le scintillement des millions d'étoiles, répandant une lumière blanchâtre, presque boréale, qui permettait d'apercevoir les moindres accidents du paysage, jusqu'à une énorme distance.

Seul, le sommet de l'esplanade, laissé tout exprès boisé, demeurait dans une obscurité d'autant plus complète que, par surcroît de précaution, les feux de veille n'avaient pas été allumés pour la nuit.

On n'entendait d'autre bruit dans la Savane que celui produit par le galop précipité des bisons, dont l'arrière-garde achevait de défiler devant l'accore, tandis que l'avant-garde avait, depuis longtemps, disparu dans les lointains de l'horizon.

Cette dernière troupe, composée des animaux les plus fatigués et les plus pesants, formait une masse assez confuse, et semblait se débattre avec énergie contre les attaques d'un ennemi encore invisible.

Charbonneau redoubla d'attention.

Plus les bisons se rapprochaient, plus ce qui se passait autour d'eux devenait clair pour le regard expérimenté du chasseur canadien.

Après quelques minutes d'un minutieux examen, il ne resta pas le plus léger doute dans son esprit.

Une troupe nombreuse de cavaliers indiens, cela était facile à reconnaître, galopait avec une rapidité extrême sur les flancs de la colonne.

Avec leurs longues lances, ils livraient un assaut désespéré aux bisons, dont on entendait les mugissements de terreur.

Les cavaliers étaient silencieux.

Ils bondissaient sur leurs coursiers, aussi indomptés qu'eux-mêmes, et redoublaient d'acharnement pour isoler de la masse de la colonne une vingtaine de magnifiques bisons dont ils prétendaient s'emparer.

Déjà même, ils avaient presque réussi dans cette audacieuse entreprise, lorsque tout à coup le cri perçant de l'épervier d'eau traversa l'espace.

Au même instant, les cavaliers indiens, sans plus songer aux bisons, se penchèrent sur le cou de leurs chevaux, piquèrent une pointe dans le désert, et commencèrent à fuir avec une rapidité extrême, en abandonnant leur gibier presque aux abois.

Les bisons, profitant de ce sursis, pour eux providentiel, reformèrent leur colonne, partirent dans la direction opposée et d'une course au moins aussi précipitée.

Les Indiens formaient une troupe compacte d'au moins trente ou quarante cavaliers.

C'étaient tous probablement des guerriers d'élite.

Charbonneau ne s'expliquait pas la terreur panique dont ils semblaient saisis, et la rapidité de leur fuite, lorsque la vérité lui fut subitement révélée.

Presque en face de l'accore, à une demie-lieue tout au plus, se trouvait une gorge étroite profondément encaissée.

Lit desséché de quelque rivière-torrent, tombant des

montagnes et qui, pendant la saison des pluies, devait avoir un lit assez large, mais était en ce moment presque complètement à sec.

Tout à coup une nombreuse troupe de cavaliers, vêtus de costume bariolés, appartenant à toutes les nationalités qui parcourent le désert, émergea en colonne serrée de cette gorge, et déboucha au grand trot dans la savane.

On voyait, aux rayons de la lune, briller dans la nuit le fer de leurs longues lances garnies d'une banderolle, les canons de leurs rifles et les fourreaux de fer de leurs sabres.

Tous portaient de longs *zarapés* dans lesquels ils s'enveloppaient, et ils avaient la tête couverte de sombreros mexicains, aux larges ailes, et garnis d'une *golilla* à la forme.

Il n'y avait pas à s'y tromper :

Ces cavaliers étaient des pirates des prairies de l'Ouest.

Ils paraissaient bien disciplinés.

Leur nombre, autant qu'on en pouvait juger, semblait être assez élevé ; ils étaient au moins soixante-dix ou quatre-vingts.

Ces cavaliers firent halte sur la place même où les bisons avaient passé.

Un d'entre eux, leur chef probablement, s'entretint pendant cinq ou six minutes avec deux cavaliers, qui, ensuite, s'éloignèrent au galop dans la directions prise par les Indiens.

Les autres firent encore quelques pas et s'arrêtèrent au pied d'un monticule assez élevé, où ils s'arrêtèrent définitivement.

Les cavaliers sautèrent à terre et établirent leur campement en face de l'accore, mais hors de portée de fusil.

En quelques minutes, ils eurent entouré leur bivouac d'une espèce de barricade peu élevée.

Puis ils attachèrent leurs chevaux au piquet sans les desseller ni leur enlever le mors, et ils allumèrent dix feux de veille en étoile.

Un onzième feu, plus éloigné en arrière, avait été allumé à l'écart, près du pied de la colline, sans doute pour le chef.

VII

COMMENT LE MAYOR FUT, UNE SECONDE FOIS, FAIT ÉCHEC ET MAT NON· SEULEMENT PAR SES ALLIÉS, MAIS ENCORE PAR SES ENNEMIS.

Malgré la tranquillité apparente des aventuriers couchés autour des feux de veille, les uns dormant, et les autres fumant et causant entre eux, le Canadien ne quitta pas son observatoire.

Quelque chose lui disait que tout n'était pas fini encore; que ces gens n'étaient pas venus camper là par hasard; qu'ils ruminaient quelque sinistre projet, dont bientôt ils tenteraient l'exécution ; qu'en un mot, il assisterait à un drame en plusieurs parties dont il n'avait vu encore que l'exposition.

Charbonneau avait de la littérature.

Dans ses rares moments de loisir, il était allé à Québec, où il avait vu représenter quelques-unes de nos pièces modernes, qui font fureur au Canada.

Il ne comprenait rien à l'apparente apathie de ces gens; il était surtout intrigué par le départ des deux cavaliers à la suite de leur court entretien avec le chef.

Là devait être le nœud de la question.

Aussi le brave Canadien se donnait-il au diable pour le deviner.

Grâce à l'excellente longue vue de nuit marine dont il s'était muni, il voyait tout ce qui se passait dans le camp des aventuriers comme s'il eût été au milieu d'eux.

Le chef, homme de haute taille, aux larges épaules, à la forte musculature, les jambes un peu arquées par l'habitude du cheval, vêtu d'un riche costume de ranchero mexicain, et dont les traits disparaissaient sous les ailes du chapeau, avait quatre longs revolvers et un poignard à garde d'or ciselé, passés dans la faja en crêpe de Chine qui lui serrait les hanches.

Un long sabre droit à fourreau de fer était accroché à son côté gauche

Une carabine était appuyée contre un arbre auprès de lui.

Il portait de longues bottes molles jaunes montant au-dessus du genou, et garnies de lourds éperons d'argent.

Il se promenait de long en large, derrière le feu, le cigare à la bouche.

Parfois il s'arrêtait, semblait interroger le ciel, puis il paraissait prêter l'oreille aux bruits du désert.

Il frappait du pied avec impatience, et reprenait sa promenade, qu'il interrompait quelques moments après, et toujours ainsi.

— Il attend quelque chose, murmurait le Canadien, mais qu'attend-il ?

Soudain une lueur traversa son esprit.

Il se frappa le front : s'il eût su le grec, sans doute comme Archimède il se fût écrié : *Euréka!*

Mais comme il ignorait jusqu'à l'existence de cette intéressante nation, le chasseur se borna à exprimer sa pensée en franco-normand du Canada.

— Par ma foi de Dieu! j'y suis! s'écria-t-il ; ces deux démons se sont lancés à la poursuite des vagabonds indiens qui ont si prestement pris la fuite tout à l'heure. Les vautours se réunissent en troupe pour fondre sur une proie qu'ils supposent de difficile digestion. Nous allons les voir revenir de compagnie, cela ne fait pas de doute pour moi.

Il inspecta l'horizon, mais rien n'apparaissait.

Il se frotta joyeusement les mains, très satisfait d'avoir si bien deviné.

Les chasseurs, habitués à vivre seuls, ont la coutume de parler ou plutôt de penser haut, lorsque leur esprit est fortement surexcité.

Le Canadien reprit son monologue.

— C'est une bénédiction du bon Dieu, dit-il en riant, que cette idée soit venue à ce grand coquin qui se promène là-bas, de s'allier à ces vagabonds rouges. Sans doute, il nous croit beaucoup plus nombreux que nous ne le sommes ; tant mieux ! cette prudence nous donnera au moins trois heures, et trois heures, dans notre position, cela peut être le salut pour nous. Va, dépite-toi, frappe du pied, mon bonhomme, fit-il en riant, cela ne les fera pas venir une minute plus tôt.

Toute son attention se fixa alors sur le point de l'horizon où les Indiens et les cavaliers après eux avaient disparus.

Plus d'une heure s'écoula sans que rien de suspect attirât son regard.

Le chef des aventuriers, sans doute fatigué de la promenade, s'était étendu sur le sol, roulé dans son manteau, les pieds au feu, et s'était endormi.

La plupart des aventuriers, excepté les sentinelles, avaient suivi son exemple.

Un silence profond couvrait la savane, où cependant s'agitaient en ce moment tant d'intérêts contraires.

Le Canadien interrogea le ciel : il était plus de minuit.

La moitié de la nuit était écoulée, dans cinq heures et demie le soleil se lèverait.

Mais en cinq heures, combien de crimes peuvent se commettre dans les ténèbres !

En ce moment le Canadien entendit du bruit dans les branches de l'arbre qui lui servait d'observatoire.

Quelqu'un montait près de lui.

Il regarda et reconnut Armand de Valenfleurs.

— Ah ! ah ! c'est vous, monsieur le comte, dit-il.

— Oui, mon ami, je suis curieux de savoir ce que vous faites depuis si longtemps là-haut.

— Venez près de moi, ici, tenez, vous serez comme dans un fauteuil.

— Là, m'y voici, eh bien !

— Je surveille l'ennemi.

— Comment, l'ennemi ? Que voulez-vous dire ?

— Regardez, monsieur le comte.

Le jeune homme se pencha dans la direction que lui indiquait le chasseur.

— Oh ! fit-il après un instant et vous ne prévenez pas nos hommes ?

— Il n'est pas encore temps ; rien ne presse. Que fait-on en bas ?

— Tout le monde dort, excepté les sentinelles.

— Et madame la comtesse ?

— Elle s'est étendue dans son hamac, en ordonnant qu'on la prévienne, et qu'on l'éveille à la première alerte.

— Oui, je le pensais. Votre mère est une sainte et vaillante femme, monsieur le comte ; c'est plaisir de la servir et de se battre pour elle.

— Merci, Charbonneau ; je suis heureux de vous entendre ainsi parler de ma mère.

— Je ne dis que la vérité, monsieur le comte ; mais pourquoi ne dormez-vous pas, vous aussi ? Vous devez avoir besoin de repos.

— Nullement, je me sens nerveux, je n'ai pas la moindre envie de dormir ; je suis inquiet, sans savoir pourquoi, j'ai besoin de me remuer pour tromper mon impatience.

— Oui, cela doit être ainsi ; vous êtes jeune, vous n'avez pas encore l'habitude. Quand vous aurez, comme moi, parcouru pendant dix ans le désert, vous n'y penserez plus : l'expérience vous aura appris la patience et le calme.

— C'est possible, ami Charbonneau ; mais en attendant, me voici près de vous. Que ferez-vous de moi ?

— Mon aide de camp, si vous voulez, monsieur le comte, répondit en riant le chasseur.

— C'est dit ; je ne demande pas mieux.

— Restez donc près de moi ; laissons dormir nos amis ; c'est autant de gagné pour eux ; ils n'en seront que mieux préparés à se battre quand le moment sera venu.

— Vous croyez donc à une attaque prochaine ?

— Oui, et à une rude ; vous verrez, monsieur le comte. Supposez-vous donc que ces démons sont venus là tout exprès camper en face de nous pour nous faire des compliments et nous demander de nos nouvelles ? fit-il avec ironie.

— Non, je ne pousse pas la naïveté jusque-là, répondit le jeune homme un peu piqué.

— Donc, ils sont venus pour essayer de nous jouer un mauvais tour ; c'est à nous à déjouer leur projet ; et c'est ce à quoi nous mettrons tous nos soins. Mais la tâche sera rude, car nous avons affaire à forte partie... Avez-vous déjà assisté à quelque combat, monsieur le comte ?

— Jamais ! répondit franchement le jeune homme.

— Eh bien, je vous prédis que celui auquel vous allez assister bientôt sera un des plus beaux que vous verrez en toute votre vie ; je crois reconnaître le bandit que ces gredins ont pour chef, et, si je ne me trompe pas, il nous donnera du fil à retordre, comme on dit ; c'est un des plus forcenés scélérats que je connaisse ; et Dieu sait quelle riche collection de bandits on trouve dans les savanes !

— Qu'il soit ce qu'il voudra, peu m'importe ; je tâcherai de faire mon devoir, et de ne pas déshonorer le nom que j'ai l'honneur de porter.

— C'est parler en homme, monsieur le comte ; je suis certain qu'il faudra plutôt vous retenir que vous pousser. Mais, attendez donc, qu'est-ce donc que je vois là-bas ?

Il prit sa lunette et regarda.

Cinq points noirs apparaissaient à l'extrême limite de la ligne d'horizon.

— Bon ! grommela le Canadien, il va y avoir du nouveau.

Ces points noirs, d'abord presque imperceptibles, grandissaient rapidement.

Bientôt il fut facile de reconnaître des cavaliers accourant à toute bride.

Et parmi ces cavaliers trois guerriers indiens.

Le Canadien ne s'était pas trompé.

Selon toute apparence, les deux aventuriers avaient été proposer une entrevue aux Peaux-Rouges.

Derrière ces premiers cavaliers, on en vit bientôt apparaître d'autres.

Mais ceux-là venaient lentement, avec précaution.

Arrivés à une certaine distance, encore fort éloignée du camp des aventuriers, ils s'arrêtèrent, descendirent de cheval, et se réunirent en un seul groupe, faisant face de tous les côtés à la fois.

Sans doute ces Indiens, car c'étaient bien des Peaux-Rouges, fort méfiants de leur nature, et n'ayant pas la moindre confiance dans les aventuriers, dont ils connaissaient la scélératesse et la barbarie, voulaient attendre le résultat de l'entrevue de leurs *sachems* avec le chef des pirates, avant que de se risquer à avancer plus loin, de façon à pouvoir tourner bride à la moindre apparence de trahison, et se mettre ainsi hors de portée de leurs dangereux alliés.

Et cependant, tout en connaissant la fourberie des gens avec lesquels leurs chefs allaient traiter, ces Peaux-Rouges quels qu'ils fussent, consentaient à entendre les propositions des pirates, poussés par cette soif irrésistible de rapine et de meurtre qui caractérisent certaines peuplades du désert.

Il est vrai que les Indiens qui entraient en ce moment en scène, ainsi que le Canadien le reconnut bientôt, appartenaient à la nation peut-être la plus féroce et la plus barbare de toutes les savanes de l'Ouest.

Les *Sioux* ou *Dacottahs* eux-mêmes n'atteignent pas leur degré de cruauté.

J'ai nommé les Apaches, ces tyrans du désert, qui ne vivent que de meurtres, viols, pillages, tortures et incendies.

Ils attaquent les blancs, les rouges et les métis, sans

distinction, et sans autre raison que leur implacable haine contre tout ce qui leur est étranger.

Et lorsqu'ils n'ont pas d'autres ennemis à combattre, ils s'égorgent et se massacrent entre eux, pour le seul plaisir de voir couler le sang.

Tels étaient les démons auxquels probablement le chef des aventuriers se proposait d'offrir une association temporaire, pour attaquer et assassiner impitoyablement des voyageurs paisibles, dont le seul tort était de traverser la savane.

Cependant les cinq cavaliers avaient atteint le camp dans lequel ils avaient pénétré.

Tous les aventuriers s'étaient éveillés et avaient pris les armes.

Les trois sachems apaches avaient été conduits en présence du chef.

Celui-ci les avait accueillis avec une courtoisie mielleuse.

Il les avait engagés à s'asseoir autour du feu préparé pour lui.

Le calumet avait aussitôt circulé entre les quatre personnages.

Charbonneau voyait, mais il n'entendait pas, malheureusement; il en était réduit à faire des conjectures sur ce qui se passait; conjectures qui d'ailleurs se trouvèrent justes.

Nous suppléerons donc, en racontant l'entrevue telle qu'elle eut lieu, à ce que le Canadien ne put entendre.

Lorsque le calumet eut fait deux fois le tour du cercle, l'aventurier prit la parole :

— Mes frères Apaches chassent le bison ? dit-il.

— Oui, répondit laconiquement l'un des chefs au nom des deux autres.

— Je regrette de m'être rencontré sur le chemin de mes frères Apaches, et d'avoir ainsi, sans intention, détourné les bisons dont ils s'étaient déjà emparés.

— Les bisons n'ont échappé que pour quelques heures;

les Apaches les reprendront, répondit le chef avec hauteur. Les Apaches sont les maîtres de la prairie.

L'aventurier se mordit les lèvres, mais il répondit avec la même courtoisie, sans relever ce que les paroles du Peau-Rouge avaient d'outrecuidant et d'insultant pour lui.

— Les Apaches sont de grands guerriers ; aussi ai-je voulu leur prouver mon estime, en leur expédiant deux hommes de confiance, afin de leur proposer de se joindre à moi, dans une expédition que je médite, et dont les résultats seront aussi avantageux pour les guerriers apaches que pour nous-mêmes.

— Que veut dire le chef pâle ? et de quelle expédition parle-t-il ? répondit le chef indien.

— Que mon frère regarde : là-bas, en face de nous, sur le sommet de cette colline dont les pieds trempent dans le fleuve, sont embusqués des faces pâles ; ils ont avec eux deux femmes et emmènent plusieurs mules chargées de richesses.

— Que désire le chef pâle ?

— Que mes frères Apaches m'aident à m'emparer de ces faces pâles et de leurs richesses.

— Bon ! Et quel avantage retireront mes guerriers de ces captures ?

— Celui-ci ; les prisonniers et les richesses seront partagés également entre les aventuriers et les chefs apaches.

Les préliminaires de l'association ainsi posés, la négociation ne pouvait être longue entre hommes aussi cupides et aussi féroces les uns que les autres.

Elle devait aboutir à la satisfaction générale.

Chacune des parties contractantes se réservant, bien entendu, *in petto*, l'affaire faite, de ne tenir aucun des engagements pris et d'en appeler à la force pour se débarrasser d'un associé devenu inutile.

Le chef des aventuriers fit apporter une cruche d'eau-de-vie pour sceller la réussite de la négociation.

Les Apaches sont ivrognes, c'est leur moindre vice.

Ils n'abandonnèrent la cruche, qui contenait près de six litres d'eau-de-vie, que lorsqu'elle fut complètement vide.

Ils exigèrent de plus qu'on leur livrât un barillet de cette liqueur, si pernicieuse pour leur race.

Ils voulaient l'emporter avec eux, afin de faire boire leurs guerriers et les bien disposer pour la bataille.

L'aventurier leur accorda cette demande, ce qui leur causa une vive joie.

Puis on convint que, une heure plus tard, les deux troupes seraient réunies et commenceraient l'attaque de concert, et par tous les côtés à la fois.

Enfin, les trois sachems apaches se levèrent, et se mirent en selle en titubant légèrement.

Ils partirent en emportant le barillet d'eau-de-vie, et en donnant leur parole qu'ils seraient exacts au rendez-vous, et qu'ils arriveraient à l'heure dite, c'est-à-dire à trois heures et demie du matin.

— Sales ivrognes, brutes ignobles, murmura le chef des aventuriers, tout en les suivant du regard, tandis qu'ils filaient à fond de train à travers la savane. Cette eau-de-vie que vous aimez tant est tout ce que vous obtiendrez de moi!

Et il les menaça du poing.

L'aventurier avait dit vrai sans s'en douter.

Les Apaches connaissaient trop bien les bandits pour se fier à leur parole.

En se rendant au campement, les sachems n'avaient pas d'autre but que celui de leur jouer quelque mauvais tour.

Quant à s'associer aux pirates, jamais ils n'en n'avaient eu l'intention.

Ils s'étaient gorgés d'eau-de-vie; ils emportaient avec eux un barillet contenant une cinquantaine de litres.

Cet escamotage les ravissait; ils n'en demandaient pas davantage.

Tout en galopant, ils se félicitaient du succès de leur fourberie et riaient d'avoir pris pour dupes des trompeurs émérites comme les pirates, dont, au reste, ils ne redoutaient nullement la colère.

Charbonneau, qui, du haut de son observatoire, les surveillait attentivement du regard, vit les trois chefs rejoindre leurs compagnons, conférer pendant quelques instants avec eux, puis, à un signal donné, toute la troupe tourner bride du côté du rio Gila, et bientôt disparaître à l'horizon.

Le Canadien avait tout compris.

Il fut pris d'un fou rire à ce dénoûment, qu'il avait prévu en voyant circuler la cruche et apporter le barillet, et il frotta joyeusement ses mains l'une contre l'autre.

Puis il expliqua à Armand toute la scène, telle qu'il l'avait comprise, ce qui fit grand plaisir au jeune homme.

Avoir trente démons de moins à combattre, dans la lutte qui se préparait, n'était pas un mince avantage.

Cependant la nuit s'avançait, les heures s'écoulaient lentement les unes après les autres.

Vers trois heures et demie, Charbonneau remarqua une certaine inquiétude parmi les aventuriers.

Sans doute, les bandits attendaient leurs alliés et se préparaient à les recevoir.

Bientôt plusieurs aventuriers montèrent à cheval et poussèrent des reconnaissances dans la savane.

Mais les éclaireurs rentrèrent les uns après les autres, en annonçant qu'ils n'avaient rien vu, et que, aussi loin que la vue pouvait s'étendre, la savane était déserte.

Le chef des aventuriers frappait du pied, mordait sa moustache et blasphémait à faire tomber les étoiles, mais rien n'y faisait.

Les Apaches n'apparaissaient pas.

L'aventurier était blessé dans son orgueil, il avait été joué et pris pour dupe par des sauvages abrutis auxquels il accordait à peine le nom d'hommes, et qu'il s'était flatté de tromper.

C'était par trop fort, l'affaire était grave, elle lui donnait un ridicule énorme aux yeux de ses hommes, dont quelques-uns avaient essayé de le détourner de s'allier avec ces vagabonds des Peaux-Rouges.

Il y avait de quoi devenir fou de rage, et le digne bandit était bien près d'en perdre l'esprit.

Cependant il s'obstina longtemps à ne pas croire à ce qu'il nommait une trahison de la part des Indiens ; malgré toutes les probabilités contraires, il espérait les voir arriver d'un moment à l'autre.

Mais après une demi-heure d'attente, comme ils ne paraissaient pas, force lui fut de se rendre à l'évidence, et de s'avouer à lui-même qu'il avait été joué comme un sot.

D'ailleurs, le temps pressait ; il était quatre heures passées.

Il ne restait plus que deux heures de nuit.

Il fallait en finir avec les voyageurs campés sur l'accore.

Le chef des aventuriers donna l'ordre à ses gens de se préparer à l'attaque, et il expédia quatre éclaireurs en avant, afin de reconnaître le terrain sur lequel ils allaient manœuvrer.

Le temps perdu par les aventuriers ne l'avait pas été par les voyageurs ; ceux-ci l'avaient employé à se fortifier davantage et à rendre leur position inexpugnable, ou tout au moins très difficile à forcer.

Vu le peu de bras dont ils disposaient, ils avaient accompli une véritable œuvre de géants, en creusant plusieurs fossés profonds, garnis, au fond, de pieux plantés droit et affilés du bout.

Puis ces fossés avaient été recouverts de branchages entrelacés, devant céder au plus léger choc, bien qu'ils eussent l'apparence de la plus grande solidité.

Ces fossés ainsi disposés n'étaient, en réalité, que des pièges semblables à ceux dont on se sert dans les savanes pour prendre les fauves.

Les chasseurs attendaient la meilleure réussite de ces pièges, bien connus cependant, mais dont sans doute les aventuriers ne se méfieraient pas dans l'obscurité ou n'auraient pas le temps de se garer dans l'élan impétueux d'une attaque.

Chacun était à son poste et disposé à bien faire.

La comtesse, éveillée ainsi qu'elle l'avait demandé, avait passé une sorte de revue de ses défenseurs en leur disant quelques-unes de ces paroles affectueusement touchantes, dont elle possédait si bien le secret.

Puis, accompagnée par sa camériste, et suivie de Dardar, elle s'était retirée sur l'arrière de l'esplanade, du côté de la rivière, poste que lui avait assigné le Canadien, auquel le commandement avait été dévolu à l'unanimité.

Charbonneau, après avoir donné quelques explications rapides à la comtesse, l'avait quittée en lui disant :

— Quand vous entendrez le cri de l'épervier d'eau, madame, pas avant; et surtout que Dardar soit muet !

— Soyez tranquille, et bonne chance, avait répondu la comtesse en souriant.

Le Canadien s'était alors hâté de retourner aux retranchements.

Il était passé à travers l'abatis avec trois de ses compagnons, et tous quatre s'étaient embusqués à une dizaine de mètres en avant.

Cependant les éclaireurs expédiés par le chef des aventuriers étaient arrivés au galop au pied de la colline.

Ils avaient essayé de gravir la pente.

Mais le terrain, formé d'une terre grasse et argileuse, avait si bien été détrempé par la pluie, que les chevaux ne tenaient pas pied et menaçaient à chaque pas de s'abattre.

Les aventuriers furent contraints de mettre pied à terre et d'abandonner leurs chevaux.

Ils commencèrent à gravir la pente, en glissant, trébuchant et contraints, pour conserver leur équilibre, de s'appuyer sur leurs fusils.

Ils n'avançaient que lentement et difficilement, et toujours en pleine lumière; il n'y avait ni un arbre, ni un buisson derrière lequel ils pussent s'abriter.

Peu accoutumés, comme tous les cavaliers, à marcher à pied, leur fatigue était extrême.

Cependant ils apercevaient à une vingtaine de pas devant eux quelques rares bouquets d'arbres à droite et à gauche, derrière lesquels il leur serait possible de s'embusquer, et d'où ils feraient à leur aise la reconnaissance des lieux.

Tous leurs efforts tendaient donc à atteindre ces arbres.

Ils allaient y arriver. Il ne s'en fallait plus que de quelques pas.

Ils voyaient près d'eux des buissons très touffus, et par conséquent très commodes pour une embuscade. Lorsque soudain quatre coups de feu, tirés à une courte distance, les frappèrent en pleine poitrine.

Les quatre bandits tombèrent sur le nez après avoir bondi en l'air et tourné sur eux-mêmes, et, glissant sur la pente rapide sans avoir la force de se retenir, ils roulèrent jusqu'au pied de l'accore, où ils demeurèrent immobiles.

Ils avaient tous les quatre été tués roides.

Les chevaux, épouvantés, avaient regagné le campement au galop.

C'était une rude entrée de jeu, ainsi que le remarqua un péon mexicain, enragé joueur de *monté*.

Les coups de feu avaient été entendus du campement.

L'arrivée des chevaux apprit aux aventuriers le sort de leurs camarades.

— Mille demonios! s'écria le chef, vengeons nos camarades!

Les aventuriers bondirent en selle, et se précipitèrent à la suite de leur chef.

La distance fut bientôt franchie.

Arrivés au pied de l'accore, l'élan des aventuriers était tellement furieux, que les chevaux gravirent une partie de la pente.

Mais bientôt ils trébuchèrent, perdirent pied et tombèrent.

La chute des premiers détermina celle des autres.

Ce fut alors un tohubohu, un chaos indescriptible.

Plusieurs aventuriers étaient gravement blessés et incapables de prendre part à la lutte, d'autres étaient froissés et contusionnés,

— Pied à terre, et en avant! au Mayor! au Mayor! cria le chef d'une voix stridente.

— Au Mayor! répétèrent les bandits en abandonnant leurs chevaux.

Et, formés en colonne serrée, se soutenant les uns contre les autres pour conserver l'équilibre, ils s'élancèrent en courant, et répétant ce cri sinistre qui, pensaient-ils, devait répandre la terreur parmi leurs ennemis.

— Au Mayor! au Mayor!

Les voyageurs ne donnaient pas signe de vie.

De leur côté, rien ne paraissait.

Un silence de plomb planait sur l'esplanade.

Le campement semblait abandonné.

Plus les bandits avançaient, plus ils redoublaient d'élan; ils se croyaient déjà vainqueurs.

Tout à coup, de grands cris s'élevèrent, cris de douleur et d'agonie.

Le terrain avait subitement manqué sous les pas des aventuriers, dont un grand nombre avaient disparu et se débattaient avec fureur au fond d'une fosse, où ils étaient tombés les uns sur les autres.

En ce moment, une fusillade bien nourrie éclata derrière les retranchements, et vint semer la mort parmi les assaillants.

Quelques-uns se relevèrent et rejoignirent ceux qui avaient échappé à ce piège, mais, dix pas plus loin, la même chose se renouvela.

D'autres bandits furent engloutis dans une seconde fosse.

La fusillade continuait toujours avec la même intensité contre les assaillants qui, eux, ne pouvaient faire usage de leurs armes.

Le Mayor, puisque ce chef était le bandit célèbre échappé par miracle à la mort à laquelle Cœur-Sombre l'avait condamné, le Mayor, abandonnant ses morts et ses blessés, réunit ceux de ses bandits encore valides, et, appuyant sur la droite afin d'éviter les pièges qui déjà avaient été si fatals aux siens, se lança résolument en avant.

Mais il fut repoussé par une si furieuse fusillade, que force lui fut de reculer.

Les bandits, pris d'une terreur panique, se débandèrent et s'enfuirent le long des pentes, en abandonnant leur chef.

Celui-ci fut contraint de les suivre.

Arrivé au bas de l'accore, le Mayor, par ses cris et ses menaces, réussit enfin à arrêter les fuyards.

Alors on se compta.

Avant l'attaque, la troupe se composait de quatre-vingt-sept hommes.

Vingt-deux, en comptant les quatre éclaireurs, avaient été tués pendant l'assaut; douze étaient gravement blessés et incapables de retourner au combat.

Les aventuriers avaient donc trente-trois hommes hors de combat.

Il ne restait que cinquante-quatre hommes, dont neuf avaient reçu des blessures légères à la vérité, mais qui leur enlevaient une partie de leurs forces.

Les bandits tinrent conseil.

Ce fut surtout en ce moment qu'ils regrettèrent la trahison des Apaches.

Un appoint de trente guerriers résolus leur aurait été très utile en ce moment critique.

Aussi proféraient-ils d'affreuses menaces contre les Indiens.

Mais ces menaces étaient vaines.

Il importait de prendre au plus vite un parti.

Un grand nombre opinaient pour la retraite.

Le Mayor, lui, voulait retourner au combat, non plus en se lançant à l'aveuglette, mais au contraire en manœuvrant avec prudence et en prenant toutes les précautions nécessaires.

Ce qui avait perdu les aventuriers, c'était d'avoir trop méprisé leurs ennemis et d'avoir cru qu'ils ne résisteraient pas à une attaque audacieuse.

Le Mayor se garda bien de leur parler d'honneur, ils ne l'auraient pas compris ; mais il fit miroiter à leurs yeux tant d'or et de diamants, que les bandits, fascinés, furent les premiers à lui crier de marcher en avant.

Le Mayor les fit alors s'éloigner, et au lieu d'attaquer la colline de front, ainsi qu'il l'avait fait la première fois, il tenta l'escalade, sur la droite, où les pentes étaient moins roides, et encore garnies d'arbres et de buissons, derrière lesquels on s'abriterait.

Puis, au lieu de s'élancer en courant, on avancerait à l'indienne, en rampant sur le sol, à une certaine distance les uns des autres, de façon à offrir moins de prise à l'ennemi.

Ce plan bien arrêté, on passa à l'exécution.

Les aventuriers remontèrent à cheval et feignirent de s'éloigner ; puis, arrivés derrière un pli de terrain, ils firent halte, mirent pied à terre, attachèrent leurs chevaux et revinrent sur leurs pas, en ayant bien soin de faire un long circuit.

Ils atteignirent ainsi le point sur lequel ils voulaient opérer.

Les étoiles commençaient à pâlir au ciel, l'horizon se nuançait de larges bandes d'opale ; le soleil n'allait pas tarder à paraître :

Il fallait se hâter.

Les bandits s'allongèrent sur le sol et commencèrent à ramper comme des serpents.

Ils montèrent ainsi lentement, sans produire le moindre bruit.

Ils atteignirent enfin l'abatis sans que leurs ennemis parussent s'être aperçus de leur présence.

Arrivés là, ils firent halte.

Le Mayor se glissa à travers les branches de l'abatis et regarda.

En ce moment, le cri de l'épervier d'eau se fit entendre au-dessus de la rivière.

Les bandits inquiets s'aplatirent contre terre et retinrent leur respiration.

Le Mayor lui-même se blottit au milieu des branches : ce cri semblait être un signal.

Pendant près de vingt minutes, les bandits conservèrent une immobilité de statue.

Rien ne bougea.

Pas un bruit, si léger qu'il fût, ne troubla le silence.

Le Mayor rassuré recommença à ramper au milieu des branches, il avança la tête, l'esplanade paraissait solitaire.

Rien ne se montrait.

Les voyageurs semblaient avoir disparu comme par enchantement.

Le Mayor secoua la tête d'un air mécontent.

Ce silence et cette solitude ne lui semblaient pas naturels.

Il flairait un piège.

Il aurait voulu reculer, mais ses gens le pressaient par derrière, il lui fallait avancer quand même.

Tous les aventuriers passèrent ainsi, les uns après les autres, à travers l'abatis.

Bientôt ils se trouvèrent réunis sur l'esplanade.

— En avant ! cria le Mayor en brandissant son sabre.

— Au Mayor ! au Mayor, hurlèrent les bandits d'une seule voix.

Et ils s'élancèrent.

Au même instant, une fusillade effroyable éclata de toutes parts, et les bandits disparurent au milieu de la fumée.

Les coups partaient de tous les points à la fois, devant, derrière, sur les côtés, et même du haut des arbres.

Les aventuriers, sans apercevoir un seul ennemi, étaient fusillés presque à bout portant.

En ce moment, le soleil parut au-dessus de l'horizon, et dissipa les ténèbres.

Les bandits étaient enveloppés par plus de soixante hommes.

Toute résistance était impossible.

Cependant les bandits ne mirent point bas les armes, ils savaient qu'ils n'avaient aucune grâce à attendre ; ils continuèrent à combattre.

Le Mayor s'élança en avant, s'ouvrant passage avec sa large épée ; et, sans savoir où il allait, il se jeta sous une tente qu'il traversa en courant et l'éventra pour en sortir.

Tout à coup, une douce voix, une voix d'enfant lui cria :

— Oh ! père ! père ! est-ce toi ? Me voici, reconnais-moi donc !

Le bandit se retourna machinalement et regarda du côté où cette voix se faisait entendre, un cri de surprise s'échappa de sa poitrine, ses traits se crispèrent, et une expression de violente douleur et de désespoir apparut sur son visage.

Un enfant pleurant et sanglotant tendait ses petits bras vers lui en criant avec prière.

— Oh ! père ! père, je suis Vanda, reconnais-moi donc ! emporte-moi, j'ai peur !

Il fit un mouvement comme pour courir à l'enfant, mais plusieurs hommes parurent et le couchèrent en joue.

— Enfant, ton père est mort ! cria-t-il d'une voix rauque.

Et se ruant sur les assaillants, il les contraignit à reculer, et bondissant jusqu'à l'extrémité de l'esplanade, sembla s'élancer dans le fleuve.

— Père ! cria une dernière fois l'enfant.

Et elle tomba, en proie à une horrible crise nerveuse, dans les bras de la comtesse.

Madame de Valenfleurs avait assisté, invisible, à cette scène rapide et émouvante.

— Cet homme serait-il donc réellement son père ? Oh ! pauvre enfant ! s'écria-t-elle en la couvrant de baisers.

Les bandits s'étaient fait tuer jusqu'au dernier ; pas un n'avait survécu.

Jérôme et ses amis étaient arrivés à temps pour sauver la comtesse.

Ils étaient montés sur l'esplanade, au moyen des lassos que Charbonneau avait préparés, et que la comtesse leur avait jetés, en entendant le cri de l'épervier d'eau.

VIII

OU LA NUIT SE FAIT DE PLUS EN PLUS ÉPAISSE AUTOUR DE LA GENTILLE PROTÉGÉE DE LA COMTESSE DE VALENFLEURS.

Dans les déserts américains, les luttes sont à outrance et sans merci.

Cette fois, comme toujours, le combat ne cessa que lorsque le dernier aventurier eût succombé.

Seul, le Mayor s'était échappé.

Il avait fui.

Mais, comme le lion, en passant à travers les rangs pressés de ses adversaires.

C'était de lui surtout qu'il importait de s'emparer.

Quelques hommes, témoins de son acte apparent de désespoir, s'étaient lancés à sa poursuite.

Ils espéraient, après l'horrible saut qu'il avait fait, le retrouver gisant horriblement brisé sur la plage.

Mais ils furent trompés.

Grâce à son imperturbable sang-froid, cette fois encore le Mayor était sorti sain et sauf de la mêlée.

On se souvient que les ténèbres n'étaient pas encore complètement dissipées, lorsque l'audacieux bandit avait exécuté son évasion.

On l'avait vu tout à coup disparaître en atteignant l'extrémité de l'esplanade.

Tout portait donc à supposer qu'il s'était précipité du haut de l'accore dans la rivière.

Mais les choses ne s'étaient point passées ainsi.

Le Mayor, profitant de l'obscurité, s'était brusquement aplati sur le sol.

Il avait saisi un des *lassos* disposés par Charbonneau pour faciliter l'escalade aux auxiliaires attendus par les voyageurs, et que l'on avait, l'escalade accomplie, négligé d'enlever, et il s'était tout simplement laissé glisser jusqu'au bord de la plage, où il était arrivé sans une égratignure.

Une fois là, le reste était facile pour un homme déterminé comme le Mayor.

Il s'était emparé alors de l'un des meilleurs chevaux abandonnés entravés par les *civicos*, s'était mis en selle, avait fait entrer son cheval dans la rivière et l'avait traversée intrépidement, en brandissant son long sabre avec des gestes ironiques de défi.

Les chasseurs qui s'étaient rendus en toute hâte sur la plage, non seulement ne retrouvèrent pas le cadavre du bandit, comme ils l'espéraient, mais encore ils eurent la cruelle mortification de reconnaître, en l'apercevant au milieu de la rivière, que leur ennemi leur échappait, après leur avoir volé un de leurs meilleurs chevaux.

Ils tirèrent plusieurs coups de fusil contre le fugitif.

Mais celui-ci semblait invulnérable ; il ne fut pas touché, et continua à se laisser emporter par le courant, sans même tourner la tête.

Les pauvres gens, furieux de leur déconvenue et d'avoir été si effrontément pris pour dupes par leur ennemi, rejoignirent leurs compagnons l'oreille basse.

Les sauveurs de la comtesse de Valenfleurs étaient, pour la plus grande partie, des gardes civicos mexicains, auxquels s'étaient joints quelques chasseurs de bison, trappeurs et coureurs des bois.

Puisque, pour la seconde fois, ce nom de *civicos* se trouve sous notre plume, disons, en quelques mots, comment, pourquoi et en quelles circonstances a été établi ce corps, plus redoutable encore pour ceux qu'il défend que pour ceux qu'il est chargé de combattre.

Sous la domination espagnole, les frontières mexicaines étaient solidement gardées contre les invasions des Peaux-Rouges au moyen de *presidios*, c'est-à-dire de colonies pénitentiaires dont les nombreuses garnisons se reliaient les unes aux autres par une ligne de fortins en terre, établis de distance en distance sur toute l'étendue de ces frontières.

Mais après la guerre de l'indépendance, lorsque les Espagnols furent définitivement chassés du Mexique, les choses changèrent complètement de face.

Les nouveaux affranchis, beaucoup trop occupés à se battre entre eux et à faire des *pronunciamientos* pour se disputer le pouvoir, ne songeaient guère à veiller à la sûreté de leurs frontières.

Ils laissèrent les présidios se dépeupler peu à peu, et, faute de garnisons et de réparations nécessaires, les fortins tomber en ruines.

Le résultat de cet état de choses était facile à prévoir.

Les Peaux-Rouges, trouvant les frontières ouvertes, et certains de l'impunité, recommencèrent leurs courses sur le territoire mexicain, brûlant, pillant et saccageant tout ce qui se trouvait sur le chemin de leurs incursions.

Puis, encouragés par le succès qui couronnait toutes leurs invasions, ils ne mirent plus de bornes à leurs pilleries et organisèrent leurs déprédations.

Apaches, Sioux, Comanches et d'autres peuples encore moins importants, mais tout aussi avides que les premiers, se ruèrent d'un commun accord à la curée.

Les frontières mexicaines furent littéralement mises en coupe réglée.

Les courses des Peaux-Rouges sur le territoire de la République mexicaine devinrent mensuelles.

A l'époque de la pleine lune, les hordes sauvages franchissaient au galop la frontière et se ruaient sur les *Rancherias* et les *Haciendas*; mettant tout à feu et à sang, enlevant les femmes et les enfants et scalpant sans pitié les hommes qui tombaient entre leurs mains.

Les Indiens, comme pour railler leurs faibles adversaires, donnèrent un nom à ces incursions périodiques.

Comme elles avaient lieu à l'époque où la lune brille avec le plus d'éclat, le temps de la pleine lune fut nommé *la lune du Mexique.*

Les hacienderos et les rancheros de la Sonora et des autres États frontières furent bientôt ruinés et réduits au désespoir.

Demander du secours au gouvernement contre les Peaux-Rouges, il n'y fallait pas songer.

Le gouvernement mexicain avait autre chose à faire que de venir en aide à ces pauvres gens.

Il devait d'abord se défendre contre les attaques des partis, et ses troupes, si nombreuses qu'elles fussent, ne réussissaient pas toujours à mener à bien cette rude tâche.

Se voyant abandonnés à leurs propres forces, les hacienderos et les rancheros résolurent de se protéger eux-mêmes à leurs risques et périls.

Ce fut alors que la pensée leur vint de former une espèce de garde nationale, spécialement chargée de combattre les Peaux-Rouges et de les refouler sur le territoire indien.

Le corps des civicos, très nombreux, et composé en grande partie d'aventuriers et de chasseurs, fut institué en Sonora et dans les autres États riverains des Peaux-Rouges.

Ce corps fut habillé, monté et soldé aux frais des plus riches propriétaires de ces contrées, particulièrement exposés aux attaques des Peaux-Rouges et des rôdeurs et pirates des prairies.

Les gardes civicos sont des hommes d'une intrépidité reconnue, d'un caractère farouche, d'une moralité très suspecte et d'une barbarie qui ne le cède même pas à celle des Peaux-Rouges, qu'ils ont pour mission de combattre.

Ils ne font pas de prisonniers.

Tout Indien ou tout bandit dont ils s'emparent est immédiatement torturé et mis à mort.

Les Indiens et les pirates le savent; ils agissent en conséquence.

Ils ne demandent pas plus la vie qu'ils ne l'accordent.

C'est donc une guerre d'extermination entre ces ennemis implacables.

On raconte beaucoup de sinistres et lugubres histoires sur les civicos.

On les accuse partout de se déguiser en Indiens lorsqu'ils croient avoir à se plaindre de certains haciendéros; d'assaillir leurs propriétés et de les faire mourir dans d'épouvantables tortures pour mieux leur voler ce qu'ils possèdent; bref, de faire surtout la guerre à leur profit particulier.

Quoi qu'on en dise, presque toutes ces histoires sont vraies.

Maintes fois les civicos ont été pris sur le fait.

Ce corps est donc un véritable fléau pour ceux qu'il est chargé de protéger.

Le peu de bien que parfois il fait ne compense pas, bien loin de là, les maux qu'il cause.

Malheureusement, l'expérience prouve que les choses continueront encore bien longtemps à marcher ainsi au Mexique.

Les civicos s'étaient rendus en toute hâte dans le campement des aventuriers.

Ils avaient alors fait main basse sur les chevaux, les bagages, et avaient massacré les blessés.

Puis tous les bandits, inspection minutieuse faite de leurs poches, avaient été jusqu'au dernier accrochés aux branches des arbres pour servir d'épouvantail aux autres bandits de la savane et devenir la pâture des vautours, des urubus et autres oiseaux de proie, qui déjà formaient dans l'air, au-dessus de leurs cadavres, d'immenses cercles en poussant des cris de joie.

La comtesse était épouvantée de ces massacres.

Elle n'avait jamais assisté à de telles horreurs.

Son plus vif désir était de s'éloigner au plus vite de ce lieu maudit, où l'odeur âcre et chaude du sang la prenait à la gorge et lui donnait des nausées.

D'après les ordres de sa maîtresse, Jérôme Desrieux donna le signal du départ.

Les préparatifs ne furent pas longs.

Dix minutes plus tard, la petite troupe se mettait en marche, sous la protection de sa féroce escorte.

Les voyageurs, grâce à la tactique adoptée par le brave Charbonneau, n'avaient eu ni tués ni blessés.

Mais il faut constater que les secours étaient arrivés bien à temps.

Un quart d'heure de retard seulement aurait causé d'irréparables malheurs.

Au moment où la caravane prenait pied dans la plaine, deux chasseurs qui avaient poussé une reconnaissance à quelque distance en avant, afin de s'assurer qu'il n'y avait aucun danger à redouter, s'approchèrent de la comtesse, qu'ils n'avaient pas vue encore, dans l'intention de la saluer.

Ces deux chasseurs étaient Cœur-Sombre et Main-de-Fer.

Ils avaient rencontré par hasard les civicos, et s'étaient joints à eux pour les aider dans leur expédition.

Les deux hommes étaient bien connus de tous ; ils avaient été accueillis avec joie par Jérôme Desrieux et ses compagnons.

L'ancien zouave leur avait dit qu'il allait au secours de sa maîtresse, menacée d'une attaque par les bandits de la savane.

Les deux chasseurs avaient alors rangé leurs chevaux auprès de celui de Jérôme Desrieux et sans lui demander de plus amples informations, ils l'avaient suivi.

Un double cri de surprise s'échappa des lèvres de la comtesse et de celles de Cœur-Sombre en s'apercevant.

Ils venaient de se reconnaître.

Il y eut entre eux un assez long silence...

Ils croyaient rêver, tant cette rencontre fortuite en plein désert leur semblait extraordinaire.

— Vous, madame, vous ici? s'écria enfin le chasseur, d'une voix brisée par une émotion intérieure à peine maîtrisée.

— Moi-même, répondit-elle en souriant et lui tendant la main.

Le chasseur porta respectueusement cette main à ses lèvres.

— Il y a bien longtemps que je n'ai eu l'honneur de vous voir, reprit-il. J'ai fait un long voyage et traversé tout le continent américain pour vous saluer et m'entretenir quelques instants avec vous; mais, malheureusement, ce voyage a été inutile. Depuis plusieurs années déjà vous aviez quitté New-York; personne n'a pu me donner de vos nouvelles.

— C'est vrai, dit-elle. Pour certaines raisons que vous saurez bientôt, j'ai été obligée de me rendre au Canada, où je me suis fixée à Québec.

— Hélas! la dernière lettre que vous m'avez fait l'honneur de m'adresser porte la date de 1857; elle m'avait fait concevoir quelques espérances.

— Y auriez-vous donc renoncé? fit-elle avec un vif mouvement d'intérêt.

— Hélas! madame, répondit-il avec un soupir étouffé, que puis-je espérer aujourd'hui, dans la situation précaire où je suis réduit?

— Comment! de l'abattement, du découragement même... Je ne vous reconnais plus, monsieur Julian.

— Hélas! j'ai tant souffert...

— Je le sais. Mais les âmes fortes se trempent dans la douleur!

— Vous ne connaissez pas la vie du désert, madame; cette existence de luttes incessantes contre la nature entière, car tout nous est hostile, hommes, animaux, jusqu'au climat...

— Le peu que je connais du désert ne m'engage pas, je

l'avoue, à faire plus ample connaissance avec lui, interrompit-elle avec un sourire triste. Mais vous êtes un homme, vous; rien ne doit vous surprendre ni vous arrêter; d'ailleurs, vous n'êtes pas seul, vous avez, m'a-t-on dit, un ami dévoué près de vous?

— Oui, répondit-il avec mélancolie, en pressant la main de son compagnon; un ami de toutes les heures, fidèle et dévoué, sans lequel depuis longtemps déjà je serais mort: il m'a soutenu, consolé. Dans toutes les circonstances terribles de ma vie d'aventures, je l'ai toujours trouvé entre le danger et moi. Vous avez raison, madame, j'ai un ami, et je suis un ingrat de l'oublier, car je ne compte plus les fois que je lui ai dû la vie.

— Que dis-tu donc là? s'écria Main-de-Fer. Carai! ami, si nous faisions nos comptes, la balance ne serait pas en ma faveur : l'obligé de nous deux, c'est moi!

— A la bonne heure, voilà qui est parlé! s'écria la comtesse avec un rire perlé; c'est ainsi que j'aime les discussions entre amis. Vous croyiez donc que je vous avais oublié, monsieur Julian!

— Madame, vous êtes un ange, et aux anges on ne demande pas compte de leur conduite. Vous avez eu sans doute des raisons sérieuses pour garder ce long silence. Je m'incline humblement. Et à présent que je vous vois, que je suis près de vous, marchant côte à côte en votre compagnie si chère, je me reprends malgré moi à espérer.

— Et vous avez raison, dit-elle gaiement. Mais vous me reprochez de vous avoir oublié. En ceci, vous n'êtes pas juste. Le service des postes est très mal fait dans les déserts. Je vous ai écrit dix lettres peut-être; je vous en montrerai les brouillons au besoin; vous n'avez pas répondu à une seule.

— Parce que pas une seule ne m'est parvenue, madame.

— Je m'en doutais, voilà pourquoi vous me rencontrez ici.

— Comment! que voulez-vous dire? C'est pour moi?...

— Que j'ai entrepris ce voyage? Oui, monsieur, pour

vous seul. Il fallait bien que je susse enfin ce que vous étiez devenu.

— Eh quoi! vous, madame, une femme accoutumée à toutes vos aises, ignorante des dangers terribles auxquels vous alliez être exposée, vous si tranquille, si heureuse, entourée de tout ce que la richesse et le luxe peuvent donner pour rendre la vie douce et agréable, vous n'avez pas craint...

— D'abandonner tout cela pour me mettre à la recherche d'un ami, et accomplir un acte sacré de reconnaissance! Non, monsieur, vous le voyez, je n'ai pas hésité; je comprenais combien vous deviez souffrir; je suis venue, confiante en Dieu, et me voilà!

— Oh! madame, combien je suis coupable! Comme vous devez me trouver petit et misérable auprès de vous? J'ai douté de votre cœur!

— Le malheur rend souvent injuste, monsieur Julian; je ne vous garderai pas rancune; et la preuve, c'est que je veux vous rendre le bonheur.

— Oh! madame, ne me dites pas cela, je vous croirais; et vous le savez, le bonheur n'est plus fait pour moi!

— Vous êtes fou, mon ami; qui vous empêche de me croire et d'avoir foi en moi : vous ai-je jamais trompé?

— Non certes, madame, je l'avoue humblement; mais ce que vous me laissez entrevoir est si beau!...

— La réalité, je l'espère, sera plus belle encore; reprenez donc courage.

Le chasseur la regarda d'un air égaré, comme s'il devenait fou.

— Courage! reprit-elle avec un délicieux sourire.

Et, s'adressant à son intendant :

— Jérôme! cria-t-elle.

— Présent, madame la comtesse, à vos ordres, répondit l'ex-zouave en arrêtant son cheval et saluant sa maîtresse.

— Où nous conduisez-vous en ce moment?

— Madame la comtesse, nos éclaireurs cherchent un gué. Nous allons traverser la rivière et nous rendre à l'hacienda *del Paraiso* — du Paradis.

— Où cette hacienda est-elle située?

— Aux environs de Paso del Norte, madame la comtesse.

— Mon cher Jérôme, je n'ai rien à faire dans cette hacienda del Paraiso, malgré son nom de si bon augure, reprit-elle en souriant; mais, en revanche, j'ai besoin d'arriver promptement à une hacienda nommée, je crois, la *Florida* — la fleurie — qui, si je ne me trompe, ne doit pas être éloignée de *Arrivaca*, sur la frontière mexicaine.

— Ah! diable, fit l'intendant en se frappant le front avec dépit, je n'avais pas songé à cela!

— Rien de plus facile, dit Cœur-Sombre. Arrivaca n'est qu'à trois lieues d'ici tout au plus, tandis que *el Paso* est beaucoup plus éloigné.

— Vous chargez-vous de nous y conduire à cette hacienda? demanda Jérôme.

— Parfaitement; mais vous n'avez pas besoin de moi; tous nos hommes connaissent Arrivaca.

— Ainsi, madame la comtesse, c'est à la Florida que nous allons?

— Oui, s'il vous plaît, Jérôme.

— Les ordres de madame la comtesse seront exécutés; tous, nous sommes ici pour lui obéir.

Quelques instants plus tard, la caravane traversa le *Rio Colorado* à gué, et appuya légèrement sur la droite pour se rapprocher des frontières mexicaines.

— Vous semblez connaître cette contrée? dit la comtesse.

— En effet, madame, répondit Cœur-Sombre. Je chasse ordinairement dans les parages du Nouveau-Mexique, de la Californie et de l'Orégon; le gibier y est abondant et les fourrures généralement belles.

— Alors, vous êtes allé quelquefois à Arrivaca?

— Quelquefois, oui, madame. C'est un misérable village, une espèce d'*aldea* qui s'en va se dépeuplant, en arrière de *Sapori*, autre hameau peu important, et séparé par *Sierra de Pajaros*, de l'ancien *Presidio de Tubac*, cette contrée appartenait anciennement au Mexique, et se nomme l'*Arizona*.

— Etes-vous allé à la Florida ?

— Jamais. J'ai aperçu de loin l'hacienda; elle paraît fort belle. D'ailleurs, ses dépendances sont immenses; elles ont presque autant d'étendue qu'un département de la France. On y fait en grand l'élevage des chevaux et du gros bétail. La Florida est, je crois, la propriété de don Cristoval de Cardenas, qui descend, dit-on, des anciens Incas du Mexique, et serait ainsi de race royale. Il est actuellement alcade mayor de Tubac.

— Vous le connaissez donc ?

— Fort peu. J'ai reçu une fois, à Tubac, l'hospitalité chez lui, pendant vingt-quatre heures. Il y a environ deux mois, le hasard nous mit en présence dans les Montagnes-Rocheuses, chez un aubergiste où je me trouvais. J'eus alors l'occasion de lui rendre un léger service.

— Rapporte donc les choses comme elles sont ! s'écria vivement Main-de-Fer, et s'adressant avec animation à la comtesse : Madame, continua-t-il, le léger service dont parle mon ami est tout simplement celui-ci : il a sauvé la vie à don Cristoval de Cardenas, à dona Lucia, sa femme et à ses deux enfants, que ce brigand de Mayor avait traîtreusement enlevés, et qu'il se préparait à torturer pour le contraindre à lui livrer le secret de certain trésor que, dit-on, il possède, et que le Mayor, qui depuis longtemps le convoite, prétendait bel et bien s'approprier par ces odieux moyens.

— Il serait vrai ! s'écria la comtesse avec une surprise ressemblant beaucoup à de l'admiration.

— Mon ami exagère, répondit le Cœur-Sombre avec un fin sourire; son amitié pour moi l'aveugle en ce moment, comme toujours.

Main-de-Fer haussa les épaules.

Il ouvrit la bouche comme s'il eût voulu répondre, mais il se ravisa et ne souffla pas mot.

La comtesse de Valenfleurs était soudainement devenue songeuse.

La marche continua pendant un laps de temps assez considérable, sans que la conversation fût reprise entre les trois personnages.

Les deux chasseurs, respectant le mutisme de la belle voyageuse, rêvaient de leur côté.

La comtesse jouait avec Vanda, que Clairette, la camériste, avait placée à califourchon sur le devant de la selle de sa maîtresse.

Le Cœur-Sombre suivait du regard la gentille fillette, dont l'innocent babil semblait de plus en plus l'intéresser presque malgré lui.

Enfin, n'y pouvant tenir davantage :

— Voilà une bien charmante enfant ! s'écria-t-il pour dire quelque chose.

En réalité, ce long silence, qu'il ne savait à quoi attribuer, lui pesait.

— N'est-ce pas ? répondit aussitôt la comtesse en souriant.

— Certes, madame, et vous semblez beaucoup l'aimer.

— Oh ! oui, répondit-elle avec sentiment ; je l'aime comme si elle était ma fille.

— C'est sans doute l'enfant d'un ami bien cher ? dit Main-de-Fer, en se mêlant à la conversation.

La comtesse sourit sans répondre.

Elle embrassa la fillette à plusieurs reprises, la remit à Clairette, qui la replaça sur Jaguarita.

Puis elle fit un signe presque imperceptible à la camériste, qui arrêta son cheval et resta ainsi un peu en arrière et hors de portée de la voix.

— Cette chère enfant, dit alors la comtesse, n'est pas la fille d'un ami ou d'un parent, elle m'a été léguée par la Providence.

— Comment ! par la Providence ? s'écria Main-de-Fer.

— Oui, reprit en souriant la comtesse.

— C'est étrange, murmura Cœur-Sombre.

— Je n'y suis plus du tout, ponctua Main-de-Fer.

— En effet, cela doit vous sembler une énigme.

— Je l'avoue, madame ; répondit Main-de-Fer.

— Dieu a fait un miracle en mettant, il y a deux jours, cette chère et malheureuse enfant sur ma route d'une façon extraordinaire, reprit la comtesse avec des larmes dans la voix.

— Et quoi ! s'écria le Cœur-Sombre, il serait possible. Vous avez trouvé cette pauvre petite seule et abandonnée dans la savane.

— Abandonnée, oui, toute seule, loin de tout secours, mais sous l'œil de Dieu.

— Voilà qui dépasse toute croyance, dit Cœur-Sombre ; mais comment l'avez-vous donc trouvée, madame ? D'où venait-elle ? Où allait-elle ?

— Quant à cela, je ne puis vous répondre, je n'en sais trop rien ; elle dormait quand elle fut rencontrée, ou plutôt découverte, blottie au fond d'un bosquet.

— Cependant, madame, cette enfant est assez âgée pour répondre si on l'interroge ?

— Peut-être.

— Aurait-elle donc refusé de répondre aux questions que vous lui adressiez, madame ?

— Je ne dis pas cela, dit-elle en souriant.

— Mais, alors ?...

— Ainsi que je vous l'ai dit, messieurs, reprit la comtesse après un instant, ma rencontre avec cette chère enfant est toute une histoire mystérieuse, et, je le crains, un énigme dont le mot m'échappera toujours quoi que je fasse pour le découvrir.

— Daignez-vous expliquer, madame dit Main-de-Fer.

— C'est ce que je vais tâcher de faire, d'autant plus que le Mayor, dont vous avez parlé, se trouve mêlé à cette histoire d'une façon singulière.

— Le Mayor ? murmura Cœur-Sombre d'un air triste.

— Oui, connaissez-vous cet homme ? Savez-vous son nom véritable ?

— Ma foi, non ! dit Main-de-Fer.

— Permettez-moi, madame, ajouta Cœur-Sombre, de vous apprendre une chose que vous ignorez sans doute :

les pays nouveaux tels que celui où nous sommes en ce moment sont habités par une population de masques.

— Je ne vous comprends pas, monsieur, qu'entendez-vous par une population de masques ?

— Je veux dire, madame, que dans les savanes du territoire indien, personne ne porte son nom véritable, et que, pour une raison ou pour une autre, chacun se retranche derrière un sévère incognito.

— Ah ! très bien ! aussi vous avez pris le nom de Cœur-Sombre et votre ami celui de Main-de-Fer, n'est-ce pas cela, monsieur ?

— Précisément, madame ; du reste, ces noms, nous ne les avons pas pris, on nous les a donnés, et nous les avons acceptés pour nous conformer aux habitudes généralement adoptées au désert, voilà tout.

— Mais probablement les autres n'ont pas de motifs aussi honorables que les vôtres pour cacher leurs noms ?

— C'est ce que j'ignore, madame ; mais comme la plupart des aventuriers, des coureurs des bois ou des chercheurs d'or sont des déclassés, des parias de toutes les civilisations du vieux monde, peut-être ont-ils des raisons sérieuses pour cacher soigneusement leur véritable personnalité. Tout me porte à soupçonner ce Mayor dont nous parlons d'être dans ce cas.

— Quel qu'il soit, cet homme, quand je l'ai entrevu ce matin, m'a fait, sans que j'en puisse deviner la cause, une impression terrible ; mon cœur s'est serré ; j'ai failli m'évanouir. Il ne soupçonnait pas ma présence. Je l'examinais sans qu'il me vît. La tente n'était que faiblement éclairée par une bougie renfermée dans une lanterne et posée à terre. Je voyais mal son visage à demi-caché sous les larges ailes de son sombrero ; mais je ne sais pourquoi je me sentais frissonner en le regardant ; il me semblait retrouver dans ces traits à peine distincts une époque éloignée de ma vie, sans pourtant réussir à me rappeler le nom de la personne à laquelle j'attribuais cette ressemblance, qui cependant avait pour moi quelque chose de fatal. Mais le Mayor, puisque tel est le nom, après une hésitation de deux ou trois minutes, traversa rapidement la tente... il ne s'arrêta qu'une seconde à peine pour se tourner et regarder avec une expression d'angoisse indicible l'enfant qui l'appelait en pleurant et joignant les mains en lui criant : « Père ! père ! c'est moi ! » Je ne sais ce qui serait arrivé si des civicos n'étaient subitement apparus sur le seuil de la tente. Alors le visage de cet homme se décomposa subitement, prit une expression de poignant désespoir, et il s'élança en criant d'une voix rauque et inarticulée : « Tu te trompes, enfant, ton père est mort ! » et il disparut aussitôt en éventrant d'un coup de sabre la toile de la tente.

— Voilà qui est singulier ! murmura Cœur-Sombre.

— Cet homme serait-il donc le père de cette enfant ? ajouta Main-de-Fer.

— Oh ! ce serait trop affreux ! s'écria la comtesse avec horreur.

— Tout est possible, malheureusement, madame, dit le chasseur.

— Hélas ! c'est vrai, murmura-t-elle.

— Pardon, madame, reprit Cœur-Sombre ; vous nous aviez promis l'histoire de votre gentille protégée.

— C'est juste ; écoutez-moi donc, messieurs.

La comtesse raconta avec les plus minutieux détails la découverte de l'enfant, et comment elle l'avait adop..

Puis, elle rapporta les différents interrogatoires qu'elle lui avait fait subir, et ce qu'elle était parvenue à apprendre ainsi sur le passé de l'enfant et la catastrophe qui l'avait brutalement jetée dans le désert.

Les deux chasseurs avaient écouté ce double récit avec la plus sérieuse attention et sans interrompre une seule fois la charmante narratrice.

— Eh bien ! dit-elle en terminant, que pensez-vous de cette histoire, messieurs ? Croyez-vous pouvoir y ajouter quelque chose susceptible d'éclaircir un peu ce mystère ?

— J'en doute, madame. Nous ne pouvons procéder que par induction ; cependant, peut-être apporterons-nous quelques pierres, si petites qu'elles soient, à l'édifice que vous construisez si péniblement. Finissons-en avec le Mayor, avant tout autre chose. Notre rencontre avec lui eut lieu quelque temps avant les faits si graves que vous avez rapportés. A la suite d'événements trop longs à vous raconter, le Mayor fut condamné par moi à expier ses crimes, par un abandon au désert, sans armes, sans vivres, sans cheval et sans feu.

— Oh ! quel affreux supplice ! s'écria la comtesse en pâlissant.

— Il avait mérité pis encore ! s'écria Main-de-Fer rudement.

— L'arrêt fut exécuté dans toute sa rigueur, reprit Cœur-Sombre.

— Par moi, qui l'emportai garrotté, bâillonné et aveuglé, sur la croupe de mon cheval ; je le laissai seul, au milieu d'une forêt vierge presque impénétrable et peuplée de fauves. J'avais pitié de lui, j'espérais qu'il serait promptement dévoré, ajouta naïvement Main-de-Fer.

— Ma surprise fut grande, continua Cœur-Sombre, quand je reconnus ce matin ce misérable, que je croyais mort depuis longtemps. Par quels prodiges de volonté, d'énergie et d'intelligence, cet homme a-t-il réussi à échapper aux fauves, à vaincre la faim, le froid, la fatigue ? à retrouver son chemin dans le dédale où on l'avait laissé, et à reprendre sa place parmi les vivants ? C'est ce que je ne saurais dire. Je restai confondu en le revoyant à la tête d'une troupe de bandits, audacieux et fier comme je l'avais vu quelque temps auparavant, dans cette auberge perdue des Montagnes Rocheuses. Je n'avais pas voulu alors souiller mes mains de son sang, je lui avais laissé une chance bien faible, il est vrai ; mais je comptais sur le remords, j'espérais qu'il s'amenderait. J'avais tort ; tout est vicié en cet homme ; il mourra comme il a vécu, le blasphème à la bouche, le poignard à la main et avec le seul regret de ne pouvoir commettre d'autres crimes. C'est un fauve !

— C'est épouvantable ! s'écria la comtesse.

— Oui, épouvantable, mais rigoureusement vrai. Savez-vous pourquoi je ne l'ai pas tué et pourquoi je me suis senti ému de pitié pour lui, madame? Je vais vous le dire. C'est qu'il exposait ses plans à un autre scélérat pire encore que lui, peut-être, et que, pour ne pas être entendu de ses complices, il lui parlait en langue basque qu'il croyait inconnue de tous ses auditeurs.

— En langue basque ! Cet homme parlait le basque ! s'écria la comtesse en pâlissant et joignant les mains.

— Oui, madame, et il le parlait aussi purement que vous, mon ami et moi, nous le ferions ; j'étais là, près de lui ; je ne perdais pas une seule de ses paroles ; en entendant ma langue maternelle, parlée ainsi, si loin de mon pays, cela me bouleversait le cœur, m'attendrissait malgré moi ; j'oubliais tout pour ramener mes pensées en arrière, et rappeler les souvenirs de ma première jeunesse toujours vivants au fond de mon âme ; il fallut l'atrocité des projets de ces deux monstres et un effort de volonté suprême, pour rompre le charme qui me maîtrisait. Tout à coup je me mêlai à leur conversation, en langue basque, moi aussi ; ce fut un coup de foudre pour ces misérables. Maintenant sachez le nom du complice du Mayor, de l'homme auquel il confiait ses plans : cet homme était mon ennemi mortel, la cause de toutes mes souffrances et de tous mes malheurs, Felitz Oyandi !

— Felitz Oyandi ! ce monstre vit encore ?

— Je le crois, car je lui ai fait grâce.

— Et tu as eu tort ; il reparaîtra quelque jour ; il faut toujours écraser la tête du serpent, fit Main-de-Fer en hochant la tête.

— Mais ce Mayor, ce Mayor ! quel est-il ?

— Je l'ignore, madame.

La comtesse laissa tristement tomber la tête sur la poitrine.

— Continuez, dit-elle.

— Ne vaudrait-il pas mieux remettre cette conversation à plus tard, madame? Vous semblez douloureusement affectée.

— C'est vrai, mais cependant mieux vaut en finir tout de suite, dit-elle d'une voix brève. Continuez, je vous en prie, M. Julian ; qui sait si plus tard j'aurai la force de vous entendre.

— C'est donc pour vous obéir, madame.

— Merci, mon ami ; ne faites pas attention à ma tristesse, ce n'est qu'un malaise passager ; je me sens déjà mieux. Parlez ; je vous écoute.

— Madame, dans la *sierra del Moro*, qui d'un côté se relie à la *sierra Madre* et de l'autre aux Montagnes Rocheuses dans le Nouveau-Mexique, mais presque sur la frontière de l'Utah, où se sont établis les Mormons, se trouve une vieille ville espagnole fondée aux premiers temps de la conquête. Très florissante jadis, elle meurt aujourd'hui et se dépeuple tous les jours. Elle se nomme *Santa-Fé* ; elle est bâtie presque à la source d'une des branches de la rivière le *Rio grande del Norte*. Cette ville sert aujourd'hui d'étape et de lieu de séjour aux chercheurs d'or venant du Texas et du Mexique. Je vais souvent dans cette ville, où est établi un comptoir de traite, soit pour y vendre mes fourrures, soit pour y renouveler mes provisions de cartouches, parce que mon ami et moi nous possédons des armes de précision qui ne se chargent qu'avec des cartouches particulières, que le chef du comptoir de traite a la complaisance de faire venir de la Nouvelle-Orléans tout exprès pour nous. Quelquefois mon séjour dans cette ville se prolonge pendant douze ou quinze jours ; quelquefois plus. Je suis médecin, vous le savez, et c'est une joie pour les habitants quand ils nous voient arriver, mon ami et moi ; on me présente les malades : bref, toutes les maisons me sont ouvertes, de sorte que je connais presque tout le monde à Santa-Fé ; cependant, il y avait une maison dans laquelle je n'avais jamais pénétré, et dont je ne connaissais les habitants que par ouï-dire ; je ne les avais jamais aperçus. Cette maison, fort grande et fort belle, construite à l'époque ou Santa-Fé était une ville riche et commerçante, était située sur la *plaza mayor*, précisément en face de l'église de la *Merced* ; ses jardins, fort beaux, dessinés à l'ancienne mode espagnole, s'étendaient très loin, et débouchaient hors de la ville, en pleine forêt vierge.

— Mais, s'écria la comtesse, c'est cela même ; c'est ainsi que ma chère Vanda m'a décrit la maison de sa mère.

— Je le crois, madame, ce doit être cela, en effet.

— Continuez, continuez, je vous prie.

— J'habitais, moi, pendant mes rares visites à Santa-Fé, une maison située de l'autre côté de la place, et appartenant à une veuve, qui me la louait pour dix piastres par an. Lorsque j'arrivais, la bonne femme se réfugiait dans un pavillon au fond de son jardin, et me laissait la jouissance de tout le reste. La brave dame avait un péché mignon : elle était très bavarde et aimait surtout parler de ses voisins ; et presque toujours en mal, je dois lui rendre cette justice.

— Vous êtes méchant pour les pauvres femmes, dit la comtesse en riant.

— Moi, madame? Dieu m'en garde ! Je suis trop leur admirateur pour cela ; je dis la vérité, voilà tout.

— Bon, bon ! je sais qu'en penser... Continuez !

— Sans que j'eusse besoin de l'interroger, la brave femme me conta tout ce qu'elle savait sur les habitants de la grande maison. Voici le résumé de ce qu'elle me dit : Quelques années auparavant, un cavalier et une dame, suivis de quatre domestiques mâles et femelles, étaient arrivés à Santa-Fé. Le mari avait acheté, le jour même, cette maison, qui, depuis plusieurs années, était en vente, et l'avait payée comptant, au nom de don José Moralès. Il s'était installé dans la maison ; puis, trois jours plus tard, il était parti, laissant sa femme seule. Cette femme était toute jeune alors ; elle avait quinze ans à peine et était d'une beauté remarquable. Elle se nommait dona Luz Alacuesta.

— Vous venez de dire Moralès ?

— Pardon, madame ; en Espagne, ce n'est pas comme

dans notre pays de France. Les femmes, en se mariant, ne perdent pas leur nom ; elles le conservent, et, si cela leur plaît, le joignent à celui de leur mari et aux titres qu'il porte. Le mari pouvait donc se nommer José Moralès et la femme Luz Alacuesta.

— C'est juste. Allez ; j'écoute.

— Don José ne faisait que de courtes, et surtout de très rares apparitions à Santa-Fé. Il arrivait toujours la nuit, et lorsqu'il repartait, c'était avant le jour. Parfois même, il arrivait et repartait en passant par les jardins, de sorte que la plupart du temps on ignorait s'il était, ou n'était pas à Santa-Fé. Chaque fois qu'il venait, il était suivi d'une ou deux mules chargées. Souvent, pendant son absence, des arrieros arrivaient avec des mules, et tantôt ils demandaient le señor Moralès, tantôt le señor Munoz, enfin une infinité de noms plus baroques les uns que les autres, ce qui étonnait grandement les gens, et lorsqu'on les pressait de questions, ils répondaient par de grossières rebuffades, et finissaient par donner le nom de la señora. Celle-ci vivait fort retirée, elle était très pieuse et donnait beaucoup aux églises et aux couvents. Aussi ne manquait-elle pas d'amis dans le clergé, séculier ou autre, prêts à la défendre et à chanter ses louanges lorsqu'on attaquait son mari, que l'on s'étonnait de son existence mystérieuse et de ces grandes richesses que l'on voyait continuellement entrer dans cette maison sans les en voir jamais sortir. En somme, ce mari, que personne ne connaissait, dont nul ne se rappelait le visage et dont l'existence était si problématique, avait, grâce aux commérages de la ville, une exécrable réputation. On ne se gênait pas pour le traiter de scélérat et l'accuser d'être un chef de salteadores.

— Souvent, les commérages sont l'expression de la vérité, dit la comtesse.

— Rarement, madame, parce que la calomnie en fait toujours le fond ; mais je ne préjuge pas, je raconte.

— Et ce que vous dites est très intéressant, cher monsieur.

— Mille grâces, madame. Je reprends ou plutôt je termine ; car je n'ai plus que quelques mots à ajouter. Ma surprise fut grande la dernière fois que je visitai Santa-Fé d'apercevoir sur la place Mayor des ruines à peine refroidies, des monceaux de cendres et de débris de toutes sortes, sur l'emplacement occupé par la maison que si souvent j'avais admirée. Je n'en pouvais croire mes yeux ; c'était un spectacle véritablement lamentable. Je m'informai à ma vieille propriétaire ; elle me raconta toute l'histoire, presque dans les mêmes termes que vous, madame, me l'avez racontée. Vers onze heures du soir, une nombreuse troupe de bandits, tous à cheval, s'était introduite dans la ville endormie ; ils avaient entouré la maison, forcé les portes et les fenêtres, avaient égorgé les péons, surpris dans leur sommeil, puis ils s'étaient mis à piller, à briser les meubles, en poussant de grands cris ; ils avaient amené des mules avec eux et s'étaient partagé la besogne, les uns pillaient, les autres faisaient des ballots et chargeaient les mules ; puis lorsqu'ils n'avaient plus rien trouvé qui méritât d'être emporté, ils avaient jeté des torches brûlantes dans toutes les chambres et s'étaient retirés. Derrière eux, la maison s'était allumée comme un phare, avait flambé toute la nuit, et s'était écroulée, sans que personne essayât d'arrêter l'incendie. La population, effrayée par le nombre de ces audacieux bandits, les avait laissés partir sans les inquiéter ; du reste, ils avaient opéré leur retraite en bon ordre, et sans causer aucun autre dégât. Quant aux maîtres de la maison, personne ne les avait vus et n'en avait eu de nouvelles ; on supposait, ou qu'ils avaient été égorgés, ou qu'ils avaient péri sous les ruines de la maison. Voilà, madame, tout ce que je puis vous dire.

— Ne trouvez-vous pas toutes ces coïncidences étranges ? Et ne pensez-vous pas comme moi que vos renseignements complètent les miens ? dit la comtesse après un instant.

— Pardon, madame, je vois des faits extraordinaires, qui, à première vue, semblent, en effet, se compléter les uns par les autres; mais, en y réfléchissant posément, tout cet échafaudage de quasi-preuves s'écroule, pour ne plus laisser subsister que le doute. En effet, les principaux personnages nous échappent; nous ne savons rien sur eux de positif; nous ne les connaissons même pas; il nous serait impossible de les reconnaître. La mère de l'enfant est morte; rien ne prouve que ce nom qu'elle portait, et qui n'est pas écrit sur le médaillon de son portrait, fût le sien. Croyez-vous qu'elle aurait, sur les billets, autographié son nom de deux façons différentes? Cela ne supporte pas la discussion. Et l'homme, le mari, cet être mystérieux que personne ne voit et ne connaît? Pouvons-nous affirmer que ce soit le Mayor, plutôt que tout autre? Non; vous me répondrez que l'enfant a reconnu son père, qu'elle l'a appelé, et que celui-ci a fait un mouvement comme pour se rapprocher de la fillette qui l'implorait. D'abord la tente était obscure; l'enfant avait peur, elle a dû être trompée par une ressemblance fortuite; elle voyait mal et n'avait pas l'esprit libre. Quant au Mayor, je le connais et je l'ai vu à l'œuvre. Vous-même, madame, avez assisté à sa fuite; fuite héroïque, dirais-je, s'il ne s'agissait pas d'un tel scélérat, puisque seul, armé de sa longue épée, il a passé fièrement au travers de plus de soixante hommes armés et résolus à le tuer, et malgré cela a réussi à s'ouvrir un passage. Croyez-vous qu'il soit possible qu'un tel homme, appelé par son enfant et le reconnaissant, fût demeuré sourd à ses prières et se fût détourné de lui? Non, madame, il l'aurait à tout prix emporté dans ses bras! Je vous le répète : il l'aurait fait, ou serait mort en le défendant; mais jamais, à aucun prix il ne l'aurait laissé derrière lui! Je vais plus loin, peut-être était-ce le Mayor lui-même qui dirigeait l'attaque contre la maison de Santa-Fé. Ce bandit ne recule devant rien pour se procurer de l'or! Peut-être a-t-il égorgé le père de la pauvre enfant! Ses paroles semblent l'indiquer : Ton père est mort! a-t-il crié. Donc, il connaissait ce meurtre; il ne saurait, par conséquent, être le père de cette malheureuse enfant, mais bien plutôt son assassin!

— Allons! dit la comtesse avec un soupir de découragement, j'avais eu un instant d'espoir; il me faut y renoncer. Je suis heureuse cependant que ma chère Vanda ne soit pas la fille d'un bandit et d'un assassin.

— A ceci, madame, on pourrait répondre bien des choses.

— Comment cela, monsieur? Je ne vous comprends pas; veuillez, je vous prie, me faire connaître votre pensée tout entière.

— A quoi bon, madame?

— Parlez donc, monsieur, vous voyez que j'attends! reprit la comtesse en fronçant le sourcil.

Cœur-Sombre pâlit et se mordit les lèvres.

Mais, se remettant aussitôt:

— Je vous obéis, madame, dit-il d'une voix dure. Vous voulez connaître ma pensée tout entière, la voici. Quant à moi, je suis convaincu que, quel que soit le père de cette pauvre enfant, c'est, s'il vit encore, ou c'était, s'il est mort, un coquin de la pire espèce. La fortune considérable sauvée du pillage et emportée par la mère le prouve d'une façon péremptoire: les honnêtes gens n'ont pas à l'improviste à leur disposition des sommes aussi considérables, surtout en or, diamants, bijoux et billets de banque; et je ne parle que pour souvenir de ces mules chargées d'incalculables richesses, qui venaient si fréquemment se décharger de leur précieux fardeau dans cette maison.

— Vous êtes devenu bien sceptique, monsieur, depuis que j'ai eu l'honneur de vous voir, dit la comtesse avec un sourire railleur. Est-ce la vie du désert qui vous a rendu ainsi?

Et elle ajouta, en éclatant d'un rire plein de sarcasme:

— Vous ne croyez plus à rien qu'au mal. Vous le voyez partout.

— C'est que, depuis bien longtemps, madame, je cherche le bien sans le trouver nulle part, répondit-il avec un accent glacé, en s'inclinant avec une politesse ironique sur le cou de son cheval.

La comtesse tressaillit et se retourna vivement vers le chasseur, qu'elle regarda un instant avec une surprise triste.

Peut-être allait-elle lui demander l'explication de ses dernières paroles.

Mais, au même instant, Jérôme Desrieux s'approcha de sa maîtresse et la salua.

La comtesse l'interrogea du regard.

— Madame la comtesse, lui répondit-il alors, nous ne sommes plus qu'à une heure à peu près de la Florida, et voici là-bas devant nous des cavaliers qui semblent venir à notre rencontre. Quels sont vos ordres ?

— Allez les reconnaître avec quelques chasseurs ; et si ces cavaliers sont ce que vous supposez, faites-leur mes compliments et présentez-les-moi.

L'ex-zouave salua, tourna bride et repartit ventre à terre.

La comtesse jeta un regard autour d'elle.

Les deux chasseurs la suivaient toujours.

Mais ils ne marchaient plus sur la même ligne qu'elle.

Ils semblaient tristes et embarrassés.

— J'ai commis une faute, murmura-t-elle.

Puis, après un instant, elle ajouta avec un fin sourire :

— Mais, grâce à Dieu, dans quelques instants il me pardonnera !

IX

COMMENT LE CŒUR-SOMBRE RÉSOLUT TOUT A COUP DE POUSSER UNE POINTE DANS LE DÉSERT, AFIN DE NE PAS ACCOMPAGNER PLUS LONGTEMPS LA COMTESSE.

La Florida s'élevait et probablement s'élève encore sur le sommet d'une haute colline, dernier contrefort d'une ramification de la sierra de San José, dont les pics bizarrement découpés et couverts de neiges éternelles semblent s'enfoncer dans les nuages.

Cette magnifique hacienda avait été construite aux premiers jours de la conquête espagnole, par un des ancêtres du propriétaire actuel, de la famille duquel elle n'était jamais sortie.

Elle était entourée d'une muraille massive, couronnée d'*almenas* en signe de noblesse.

Les quatre larges portes percées dans cette muraille, munies de pont-levis, étaient garnies à l'intérieur d'une forte hesse de fer que l'on baissait chaque soir : précaution non seulement prudente, mais encore indispensable sur le territoire indien, où l'on est chaque jour exposé aux attaques des Peaux-Rouges et des bandits.

Les appartements étaient nombreux, bien disposés et meublés avec un luxe véritablement princier.

Dans la cour d'honneur, à droite, se trouvait une chapelle assez grande, de style gothique, où l'aumônier de l'hacienda disait la messe.

Les côtés et les derrières de l'hacienda étaient occupés par des corrals pour les chevaux et les bestiaux, et une *huerta* ou jardin immense, dessiné avec ce talent et cette entente supérieure de l'ombre, que personne ne possède à un aussi haut degré que les Espagnols.

Ces jardins étaient traversés par une rivière très poissonneuse, qui tombait en cascade d'une hauteur considérable.

Puis c'étaient des statues, des pièces d'eau, des bains établis selon la mode moresque.

Le jardin se terminait par un parc ou plutôt une forêt, remplie de gibiers de toutes sortes.

On pouvait galoper pendant deux jours dans cette forêt sans en apercevoir la fin.

Jardin et parc étaient clos de murs très épais, et surtout très élevés.

Au pied de la colline, au sommet de laquelle s'élevait fièrement l'hacienda, se trouvait un *Rancho* ou plutôt une *Rancheria*, composée de deux ou trois cents cabanes construites en pisé, blanchies au lait de chaux, bien alignées, fort propres, et servant d'habitation aux peones, vaqueros et ouvriers de toutes sortes employés à l'hacienda.

Ces gens vivaient là chez eux au milieu de leurs familles, bien nourris, bien vêtus et bien payés, car leur maître était un homme bon et juste.

Ils étaient aussi heureux, selon leur condition, qu'il leur était possible de l'être.

La Rancheria était entourée d'un mur et d'un large fossé, afin de ne pas être surprise à l'improviste par les Indiens, ou les maraudeurs plus à redouter encore et qui pullulent dans ces parages éloignés de tout centre de populations, et par conséquent de secours immédiats.

Cependant, Jérôme Desrieux avait rejoint les cavaliers étrangers et faisait avec eux un échange courtois de politesse.

Les cavaliers étaient au nombre de quatre.

Ils portaient le riche et élégant costume des rancheros, et montaient des chevaux *mustangs* des prairies de grand prix, et magnifiquement harnachés.

— Sur ma foi, s'écria Main-de-Fer, c'est le senor don Cristoval lui-même, son fils don Pancho l'accompagne. Quant aux autres cavaliers, l'un doit être le mayordome de l'hacienda, si je ne me trompe; quant à l'autre, je ne sais qui il est.

— Veuillez donc, je vous prie, m'indiquer le senor don Cristoval, demanda la comtesse à Main-de-Fer.

— Je croyais que vous le connaissiez, madame? dit alors Cœur-Sombre avec surprise.

— Certes, je le connais beaucoup, répondit-elle vivement.

— Mais alors, pardonnez-moi cette question, madame, comment se fait-il que vous demandiez à mon ami de vous l'indiquer?

La comtesse se mit à rire.

— Parce que je ne l'ai jamais vu, dit-elle.

— Comment le connaissez-vous donc?

— Par correspondance, monsieur.

— Mais...

— Depuis quelque temps, nous nous sommes beaucoup écrit; et, ajouta-t-elle avec un fin sourire, heureusement pour vous, il a reçu mes lettres.

— Sur l'honneur! je ne comprends pas.

— Il n'est pas besoin que vous compreniez... quant à présent, ajouta-t-elle en appuyant avec intention sur les trois derniers mots.

Le chasseur secoua la tête en homme qui renonce à deviner une énigme et se résigne bon gré mal gré.

Tout en causant ainsi, on continuait à marcher.

Bientôt on ne se trouva plus qu'à quelques pas des étrangers.

— Me direz-vous qui est don Cristoval de Cardenas? fit-elle avec une moue charmante.

— C'est le cavalier qui marche en avant, répondit Cœur-Sombre.

— Merci, dit-elle.

Elle poussa son cheval, en faisant signe à son escorte de s'arrêter, et elle s'avança en compagnie de sa camériste et de son fils à la rencontre des cavaliers.

Les deux chasseurs la suivirent à quelques pas en arrière.

En apercevant la comtesse de Valenfleurs, don Cristoval fit sentir l'éperon à son cheval et se hâta au-devant d'elle.

Il s'arrêta à deux pas de la comtesse, ôta son chapeau, et, s'inclinant jusque sur le cou de son cheval :

— Soyez la bienvenue sur mes terres, madame la comtesse, fit don Cristoval avec une exquise courtoisie. Dès ce moment, vous êtes chez vous et maîtresse absolue de tout ce que votre regard peut embrasser aux quatre points de l'horizon. Veuillez donc, je vous en supplie, ne me considérer que comme le premier et le plus dévoué de vos serviteurs.

— C'est trop de galanterie, seigneur cavalier, répondit la comtesse avec un délicieux sourire, je ne vous demande que l'hospitalité du voyageur.

— L'hôte est l'envoyé de Dieu, madame, répondit l'haciendero en s'inclinant de nouveau ; il est le seul maître dans la maison tant qu'il lui plaît d'y résider, et tout lui appartient. Mais ordonnez, madame, et, quels que soient vos ordres, ils seront exécutés.

— Je suis confuse de ce gracieux accueil, senor don Cristoval ; je vous en remercie du fond du cœur ; vous saurez quels motifs sacrés ont nécessité le long et périlleux voyage que je viens d'accomplir à travers le désert ; j'ose espérer que vous m'aiderez à amener le résultat que je désire si vivement.

— J'y mettrai tous mes soins, madame la comtesse, bien que cette fois soit la première que nous nous voyons, nous sommes cependant de vieux amis ; et vous saurez que vous pouvez compter sur mon dévouement le plus absolu, répondit don Cristoval en souriant.

— Je suis heureuse, bien heureuse de vous entendre parler ainsi, caballero, dit-elle avec une émotion contenue ; et elle ajouta, sans doute pour changer la conversation : Permettez-moi, senor don Cristoval, de vous présenter mon fils, le comte Armand de Valenfleurs.

Le jeune homme s'inclina sur son cheval et fit un salut gracieux.

— Vous me comblez de joie, madame, répondit l'haciendero, en rendant avec un bon sourire le salut que lui avait fait le jeune comte, vous m'enhardissez à vous présenter à mon tour mon fils, don Pancho de Cardenas.

— Qui sera heureux, madame la comtesse, de devenir l'ami de votre fils, dit le jeune homme avec un respectueux salut ; comme il se déclare dès à présent votre plus dévoué serviteur.

— Quant moi, senor don Pancho, dit Armand en lui tendant la main, je sens que je vous aime déjà.

— Et moi de même, répondit aussitôt le jeune Mexicain, en serrant la main du comte dans la sienne.

— Ceci est de bon augure, dit la comtesse en souriant.

— Cette charmante petite fille est sans doute à vous aussi, madame la comtesse ? reprit l'haciendero.

— Hélas! non, senor, répondit la comtesse avec une nuance de tristesse, c'est une orpheline que j'ai adoptée; je n'ai pas le bonheur d'être sa mère.

— Mais je t'aime comme si j'étais ta fille, madame maman, s'écria l'enfant en lui jetant les bras au cou et l'embrassant.

— Vous songez toujours aux autres, et jamais à vous, madame, reprit l'haciendero avec émotion; il y a longtemps que je sais combien vous êtes bonne et sainte.

— Chut! dit la comtesse en souriant, et le menaçant du doigt, pas un mot de plus sur ce sujet!

— Soit! je me tais, madame; vous plaît-il de venir à l'hacienda, dont nous sommes encore éloignés d'un quart de lieue.

— Un instant, je vous prie; je désire congédier mon escorte, dont je n'ai plus besoin, puisque je suis maintenant sous votre sauvegarde.

L'haciendero s'inclina respectueusement.

La comtesse appela Jérôme Desrieux, celui-ci se hâta d'accourir.

— Veuillez, lui dit-elle, remercier ces braves gens qui m'ont rendu un si grand service, et les congédier. Ce serait abuser de leur complaisance, que de les retenir plus longtemps près de moi. Vous remettrez deux onces d'or à chacun d'eux, non pas comme payement, mais comme un faible témoignage de ma reconnaissance.

— Je ferai respectueusement observer à madame la comtesse, répondit l'intendant, que les civicos et les chasseurs qui m'ont accompagné cette nuit sont au nombre de soixante-dix.

— Quand même ils seraient cent, qu'importe? Songez-vous qu'ils nous ont empêchés d'être égorgés et peut-être torturés? Croyez-vous que deux onces sont un trop haut prix pour un tel service?

— Je ne suis qu'un sot, répondit l'ex-zouave; madame la comtesse a raison, comme toujours.

Et il se retira.

20.

Pendant tous ces pourparlers, Cœur-Sombre et Main-de-Fer s'étaient tenus à l'écart.

Cœur-Sombre dit alors quelques mots à voix basse à son ami.

Ils firent tourner leurs chevaux, se mêlèrent à la foule, et bientôt disparurent sans que personne remarquât leur départ.

Jérôme Desrieux, après avoir fait ranger les civicos à sa droite et à sa gauche, leur fit un discours.

Il était beau parleur et se piquait d'éloquence; peut-être avait-il raison.

Car son discours qui, faute d'autre, eut du moins la qualité d'être court, souleva une tempête de hurrahs et de vivats et les cris cent fois répétés de :

— Vive madame la comtesse! Longue vie à madame la comtesse!

Après avoir à grand'peine obtenu un silence relatif, l'intendant commença la distribution, en remettant, ainsi qu'il en avait reçu l'ordre, deux onces d'or, environ cent soixante-dix francs de notre monnaie, à chaque homme.

La distribution terminée, les civicos exécutèrent une fantasia dans le style arabe, en l'honneur de la généreuse comtesse, et, à un signal donné, ils partirent à fond de train dans la direction de Paso del Norte.

Bientôt ils disparurent dans un épais nuage de poussière, soulevé par le galop enragé des chevaux.

La troupe de la comtesse de Valenfleurs se trouva alors réduite à son nombre ordinaire, c'est-à-dire à dix-sept personnes, en y comprenant l'intendant et le guerrier comanche qui, lors de sa mission, lui avait servi d'éclaireur.

L'haciendero laissa à la poussière soulevée par la fantasia et le rapide départ des civicos le temps de se dissiper, puis il engagea la comtesse à donner l'ordre de se remettre en route.

Ce que fit la comtesse.

Don Cristoval de Cardenas avait expédié en avant son mayordome et l'autre personne qui l'accompagnait, afin d'annoncer leur prompte arrivée à l'hacienda.

La comtesse et l'haciendero causaient à voix basse; ils s'entretenaient sans doute de choses importantes.

Quant à Armand et à don Pancho, ils allaient côte à côte, riant et jasant comme de vieux amis.

La caravane marchait doucement.

Il lui fallut près de trois quarts d'heure pour arriver à la Rancheria, établie au pied de la colline, au sommet de laquelle s'élevait la Florida, dominant la campagne jusqu'aux dernières limites de l'horizon.

Il était dix heures du matin.

La chaleur commençait à être accablante.

Chacun aspirait à se mettre à l'abri le plus tôt possible.

On atteignit la Rancheria.

La comtesse, dont la conversation avec l'haciendero durait toujours, éleva un peu la voix.

— Mon Dieu oui, dit-elle, le hasard a tout fait; je désespérais, après de si longues et de si inutiles recherches, de le retrouver jamais, et je ne savais trop comment tout cela tournerait, lorsque ce matin, en quittant le campement, je me rencontrai face à face avec lui.

— C'est prodigieux, répondit l'haciendero : ainsi comme cela? à l'improviste?

— Mon Dieu, oui; il paraît qu'il avait accompagné les civicos amenés à mon secours par mon intendant. Le combat terminé, lui et son ami, un de ses compagnons d'enfance, dont il ne se sépare jamais, s'étaient lancés en éclaireurs pour s'assurer que tout danger avait disparu. Il revenait de battre ainsi l'estrade dans l'intérêt de ma sûreté, lorsque le hasard nous mit en présence.

— Sur ma parole, c'est incroyable! Il s'est donc fait chasseur, coureur de bois, gambucino?

— Il est chasseur et jouit, dit-on, d'une grande réputation parmi ses confrères de la savane; d'ailleurs, j'avais déjà entendu citer son nom avec éloge, et même avec un certain respect, sans y attacher autrement d'importance.

— Et ce nom, quel est-il, s'il vous plaît, madame la comtesse?

— Cœur-Sombre.

— Cœur-Sombre! et son ami se nomme Main-de-Fer, n'est-ce pas? s'écria l'haciendero avec une subite animation.

— Je crois que oui. Mais, qu'avez-vous donc? vous êtes tout troublé. Auriez-vous eu à vous plaindre de lui? Il m'a dit, en effet, vous connaître un peu.

— Certes, je le connais, madame. Quant à avoir à me plaindre de lui, c'est autre chose, ajouta-t-il en souriant.

— Vous lui auriez, paraît-il, donné l'hospitalité?

— C'est vrai, madame, non pas ici, dans cette hacienda, mais à Tubac. Ne vous a-t-il rien dit de plus sur nos relations postérieures?

— Je ne sais trop; tout cela, vous devez le comprendre, est confus dans mon esprit. Je crois qu'il m'a parlé d'un léger service qu'il a eu l'occasion de vous rendre.

— Un léger service! s'écria don Cristoval avec animation; c'est cela, madame, il nous a simplement épargné la torture, sauvé la vie à ma femme, ma fille, mon fils et moi, et nous a empêchés d'être odieusement dépouillés par ce farouche scélérat de Mayor. Ah! c'est cela qu'il appelle un léger service! Mais, vive Dieu, je ne suis pas ingrat, je le lui prouverai, et d'abord, oui, c'est cela, ajouta-t-il en se parlant à lui-même, j'ai trouvé le moyen.

— Que dites-vous donc, senor?

— Rien, madame, excusez-moi. Depuis deux mois je cherche ou plutôt je fais chercher partout ce brave Cœur-Sombre, sans réussir à le trouver; car après m'avoir escorté jusqu'en vue de Tubac, il s'est enfui, sans même vouloir accepter mes remerciements. Mais maintenant, il faudra bien qu'il s'explique, et nous verrons. Ne m'avez-vous pas dit, madame, qu'il vous accompagnait?

— Oui, senor, vous savez qu'il est d'humeur sauvage; il se tient à l'écart probablement.

— Mais je ne le vois pas, s'écria l'haciendero.

— Comment! vous ne le voyez pas? Son ami et lui étaient près de moi lorsque vous nous avez rencontrés: nous causions ensemble. Sans doute il est avec mes gens : il a voulu nous laisser toute liberté de nous entretenir.

— Mais non, madame, je ne vois ni lui ni son ami; ils sont partis!

— Oh! ce n'est pas possible! Me quitter ainsi, je ne puis le croire!

— Cela est, cependant: regardez, madame. Du reste c'est assez son habitude; Cœur-Sombre aura sans doute été mécontent de la réception que vous lui aurez faite, madame.

— Non, vous devez vous tromper: il y a là-dessous quelque malentendu que je veux faire cesser.

La comtesse s'arrêta et fit un geste auquel Jérôme et Charbonneau répondirent en accourant à toute bride.

L'escorte, ou pour mieux dire les gens de madame de Valenfleurs marchaient à deux cents pas en arrière des principaux personnages.

— Où sont les chasseurs? demanda la comtesse dès que les deux hommes l'eurent rejointe.

— Quels chasseurs? demanda Jérôme, il ne nous manque personne, madame.

— Je parle des deux chasseurs avec lesquels j'ai si longtemps causé.

— Ah! madame parle de Cœur-Sombre et de Main-de-Fer, dit Charbonneau.

— C'est cela même, dit-elle, où sont-ils?

— Ils sont partis, madame.

— Partis? reprit-elle, avec stupeur, quand? comment?

— Dame! comme on part, madame la comtesse. Nous ne nous faisons pas de grands compliments au désert: on arrive, ou on part, sans rien dire, quand on veut; personne n'a rien à y voir, chacun est libre d'agir à sa guise; Cœur-Sombre et Main-de-Fer ont sans doute jugé que vous n'aviez plus besoin d'eux, et que leur présence devenait, par conséquent, inutile. Alors, ils s'en sont allés pour s'occuper de leurs affaires particulières.

— Quand nous ont-ils quittés? le savez-vous?

— Ah! cela, très bien! madame la comtesse: ils sont

partis au moment où M. Desrieux distribuait de l'argent aux civicos. Ils ont vu que personne ne faisait attention à eux ; ils en ont profité pour faire entrer leurs chevaux dans les hautes herbes. Cœur-Sombre m'a fait un signe amical de la main, et m'a crié : « Au revoir ! » Puis ils ont disparu.

— Vous ne savez pas de quel côté ils se sont dirigés ?

— Quant à cela, non, madame.

— J'ai absolument besoin de voir ces deux chasseurs. J'ai des recommandations importantes à leur faire ; il faut les retrouver au plus vite.

— Cela ne sera pas facile, madame, le désert est grand.

— Qu'importe cela ! s'écria Jérôme, si madame le permet, je vais me mettre immédiatement à leur recherche, et je les ramènerai.

— Nous ne sommes pas en Afrique, dit en riant Charbonneau, et de plus vous avez affaire aux deux chasseurs les plus expérimentés de la prairie : ils vous dépisteront avant que vous les voyiez, et ils vous échapperont sans que vous réussissiez à retrouver leurs traces. Dans le désert, il faut être bien fin pour trouver un homme malgré lui. Si les chasseurs nous ont quittés, c'est qu'ils ne se soucient pas de notre compagnie ; ils doivent être loin déjà.

— Cependant, on peut toujours essayer, dit l'ex-zouave.

— Comme il vous plaira, mais ce sera peine perdue, vous ne trouverez rien.

— Comment faire alors ? dit la comtesse avec dépit ; il faut absolument que je les retrouve.

Le Canadien se gratta l'oreille.

C'était son habitude lorsqu'il voulait faire jaillir une idée de sa cervelle, un peu rétive, mais assez bien organisée, comme on va le voir.

— Ainsi, dit-il, il est important que vous revoyiez ces deux hommes.

— De la plus haute importance ; je vous l'ai dit, répondit-elle. Je donnerais volontiers cent onces d'or pour qu'ils fussent ici.

— Hem! cent onces, c'est une belle somme; mais ce n'est pas d'argent qu'il s'agit, tout l'or des *placeres* de la Californie ne vous les ferait pas retrouver, s'ils s'obstinaient à ne pas se laisser découvrir par nous.

— Vous êtes chasseur aussi vous, Charbonneau, vous connaissez la vie du désert; je vous ai vu accomplir des choses extraordinaires, à propos de pistes, ainsi que vous nommez les traces laissées après le passage d'un homme ou d'un animal.

Le Canadien secoua la tête à deux ou trois reprises.

— C'est vrai, dit-il, je suis chasseur, et je crois connaître mon métier, mais Cœur-Sombre et Main-de-Fer sont plus forts que moi; ils me joueraient comme un enfant, si je me risquais à les suivre. Ils ont habité les *pampas* et reçu des leçons des *Gauchos*, qui sont bien plus malins que nous: ils ont des procédés à eux pour découvrir les traces des autres et cacher les leurs; le diable n'y voit goutte. Je n'ai jamais rien pu y comprendre, cela dépasse mon intelligence.

— Où voulez-vous en venir? demanda la comtesse avec une impatience contenue.

— Tout simplement à ceci, madame la comtesse. Il est inutile de vous adresser à nos chasseurs; ils feraient comme moi, ils refuseraient, convaincus qu'ils n'aboutiraient à rien. Des Peaux-Rouges peuvent tenter une pareille entreprise avec quelques chances de succès, et encore je ne réponds pas de la réussite. Vous avez trois éclaireurs comanches à votre service, madame la comtesse; adressez-vous à eux.

— Vous croyez que ces Indiens réussiront à les découvrir?

— Je n'affirme rien, madame la comtesse; mais les Comanches sont bien fins et si quelqu'un peut espérer retrouver les deux hommes que vous tenez tant à voir, ce sont eux seuls sans contredit.

— Ce brave chasseur a raison, madame, dit l'hacien-

dero, en se mêlant, pour la première fois, à la conversa-
ion, les Peaux-Rouges sont seuls capables de mener à
bien une semblable entreprise.

— Soit, dit-elle, priez les éclaireurs de venir, Jérôme.
L'intendant tourna bride.

— Surtout, ne leur parlez pas d'argent, madame; les
Comanches sont fiers: intéressez leur orgueil, dit le
Canadien.

— Si vous le permettez, madame la comtesse, je dirai,
moi aussi, quelques mots. Ces gens m'estiment, et je crois
avoir une certaine influence sur eux.

— Je vous serai très obligée, senor caballero, dit la
comtesse avec un charmant sourire.

En ce moment, les trois Comanches arrivaient amenés par Jérôme.

En apercevant l'haciendero, ils sautèrent à bas de leurs
chevaux, se dirigèrent vers lui et s'inclinèrent à plusieurs
reprises avec les marques du plus profond respect, les
bras croisés sur la poitrine.

Don Cristoval sourit et s'approcha d'eux.

Il leur rendit leur salut, et adoptant la langue indienne:

— Je suis heureux de voir mes fils, dit-il. Tahera,
Pstôhé et Mach-elt-Hack sont des guerriers braves; ils
ont rendu de grands services à ma fille pâle. Je les remercie au nom du *Wacondah*. Ma fille pâle désire leur demander un nouveau service. J'ai répondu de mes fils; d'aussi
grands guerriers ne me feront pas mentir.

— Mon père parle bien, répondit Tahera au nom de
tous. Les paroles que souffle sa poitrine arrivent pures
sur ses lèvres. Il n'y a pas de peau sur son cœur ni sur
le cœur de ses enfants. Ce qu'il désire, les guerriers le
feront par amour pour lui, qui est leur père, et par respect
et dévouement pour la senora aux yeux de gazelle, qui est
bonne et sage comme la vierge des dernières amours.

— Parlez sans crainte, madame, dit alors l'haciendero;
je vous réponds du dévouement à toute épreuve de ces
braves guerriers.

— Je vous remercie, senor, et je les remercie. Je

sais qu'ils sont sages et vaillants et que je puis avoir toute confiance en eux: deux chasseurs blancs, Cœur-Sombre et Main-de-Fer nous ont quittés il y a une heure. J'ai une communication importante à lui faire: les guerriers consentent-ils à porter à ces chasseurs et à leur remettre une lettre que je vais écrire.

— Que la Rose-Églantine dessine le collier, Tahera et ses frères le porteront et le remettront, dit Tahera.

— Les guerriers me le promettent ? insista la comtesse. Tahera sourit.

— Les guerriers comanches ont dit oui, répondit-il; leur langue n'est pas fourchue; il n'y a pas de peau sur leur cœur : ce qu'ils disent, ils le font.

— C'est bien, dit-elle; je vous crois, j'ai confiance en vous.

Elle prit alors, dans une de ses fontes, un mignon portefeuille d'écaille à coins d'or, enleva le crayon, écrivit rapidement quelques lignes sur la première page.

Puis, après l'avoir refermé au moyen du porte-crayon, elle présenta le portefeuille à l'Indien.

— Voici le collier, dit-elle avec son doux sourire. Tahera le remettra au chasseur nommé Cœur-Sombre, en lui disant : « La femme pâle demande que vous lui rapportiez ce collier à l'hacienda de la Florida, où elle vous attend. »

— Tahera le fera, répondit l'Indien en prenant le portefeuille et le cachant dans sa ceinture. La Rose-Églantine n'a rien autre à lui demander ?

— Non, répondit-elle; voilà tout ce que j'attends de vous.

— *Ohèa!* quand les deux guerriers doivent-ils se mettre sur la piste des deux chasseurs ?

— Le plus tôt possible; j'ai hâte de les voir.

— Très bon ! dans dix, quinze, vingt minutes, ils seront partis, répondit Tahera.

Les trois guerriers prirent alors congé de la comtesse et de l'haciendero avec les marques du plus profond respect.

21

Et, faisant volter sur place leurs chevaux sur les pieds de derrière, ils partirent à fond de train.

Bientôt ils eurent disparu dans les méandres de la route.

— Je ne puis faire davantage, murmura la comtesse en suivant les trois sauvages cavaliers du regard; hélas! le trouveront-ils? Consentira-t-il à venir?

— Il n'a pas, que je sache, des motifs pour refuser, dit don Cristoval.

— C'est vrai! dit la comtesse pensive; mais il a tant souffert! Le malheur rend susceptible et ombrageux; peut-être ce matin l'aurai-je blessé sans le savoir? Enfin, à la volonté de Dieu! nous n'avons plus qu'à attendre et faire des vœux pour son prompt retour.

— Amen! dit l'haciendero en souriant. Ne restons pas plus longtemps exposés aux ardents rayons du soleil de midi. Hâtons-nous d'arriver à l'hacienda.

La comtesse fit un geste nonchalant de consentement.

Ils se mirent de nouveau en marche pour gravir la pente douce, ombragée à droite et à gauche de magnifiques *liquidenbars*, qui devait les conduire à la principale porte de l'habitation.

Les chasseurs et les peones s'installèrent à la Rancheria, où le mayordomo avait fait préparer trois cabanes pour les recevoir.

Seuls, la comtesse, son fils, Vanda, la cameriste et Jérôme Desrieux suivirent don Cristoval de Cardenas.

Don Pancho et Armand de Valenfleurs prirent les devants et s'élancèrent au galop sur la montée pour annoncer l'arrivée de la belle voyageuse.

Dans la cour d'honneur de l'hacienda, sous une immense verandah formant un véritable bosquet de fleurs, sept ou huit personnes arrêtées au sommet d'un large perron de marbre, à double rampe, étaient réunies.

Parmi ces personnes se trouvaient plusieurs dames, la maîtresse de la maison d'abord, belle et souriante, sa fille Mercédès et deux autres dames encore.

Le mayordomo, à cheval comme toujours — cet homme semblait vivre constamment sur la selle, — s'était posté devant la porte, afin de faire le premier les honneurs de l'habitation à la noble étrangère, qu'il salua au passage avec la plus exquise courtoisie.

— Madame, dit-il, au nom de mon maître, dont j'exécute les ordres, soyez la bienvenue dans cette demeure, qui est la vôtre pour tout le temps qu'il vous plaira de l'habiter.

La comtesse le remercia en souriant, et se tournant avec grâce vers l'haciendero :

— C'est de l'hospitalité antique, en vérité, caballero, lui dit-elle d'un ton de bonne humeur.

— Ne nous adressez pas de reproches, madame la comtesse, répondit don Cristoval en saluant, c'est peut-être la seule vertu que nous aient léguée nos ancêtres.

Les regards de la comtesse se dirigèrent alors vers la verandah et se fixèrent sur une jeune femme, toute vêtue de blanc, blonde, souriante, d'une incomparable beauté et dont les moindres gestes étaient empreints d'une grâce exquise.

Elle tressaillit, et, se tournant vivement vers l'haciendero :

— C'est elle, n'est-ce pas? demanda-t-elle à don Cristoval.

— Oui! madame ; c'est elle, en effet, répondit-il.

— Qu'elle est belle, et comme il doit l'aimer! murmura-t-elle.

— Tant mieux! dit la comtesse; je suis heureuse qu'une femme aussi adorablement belle mérite de tels éloges.

— Elle est digne de tous les respects et de tous les hommages, madame; ne l'aviez-vous donc pas reconnue?

Un sourire d'une expression singulière se dessina sur les lèvres carminées de la comtesse.

— Cette fois est la première que j'ai le bonheur de la voir, dit-elle; mais hâtons-nous, je vous prie.

Et elle pressa son cheval.

— Ah ! fit l'haciendro, tout *déferré* par cette singulière confidence.

Et il ajouta, tout en suivant la comtesse :

— Je n'y comprends plus rien du tout.

X

OU LE CŒUR-SOMBRE TROUVE A L'IMPROVISTE LE PRÉTEXTE QU'IL CHERCHAIT POUR RETOURNER AU PLUS VITE A LA FLORIDA.

Le Cœur-Sombre et son ami, après avoir pris congé à la Française, ainsi que disent proverbialement les Hispano-Américains, c'est-à-dire sans prévenir madame la comtesse de Valenfleurs de leur départ, s'étaient lancés au galop à travers les hautes herbes de la savane.

Ils avaient fourni une longue course, galopant côte à côte sans échanger une parole.

Ils semblaient, en apparence du moins, ne suivre aucune direction bien déterminée.

Cependant il en était autrement.

Le Cœur-Sombre savait parfaitement où il allait.

Quant à Main-de-Fer, selon son habitude de complète abnégation et d'entière insouciance, il suivait son compagnon, sans autrement se préoccuper du but à atteindre.

C'était un singulier type, même dans la savane, où l'on en rencontre tant de bizarres, que ce digne Main-de-Fer.

Très bien de sa personne, d'une vigueur et d'une adresse incomparables, doué d'un courage de lion, et possédant une belle intelligence, il s'était, de parti-pris, condamné à la plus complète inertie morale.

Il avait abdiqué sa volonté, et jusqu'à sa faculté de penser, en faveur de son ami.

Il semblait que tout travail de tête lui fût pénible, toute discussion fatigante.

Il parlait à peine, ne causait que par boutades, agissait le moins possible.

Il ressemblait à un automate bien réglé, et surtout bien monté.

Du reste, personne n'était moins gênant.

Il n'aimait qu'un homme au monde, Cœur-Sombre.

Mais il professait pour lui un de ces dévouements devant lesquels pâlissent ceux des séides les plus vantés.

Cœur-Sombre le traitait avec beaucoup de déférence, avait pour lui une amitié profonde et sans limite.

Bien qu'il fût à l'avance assuré de l'assentiment de son ami, il ne faisait jamais rien sans le consulter.

Lui seul avait le pouvoir de galvaniser cette belle et vaillante statue.

Un mot, un geste, un regard, suffisaient pour cela.

Cette nature endormie se réveillait subitement ; la statue se faisait homme, et l'homme devenait terrible et donnait alors des preuves d'incroyable intelligence et d'indomptable énergie.

Tel était, ou du moins, aux yeux des gens qui croyaient le mieux le connaître, semblait être Main-de-Fer.

Après une course qui avait duré près de deux heures, les chasseurs firent halte dans une forêt de mahoganys, après avoir fait maints détours et si bien embrouillé leur piste qu'il semblait impossible de la retrouver.

Ils se trouvaient dans un *brulis* de plusieurs acres d'étendue, traversé par un large cours d'eau, qui allait quelques lieues plus loin se jeter dans le Rio San-Pedro, un peu au-dessous de Tubac.

Les chasseurs enlevèrent le mors et desserrèrent les sangles de leurs chevaux, sans prendre la peine de les attacher, car ils savaient que les intelligents animaux ne s'éloigneraient pas ; ils leur donnèrent la provende.

Cela fait, ils allumèrent du feu et se mirent en devoir de préparer leur repas du matin.

Quelques arbres, dont les racines plongeaient dans le ruisseau, avaient échappé à l'incendie, causé par l'imprudence de quelque coureur des bois.

Ces arbres formaient un bosquet impénétrable aux rayons incandescents du soleil.

Ce fut sous cette ombre bienfaisante que se réfugièrent les chasseurs.

Leur repas fut bientôt préparé.

Il se composait de *tocino*, de *charqué*, de patates cuites sous la cendre, de fromage de chèvre et de quelques *tortillas* ou galettes de maïs.

Une gélinotte, tuée par Main-de-Fer la veille, fut plumée et grillée sur les charbons.

Ce repas somptueux pour des coureurs des bois était arrosé avec l'eau limpide du ruisseau, corrigée par quelques gouttes de vieille eau-de-vie de France.

Les chasseurs se mirent à table, c'est-à-dire qu'ils s'assirent en face l'un de l'autre, sur l'herbe, leurs provisions de bouche placées entre eux, sur de larges feuilles d'un bananier voisin, dont un des régimes dorés par le soleil devait servir de dessert.

Les deux amis mangèrent silencieusement, mais de bon appétit.

Les mets disparaissaient avec une rapidité singulière.

Au désert on ne mange pas pour savourer les mets et le plaisir de manger, mais pour se nourrir, ce qui n'est pas du tout la même chose.

La vie physique tient la première place dans cette existence troublée et émaillée de tant d'incidents burlesques ou terribles.

Il est indispensable de prendre une forte nourriture pour conserver sa vigueur et l'élasticité de son esprit.

Quelle que soit la situation morale d'un chasseur, tristesse ou gaieté, le moral n'influe jamais sur le physique.

Il mange quand même, et beaucoup, dans l'intérêt même des projets plus ou moins sombres, qu'il roule dans son esprit.

Il faut qu'il ait les forces nécessaires pour soutenir la lutte qu'il prévoit.

Même sans appétit il mange, afin de conserver sa vigueur, qui, dans tous les cas, pour le bien comme pour le mal, lui est toujours indispensable.

En Europe, en France particulièrement, il n'en est pas de même.

On s'étonne de voir un soldat bien manger avant la bataille.

On se sent pris d'horreur en apprenant que, avant de commettre un crime, un scélérat a fait un excellent dîner.

Cependant cette conduite est logique et conforme aux lois de la nature.

En France, la joie, de même que la douleur, coupent l'appétit.

Dans l'un et l'autre cas, il est impossible d'avaler un morceau.

L'esprit s'affaisse, le moral s'impose au physique, on perd ses facultés intellectuelles, et la maladie et quelquefois même la mort sont les conséquences de cette déplorable façon d'agir.

Je lui préfère beaucoup la coutume des coureurs des bois.

Cependant les chasseurs avaient achevé leur repas.

Ils avaient fait table rase : pas un relief ne restait !

— Ouf ! j'avais grand faim, dit Cœur-Sombre.

— Et moi aussi, répondit Main-de-Fer.

C'étaient les premières paroles qu'ils prononçaient depuis qu'ils avaient quitté la comtesse.

— Un coup d'eau-de-vie pour aider à la digestion, reprit Cœur-Sombre.

— C'est une bonne idée ! répondit aussitôt Main-de-Fer.

Cœur-Sombre retira de ses alforjas un boujarron en cuir, pouvant contenir environ la valeur de deux verres à liqueur, le remplit à sa gourde et l'avala d'un trait.

Puis il le remplit de nouveau et le présenta à son ami, qui en engloutit aussi prestement le contenu.

— Hein ! dit Cœur-Sombre en faisant clapper sa langue contre son palais, cela fait du bien !

— En effet, cela fait du bien, répondit Main-de-Fer avec la fidélité d'un écho.

Le boujarron fut réintégré dans les alforjas, et les deux chasseurs, retirant les calumets indiens passés dans leur ceinture, se mirent à les bourrer avec ce soin méticuleux que prennent les fumeurs pour mener à bien cette importante opération.

Puis, avec une précision mathématique, chacun d'eux fouilla dans la poche de son pantalon, en retira un très beau porte-allumettes en or, admirablement ciselé, l'ouvrit, choisit une allumete, l'enflamma avec le pouce de la main gauche et alluma son calumet.

Cela fait, le porte-allumettes fut refermé et remis en poche.

Les deux amis s'appuyèrent chacun le dos à un tronc d'arbre et commencèrent à fumer avec cette béatitude qui fait ressembler les fumeurs aux Osmanlis faisant leur *kief*, après avoir absorbé une dose convenable de hatchich.

Quelques minutes s'écoulèrent, chacun des chasseurs savourant avec délices les charmes de son calumet.

— J'ai envie de dormir, et toi ? demanda Cœur-Sombre entre deux bouffées de fumée.

— Et moi aussi, répondit flegmatiquement Main-de-Fer.

— Si nous dormions ! rien ne nous presse, dit Cœur-Sombre en bâillant ; il fait très chaud.

— Dormons, répondit Main-de-Fer : la chaleur est insupportable, et puis c'est l'heure de la *siesta*.

Quelques minutes plus tard, les calumets étaient fumés.

Les deux chasseurs dormaient à *pierna suelta*, c'est-à-dire à jambe détendue, comme disent les Espagnols, ce qui se traduit en français par dormir à poings fermés.

Il n'y avait pas un souffle dans l'air.

La chaleur était véritablement accablante.

Les oiseaux, sous la feuillée, dormaient la tête sous l'aile.

Les fauves habitants de la forêt haletaient au remisage.
Un calme profond régnait dans le désert.

Seul, un bruit presque imperceptible troublait le silence ; c'était l'œuvre des infiniments petits qui jamais ne s'arrêtent, accomplissant leurs mystérieux arcanes.

Deux heures s'écoulèrent ainsi.

Les chasseurs dormaient profondément, leurs visages cachés sous d'épais mouchoirs pour se préserver des cuisantes piqûres des moustiques, dont des myriades se jouaient dans chaque rayon de soleil.

Tout à coup les chevaux qui, depuis qu'ils avaient achevé de broyer leur provende, se tenaient la tête baissée et restaient immobiles, faisant probablement leur sieste, eux aussi, eurent un frissonnement dans tout le corps, redressèrent brusquement la tête et pointèrent les oreilles.

Ils avaient entendu, avec leur finesse d'ouïe ordinaire, quelque bruit suspect.

Puis, après un instant, ils se rapprochèrent des chasseurs endormis et poussèrent un hennissement doux et plaintif, comme s'ils demandaient secours à leurs maîtres.

Les chasseurs et les coureurs des bois, si profondément qu'ils dorment, s'éveillent au plus léger bruit, et en ouvrant les yeux rentrent aussitôt en possession de toutes leurs facultés.

Cœur-Sombre et Main-de-Fer, réveillés en sursaut par les hennissements plaintifs des chevaux, bondirent sur leurs pieds, la carabine à la main.

Ils penchèrent le corps en avant et écoutèrent.

Ils n'entendirent rien.

Cependant les deux animaux donnaient des preuves évidentes de peur.

— C'est peut-être un jaguar ? dit Cœur-Sombre.

— Ou un ours gris, répondit Main-de-Fer.

— Qui sait ? reprit Cœur-Sombre ; prenons nos précautions.

Ils cachèrent les chevaux au milieu d'un épais buisson, et s'embusquèrent de chaque côté, le doigt sur la détente de la carabine, l'œil au guet, l'oreille tendue.

21.

Près d'un quart d'heure s'écoula ainsi.

Les chasseurs restaient immobiles comme s'ils eussent été changés en pierre.

Bientôt un bruit faible d'abord, mais qui s'accrut rapidement et prit les proportions d'une course échevelée à travers les buissons et les halliers, se fit entendre sous le couvert, se rapprochant de plus en plus de l'embuscade où se tenaient les chasseurs.

Un cavalier mexicain parut, galopant à travers les halliers, bondissant par dessus les buissons, sans chapeau, les vêtements en lambeaux, couvert de sang et affaissé sur sa selle.

En pénétrant dans la clairière il se détourna à demi sur sa *montura*, épaula sa carabine et fit feu.

Deux détonations répondirent aussitôt de l'intérieur de la forêt, et une nuée de flèches vint tomber dessus et tout autour du cavalier.

Celui-ci ouvrit les bras, lâcha sa carabine, chancela comme un homme ivre, et perdit les étriers.

Il rejeta machinalement le haut du corps en avant, et s'accrocha à la crinière de son cheval.

Mais au même moment l'animal poussa un cri d'agonie, se dressa droit sur ses pieds de derrière, battit l'air de ses pieds de devant, et se renversa en arrière avec son cavalier.

Les deux chasseurs s'étaient prestement embusqués chacun derrière un arbre.

Ils étaient armés de carabines à double canons tournants.

Ils répondirent aux deux coups de feu tirés de la forêt par quatre coups de carabine probablement bien ajustés, car de grands cris s'élevèrent aussitôt sous le couvert et furent immédiatement suivis du bruit d'une fuite précipitée.

Les chasseurs firent une seconde décharge.

Les fuyards quels qu'ils fussent redoublèrent de vitesse. Bientôt le bruit de leur course se perdit dans le lointain.

Les chasseurs quittèrent alors leur embuscade.

— Secourons ce pauvre diable ! dit Cœur-Sombre.

— Hum ! il doit être bien malade, répondit Main-de-Fer en secouant la tête.

— Raison de plus pour nous hâter !

— C'est juste ! fit Main de-Fer.

Et, tout en courant, il se baissa et ramassa une flèche qu'il examina avec une sérieuse attention.

— Eh bien ? demanda Cœur-Sombre.

— Ce sont des Apaches, répondit l'autre en rejetant la flèche.

— Je m'en doutais. Ces vagabonds ont cru, en entendant notre riposte, avoir été conduits dans une embuscade par le pauvre diable qu'ils poursuivaient ; ils ont détalé comme un vol d'urubus.

— Les Apaches sont les plus lâches coquins de la prairie, répondit Main-de-Fer en haussant les épaules avec mépris.

Tout en échangeant ces quelques paroles, les chasseurs étaient arrivés près du cheval.

L'animal était mort.

Ainsi que nous l'avons dit, en se renversant en arrière, il était tombé sur son cavalier, dont le corps presque tout entier était engagé sous lui.

— L'homme et la bête sont trépassés, dit philosophiquement Main-de-Fer, il n'y a plus rien à faire.

— C'est possible, répondit son ami ; mais encore faut-il s'en assurer. Aide-moi.

Ils soulevèrent le cheval et le repoussèrent de côté.

L'homme, ainsi qu'ils l'avaient prévu, avait cessé de vivre.

Non pas étouffé par le cheval, mais par suite des nombreuses blessures qu'il avait reçues, et par lesquelles son sang achevait de s'écouler.

Le chasseur inconnu et sa monture étaient littéralement criblés de blessures, faites par des armes à feu et les longues flèches dont se servent les Peaux-Rouges.

— Voilà un gaillard bien arrangé, dit Main-de-Fer avec un mouvement de pitié.

— Qui peut-il être ?

— Il paraît Mexicain ; du moins, il porte le costume des rancheros.

— Ce n'est pas toujours une raison.

— Après cela, que nous importe ? Il est mort, sa fortune est faite et ses peines finies en ce monde.

— Il est heureux, il ne souffre plus, dit Cœur-Sombre en étouffant un soupir.

— Nous ne pouvons l'abandonner ainsi comme un coyote, dit Main-de-Fer, pour donner un autre cours aux pensées de son ami,

— C'est vrai ; creusons-lui une fosse... là, au pied de cet arbre, où il est tombé. Au moins, si sa vie a été agitée, il reposera tranquille.

— C'est cela, dit Main-de-Fer, ce sera l'affaire de quelques minutes.

Ils se mirent aussitôt à l'œuvre avec leurs haches.

La terre était friable.

En moins d'une demi-heure, ils eurent creusé une tombe profonde de près de deux mètres.

— Voilà qui est fait, dit Main-de-Fer en se redressant et essuyant la sueur dont son visage était inondé. Passe-moi le corps ; je reste dans la fosse pour le recevoir.

— Je voudrais cependant savoir qui il est, dit Cœur-Sombre en hochant la tête.

— Bon, pourquoi cela ? répondit Main-de-Fer avec indifférence, que nous importe ?

— A nous personnellement rien ; mais peut-être a-t-il des parents, des amis que sa disparition inquiétera.

— Que pouvons-nous faire à cela ? Rien. Nous lui rendons le seul service qu'il nous soit possible de lui rendre. Quant au reste, à la grâce de Dieu ! Combien de nous disparaissent ainsi chaque jour dans la savane, sans que jamais on sache ce qu'ils sont devenus. Un sort pareil nous attend peut-être demain.

— C'est juste ; mais si cela nous arrive à nous, on nous reconnaîtra grâce aux papiers dont nous sommes porteurs, et que l'on trouvera dans nos habits.

— Cela nous avancera beaucoup, si nous sommes tués

par les Indiens comme celui-ci l'a été, dit Main-de-Fer en riant. Ils se serviront de nos papiers pour allumer leurs calumets; après cela, qui t'empêche de fouiller dans les poches de ce Mexicain ? Peut-être y trouveras-tu quelque chose; quant à des papiers, cela m'étonnerait beaucoup.

— Pourquoi donc ?

— Dame ! je me suis laissé dire que les Mexicain, surtout sur la frontière, ne brillent pas par l'instruction ; cependant tu peux toujours essayer, nous avons le temps.

— Ma foi, je vais suivre ton conseil. Je ne sais pourquoi il me semble que je trouverai quelque chose.

— A ton aise ? cher ami.

Cœur-Sombre, sans davantage hésiter, se mit en devoir de fouiller le cadavre étendu à terre, près de lui.

Dans la première poche du pantalon, il trouva deux jeux de cartes crasseux, biseautés, cela va sans dire, et du papier à cigarette.

Dans l'autre poche, un méchero en or assez élégant, du tabac *picudo* dans une vessie de porc, et quelque menue monnaie.

La poche intérieure de son dolman renfermait deux cornets, des dés pipés et un jeu de cartes neuf, mais biseauté.

C'était tout.

— Cela ne nous apprend que deux choses, dit en riant Main-de-Fer : d'abord qu'il est Mexicain, ensuite que c'était un jour effréné, mais peu délicat. Allons, passe-le-moi.

— Attends, dit Cœur-Sombre.

— Pourquoi ? N'as-tu pas fait l'inventaire de ses poches ?

— C'est vrai, mais il me reste à visiter ses bottes et sa *faja*.

— En effet, c'est dans ces deux endroits que les Mexicains cachent ordinairement ce qu'ils ont de plus précieux ; en tout état de cause, je m'adjuge le mechero ; il me sera très utile.

— Comme tu voudras.

Et Cœur-Sombre lui jeta le mechero, que Main-de-Fer attrapa au vol.

Puis le chasseur fouilla les bottes l'une après l'autre.

Elles ne contenaient que trois nouveaux jeux de cartes neufs et biseautés toujours.

— Quel enragé joueur, dit en riant Main-de-Fer, tout en admirant le mechero.

Cœur-Sombre avait dénoué la faja en crêpe de Chine servant de ceinture au Mexicain ; il en défaisait les plis.

Tout à coup il poussa un cri de surprise.

— Hein ! fit Main-de-Fer, aurais-tu trouvé enfin ce que tu cherchais ?

— A peu près. D'abord voici une bourse qui me semble assez bien garnie d'or.

Et il fit voir à son ami une bourse algérienne en soie rouge qu'il tenait à la main, et à travers les mailles de laquelle on voyait briller un grand nombre de pièces d'or.

— Pauvre diable ! fit Main-de-Fer avec son sourire moitié figue, moitié raisin ; il ne se doutait guère que le hasard nous ferait ses héritiers.

— Ou ses exécuteurs testamentaires, reprit Cœur-Sombre ; si nous trouvons quelques renseignements sur lui, dans la lettre que voici.

Et il montra à son ami une lettre cachetée.

— A qui est-elle adressée ?

— Il n'y a pas de suscription.

— Caraï ! cela s'embrouille. Est-ce tout ?

— Oui ; il n'y a plus rien.

— Alors, enterrons au plus vite ce digne citoyen de la République mexicaine, puis après nous lirons la lettre.

— Es-tu prêt ?

— Je t'attends.

Cœur-Sombre enleva le cadavre dans ses bras et le porta près de la fosse.

Main-de-Fer le reçut, le coucha au fond du trou, et il sauta au dehors.

Les deux amis rejetèrent la terre, comblèrent la fosse, puis ils piétinèrent la terre.

Cela fait, ils ramassèrent les plus grosses pierres qu'ils trouvèrent et les entassèrent sur la tombe, afin de la sauvegarder contre les profanations des bêtes fauves.

Quant au cheval, après lui avoir enlevé les alforjas, ils le jetèrent tout simplement à l'eau.

Le courant le saisit et l'emporta ; quelques minutes plus tard il avait disparu.

— Hum ! dit Main-de-Fer, en s'étendant à l'ombre et ouvrant les alforjas, voyons un peu les provisions de notre défunt ami.

L'examen fut vite terminé.

Probablement il n'y eut rien d'attrayant pour le chasseur, car il envoya à la volée les alforjas dans le ruisseau, rejoindre le cheval.

— Passons à la lettre, dit-il.

Il la lut rapidement des yeux, et il poussa une exclamation étouffée.

— Bon ! qu'y a-t-il encore ? fit Main-de-Fer.

— Voilà qui est particulier !

— Quoi donc ?

— Cette lettre est écrite en français, et, de plus, elle nous intéresse.

— Quelle bonne plaisanterie !

— Je t'en fais juge, écoute.

— Va, répondit Main-de-Fer, en battant le briquet avec le mechero du Mexicain défunt.

Cœur-Sombre lut :

« Je vous remercie de m'avoir envoyé José Prieto.

» La nouvelle que vous me donnez est, en effet, très » importante pour moi.

» Je savais son arrivée prochaine au Mexique, mais je » la croyais encore en route.

» J'étais resté à Tubac tout exprès pour surveiller son » arrivée chez don Cristoval de Cardena.

» Je m'étais trompé, puisque vous m'annoncez qu'elle » est à la Florida.

» Ce soir, je quitterai Tubac, et, toutes affaires ces-
» santes, je me rendrai, moi aussi, à la Florida.

» Je comptais sur vous pour me donner un coup de
» main.

» Mais, d'après ce que vous me dites, il vous est im-
» possible de venir. Je le regrette d'autant plus que je
» serai seul. N'ayant pas la force, j'agirai de ruse.

» J'ai bon espoir de réussir. Nul ne me soupçonnera,
» j'aurai donc mes coudées franches.

» Dussé-je la tuer, cette fois, elle ne m'échappera pas.

» Dans tous les cas, ainsi que nous en sommes conve-
» nus, je vous rejoindrai avant quatre jours au *Palo*
» *Quemado*, et, je l'espère, avec elle.

» Encore une fois, merci ! »

— Signé, ajouta Cœur-Sombre.

— Oui, voyons un peu la signature ; c'est l'important.

— « *L'ami que vous savez* », termina Cœur-Sombre.

— Comment, l'ami que vous savez ?... Et après ?

— Voilà tout ; il n'y a pas d'autre signature.

— Patatras ! fit Main-de-Fer ; ni vu ni connu je t'embrouille !

— Que penses-tu de cette lettre ?

— Ce que tu en penses aussi probablement.

— C'est-à-dire.

— Que cette lettre se rapporte à la comtesse et qu'elle
est exposée à de grands dangers de la part de cet ami, que
l'autre sait, le destinataire inconnu de la lettre.

— Telle est aussi ma pensée. Ah ! jai eu grand tort de
me séparer ainsi de cette généreuse femme !

— Ah ! tu le reconnais maintenant ?

— J'en suis désespéré. Que faire ?

— D'abord ne pas te chagriner ainsi ; ensuite réfléchir
que si tu n'avais pas fait cette belle escapade, tu ne saurais rien du danger de la comtesse, et que tu as eu raison
sans le savoir, ainsi que cela arrive souvent lorsqu'on se
laisse aller à faire des coups de tête.

— En effet, c'est Dieu qui nous a conduits ici.

— Comme tu voudras; mais maintenant que comptes-tu faire?

— Tu me le demandes? La sauver à tout prix.

— Très bien! alors, je crois que nous ferons bien de tenir un conseil médecine, afin de bien nous entendre.

— Je ne demande pas mieux, tenons un conseil médecine; seulement, arrangeons-nous de façon à ce qu'il ne dure pas longtemps.

Sans plus discourir, ils s'assirent alors en face l'un de l'autre.

Puis ils bourrèrent leurs calumets indiens et ils les allumèrent.

Après avoir fumé pendant quatre ou cinq minutes sans échanger un mot, Main-de-Fer dit à son ami :

— C'est à toi de parler d'abord, va, je t'écoute.

— Soit, répondit Cœur-Sombre, j'ai le pressentiment que cette lettre sans suscription et sans signature est écrite par notre ennemi Félitz Oyandi, à notre autre ennemi le Mayor.

— Cette supposition me semble assez logique; cependant je te ferai observer que Felitz Oyandi ne connaît pas la comtesse.

— Tu te trompes, il la connaît fort bien; d'ailleurs, en s'attaquant à elle, c'est de moi qu'il prétend se venger.

— Non, tu es dans dans l'erreur : Felitz Oyandi peut à la rigueur connaître la comtesse, mais certainement il ignore les relations qui existent entre elle et toi.

— Pourquoi les ignorerait-il?

— Pour cent mille raisons; d'abord... Hein, qu'est-ce encore? s'écria-t-il en jetant un regard inquisiteur autour de lui.

Le sifflement du *cobra capel* venait de se faire entendre à peu de distance sous le couvert.

Les deux chasseurs saisirent leurs armes et, d'un bond, ils s'embusquèrent derrière un arbre.

Après un instant, le sifflement fut répété et immédiatement suivi du cri de l'épervier d'eau.

— Ce sont des amis, dit Cœur-Sombre.

Il quitta son embuscade, et, appuyant la crosse à terre, il leva la main droite la paume retournée en avant et les doigts réunis.

Au même instant, un Indien bondit dans la clairière, les mains en croix sur la poitrine.

— Tahera! dit-il d'une voix gutturale : Comanche.

Les deux chasseurs s'approchèrent alors; et comme ils remarquèrent que le peau-rouge était sans armes, ils laissèrent tomber les leurs sur le sol.

— Tahera est un ami, dit Cœur-Sombre ; il est le bien venu près de ses amis les chasseurs. Mon frère est-il seul ?

— Non, deux guerriers l'accompagnent.

— Ils sont les bienvenus, reprit le chasseur.

Tahera s'inclina et prononça ce seul mot presqu'à demi-voix :

— *Watchah!*

Aussitôt les buissons s'écartèrent, et, d'un bond, deux guerriers comanches vinrent se placer près de Tahéra.

— Pourquoi les guerriers ont-ils abandonné leurs armes dans les buissons? Qu'ils les reprennent, et viennent fumer avec leurs amis en conseil.

Tout en parlant ainsi du ton le plus affectueux, Cœur-Sombre avait été s'asseoir à son premier campement, en compagnie de Main-de-Fer.

Les Indiens les suivirent, après avoir repris leurs armes, et s'accroupirent près d'eux.

Les calumets furent allumés.

Tout en fumant, les Indiens regardaient autour d'eux avec une certaine curiosité, sans cependant se permettre la moindre interrogation.

— Mes frères sont les bienvenus, dit enfin Cœur-Sombre, la poudre a chanté dans la savane, les guerriers n'ont-ils rien entendu ?

— Les Apaches chassaient un homme blanc, répondit Tahera. Les Comanches ont vu, ils ne sont pas des taupes. Les Apaches sont des chiens courants, braves contre un homme seul.

— L'homme est là, dit laconiquement le chasseur en désignant d'un geste la fosse nouvellement comblée.

— Le visage pâle n'est pas mort sans vengeance : les Comanches ont ramassé sept chevelures dans la forêt, dit un des guerriers. Quand le visage pâle arrivera sur les territoires de chasse de son peuple, le Wacondah dira : « C'est bien ; mon fils est un guerrier, il est mort en brave. »

— Les amis de sa couleur ont aidé à sa vengeance, dit un autre.

Cœur-Sombre sourit sans répondre.

— Les coups de feu ont guidé les guerriers comanches, dit Tahera ; ils ont vu fuir les chiens apaches, et ils sont venus près de leurs amis les chasseurs.

— Je remercie mes frères ; il sont en chasse, eux aussi, sans doute ? dit Cœur-Sombre.

— Non ; les guerriers étaient à la recherche des chasseurs. Il les ont rencontrés, leurs cœurs se réjouissent.

— Vous étiez sur notre piste ? demanda Cœur-Sombre avec surprise.

— Oui, les guerriers servent d'éclaireurs à la troupe de la Rose-Eglantine-des-Bois. Tahera porte un collier de la femme pâle, aux yeux de gazelle.

Il retira de sa ceinture le portefeuille que lui avait confié la comtesse, et il le remit au chasseur.

— Celui-ci ouvrit le portefeuille, lut la lettre, et la passa à son ami sans prononcer un mot.

— Elle nous appelle ; elle a besoin de nous. Il faut partir ! dit Main-de-Fer.

— Un grand danger la menace ; plus de fausse honte, dit résolûment Cœur-Sombre.

— Ni de rancune, ajouta Main-de-Fer en souriant.

— Que disent les chasseurs ? reprit Tahera.

— Nous suivrons nos frères rouges ; ont-il des chevaux ? répondit Cœur-Sombre.

— Les chevaux sont là ; sous le couvert.

— Partons, dit Cœur-Sombre ; et il ajouta à voix basse ; peut-être avons-nous trop tardé déjà !

— Sur ma foi, dit Main-de-Fer, si ce n'était la lettre, si providentiellement tombée entre nos mains, je regretterais fort ton escapade, ami Cœur-Sombre.

— J'étais fou; pardonne-moi.

Et il lui tendit la main.

Cinq minutes plus tard, les trois Indiens et les deux chasseurs, courbés sur leurs *mustangs*, dévoraient l'espace dans la direction de la Florida.

XI

DANS LEQUEL LE MAYOR ET FELITZ OYANDI CAUSENT DE LEURS PETITES AFFAIRES

La *Sierra di Pajarros* commence à la frontière du Mexique, aux environs de *San Lazaro*, dans la province de *Sonora*; elle coupe en deux l'ancien Etat de l'*Arizona*, appartenant maintenant aux Etats-Unis, et abaisse ses derniers contre-forts sur les bords même du *Rio Gila*

L'aspect de cette sierra, la plus belle de ces régions, est des plus pittoresques et des plus saisissants.

Pendant un parcours de plus de cent lieues sur une profondeur de six et parfois davantage se succèdent, sans interruption, des forêts vieilles comme le monde, et cachant leurs hautes futaies dans les nuages.

Elles abritent sous leurs majestueuses frondaisons quelques villages espagnols en ruine, prenant orgueilleusement le nom de villes, et plusieurs tribus indiennes de la nation des *Pimas*.

Rien ne repose la vue et ne réjouit le cœur des voyageurs attristés et fatigués comme ces vertes montagnes, entourées de toutes parts de déserts de sables arides et désolés, du milieu desquels elle semblent tout à coup surgir comme de radieuses oasis.

La sierra de Pajarros, presque ignorée, et à peine indiquée sur les cartes, conserve encore aujourd'hui l'aspect sauvage et primitif qu'elle devait avoir avant la conquête espagnole.

Seuls quelques sentiers de bêtes fauves ou de coureurs des bois la sillonnent de loin en loin.

Il est très difficile d'y pénétrer, et, quand on a réussi à y prendre pied, de s'y diriger avec certitude, à moins d'être chasseur, Indien ou habitant de l'un des villages dont nous avons parlé plus haut.

Entre *San-Xavier* et *Tubac*, à distance à peu près égale de ces deux villes, se trouve une magnifique cascade, tombant en une nappe de dix mètres de large, d'une hauteur de quarante-cinq mètres, sur un large rocher grisâtre, formant plate-forme, et de là rebondissant avec un fracas étourdissant au fond d'une étroite vallée.

Là ses eaux forment un ruisseau capricieux et rapide qui s'enfuit en jurant sous le couvert des chênes séculaires, où il disparaît bientôt pour reparaître quelques lieues plus loin, grossi par quelques affluents et prenant déjà des allures de rivière.

Or, cette cascade se précipite sur un plan incliné du haut de la montagne.

La masse d'eau forme sur le rocher où elle tombe d'abord un impénétrable rideau.

Derrière ce rideau se cache l'entrée d'une immense excavation naturelle, divisée en plusieurs compartiments qui s'étendent sous la Sierra, et, par de longs souterrains, débouchent dans différentes directions, à de très grandes distances.

La découverte de cette grotte est due à un hasard singulier.

Voici le fait en deux mots :

Un jour, un aventurier lancé à la poursuite d'un ours gigantesque avait vu, à sa grande surprise, l'animal disparaître subitement au milieu de la nappe de la cascade.

Le chasseur avait supposé d'abord que l'animal s'était étourdiment lancé dans ces eaux bouillonnantes, et qu'entraîné par elles, il allait être rejeté sur le rocher et tomberait brisé dans le vallon. Il s'embusqua, et attendit, résolu à essayer de s'emparer du corps de l'animal dès qu'il reparaîtrait.

Mais l'attente du chasseur fut trompée.

Une demi-heure s'écoula sans que l'ours reparût.

Cela donna fort à réfléchir à l'aventurier.

Cependant, il attendit encore pendant plus d'une heure.

Connaissant les habitudes des ours, sachant combien ils sont prudents et circonspects, il soupçonna que la disparition subite de son fauve gibier cachait quelque mystère qu'il lui importait de connaître.

L'aventurier était un homme de résolution : il n'hésita pas à se lancer à son tour à travers la nappe d'eau.

Alors, à sa grande surprise, il reconnut qu'entre les parois de la montagne et la cascade, il y avait un espace libre de plus de trois mètres, au milieu duquel s'ouvrait la gueule béante d'une caverne.

Il y pénétra et s'enfonça résolûment dans l'intérieur de cette excavation naturelle, qu'il parcourut dans tous les sens.

S'obstinant pendant plusieurs heures à chercher son ours, il ne le retrouva pas.

Mais il découvrit plusieurs sorties, dont l'une avait sans doute facilité la fuite de l'animal.

L'aventurier, pour certaines raisons que le lecteur saura bientôt, était précisément à la recherche d'une retraite inaccessible, et surtout inconnue.

Il avait été servi à souhait par le hasard.

Quelques jours plus tard, après s'être assuré que tous les habitants de la sierra et les Indiens eux-mêmes, ces adroits fureteurs, ignoraient l'existence de cette grotte, il s'y installa définitivement et en fit sa demeure habituelle, ayant grand soin d'entrer et de sortir tantôt d'un côté, tantôt de l'autre, afin de ne pas éveiller les soupçons.

Depuis plusieurs années déjà, l'aventurier avait fait de cette grotte sa forteresse principale, au moment où les exigences de notre récit nous contraignent à y pénétrer.

C'était le soir.

Il était un peu plus de onze heures.

Au coucher du soleil, un ouragan terrible, connu dans ces régions sous le nom caractéristique de *cordonazo*, ou coup de cordon de saint François, s'était déchaîné sur la sierra et faisait rage.

Le vent soufflait avec fureur, tordant et déracinant, comme des fétus de paille, des arbres énormes.

Des éclairs verdâtres sillonnaient les ténèbres de leurs cabalistiques zigzags, et se succédaient sans interruption.

Les roulements continus du tonnerre étaient répercutés par les échos des mornes avec un bruit assourdissant.

Ça et là les éclats de la foudre allumaient des incendies, qui allaient se propageant de proche en proche, et teintaient la nuit de lueurs rougeâtres.

Les arbres séculaires brûlaient comme de sinistres phares, imprimant à cette scène de désolation un cachet étrange de sublime grandeur.

Les fauves, chassés de leurs repaires ignorés, fuyaient dans toutes les directions en poussant de lamentables hurlements de détresse.

Dans la caverne tout était calme, tranquille et reposé.

Cependant les hôtes n'y manquaient pas.

Dans un compartiment fermé par une claie en branches tressées, une dizaine d'hommes aux traits sombres, aux physionomies patibulaires, vêtus du costume mexicain, dormaient étendus côte à côte sur des lits de feuilles sèches et d'herbes odoriférantes.

Dans un autre compartiment, leurs chevaux, attachés à des piquets, broyaient leur provende.

Toutes les *monturas* et les harnais étaient amoncelés près des chevaux.

Des armes de toutes sortes, lances, fusils, rifles et carabines, étaient appuyées contre une des parois de la grotte.

Un peu à l'écart pendaient et se balançaient au gré du vent un bœuf encore intact, bien que dépouillé et ouvert, et plusieurs pièces de venaison.

Quelques outres gonflées étaient empilées dans un coin.

Dans une excavation naturelle, plusieurs tonnelets de poudre étaient engerbés, les uns sur les autres, maintenus par de lourds saumons de plomb.

Ça et là sur le sol traînaient des vêtements, des poignards, des machettes, mêlés à des cartes, des dés et des gobelets en cuir, en corne ou en fer-blanc.

Le milieu de la grotte était occupé par une grande table massive, dont les pieds étaient solidement scellés dans le sol.

Cette table était chargée de reliefs de toutes sortes, de *batas* de vin et de liqueurs.

Le tout était éclairé par de longs flambeaux en fer blanc, fixés sur la table et supportant de longs cierges en suif jaune.

Un peu à droite et en avant de la table, un grand feu brûlait pour chasser l'humidité et entretenir la chaleur.

Quatre ou cinq hommes, roulés dans leurs zarapés, dormaient étendus autour du feu.

De chaque côté de la table, deux hommes achevaient de manger et de boire de bon appétit, tout en causant entre eux à voix basse, avec une certaine animation.

Ils étaient assis sur de magnifiques fauteuils en chêne sculpté recouverts de cuir gaufré et doré de Cordoue.

D'autres sièges semblables, des bahuts et beaucoup d'autres meubles de prix étaient placés au hasard dans différentes parties de la grotte.

A chaque mouvement des flammes du feu, tourmentées par le vent, des ombres fantastiques dansaient sur les parois de la grotte.

En un mot, c'était une de ces haltes de bandits comme les peignait si magnifiquement Salvator Rosa, et les burinait si admirablement Callot.

Les deux causeurs, car leur repas était à peu près terminé, ressortaient en vigueur sur le clair obscur de la grotte, la lueur du feu les frappant en plein visage.

Ils buvaient à petits coups du *refino de Cataluna*, tout en bourrant d'excellent tabac leurs calumet indiens.

Le premier était le Mayor, le second Felitz Oyandi.

Mais Felitz Oyandi, complètement méconnaissable.

Cet homme, que nous avons vu si beau et de si fière tournure, était hideux à présent.

Il aurait presque inspiré la pitié.

Son œil droit, affreusement éraillé, aux paupières rougies et privées de cils, pleurait continuellement;

Son visage était labouré et couturé de profonds sillons, comme si un tigre avait, à plusieurs reprises, promené ses griffes tranchantes sur les joues et le front.

Il portait toute sa barbe, longue et touffue; mais il ne parvenait pas à dissimuler ces horribles blessures.

De plus, il avait le bras gauche coupé au-dessus du coude, et il boitait légèrement de la jambe gauche.

Cependant, nous devons constater que, malgré cette effroyable transformation, il avait conservé entières toute son intelligence, sa vigueur, et même son adresse.

— Tu ne pourras pas partir cette nuit, dit le Mayor en langue basque; l'ouragan redouble, et tous les sentiers sont défoncés; si tu te risquais au dehors tu tomberais dans quelque fondrière, dont tu ne sortirais jamais dans l'état pitoyable où tu es à présent.

— Ce n'est pas cela qui me retiendrait si je voulais partir, répondit le manchot avec ressentiment. Si éclopé que je sois, je ne suis pas embarrassé pour me tirer d'affaires, mais je préfère passer la nuit ici.

— Tu as des raisons pour cela?

— J'en ai toujours.

— Si c'est dans l'espoir que je me déciderai à te donner le coup de main que tu m'es venu demander, malgré ce que je t'avais écrit, tu te trompes; cela m'est impossible.

— Mais pourquoi enfin? s'écria Felitz Oyandi avec impatience.

— Tu le sais aussi bien que moi, depuis quelque temps je ne suis pas heureux. Voici la troisième fois que je suis contraint de reformer ma *cuadrilla*, que ce démon de chasseur m'a quatre fois exterminée. Tu le vois, il ne me reste en ce moment que quinze hommes, que faire avec cela ?

— Pas grand'chose, c'est vrai ; mais on peut augmenter leur nombre. Il ne manque pas d'aventuriers dans la savane ; je me fais fort, si tu le veux, de te trouver en huit jours cinquante compagnons.

Le Mayor haussa les épaules.

— Des poltrons et des joueurs qui fuiront au premier coup de feu ; je n'en veux pas.

— Non, des hommes comme il t'en faut.

— Laissons cela, je te prie.

— Cependant, il y a à peine quelques jours, tu m'as dit toi-même : « Félitz, compte sur moi comme sur toi-même. Jamais je ne te manquerai. »

— C'est vrai, je t'ai dit cela, répondit le Mayor avec émotion, et je te le répète ; mais je ne me suis pas engagé à faire des choses impossibles... Tu te laisses aveugler par ta haine ; tu formes des projets insensés, dont tu ne calcules même pas les conséquences. Je ne puis, dans ton intérêt même, t'aider à les mettre à exécution.

— Tu es heureux de posséder cette puissance sur toi-même, qui te permet de calculer aussi froidement ; je ne l'ai pas, moi, je l'avoue. Ainsi, lorsque dans la Savane, le hasard ou plutôt ma bonne étoile me conduisit à l'endroit où dona Luz, gisant sous un monceau de feuilles, amassées par les mains pieuses de son enfant qui l'avait crue morte, commençait à s'éveiller de la longue attaque de catalepsie par laquelle elle avait été terrassée, je l'aidai à se mettre sur son séant ; je lui présentai ma gourde, et lui fis boire la vie, grâce à quelques gouttes d'eau fraîche. Tout à coup survint un jaguar, une magnifique bête, qui se rasa à quelques pas de moi, prêt à s'élancer sur cette femme, la seule que tu aies jamais aimée, et que tu aimes encore. Je ne réfléchis pas que, ainsi que tu me le disais tout à l'heure, j'étais éclopé, presque un impotent et réduit à un triste état. Je me jetai résolûment devant la pauvre femme évanouie de terreur, sans réflexions, sans calcul d'aucune sorte, et pourtant mon action dépassait toutes les limites de la folie. Que pouvais-je faire? Rien, n'est-ce pas? sinon me laisser déchirer par le tigre, sans profit pour celle que je prétendais sauvegarder, et que ma mort même ne sauverait pas ; et cependant, malgré toutes les prévisions de la logique, avec ce seul bras, je tuai le jaguar de mon premier coup de carabine ; et ta femme, que tu adores, dis-tu, dont la disparition t'avait presque rendu fou de douleur, était sauvée par moi, l'éclopé, l'infirme.

— C'est vrai, ami Félitz, répondit le Mayor avec sentiment, en lui serrant affectueusement la main. Tu as fait cela ; et, crois-le bien, je t'en suis profondément reconnaissant. Je ne refuse pas de te prêter mon aide, je ne fais que l'ajourner. Donne-moi le temps de réparer mes pertes et de prendre mes mesures ; car, cette fois, je veux en finir avec mes ennemis, et tirer d'eux une éclatante vengeance. Quelques jours de plus ou de moins ne signifient rien, quand il s'agit de réussir.

— Mais, réussirons-nous ?

— Oui, si tu me laisses faire et me donnes le temps nécessaire.

— Combien veux-tu ?

— Un mois.

— C'est beaucoup.

— Je le sais. Aussi ne te demandé-je un mois que pour avoir liberté entière ; probablement, je serai prêt bien plus tôt.

— Enfin, puisque tu l'exiges, j'attendrai. T'es-tu informé de cette enfant de la comtesse ?

— Oui, fit-il d'une voix sombre.

— Eh bien ?

— Ce n'est pas elle. Cette enfant a été adoptée par la comtesse, il y a longtemps déjà. Elle est orpheline et se nomme Rosario.

— Tu en es sûr ?

— Très sûr ; l'homme qui m'a donné ces renseignements n'avait aucune raison pour me tromper ; c'est un chasseur canadien nommé Charbonneau, qui, je le sais de bonne source, a à se plaindre de la comtesse qu'il n'aime pas.

— Alors, c'est autre chose ; cependant prends garde de te laisser tromper.

— Non, ce n'est pas possible ; d'ailleurs ma pauvre petite était trop jeune pour s'échapper ainsi seule ; je n'en suis que trop certain, ma fille est morte.

— Que Dieu ait son âme, et dona Luz ?

— Je l'ai envoyée à Hermosillo dans sa famille ; c'est Sébastien que j'ai chargé de l'y conduire ; je l'attends d'un moment à l'autre ; il devrait déjà être de retour ; ce long retard m'inquiète.

— Bon ! que veux-tu qu'il soit arrivé à un taureau de cette espèce ?

— Je ne sais ; les routes ne sont pas sûres pour nous, depuis que les Français occupent le Mexique.

— Sébastien est rusé, il s'en tirera, je l'espère.

— Et moi aussi. La tempête se calme, il se fait tard, tu devrais prendre quelques instants de repos.

— Je n'ai nulle envie de dormir. Si le cordonazo est définitivement calmé dans deux heures, je partirai ; je retournerai à Tubac.

— Tu ferais mieux d'attendre le jour, au moins tu verrais clair à te diriger.

— Il faut que je sois là-bas avant le lever du soleil.

— Pourquoi tant de presse ?

— Parce que tandis que tu te prépareras de ton côté, moi je me préparerai du mien.

— A ton aise. Un dernier verre d'eau-de-vie de Catalogne ; elle est bonne.

— Merci, je n'ai plus soif. D'ailleurs je préfère l'eau-de-vie de France.

— Tu n'es pas dégouté. A ta santé, dit-il en vidant son gobelet. Je te laisse à tes réflexions ; je vais essayer de dormir quelques heures ; demain j'ai fort à faire.

— Bonsoir. Quant à moi, si tu le permets, je resterai là.

— Comme il te plaira, bonsoir donc.

Il se leva, étira ses membres, et bâilla deux ou trois fois.

Il prit son manteau espagnol jeté sur le dossier d'un meuble, et se rapprocha du feu près duquel il avait l'intention de se coucher.

En ce moment, un bruit de pas précipités, qui se rapprochaient rapidement, se fit entendre dans le fond de la grotte.

— Qu'est cela? murmura le Mayor, en se redressant, et prenant à sa ceinture un revolver qu'il arma.

Un homme parut et dit ce seul mot :

— Ami !

Le Mayor fit un geste de surprise.

— C'est toi Sébastien, s'écria-t-il?

— Moi-même, mon colonel, Mayor, veux-je dire.

Et il s'approcha.

Bientôt il se trouva en pleine lumière.

— Comme tu es fait ! s'écria le Mayor en l'examinant avec surprise; tu sembles bien fatigué?

— Je ne sais comment je me tiens encore debout.

— Assieds-toi, dit le Mayor en lui présentant un fauteuil.

— Merci, dit-il, je suis rompu, je ne vois plus clair.

Il se laissa tomber épuisé dans le fauteuil.

— Ouf ! reprit-il, après un assez long silence, je me sens mieux ainsi; je suis à demi mort de fatigue, et surtout de faim; je n'ai pas mangé depuis quarant-six heures.

— Qu'as-tu fait de ton cheval?

— Je l'ai laissé mort, avant-hier, dans la Savane. Depuis ce temps, je marche. Hum ! la course a été dure, surtout avec ce damné cordonnazo; j'ai cru dix fois que je n'arriverais jamais et que je mourrais comme un chien dans la savane. Mais il y a un Dieu pour les honnêtes gens, ajouta-t-il avec un ricanement sinistre; et me voilà !

— Mais que t'est-il donc arrivé?

22.

— Bien des ennuis. Mais je ne serais pas fâché de me mettre quelque chose sous la dent, quand ce ne serait que pour m'assurer que je n'ai pas perdu l'habitude de manger.

— C'est juste.

Et le Mayor, se levant, s'empressa de le servir.

Il mit en un instant devant lui une quantité de vivres suffisante pour le repas de quatre hommes.

Sébastien, dès qu'il sentit les vivres à sa portée, se jeta dessus, avec un rire farouche, et se mit à manger gloutonnement.

Le Mayor et Felitz Oyandi lui versaient à boire et lui avançaient les plats.

Sébastien se laissait faire.

C'était un homme trapu, de taille moyenne, mais doué d'une énorme force musculaire.

Ses cheveux, coupés ras, commençaient à blanchir aux tempes; il portait de larges favoris; il paraissait avoir cinquante ans environ.

Son costume était celui d'un matelot au long cours.

Du reste il en avait toutes les allures.

L'on reconnaissait au premier coup d'œil que cet homme avait dû passer la plus grande partie de son existence sur le pont d'un navire.

Il mangea énormément et but à proportion.

Il semblait insatiable et ne devoir jamais s'arrêter.

Le Mayor paraissait prendre plaisir à le pousser à boire et à manger.

Chaque fois que le matelot faisait mine de repousser son assiette, le Mayor insistait, si bel et bien, que le matelot se remettait à l'œuvre.

Cependant, tout a une fin sur ce monde sublunaire, même l'appétit et la soif d'un matelot.

Un moment arriva où il fut positivement impossible à Sébastien d'avaler un morceau de plus; il en avait littéralement jusqu'au nœud de la gorge, ainsi que disent les marins.

Le matelot avala une large rasade d'eau-de-vie, pour

accélérer la digestion, puis il se renversa sur le dossier du fauteuil, en poussant un hum! de satisfaction.

— J'avais besoin de cela! dit-il en riant.

— Ainsi cela va mieux? fit le Mayor.

— Cela va très bien, mon colonel; je me sens frais et dispos comme si je n'avais pas tiré des bordées pendant deux jours avec rien dans la cale, ni dans la soute au biscuit.

Tout en parlant ainsi, il sortit de la poche droite de son paletot une pipe en terre, noire comme de l'encre, au tuyau microscopique.

Il prit dans sa poche gauche une vieille blague faite d'une patte d'albatros, remplie de tabac.

Il bourra conciencieusement sa pipe, l'alluma et la plaça dans le coin gauche de sa bouche, où elle sembla s'incruster dans ses dents, et se trouva retenue comme par des pinces.

— Là, voilà qui est fait, mon colonel. Maintenant, sauf respect, je suis tout à vos ordres, pour ce qu'il vous plaira de m'ordonner.

— A la bonne heure, dit le Mayor, nous allons causer! et il s'assit auprès de la table en face de son interlocuteur: Allons d'abord au plus pressé, ajouta-t-il, la senora?

— Arrivée à bon port, et sans la moindre avarie, à Hermosillo, où sa famille l'a reçue à bras ouverts; la senora est bien triste, mais sa santé s'améliore. Le médecin assure qu'elle sera complètement guérie avant un mois. Elle désire que vous alliez la voir.

— Cela sera difficile, mais je tâcherai.

— Je crois que vous ferez bien d'attendre le départ des Français.

— Bon. Est-ce qu'ils me connaissent?

— Oui, de réputation; et je dois avouer que vous n'êtes pas en odeur de sainteté près d'eux.

— Bah! que m'importe!

— Comme il vous plaira.

— Combien de temps as-tu mis à te rendre d'ici à Hermosillo?

— Dix-neuf jours.

— A revenir?

— Dix-sept, et je serais arrivé plutôt si j'avais conservé mon cheval.

— Bien, tu me conteras cela tout à l'heure. Procédons par ordre.

— Comme vous voudrez, mon colonel.

— Combien as-tu passé de temps à Hermosillo?

— Deux jours, pas davantage, mon colonel.

— D'après ton compte, cela fait trente-huit jours.

— Juste, mon colonel.

— Il y a quarante-quatre jours que tu m'as quitté; comment arranges-tu cela?

— Je ne l'arrange pas du tout; c'est exact.

— Qu'as-tu fait pendant ces six jours de congé que tu t'es donnés?

— Ah! voilà, mon colonel; une idée que j'ai eue comme cela de voir la mer; j'ai poussé jusqu'à Guyamas.

— Tu avais une intention, sans doute, en faisant cela?

— Pas la moindre; c'est après qu'il m'en est venu une, à la suite d'une drôle de conversation que j'ai eue avec un pays à moi.

— Ah! ah!

— C'est comme ça, mon colonel, et il ajouta en anglais: Le particulier qui est là, et nous écoute si attentivement, comprend-il l'anglais?

— Oui, mon ami, répondit Félitz Oyandi, dans le plus pur anglais qui se parle à Londres; il est donc inutile d'employer cette langue, si vous avez quelque secret à révéler à votre chef.

— Bon! fit Sébastian en riant bonnement, souqué à bloc du premier coup; mais *as pas peur*, comme disent les Provençaux; qu'à cela ne tienne, j'en choisirai une autre. Pas le *sabir*, vous le comprendriez, mais tout simplement le danois.

— Ah! quant au danois, qui, dit-on, est une fort belle langue, je n'en ai pas la moindre idée, répondit Félitz

Oyandi; et il ajouta en riant, est-ce que vous parlez le danois, vous, Mayor?

— Mais oui, répondit celui-ci, je parle et je comprends toutes les langues usitées en Europe.

— C'est très avantageux pour vous. Puisque je ne comprendrai pas, il est inutile que je reste là à vous écouter; je vais m'étendre un peu devant le feu, et j'essaierai de dormir.

— Allez, mon ami, je ne vous retiens pas.

— Je le vois bien, répondit-il en riant.

Il s'étendit sur le sol, se roula dans son manteau et s'endormit presque aussitôt.

— Maintenant, nous pouvons causer, dit le Mayor.

— En danois, oui.

— A quoi bon? Ne vois-tu pas qu'il dort?

— Bon! qui sait? Il dort peut-être en gendarme, les yeux fermés et les oreilles ouvertes: mieux vaut prendre ses précautions.

— Fais ce que tu voudras, mais parle, au nom du diable!

— Cette affaire vous regarde seul, mon colonel. Quand vous la connaîtrez, vous me remercierez d'avoir pris toutes ces précautions que, maintenant, vous trouvez absurdes.

— Soit, parle vite.

Il y eut un court silence.

Puis tout à coup le matelot, se penchant vers celui qu'il nommait son colonel, lui dit en danois, et presque à voix basse, en jetant machinalement un regard effrayé autour de lui:

— Mon colonel, êtes-vous bien certain que la femme que nous avons enterrée là-bas soit morte?

Le Mayor fit un bon de tigre, et, saisissant le matelot à la gorge:

— Es-tu ivre ou fou, misérable? s'écria-t-il avec une rage indicible, en même temps que son visage devenait livide.

— Jeu de mains, jeu de vilains, mon colonel; lâchez-moi, s'il vous plaît... Je ne suis ni ivre ni fou, vous le savez bien. Causons donc tranquillement, reprit froidement le matelot sans même essayer de se dégager.

Le Mayor le lâcha.

Puis, reprenant peu à peu son sang-froid :

— Pardonne-moi, Sébastian, mon fidèle, reprit-il du ton le plus amical, bien que sa voix tremblât légèrement. Je ne sais ce qui s'est passé en moi en t'entendant m'adresser ainsi subitement cette question.

— Il faut cependant que vous y répondiez, mon colonel, reprit le matelot en hochant la tête.

— Mais pourquoi cette insistance ?

— Vous le saurez ; mais répondez, je vous en prie...

— Eh bien, puisque tu l'exiges : oui, je suis certain qu'elle est morte ; d'ailleurs, toi qui l'as jetée dans la fosse que tu as ensuite comblée, tu le sais aussi bien que moi.

— Je sais ce que nous avons fait, mais j'ignore ce qui s'est passé plus tard. Croyez-vous qu'il soit possible qu'on l'ait sauvée ?

Le Mayor se faisait une violence extrême pour paraître calme.

Son visage prit une teinte verdâtre ; une sueur froide inondait son front, et des tressaillements nerveux secouaient tout son corps.

Il se versa un grand verre d'eau et le but d'un trait.

— Écoute, reprit-il d'une voix sourde. Un mois après l'événement auquel tu fais allusion, la police fut, j'ignore par quel hasard, mise sur les traces de la mort de cette femme. La fosse fut ouverte en présence de plusieurs personnes, et l'on dressa un procès-verbal dont je possède le double. La fosse ouverte, on trouva un cadavre de femme garrotté étroitement, méconnaissable, à cause de sa décomposition avancée ; mais ce cadavre avait de longs cheveux blonds, il était revêtu des vêtements de la femme que tu sais : cela fut constaté ; les vêtements étaient tous marqués à son chiffre et numérotés ; de plus, on trouva dans un des gants, que la morte portait encore à ses mains, son anneau de mariage, sur lequel on lut son nom et celui de son mari, avec la date du mariage. Le cadavre était étendu sur un autre cadavre, vêtu en matelot, dont l'identité fut aussi constatée. Crois-tu possible maintenant que cette femme vive encore?

— Non, ma foi de Dieu, mon colonel! ou bien alors il y aurait de la magie. Dam! les sorciers sont bien fins!

— Que veux-tu dire?

— Écoutez-moi à votre tour, mon colonel.

— Parle.

— Pour lors, m'ennuyant à Hermosillo, j'avais donc relevé pour Guaymas, dans le simple but de sentir un peu l'eau salée. Guaymas n'est pas une belle ville, mais en revanche elle est très sale. Figurez-vous, mon colonel, que ce sont de vilains oiseaux, des espèces de vautours nommés gallinasos, qui sont chargés du balayage et du nettoyage de la ville, même qu'il est défendu de les tuer. Pour lors, je tirais des bordées nord et sud sur la plage, et je reluquais un très beau trois-mâts du Havre, *Belle-Adèle*, qui se balançait sur ses ancres à une encâblure au large, lorsque voilà une embarcation qui aborde, et grince sur le sable. Qu'est-ce que je reconnais? un pays de Saint-Jean-de-Luz, que j'avais connu enfant, et avec lequel j'avais navigué au service de la *Belle-Paumelle* (le digne matelot voulait dire *Melpomène*), une très jolie frégate comme vous savez. Pour lors, reconnaissance, embrassade, et nous allons bras-dessus, bras-dessous, nous affourcher dans une *pulqueria* tenue par un Français, à seule fin de boire un coup et de tailler une bavette sur les choses du pays. Pour lors, Joan, c'est le nom de mon pays, m'apprit qu'il venait directement du Havre, où le navire avait été frété par des passagers, tout exprès pour se faire conduire à Guaymas.

— Qu'est-ce que c'étaient que ces passagers?

— Joan ne me l'a pas dit; seulement, il me raconta qu'il avait été chargé avec cinq autres matelots, sous les ordres du second du navire, d'escorter les passagers jusqu'à une hacienda nommé la Florida, où on les attendait, paraît-il, avec impatience; voilà qu'est dit. On partit avec une escorte de Mexicains, et l'on arriva à l'hacienda, où l'on se reposa quatre jours avant que de repartir. Pour lors, voilà que le lendemain de leur arrivée, d'autres voyageurs, venant du côté désert, entrèrent dans l'hacienda. Parmi eux, il y avait une dame; Joan faillit s'évanouir comme un mousse en la reconnaissant; c'était... il hésita, balbutia, jeta un regard soupçonneux autour de lui, puis il murmura d'une voix étranglée : madame la M....., enfin, votre femme, quoi !

— Il était fou ! s'écria le Mayor en tressaillant malgré lui, et passant la main sur son front inondé de sueur.

— C'est ce que je lui dis, mais il me répondit : « Non, c'est bien elle; je l'ai vue toute enfant; je la connais bien, ma mère a été à son service, et je lui ai parlé plus de cent fois avant et après son mariage. Une telle ressemblance n'est pas possible, c'est elle; rien qu'en entendant sa voix, je l'aurais reconnue. » Je quittai Joan en me moquant de lui, et je retournai aussitôt à Hermosillo.

— Alors, que fis-tu ?

— Cette affaire me chiffonnait; j'étais inquiet. Je ne fis ni une ni deux. Je montai à cheval et je mis le cap sur l'hacienda dont Joan m'avait exactement indiqué la position, résolu à m'assurer par mes yeux de la vérité de la chose...

— Très bien... Alors ?

— Alors, comme je rôdais continuellement autour de l'hacienda, ruminant à part moi comment je pourrais m'y prendre pour y entrer, et réussir à dévisager la particulière, n'importe qui elle est, on m'apperçut, on me prit pour un espion et on m'appuya une chasse que ma barbe en fumait, et que le diable en aurait pris les armes ! Il paraît qu'ils se méfient, là-dedans. Le fait est que j'ai payé les pots cassés de ma sottise de m'être laissé surprendre. Mon pauvre cheval fut tué, et je n'eus que le temps de me jeter dans une fondrière; sans cela, il m'en serait arrivé autant. Le malheur est que j'avais perdu mes armes, et qu'il m'avait été impossible d'emporter mes alforjas. Je me trouvai donc en plein désert, sans armes et sans vivres; ce n'était pas drôle. Je ne sais vraiment comment j'ai réussi à arriver jusqu'ici : voilà !

Le Mayor était subitement devenu pensif.

— C'est étrange ! murmura-t-il à plusieurs reprises.

— Eh bien ! mon colonel, que pensez-vous de cela ? reprit le matelot.

— Je pense que tu es un maladroit et que ton pays est un imbécile.

— Peut-être. Une ressemblance comme celle-là est vraiment incroyable.

— Je serais curieux, dit le Mayor avec un rire qui résonnait faux, je serais curieux de m'assurer par moi-même si cette ressemblance est aussi frappante que ton pays le soutient.

— Hum ! cela ne me paraît pas facile, grommela le matelot en hochant la tête.

— Peut-être, reprit le Mayor.

Il s'approcha de Felitz Oyandi, et, le poussant du pied :

— Debout ! compagnon, lui dit-il.

Felitz Oyandi s'éveilla en sursaut. Il dormait réellement.

— Ah ! fit-il en sautant sur ses pieds. Avez-vous donc fini de bavarder en danois ?

— Oui ! dit le Mayor avec un sourire contraint,

— Très bien ! Que venez-vous m'annoncer, alors ?

— Tout simplement ceci : Rassemblez le plus de monde que vous pourrez; dans huit jours, nous attaquerons la Florida.

— Qu'est-il donc arrivé pour que vous changiez si brusquement d'avis ?

— Que vous importe, puisque je fais ce que vous désirez ?

— C'est juste ; ai-je votre parole ?

— Je vous la donne, avec ma main.

— C'est bien ; alors, je pars tout de suite ; car je n'ai pas un instant à perdre pour être prêt au jour convenu.

En effet, dix minutes plus tard, Felitz Oyandi quittait la grotte.

Quant au Mayor, il demeura pendant la nuit tout entière les coudes appuyés sur la table et la tête cachée dans ses mains, sans fermer les yeux une seconde.

Il songeait aux jours écoulés, et parfois des tressaillements nerveux secouaient tout son corps.

Le remords s'éveillait-il enfin dans cette conscience bourrelée ?

Nul n'aurait su le dire.

Pas même lui, peut-être !

XII

DANS LEQUEL BIEN DES CHOSES INTÉRESSANTES SONT RACONTÉES, QUI SONT INDISPENSABLES POUR L'INTELLIGENCE DE CETTE VÉRIDIQUE HISTOIRE.

Nous retournerons maintenant près de madame la contesse de Valenfleurs, que nous avons abandonnée au moment où, arrivant à la Florida, elle traversait, en compagnie de don Cristoval de Cardenas, la cour d'honneur de l'hacienda, et se dirigeait sur la plate-forme vers le double perron, sur lequel une brillante compagnie se pressait pour lui souhaiter la bienvenue.

La comtesse ne cessait d'admirer la jeune dame dont nous avons fait le portrait dans un précédent chapitre.

Son regard ne pouvait se détourner d'elle.

Les deux charmantes femmes, attirées l'une vers l'autre comme par une mystérieuse attraction, se souriaient de loin et se penchaient en avant pour mieux s'apercevoir, cédant, sans songer à y résister, à ce magnétisme étrange et incompréhensible pour elles, qui les faisait se deviner amies, bien que ni l'une ni l'autre n'eussent souvenir de s'être vues auparavant.

Au moment où la comtesse arriva au bas du perron, un homme portant l'uniforme de chirurgien en chef de l'armée française, la poitrine constellée de décorations, droit et vigoureux encore, bien qu'il eût dépassé la cinquantaine de cinq ou six ans au moins, écarta de la main les personnes derrière lesquelles, jusqu'à ce moment, il s'était dissimulé.

Il descendit rapidement les quelques marches du perron, s'approcha du cheval de la comtesse, et s'inclinant respectueusement devant elle en lui tendant la main, il lui dit, du ton le plus affectueux :

— Je ne veux laisser à personne le soin de vous aider à mettre pied à terre, madame, c'est un bonheur que je revendique.

— Et auquel vous avez toute espèce de droit, mon bon docteur, répondit la comtesse, en souriant et lui tendant la main.

Et, à peine soutenue par le docteur, elle sauta à terre, vive et légère comme un oiseau.

— Oh! que je suis heureuse de vous revoir après tant d'années, mon bon docteur, dit-elle avec effusion, en appuyant le bras sur celui que lui présentait son cavalier; mais un mot avant tout, de grâce, un mot... cher docteur?

— Parlez, madame la comtesse, ne vous suis-je pas tout acquis?

— Quelle est cette délicieuse jeune femme qui est là, tenez, sur la première marche du perron et qui nous regarde, voyez, avec ces grands yeux bleus et doux? Depuis que je l'ai aperçue, tout mon être a tressailli, et mon cœur s'est élancé vers elle.

— Vous ne l'avez pas reconnue? demanda le docteur en souriant.

— Non, puisque je ne l'ai jamais vue; mais mon cœur l'a devinée, j'en suis sûre, à ses battements précipités.

— Eh bien! dites vous-même ce nom que vous me demandez, charmante sybille?

— Non, pas à vous, méchant homme. qui vous plaisez

à me tourmenter, dit-elle en souriant, mais je le lui dira à elle-même.

Elle quitta alors le docteur.

En montant vivement les quelques marches qui restaient, elle ouvrit ses bras à la jeune femme penchée vers elle, comme l'oiseau attiré et fasciné malgré lui par le chasseur.

— Denizà, mon amie, ma sœur! n'est-ce pas que vous m'aimez comme je vous aime? lui dit-elle d'une voix émue et les yeux pleins de larmes.

— Oh! Léona! c'est vous! Je vous avais reconnue, ma sœur bien-aimée; que je suis heureuse de vous connaître enfin! s'écria la jeune femme de sa voix mélodieuse, en se laissant tomber dans les bras ouverts pour la recevoir.

Ces deux adorables femmes, ainsi enlacées, et se prodiguant les plus douces caresses, formaient le plus délicieux groupe qu'il soit possible d'imaginer.

Tous les assistants étaient doucement émus et se tenaient respectueusement à l'écart.

Les deux jeunes femmes se prirent par le bras, et la comtesse, saluant avec un charmant sourire la maîtresse de la maison et les autres personnes présentes, dit d'une voix tremblante d'émotion :

— Pardonnez-moi, senora, et vous aussi caballeros, cette faute contre l'étiquette; mais mon cœur a été plus fort que ma volonté. Dès que j'ai aperçu cette amie bien chère, mes bras se sont ouverts malgré moi pour la recevoir.

— Je suis aussi coupable que mon amie, ajouta doucement Denisà; dès que je l'ai vue, j'ai tout oublié pour ne plus songer qu'à elle.

— Toutes deux vous êtes très coupables, senoras, dit dit alors dona Luisa de Cardenas, en les embrassant affectueusement. Pour vous punir de cette faute impardonnable, je vous condamne, au nom de la société tout entière, à rester pendant au moins une demi-heure dans ce salon, sous la garde du docteur d'Hérigoyen.

— C'est juste! s'écrièrent en souriant tous les assistants.

— Oui, ajouta le docteur, il faut de la sévérité.

Dona Luisa, après avoir conduit les deux jeunes femmes au salon désigné pour leur servir de prison, laissa passer le docteur.

Puis elle embrassa affectueusement les deux dames, leur serra les mains, et referma la porte sur elles, en disant avec une douce raillerie :

— Ne vous ennuyez pas trop!

— Merci mille fois de nous avoir ménagé ce tête-à-tête, dit Leona.

— Nous avons tant de choses à nous dire, ajouta Denizà.

— Revenez-nous bien vite, dit dona Luisa.

— Soyez tranquille, senora; ne suis-je pas là? dit le docteur.

Dona Luisa de Cardenas se retira.

Nos trois personnages demeurèrent seuls.

Les confidences commencèrent.

Elles furent longues et surtout intéressantes.

Tant de choses s'étaient passées depuis quatorze ans!

Tant d'événements avaient eu lieu!

Nous ferons en quelques mots l'histoire de ces quatorze années.

Le docteur d'Herigoyen n'avait pas voulu se séparer de Denizà, dont le père et la mère étaient morts en lui laissant à peine de quoi vivre.

La présence de la jeune fille près de lui avait été une grande joie pour le docteur, en même temps qu'une immense joie pour Denizà.

Ces deux cœurs brisés, ces deux âmes meurtries s'étaient raffermis et rassurés en confondant leurs douleurs, et parlant sans cesse des exilés qu'ils aimaient tant, l'un surtout, Julian, vers lequel, à travers l'espace incommensurable qui les séparait, se dirigeaient toutes leurs pensées.

Deux fois seulement, à de longs intervalles, des nouvelles étaient parvenues du proscrit.

La première fois, lorsqu'il s'était échappé si heureusement.

La seconde quand il avait quitté les *pampas* buenosayriennes pour se rendre au Mexique.

Puis de longues années s'étaient écoulées sans que rien ne leur parvînt plus.

Un silence de mort s'était fait autour d'eux.

Le docteur n'avait plus que quelques rares amis.

Lorsqu'il vint s'installer à Paris avec Denizà, qu'il présentait partout comme sa fille et qu'il traitait comme si elle l'eût été véritablement, la marquise de Garmandia, depuis quelques temps déjà, avait quitté la capitale et s'était retirée en Anjou.

Cependant elle était restée en relations avec le docteur.

Elle entretenait avec lui une correspondance suivie.

La vie que passait M. d'Hérigoyen était triste et surtout solitaire.

Il voyait peu de monde, faisait peu de visites et ne recevait que très rarement une ou deux personnes de ses connaissances intimes.

La jeune fille s'étiolait dans ce milieu monotone.

Elle se débattait en vain contre l'anémie qui s'emparait d'elle.

Sur ces entrefaites, Felitz Oyandi, dont depuis très longtemps le docteur n'avait plus entendu parler, reparut tout à coup.

La jeune fille le croisa un soir à la sortie de l'église.

La vue de cet homme lui causa une émotion terrible.

Elle se jeta dans une voiture et se fit conduire chez elle.

Il lui eût été impossible de s'y rendre à pied.

Elle conta aussitôt au docteur la fâcheuse rencontre qu'elle avait faite.

Le docteur la rassura.

Il lui fit comprendre qu'elle n'avait rien à redouter de

cet homme, et que, quoi qu'il tentât contre elle, il saurait la protéger efficacement contre ses poursuites.

D'ailleurs, la jeune fille croyait que Félitz Oyandi ne l'avait pas remarquée, et qu'il avait passé devant elle sans la voir.

Elle se promit d'être prudente et de ne plus s'exposer à de pareilles rencontres.

La jeune fille se trompait.

Cet homme l'avait vue et reconnue.

Il l'avait suivie de loin jusqu'à sa porte, et même il était entré chez le concierge, où il avait essayé de prendre quelques renseignements sur elle.

Malheureusement pour lui, par hasard, le concierge avait repoussé ses avances et l'avait mis à la porte en le traitant de mouchard.

Ce digne concierge, chose singulière, aimait beaucoup son locataire et professait une espèce de culte pour Denizà.

Voici pour quels motifs :

Une nuit, un des enfants du concierge s'était trouvé subitement malade, et cela si gravement qu'il avait failli mourir dans une crise nerveuse.

C'était une petite fille de cinq à six ans au plus, très gentille, et que tout le monde aimait dans la maison, dont elle était la gaieté.

Le concierge, à demi fou de douleur, avait été frapper à la porte du docteur.

Celui-ci s'était levé et était accouru en toute hâte.

Grâce à lui, l'enfant avait été sauvé.

Mais ce n'était pas tout ; la maladie devait être longue et l'enfant avait besoin de soins incessants, que ses parents ne pouvaient pas lui donner.

De plus, la loge était petite, privée d'air, chargée de miasmes méphitiques.

Denizà exigea que la fillette fut installée dans sa chambre à coucher même, et elle se fit sa garde-malade, ne la quittant ni jour ni nuit, et la veillant comme si elle eût été sa mère ou sa sœur.

Deux mois après, la fillette, complètement guérie, avait recommencé ses ébats joyeux.

Quelques jours plus tard, grâce à la protection du docteur, elle était entrée dans une des meilleures institutions de Paris spécialement destinée à l'éducation des jeunes filles pauvres.

Le docteur et Denizà s'étaient chargés du trousseau de leur petite protégée, et avaient payé d'avance huit annuités de la pension, réduite de moitié par la directrice de l'institution qui avait voulu s'associer à cette bonne œuvre.

Au bout de huit ans, l'enfant sortirait après avoir reçu une instruction solide, et avoir appris un métier, tel que peintre sur porcelaine, dessinateur sur bois ou graveur, Enfin, un de ces métiers qui, lorsqu'on est habile, donnent complètement de quoi vivre à ceux ou à celles qui les exercent sérieusement.

Le docteur et sa fille étaient donc naturellement très considérés par le concierge et sa famille.

Mal venus étaient ceux qui essayaient de se mêler des affaires de ces locataires respectés.

Le concierge les rembarrait de telle sorte qu'ils n'y revenaient plus.

Le lendemain du jour où Denizà avait rencontré Felitz Oyandi, lorsque le matin le docteur descendit pour sa promenade habituelle au Luxembourg, il demeurait alors rue d'Assas, il vit le concierge l'attendant le bonnet à la main sur le seuil de sa loge.

Le brave homme raconta tout au long la visite qu'il avait reçue le soir précédent, et de quelle manière il avait accueilli l'indiscret questionneur.

Le docteur remercia le concierge, le pria d'agir toujours de même, et il sortit, laissant le brave homme très heureux et très fier des compliments qu'il lui avait faits.

Seulement, le docteur, au lieu d'aller au Luxembourg, se rendit tout droit à la Préfecture de police, où il connaissait un des plus hauts employés, et il se fit conduire à son bureau.

Il raconta alors ce qui s'était passé entre sa fille adoptive et Félitz Oyandi, le rôle que celui-ci avait joué en décembre 1851 contre son fils, et il pria son ami de faire surveiller cet homme et de le débarrasser de ses obsessions.

Les deux amis eurent alors une conversation fort longue et fort intéressante, à la suite de laquelle ils se séparèrent.

Les résultats de cette entrevue furent que huit jours plus tard, Felitz Oyandi, qui depuis longtemps sollicitait, sans espoir de réussite, un poste dans l'intendance militaire, reçut, à sa grande surprise, sa nomination du ministre de la guerre, avec l'ordre de partir sous quarante-huit heures pour se rendre à son poste, à Constantine.

Felitz Oyandi était à peu près ruiné ; cette nomination le combla de joie.

Sans plus songer à Denizà pour le moment, il partit, se réservant de revenir plus tard.

Mais des ordres avaient été donnés.

Toutes ses demandes de congé furent repoussées, et bon gré mal gré, il lui fallut demeurer en Afrique jusqu'au jour où le corps auquel il était attaché, ayant été désigné pour faire partie du corps expéditionnaire envoyé au Mexique, il reçut l'ordre de se rendre à Alger, et de s'y embarquer pour la Vera-Cruz.

Nous l'avons retrouvé dans les savanes, jouant un rôle non pas équivoque, mais franchement de bandit.

Le docteur avait appris successivement le mariage de la marquise, la naissance de son fils, la mort du comte de Valenfleurs, et enfin le départ de la comtesse pour New-York.

Quelques mois plus tard, il reçut une lettre d'elle, dans laquelle il s'en trouvait une autre de Julian.

La joie du docteur et de Denizà fut vive.

Julian était retrouvé.

La comtesse l'avait vu.

Lui-même écrivait qu'il se trouvait aussi heureux que sa position singulière le permettait.

23.

Toutes les inquiétudes sur le compte du fils et du fiancé furent oubliées.

On attendit une seconde lettre de la comtesse.

Elle arriva.

Elle était datée de Québec, où la poursuite d'un procès laissé pendant, à la mort de son mari, l'avait obligée à se rendre.

Il y avait quelques mots sur Julian qui, disait la comtesse, chassait en compagnie de son inséparable ami Bernardo dans les Savanes sur les frontières de l'Utah, dans les montagnes rocheuses de l'Orégon.

Le docteur et Denizà prenant ces mots à la lettre, ne comprenaient rien à ce grand désir de chasse qui entraînait ainsi le jeune homme dans des régions inconnues, habitées, disait-on, par des sauvages feroces.

Il se fit un nouveau et long silence.

Les deux solitaires de la rue d'Assas étaient de nouveau en proie aux plus poignantes inquiétudes.

On commençait à parler d'une intervention probable de la France au Mexique.

Un matin, le concierge monta une lettre portant le timbre du Canada.

Le brave homme était radieux.

Il savait que les lettres venant de l'étranger comblaient de joie ses locataires de prédilection.

Aussi, quand le facteur en apportait une, il quittait tout pour la monter de suite lui-même.

Il la rem à sa fille Mariette.

Depuis trois ans, la fille du concierge avait terminé son éducation.

Elle peignait fort bien sur porcelaine.

Le docteur, à la prière de Denizà, dont il faisait toutes les volontés, avait retiré la jeune fille chez lui pour en faire une compagne à sa fille adoptive.

Depuis trois ans, Mariette habitait donc l'appartement du docteur.

On lui avait meublé une chambre où elle couchait et

travaillait auprès de Denizà, qui raffolait d'elle et complétait son éducation en lui enseignant la musique.

Mariette était une grande et belle fille brune, aux yeux veloutés, à la physionomie rieuse, douce et intelligente.

Elle se serait mise au feu pour Denizà, qu'elle ne quittait plus, et dont elle partageait les joies et les tristesses.

Les concierges étaient fiers de leur fille ; ils étaient heureux de voir son avenir si bien assuré. Car ils savaient que le docteur ne l'abandonnerait jamais.

D'ailleurs, Mariette l'aimait comme un second père.

Ce fut donc à elle que la lettre fut remise.

La jeune fille avait toutes les pétulances de la vie parisienne ; elle sauta de joie en la recevant, embrassa son père, que ce baiser fit heureux toute la journée, et courut remettre la lettre au docteur.

Cette lettre, depuis si longtemps attendue, était de la comtesse de Valenfleurs.

Elle disait en substance qu'elle savait où retrouver Julian ; que, bien malgré elle, elle l'avait perdu de vue, et que dans quatre mois, elle se mettrait à sa recherche.

Elle engageait le docteur à se faire attacher à l'expédition du Mexique, et lui recommandait de lui écrire par le plus prochain courrier s'il voulait recevoir une nouvelle lettre d'elle avant son départ de Québec.

Il y eut une sérieuse conférence entre le docteur, Denizà et Mariette, considérée comme faisant partie de la famille.

A la suite de cette conférence, dont le résultat avait été de suivre les conseils de la comtesse, le docteur commença les démarches nécessaires à sa rentrée dans l'armée.

Le docteur d'Herigoyen n'avait pas à redouter un refus.

Ses services passés parlaient trop en sa faveur pour que l'on hésitât avec lui.

Sa demande non seulement fut favorablement accueillie, mais encore les conditions qu'il posa furent acceptées de la façon la plus charmante.

Séance tenante, le ministre de la guerre lui remit sa nomination de chirurgien en chef à titre auxiliaire du corps expéditionnaire du Mexique, et lui donna un grand pli cacheté arrivant du ministère de la justice, renfermant deux pièces émanant du garde des sceaux, et au bas desquelles se trouvait la signature de l'empereur.

Le docteur remercia chaleureusement le ministre de la guerre, avec lequel il avait jadis servi en Afrique, et il se retira heureux d'avoir si bien réussi, en emportant sa nomination et les pièces importantes remises par le ministère de la justice.

Il n'avait fallu au docteur que dix jours pour terminer toutes ses affaires.

Le corps expéditionnaire placé sous les ordres du général Lorencez ne devait pas partir avant deux mois au plus tôt.

Il avait donc du temps devant lui.

Le soir même, il écrivit à la comtesse une longue lettre, dans laquelle il lui rendit compte de toutes ses démarches et du succès qu'il avait obtenu.

Six semaines plus tard, le docteur reçut l'ordre de se tenir prêt à partir sous dix jours.

Le soir même, la réponse de la comtesse arriva.

Elle allait quitter Québec pour se rendre à New-York, où elle comptait faire ses préparatifs, pour commencer son grand voyage à travers les prairies.

Elle lui disait de recommander à Denizà de se tenir prête à partir au premier signal pour le Mexique.

Ce voyage était, bien entendu, subordonné au succès de ses recherches, mais elle avait bon espoir de réussir.

La comtesse terminait, en annonçant au docteur qu'à son arrivée à la Vera-Cruz il trouverait une nouvelle lettre d'elle qui lui donnerait ses dernières instructions au sujet du départ de sa chère Denizà, au bonheur de laquelle elle s'était toujours si intéressée et qu'elle brûlait de connaître et d'embrasser.

Cette lettre bouleversa complètement la vie jusque-là si paisible.

Denizà n'osait espérer.

Tant de fois son espoir avait été déçu qu'elle tremblait.

Le départ de son bienfaiteur, de son père, l'effrayait et l'inquiétait à la fois; elle ne savait si elle devait se réjouir ou s'attrister de tous ces changements.

La pauvre enfant ressemblait assez aux masques antiques qui pleuraient d'un côté et riaient de l'autre.

Mariette était franchement joyeuse.

L'espoir de voyager en compagnie de Denizà, qu'elle aimait tant, la ravissait.

Le seul que tout cela chagrinait, c'était Moucharaby, l'ordonnance du docteur.

Le brave homme était lugubre.

Le docteur lui avait nettement déclaré qu'il ne ferait pas la campagne avec lui; qu'il lui confiait Denizà sur laquelle il veillerait en son absence et qu'il protégerait envers et contre tous.

L'amour-propre de l'ancien chasseur d'Afrique fut doucement chatouillé, à la vérité, par cette haute preuve de confiance; mais il lui semblait dur de rester à la maison comme un éclopé, pendant que son major ferait campagne, et quelle campagne! au Mexique, dans un pays inconnu, peuplé d'Indiens féroces et sauvages.

Le pauvre homme était désolé de manquer cette admirable occasion de se faire casser les reins.

Mais le docteur lui rendit presque toute sa gaieté, en lui annonçant en confidence que, dans quelques mois, sa fille adoptive le rejoindrait au Mexique, que c'était lui qui l'accompagnerait et qui la protégerait pendant ce long voyage.

Rien ne l'empêcherait plus, dès qu'il l'aurait rejoint, de terminer la campagne avec lui.

Moucharaby, déjà plus qu'à demi consolé, ne souleva plus d'objections.

Il remercia chaleureusement le major, et tout fut ainsi réglé entre eux.

Le docteur accusa réception de sa lettre à la comtesse et lui annonça que bientôt l'expédition s'embarquerait pour le Mexique.

En effet, quinze jours plus tard, son ordre de départ arriva.

Il fallut partir.

Les adieux furent déchirants.

Denizà s'évanouit plusieurs fois ; la solitude dans laquelle elle allait se trouver l'épouvantait.

Elle voulait accompagner le docteur jusqu'au port d'embarquement, afin de rester plus longtemps près de lui : c'était une scène navrante.

Tout le monde, et le docteur le premier, perdait la tête.

Cette séparation pouvait être éternelle.

Cependant, à force de raisonnements, en pleurant avec la jeune fille, et surtout en lui parlant de Julian, le docteur réussit à lui rendre un peu de courage et à lui faire envisager les choses sous leur véritable jour.

Denizà, à demi vaincue, à bout de forces, ne résista plus que faiblement, et finit par se résigner; car, elle le savait, il n'existait aucun moyen de changer ce qui était.

Le docteur embrassa une dernière fois sa fille adoptive, s'arracha avec effort de ses bras et s'élança au dehors, accompagné des pleurs et des bénédictions du concierge et de sa famille.

Denizà ne voyait, n'entendait plus rien.

Elle avait perdu connaissance.

Pendant plusieurs jours, elle fut gravement indisposée.

Elle éprouvait une prostration générale.

Tout lui était indifférent : elle recevait les soins de sa chère Mariette avec ce sourire triste et résigné des malades qui n'espèrent plus.

Heureusement une lettre du docteur arriva, et en changeant les idées de la jeune fille, lui rendit le courage.

Il était embarqué et faisait voile pour le Mexique, où il allait revoir la comtesse qui lui donnerait des nouvelles de leur cher Julian.

Bientôt elle viendrait, elle aussi, au Mexique, et tous ses chagrins finiraient ; mais, pour cela, il fallait qu'elle fût forte ; qu'elle eût du courage et ne se laissât pas abattre.

— Je serai forte ! murmura-t-elle en baisant pieusement la lettre : je veux vivre pour lui et pour Julian.

Et elle tint parole.

Denizà n'était pas une femme vulgaire, elle l'avait prouvé plus d'une fois.

Elle eut honte de sa faiblesse, elle voulut vivre et redevenir belle.

Non pour elle, mais pour son père adoptif et pour son fiancé.

Elle réussit à tel point, qu'en la voyant calme, souriante, gaie même, chacun s'y trompa.

Personne, excepté Mariette, que son dévouement rendait clairvoyante, ne découvrit les douleurs cachées sous ces apparences si doucement trompeuses.

Mais Mariette feignit, elle aussi, de ne rien voir, ce qui rendit à la chère malade toutes les forces nécessaires pour jouer son innocente comédie.

Près d'un an s'était écoulé depuis le départ du docteur.

Des bruits sinistres se répandaient sur l'expédition.

On parlait de défaite, de retraite, de maladies terribles qui décimaient l'armée.

L'inquiétude était à son comble ; une seconde expédition se préparait, mais considérable celle-là, et placée sous les ordres du général Forey.

Tous ces bruits sinistres se répandaient avec la rapidité d'une traînée de poudre, bien que murmurés et chuchotés à voix basse.

Car sous l'Empire, il ne fallait pas se risquer à parler haut. Cayenne et Lambessa étaient là pour bâillonner les imprudents.

Mariette et Moucharaby avaient associé leurs dévouements.

Ils avaient entouré Denizà d'une espèce de muraille de la Chine.

Aucun bruit du dehors ne parvenait jusqu'à elle.

La jeune femme était non seulement dans l'ignorance la plus complète de tout ce qui se disait, mais encore elle croyait que tout allait du mieux du monde.

Mariette et Moucharaby savaient que si Deniza apprenait la vérité, elle pourrait en mourir.

Ils forgeaient à eux deux les nouvelles les plus rassurantes, et les lui débitaient avec un aplomb magnifique.

On croit toujours ce que l'on désire vivement.

La jeune femme ajoutait donc la foi la plus entière à ces fallacieux bulletins de victoire.

Sur ces entrefaites, une letttre du docteur arriva.

Lettre qui combla la jeune femme de joie.

Cette lettre, ardemment désirée, en renfermait une seconde de la comtesse.

Denizà allait partir pour le Mexique.

Son itinéraire était minutieusement tracé.

Elle s'embarquait au Havre, où elle fréterait un navire qui la conduirait à Guaymas.

De là elle se rendrait à petites journées à une hacienda nommée la Florida, où son père adoptif la rejoindrait et où l'attendrait une surprise des plus agréables.

Le lendemain la jeune femme quittait Paris et partait pour le Havre, en compagnie de Mariette, de Moucharaby et d'une femme de chambre; laissant son appartement sous la garde du concierge et de sa femme.

Ce départ ne ressemblait pas au précédent : tout le monde était radieux.

Il n'y avait que des rires et des exclamations de joie.

Seule, Mariette pleura en se séparant de son père et de sa mère, mais ceux-ci furent les premiers à la consoler.

Ils étaient fiers de voir leur fille entreprendre un si long voyage.

Plus tard, quand on leur demandait des nouvelles de leur fille, ils répondaient imperturbablement :

« Elle fait l'expédition du Mexique avec le docteur d'Hérigoyen et sa fille ! »

Et cela les posait bien dans le quartier.

Il étaient presque devenus des personnages aux yeux de leurs nombreuses connaissances.

Quatre jours après son arrivée au Havre, Denizà s'embarqua sur un joli trois-mâts de six cents tonneaux, très fin voilier, nommé la *Belle-Adèle*, et dont elle était la seule passagère.

Le navire était frété par elle.

Le voyage se prolongea.

Il dura trois mois et demi à cause des mauvais temps et des vents contraires.

La jeune femme fut assez malade pendant les premiers jours ; mais elle revint bientôt à la santé.

Nous n'insisterons pas sur les détails de la traversée, mais que ses auditeurs obligèrent la jeune femme à leur raconter.

Le lendemain de son arrivée à l'hacienda de la Florida, où elle avait reçu le plus charmant et le plus hospitalier accueil de la part de don Cristoval et de dona Luisa, la jeune femme avait eu la joie de voir arriver le docteur d'Hérigoyen, escorté par un peloton de vingt chasseurs d'Afrique, autant de chasseurs à pied et une trentaine de *guerilleros* mexicains alliés.

Ce fut un grand bonheur pour Denizà et le docteur de se revoir après une aussi longue séparation.

Ils avaient une foule de choses à se dire et à se raconter.

Ce fut alors seulement que la jeune femme apprit en frémissant de terreur rétrospective les commencements malheureux de l'expédition :

Les dangers terribles courus par le docteur dans les ambulances de la Vera-Cruz lorsqu'il combattait la fièvre jaune, qui décimait nos malheureux soldats et les tuait en quelques heures.

Elle frémit au funèbre récit des ravages causés par le général *vomito*, ainsi que les Mexicains appelaient l'horrible fléau qui combattait pour eux.

La jeune femme remercia du fond du cœur ses dévoués serviteurs, qui, par une innocente supercherie, lu avaient caché tous ces malheurs, et lui avaient ainsi sauvé la vie.

Puis, lorsque le passé fut épuisé, on parla de l'avenir, de l'arrivée prochaine de la comtesse de Valenfleurs, et l'on fit des châteaux en Espagne.

Du reste, le pays s'y prêtait.

Par suite d'un heureux hasard, le docteur d'Hérigoyen était arrivé à l'hacienda vers deux heures du matin, heure pendant laquelle on ne rencontre personne sur les routes; les voyageurs ne quittant jamais leurs campements de nuit avant trois ou quatre heures du matin, afin de profiter de la fraîcheur des matinées.

Pendant le trajet de Paso-del-Norte à la Florida, trajet assez long cependant, le docteur n'avait fait aucune rencontre.

Ses éclaireurs indiens n'avaient relevé aucune piste suspecte.

Tous les peones de la rancheria située au pied de la colline dormaient, le docteur était entré à l'hacienda sans avoir été vu.

Au lieu de loger l'escorte dans la rancheria, don Cristoval, après s'être entendu avec le docteur, l'installa dans l'hacienda même, dans une troisième cour donnant sur le parc.

Le docteur fit mander le maréchal-des-logis-chef commandant les chasseurs d'Afrique, le sergent des chasseurs à pied et l'officier des guerilleros.

Il leur expliqua qu'ils étaient hors des frontières mexicaines, en plein désert, éloignés de tout secours; qu'il était important qu'ils ne se laissassent pas apercevoir du dehors, parce que, dans cette position isolée, on était à chaque instant exposé aux attaques des bandits de la savane, dont les troupes nombreuses et bien organisées étaient fort à redouter.

Le docteur ajouta qu'il ne serait pas fâché, en cas d'attaque, de leur donner une bonne leçon et de leur apprendre comment les Français savent se battre.

— Il n'y a pas besoin, major, répondit le maréchal-des-logis-chef, vieux soldat d'Afrique, bronzé sur toutes les coutures, que nous nous changions en taupes ! Si les cavaliers susdits que vous dites veulent en tâter, nous leur apprendrons de quel bois nous nous chauffons.

— Disposez de nous, major, ajouta le sous-officier des chasseurs à pied, hardi jeune homme qui ne demandait que plaies et bosses. Nous ferons de notre mieux dès que vous en donnerez l'ordre.

Le docteur les remercia et les congédia en leur serrant la main.

Ainsi la Florida, sans que nul ne s'en doutât au dehors, avait reçu un renfort de soixante-dix soldats résolus et sur lesquels on pouvait compter en toute confiance.

Ce fut le docteur lui-même qui raconta ce fait à Denizà pour la rassurer.

La jeune femme, habituée à la vie parisienne, éprouvait malgré elle une crainte secrète en se voyant ainsi en plein désert, si loin de tout centre de population

Il y avait deux jours que le docteur était à l'hacienda, lorsque la comtesse de Valenfleurs arriva à la Florida avec son escorte.

Après ces longues confidences, il y eut un silence.

Denizà semblait interroger du regard le docteur.

Celui-ci se tourna d'un air embarrassé vers la comtesse.

— Eh bien? demanda-t-il.

— On m'avait annoncé une surprise agréable, dit Denizà d'une voix tremblante. Vous rencontrer ici, chère et aimée Leona, est pour moi un grand bonheur, mais je m'attendais à vous voir, et...

— Je vous comprends, interrompit tristement la comtesse. Une inconcevable fatalité semble peser sur moi; rien ne me réussit depuis quelque temps. Le hasard, ce matin, me mit en présence de Julian et de son ami. Tous deux, sans que j'en fusse avertie et ignorant sans doute qu'il s'agissait de moi, étaient venus à mon secours en compagnie de civicos amenés par mon intendant. Il y eut reconnaissance mutuelle. Mes ennemis étaient détruits, en fuite, que sais-je? Je me mis en route pour me rendre ici, où je savais être attendue avec impatience. Les deux chasseurs marchaient près de moi; nous causions. Je ne sais comment cela se fit, quelle parole je laissai échapper qui déplut à Julian...

— Oh! ce n'est pas possible! s'écria Denizà en lui prenant la main et la lui serrant affectueusement.

— Mon Dieu! je ne sais... Je m'accuse, ma toute belle, pour justifier Julian, que je ne veux pas accuser. Hélas! il a tant souffert, depuis quatorze ans, que je ne saurais lui conserver rancune. Il est devenu sombre, susceptible, presque atrabilaire; le moindre mot le froisse, une innocente plaisanterie le blesse. Je n'avais pas compris cela tout d'abord, moi qui suis restée rieuse et un peu folle, comme je l'étais jadis. Et cependant, j'ai subi bien des déboires, supporté bien des douleurs; je prenais peut-être un peu trop de plaisir à taquiner Julian, à donner le change à son impatience, à dérouter ses prévisions. Que voulez-vous? Je tenais à ce que cette surprise, depuis si longtemps préparée, fût complète; je me faisais une fête de voir sa joie lorsqu'il vous reconnaîtrait. Julian ne disait rien, mais il souffrait; je m'en aperçus trop tard. A une demi-lieue d'ici, je fis halte pour congédier mon escorte de civicos; puis je continuai ma route. Je causais avec don Cristoval. Tout à coup, je cherchai des yeux les deux chasseurs, je les appelai, ils étaient partis, depuis longtemps déjà, sans rien dire.

— Oh! mon Dieu! s'écria douloureusement Denizà, encore un espoir trompé!

— Courage, Denizà, mon enfant, dit le docteur avec affection.

— Non, dit la comtesse avec force ; ce n'est pas du courage, mais de la patience qu'il faut, de la patience pour quelques heures seulement.

— Que voulez-vous dire ? s'écria vivement la jeune femme, avec un regard brûlant.

— Croyez-vous que je me sois contentée d'appeler ? Non pas ; j'ai mis à la poursuite des deux chasseurs trois éclaireurs comanches, les plus habiles batteurs d'estrade de la savane. Ils m'ont juré qu'ils les retrouveraient, et je compte sur leur promesse.

— Mais Julian consentira-t-il à revenir après vous avoir quitté ainsi ? reprit la jeune femme, dont l'espoir s'était presque éteint.

— Rassurez-vous, mignonne, répondit doucement la comtesse, il reviendra ; ce soir peut-être, il sera ici.

La jeune femme hocha tristement la tête.

— Vous doutez ? reprit la comtesse.

— Non, ma sœur, non je ne doute pas, je crains. Julian est un caractère fier et décidé, il ne fait jamais rien sans y avoir longtemps réfléchi ; il ne change jamais une résolution prise. Oh, je le connais bien !

— Soit, ma toute belle, reprit en souriant la comtesse, mais cette fois il reviendra, je vous l'affirme, j'en suis certaine, et voici pourquoi : un de mes batteurs d'estrade est chargé de lui remettre un billet de moi.

— Un billet ?

— Oui, dans lequel je lui annonce que je redoute un danger prochain, et que je le supplie d'accourir à mon aide.

— Oh ! s'il en est ainsi, il reviendra ! s'écria Denizà en souriant de bonheur.

— C'était le seul moyen de le ramener, dit joyeusement le docteur.

— N'est-ce pas ? Voyez, le soleil se couche ; bientôt il fera nuit. Patience donc ; avant une heure Julian sera ici, je vous le promets.

— Dieu le veuille ! s'écria Denizà.

En ce moment la porte s'ouvrit et dona Luisa parut.

— Pardon de vous interrompre, dit-elle de son air le plus charmant, la pénitence a assez duré. Vous avez, depuis près de six heures que vous êtes ensemble, eu le temps de tout vous dire : la cloche du dîner va sonner.

— Nous sommes à vos ordres, senora, répondit le docteur.

— Et nous vous remercions de ces quelques heures, que vous nous avez si gracieusement ménagées, ajouta Deniza.

Les deux jeunes femmes se prirent par le bras, le docteur offrit le sien à Dona Luisa, et ils se rendirent à la salle à manger, où tous les hôtes de l'hacienda étaient déjà réunis et les attendaient.

XIII

DE LA GRANDE JOIE QU'ÉPROUVÈRENT QUATRE DE NOS PRINCIPAUX PERSONNAGES, GRACE A LA COMTESSE DE VALENFLEURS.

La salle à manger, fort vaste, de l'hacienda de la Florida, ressemblait à un réfectoire de chartreux.

Elle était plus longue que large, très haute avec les poutres saillantes, pavée de grandes dalles alternativement blanches et noires, avec les murs boisés en chêne sculpté jusqu'à demi-hauteur.

Les fenêtres, de forme ogivale, avaient des vitraux de couleur enchâssés dans du plomb.

Les murs étaient garnis de bois d'élans, d'ashatas, de têtes de bisons, de jaguars, de cougouars, d'ours bruns, noirs et gris, entremêlées de têtes d'antilopes, de daims, d'opossums et de gazelles; enfin des dépouilles de tous les animaux de la savane, parfaitement conservées.

Ce qui produisait un effet bizarre et véritablement saisissant.

Çà et là se trouvaient des panoplies, sur lesquelles étaient placées avec goût toutes les armes en usage dans ces régions sauvages, mêlées aux merveilles en ce genre des contrées civilisées.

Une immense table en fer à cheval occupait tout le milieu de cette vaste salle.

Cette table, assez large, en acajou massif, avait dû être construite sur place.

Aucune force humaine n'aurait pu la soulever.

Le haut de la table reposait sur une estrade surélevée d'un mètre, à laquelle on arrivait par trois marches. Un riche tapis garnissait l'estrade et recouvrait le sol.

Les deux ailes de la table étaient donc en contre-bas. Elles étaient garnies de bancs à dossiers en acajou.

Sur l'estrade, il n'y avait que des fauteuils, dont un plus élevé que les autres, celui du maître de la maison.

Là, le service était en vieille argenterie massive, disposée, plats, assiettes, verres, carafes et bouteilles, sur une nappe ouvrée en toile de Flandre.

En bas, le service était en porcelaine, et au bas bout en simple terre de pipe ; il n'y avait pas de nappe.

Dix lustres en cristal tombant du plafond et garnis de bougies servaient à l'éclairage, en collaboration avec deux candélabres en argent à neuf branches, posés à chaque coin de la table de l'estrade, et une douzaine de *candiles* accrochés à droite et à gauche sur la muraille.

Cette salle à manger, ainsi garnie et éclairée, offrait un aspect véritablement féerique.

Don Cristoval de Cardenas, de même que la plupart des haciénderos de la frontière, avait conservé la coutume de prendre ses repas au milieu de ses serviteurs les plus immédiats : ceux qu'on nomma le famille, parce que tous appartiennent, depuis longues années, à la maison, et sont, à cause de leurs bons services, en possession de toute la confiance du maître.

Cette coutume patriarcale a de très grands avantages, par les rapports presque intimes quelle établit entre le maître et les serviteurs.

Lorsque tous les hôtes de l'hacienda furent réunis sur l'estrade, don Cristoval leur indiqua leurs places, puis il fit un signe au mayordomo.

— Ouvrez les portes, ordonna celui-ci.

Les portes furent aussitôt ouvertes.

Les serviteurs entrèrent le chapeau à la main, saluèrent leurs maîtres, et sans embarras, sans tumulte et sans bruit, chacun d'eux alla se placer devant son couvert, mais sans s'asseoir.

Ces braves gens, tous aux traits caractérisés, au teint bruni par le hâle, et aux formes athlétiques, étaient plus de soixante.

Derrière eux, les portes furent refermées et les peones se retirèrent.

Les serviteurs qui venaient d'entrer étaient des espèces de bas officiers : chacun d'eux avait d'autres serviteurs moins élevés sous leurs ordres.

En un mot, c'étaient ces hommes de confiance, tigreros, vaqueros, chasseurs, batteurs d'estrade, etc., etc.

L'haciendero se tourna alors le chapelain.

Celui-ci fit le signe de la croix, geste imité par tous les assistants, puis il prononça le *Benedicite*.

Tout le monde répéta *Amen !* et chacun s'assit.

Le souper commença.

Nous ferons observer que, dans ces pays, lorsque la table est mise, tous les plats qui doivent figurer au repas sont disposés sur des réchauds, si ce sont des plats chauds, et tous posés sur la table, même le *postre*, ou dessert.

Seul, le café, dont on fait usage seulement sur l'estrade, est apporté plus tard.

Chacun se sert.

Les Mexicains, comme leurs ancêtres les Espagnols, ne boivent pas en mangeant ; mais seulement à la fin du repas, au dessert.

Les serviteurs boivent de l'eau, du pulque, de la chicha et du guarapo; les maîtres, des vins d'Espagne et de France, mais seulement en petite quantité.

Les Mexicains, comme toutes les races méridionales, sont généralement très sobres.

L'haciendero, par considération pour ses hôtes étrangers, avait fait placer devant eux du vin de France : bordeaux et bourgogne de choix, et des carafes d'eau glacée.

Le souper, malgré les efforts de l'haciendero pour l'égayer, fut assez triste.

Denizà et la comtesse étaient préoccupées.

Elles ne répondaient que par monosyllabes aux questions que leur adressait don Cristoval.

Denizà, comme malgré elle, admirait ces mœurs patriarcales, qui lui rappelaient sa patrie.

Puis elle songeait à son fiancé, et elle devenait subitement songeuse.

Après une heure, le myordomo se leva.

Tous les serviteurs l'imitèrent.

Depuis quelques instants, ils avaient terminé leur repas.

Le chapelain quitta son siège sur l'estrade, alla se placer au milieu de la table et prononça ses *Grâces*; les serviteurs répétèrent *Amen!*

Puis les portes s'ouvrirent, et les serviteurs sortirent sans plus de bruit qu'ils en avaient fait en entrant.

Le chapelain reprit sa place et se remit à manger comme si de rien n'était.

Quant au mayordomo, contrairement à ses habitudes, il avait accompagné les serviteurs dans leur retraite.

L'haciendero frappa dans ses mains.

Une porte s'ouvrit derrière l'estrade : des peones entrèrent, enlevèrent les plats, disposèrent le dessert et apportèrent plusieurs bouteilles de Champagne.

Avec le dessert, la contrainte sembla disparaître.

Les convives s'animèrent, on haussa la voix, et la conversation devint bientôt générale.

Naturellement, on parla politique.

24

Le docteur d'Herigoyen pria les assistants de ne pas faire attention à lui et de parler en toute liberté.

Dans son for intérieur, le docteur n'était pas fâché de connaître l'opinion véritable des Mexicains sur la guerre.

Les Mexicains sont les hommes les plus courtois qui existent.

Ils ont une politesse raffinée dont ils ne se départissent jamais.

Seulement, ils manient leur langue, si riche en métaphores et en mots à double entente, avec une habileté consommée.

Ils possèdent le secret de dire tout, sans qu'il soit possible de s'en fâcher.

L'expédition fut beaucoup blâmée pour son principe.

Ils la considéraient comme une affaire de Bourse, tentée pour enrichir quelques grands personnages, que l'on nomma en toutes lettres, dans une mauvaise cause, et d'une façon scandaleuse, au détriment de la nation française tout entière; dont on mettait le prestige maladroitement en jeu.

Les Français ne connaissaient pas plus le Mexique, en 1865, qu'ils n'avaient connu l'Espagne en 1808.

Tout cela finirait fatalement par un échec, et l'armée française serait respectueusement conduite et escortée par les Mexicains jusqu'à Vera-Cruz.

On critiqua fort la tactique du général en chef, qui s'obstinait à manœuvrer contre des guerillas insaisissables, comme il le ferait contre des troupes européennes, qui procèdent par masses.

Raousset Boulbon, dit un des convives, connaissait le Mexique, lui : avec deux cent soixante hommes, il réussit, en quinze jours, à s'emparer de toute la province de Sonora, qui est aussi grande que la France.

Mais c'était un chef de partisans, et il faisait la guerre comme on la lui faisait.

Les Français n'étaient pas aimés.

Chefs et soldats étaient trop pillards ; ils ne respectaient rien, se riaient de tout, et voulaient imposer leurs idées et leurs coutumes au peuple qu'ils venaient, disaient-ils, sauver.

Les pillages, organisés par les chefs de l'armée, étaient scandaleux.

Ils prenaient de toutes mains et faisaient filer incessamment des wagons vers la côte, sans autre souci que celui de s'enrichir quand même, et le plus vite possible.

Ils ne rêvaient que mines d'or, et se figuraient être dans le fabuleux *Eldorado*, où a si heureusement voyagé Candide.

Tous les chefs du gouvernement mexicain étaient plus ou moins gangrenés, tout patriotisme était mort chez eux.

Une minorité cléricale infime avait appelé les Français.

Depuis que ceux-ci avaient mis le pied au Mexique, ils n'avaient jamais possédé que le terrain occupé par leur armée.

Chaque ville qu'ils quittaient se révoltait derrière eux et toujours, et partout de même.

C'était ainsi qu'ils avaient parcouru tout le Mexique, sans rien gagner.

Toujours aussi étrangers que le premier jour.

Bientôt ils reconnaîtraient leur impuissance à dominer dans ce pays, constamment hostile, et ils seraient contraints de se retirer pour ne pas éterniser une guerre sans but avouable.

Tout cela était dit et bien d'autres choses plus fortes encore, avec cette imperturbable urbanité que rien ne démonte et contre laquelle on ne peut rien.

Les critiques étaient amères, exagérées, sans doute, mais elles avaient un fond de vérité qui n'échappait à personne.

Pour clore cette conversation et l'empêcher de dépasser les bornes d'une discussion courtoise, un Mexicain proposa de boire avec du champagne à l'alliance, bien comprise et véritablement loyale, de la France, qui bientôt deviendrait républicaine, avec la République du Mexique.

Ce toast était une prophétie.

Mais que de larmes, que de sang, de honte et de douleurs nous a coûtés son accomplissement.

Les Mexicains, que nous considérions alors presque comme des sauvages, prévoyaient déjà ce qui, quelques années plus tard, devait arriver.

Ils se montraient plus clairvoyants que nous ne l'étions nous-mêmes.

Le toast proposé eut un grand succès.

Puis la conversation fit un crochet, et l'on parla d'autre chose.

Don Cristoval fit apporter le café, les liqueurs, les cigares et les cigarettes.

Hommes et femmes, tout le monde fume au Mexique.

Généralement, les dames préfèrent les cigares, et les hommes les cigarettes.

Pourquoi?

Je l'ignore, mais cela est ainsi et je le constate.

Cette coutume étonna fort Denizà.

Quant à la comtesse, elle fuma bravement deux ou trois minces *papelitos* sans se faire prier.

Ce qui enchanta les Mexicains et lui conquit tous leurs suffrages.

Le chapelain, gros moine pansu à la face rubiconde, fumait sans désemparer et buvait force champagne sans plus songer à dire les *grâces*.

Un peu plus, il aurait probablement proposé de tailler un *monté*, ce jeu si cher aux Mexicains, nous ne dirons pas de toutes les classes, les différences sociales n'existent pas au Mexique, mais nous dirons riches ou pauvres, parce que la seule ligne de démarcation qui existe en ce pays est celle produite par l'argent : le pauvre d'aujourd'hui pouvant être riche demain, et *vice versâ*.

Vers neuf heures du soir, le mayordomo entra et dit quelques mots à voix basse à l'haciendero.

Celui-ci parut d'abord étonné, mais se remettant aussitôt :

— Caballeros, dit-il, des tables ont été préparées dans le salon bleu pour le *monté*.

— A la bonne heure ! au monté ! s'écria joyeusement le chapelain en se levant.

Les autres convives firent chorus.

Tous se levèrent et suivirent le digne aumônier.

Pendant que s'opérait ce mouvement de retraite, don Cristoval avait échangé à voix basse quelques paroles rapides avec doña Luisa.

Puis il s'était hâté de sortir.

Il ne restait plus dans la salle à manger que doña Luisa, Denizà, la comtesse et le docteur.

Ils se levaient pour suivre les autres convives, sans trop savoir à quelle scène ils allaient assister, lorsque doña Luisa les pria de se rasseoir.

— C'est une visite qui nous arrive, dit-elle; un peu tard peut-être, mais malgré cela très agréable, et fortement désirée.

Les trois personnes se regardèrent.

Elles ne comprenaient pas où doña Luisa voulait en venir avec ces singuliers préliminaires.

La jeune femme sourit.

— Vous ne me comprenez pas, reprit-elle, je m'explique: les personnes qui arrivent en ce moment sont appelées par vous, madame la comtesse, et fiévreusement attendues par vous, doña Denizà.

— Julian ! s'écria Denizà en portant la main à son cœur.

— Cœur-Sombre ! dit doña Luisa.

— Ah! je le savais bien, qu'il reviendrait ! s'écria la comtesse.

— Quant à moi, je n'en ai jamais douté, madame la comtesse, dit le docteur.

— Vous avez sans doute toutes deux raison, mesdames, reprit doña Luisa; mais moi, je ne connais que Cœur-Sombre.

— Julian et lui ne font qu'un, dit la comtesse.

— Je m'en doute, reprit doña Luisa, il ne serait que

24.

très désobligeant pour vous, mesdames, de revoir ces amis depuis si longtemps attendus dans le salon bleu, au milieu de tous ces enragés joueurs de monté. Si vous le désirez, je vous conduirai dans le salon rose où, déjà, les deux chasseurs vous attendent depuis un instant.

— Madame, dit Denizà avec émotion, vous avez toutes les délicatesses du cœur ; je ne sais véritablement pas comment vous remercier de toutes vos bontés pour une étrangère, que vous connaissez à peine... Le bonheur de ma vie entière dépend de cette entrevue : veuillez y assister en compagnie de votre mari, madame, vous me rendrez bien heureuse, et je vous prouverai ainsi combien je suis touchée de votre généreuse hospitalité.

— J'accepte de grand cœur votre offre, madame, répondit doña Luisa ; vous faites plus que vous acquitter envers moi en me rendant témoin de votre bonheur ; mais laissez-moi vous avouer que je connais Cœur-Sombre, que j'ai contracté envers lui une dette immense, dont peut-être jamais je ne pourrai m'acquitter ; c'est donc pour moi une grande joie que d'être présente à cette entrevue.

En ce moment don Cristoval rentra.

— Eh bien ! demanda-t-il à sa femme.

— Tout est convenu, répondit-elle ; seulement, doña Denizà exige que vous et moi, mon ami, nous assistions à cette entrevue.

— Oh! madame, dit-il, comment oserai-je, moi étranger...

— Je vous en prie, caballero, interrompit-elle avec un doux sourire.

— Je me rends, madame, répondit-il avec un respectueux salut.

— Se doutent-ils de quelque chose ? demanda la comtesse.

— Comment pourraient-ils soupçonner la vérité ? dit le docteur.

— Tant mieux ! la surprise sera complète, dit la comtesse.

— Julian s'attend à me voir, j'en suis sûre, dit nettement Denizà.

— Bon ! c'est impossible ! dit en riant la comtesse.

— Son cœur l'aura averti, et le cœur ne se trompe pas.

— Allons ! dit don Cristoval.

— Allons ! répétèrent-ils tous.

Et ils quittèrent la salle à manger à la suite de l'haciendero, qui marchait en avant pour servir de guide.

Les chasseurs était venus avec une rapidité foudroyante, sans même s'arrêter pour laisser souffler les chevaux.

Cœur-Sombre regrettait intérieurement le mouvement de susceptibilité qui l'avait fait se séparer si brusquement de la comtesse.

Il ne demandait qu'un prétexte pour revenir.

Au lieu de ce prétexte qu'il cherchait, il avait maintenant deux raisons sérieuses.

La lettre trouvée sur le cadavre du Mexicain et le billet remis par Tahera, et dans lequel la comtesse lui demandait secours.

Il n'hésita pas, son amour-propre était à couvert.

Presque toujours, ce sont ces misérables considérations qui dirigent les actions des hommes, et leur font faire tant de sottises et de maladresses.

Cette fois, heureusement, aucunes suites désagréables n'étaient à redouter.

Il était plus de neuf heures du soir lorsque les chasseurs atteignirent la rancheria.

Là ils se séparèrent des guerriers comanches.

Ils hésitèrent assez longtemps à monter jusqu'à l'hacienda, à une heure aussi avancée.

Ils s'y décidèrent enfin, à cause de la lettre trouvée sur le Mexicain, et dans laquelle Felitz Oyandi parlait de se rendre cette nuit-là même à la Florida.

Des ordres avaient été donnés par don Cristoval de Cardenas.

Les chasseurs étaient attendus.

Dès qu'ils se présentèrent à la porte, la herse fut levée et ils furent introduits.

Le mayordomo prévint aussitôt l'haciendero, qui se hâta de se rendre auprès des chasseurs.

Mais sur leur refus d'accepter des rafraîchissements, il les conduisit au salon rose dans lequel il les laissa pour se rendre auprès de la comtesse, avec laquelle Cœur-Sombre avait demandé à s'entretenir d'une affaire importante.

Cœur-Sombre était en proie à une vive agitation.

Il marchait, de long en large, d'un pas saccadé.

Il était pâle et semblait inquiet.

Main-de-Fer lui demanda s'il se sentait indisposé.

— Non, répondit-il d'une voix sourde ; mais je ne sais ce que j'éprouve depuis que nous avons pénétré dans cette demeure ; j'ai le cœur serré, mes idées se troublent. Je ne suis plus maître de moi ; il me semble que je touche à l'un des moments décisifs de mon existence, et que de l'entretien que je vais avoir avec la comtesse dépend tout mon avenir.

— Je ne t'ai jamais vu ainsi, mon ami ; tu m'inquiètes réellement, répondit son compagnon. Qui peut te causer une émotion si violente ?

— Je l'ignore, répondit-il, c'est un pressentiment, qui m'avertit : les pressentiments ne s'expliquent pas ; ils sont indépendants de notre volonté. C'est plus fort que moi ; je me sens presque faible. Je n'ai qu'une seule fois dans ma vie éprouvé pareille défaillance. C'est la nuit où, à la veillée, j'ai demandé à Denizà si elle consentait à m'accepter pour fiancé. Oh ! s'écria-t-il avec une poignante douleur : que fais-tu ? Où es-tu maintenant, ma Denisà chérie ?

— Près de toi, mon fiancé, mon cher Julian ! s'écria une voix mélodieuse, avec un accent de tendresse indicible.

La porte du salon s'était ouverte doucement, et une ravissante apparition se tenait, les bras tendus en avant, sur le seuil.

Au son de cette voix si chère, un tremblement convulsif agita tout le corps du jeune homme, un râle s'échappa de sa poitrine, ses yeux lancèrent de fulgurants éclairs.

— Denizà! s'écria-t-il comme en délire, Denizà! ah! mon cœur l'avait devinée!

Il vint tomber, palpitant, aux pieds de la jeune femme.

— Je le savais! s'écria-t-elle avec un élan sublime d'amour.

Et elle se pencha, gracieuse, vers son fiancé pour le relever.

Mais tout à coup, elle se redressa livide et tremblante.

— Mon Dieu! s'écria-t-elle; à moi! au secours!

Julian, pâle, mais les traits rayonnants, se releva lentement et en chancelant, en s'appuyant sur Bernardo, qui s'était élancé à son aide.

— Ce n'est rien, dit-il d'une voix faible, je me sens mieux. Ah! cette émotion m'a brisé; j'ai cru mourir de joie après tant de douleurs! Oh! Denizà, ma vie, mon amour! je t'aime! je t'aime!

Et il fondit en larmes, en cachant sa tête sur le sein de la jeune femme, qui lui prodiguait les plus douces et les plus chastes caresses.

— Julian! mon Julian chéri, reviens à toi, nous sommes enfin réunis; rien maintenant ne pourra nous séparer, disait-elle, en essuyant ses larmes avec ses baisers, et l'entraînant doucement vers un large divan, où elle le fit asseoir près d'elle.

— Bien vrai, répondait le jeune homme, comme parlant dans un rêve; nous ne nous séparerons plus?

— Jamais! s'écria-t-elle avec passion, jamais!

— Ah! ce mot me rend heureux, ma Denizà! Je me sens revivre. Tu es là près de moi; c'est bien toi! Ma chérie, ma bien-aimée, si tu savais ce que j'ai souffert, loin de toi! ajouta-t-il avec tristesse.

— Et moi, mon bien-aimé, j'ai bien souffert aussi, j'ai failli mourir, et sans ton père qui m'a recueillie, sauvée, où serai-je, hélas!

— Mon père, mon bon père! s'écria le jeune homme

avec émotion, lui seul nous manque ! Notre bonheur serait complet si nous l'avions près de nous, témoin de notre félicité.

La jeune femme l'embrassa sur le front, et lui prenant la tête dans ses mains mignonnes, elle la lui releva en lui disant avec tendresse :

— Il est là, regarde, Julian ; il jouit de notre bonheur, dans lequel il a la plus grande part.

— Mon père ! s'écria le jeune homme en bondissant sur ses pieds et se jetant éperdu dans les bras que lui tendait le vieillard.

— Julian ! mon fils ! s'écria le docteur.

Et ce fut tout ; l'émotion lui coupa la parole.

Le père et le fils demeurèrent ainsi longtemps enlacés, pleurant et confondant leurs larmes.

Denizà s'approcha doucement.

— Et moi, dit-elle, ne l'embrasserai-je pas aussi ?

— Viens ! viens ! lui cria Julian en l'attirant à lui, père ! père ! s'éria-t-il, bénissez vos enfants.

Tous les assistants, groupés un peu à l'écart, étaient profondément attendris par cette scène émouvante.

Ils se sentaient les yeux pleins de larmes.

La comtesse était radieuse.

Elle pleurait, elle aussi, mais de joie.

Elle avait enfin payé sa dette de reconnaissance à ces deux hommes, qui l'avaient jadis sauvée d'une mort horrible.

Tout à coup, Julian se dégagea brusquement des bras de son père.

Il jeta un regard anxieux autour de lui, poussa un cri de joie, et d'un bond il se trouva près de la comtesse, devant laquelle il plia le genou.

— Léona ! ma sœur ! s'écria-t-il en lui prenant les mains qu'il couvrit de baisers, c'est à vous que je dois le bonheur dont je jouis en ce moment. Voyez les heureux que vous avez faits, c'est votre œuvre ! Oh ! comment m'acquitterai-je jamais envers vous qui me donnez tant de joie !

— En aimant bien Denizà, mon frère Julian, répondit-elle en souriant à travers ses larmes, et en me conservant un petit coin de votre cœur.

— Oh! s'écria Denizà, nous vous aimerons tant tous les deux, que vous ne serez pas jalouse de notre amour. N'êtes-vous pas notre sœur chérie?

— Oui! votre sœur, répondit la comtesse, votre sœur qui ne vous aimera jamais assez pour le bien que votre père et votre fiancé lui ont fait!

— Vous vous êtes noblement et grandement acquittée, madame, dit le docteur.

— Les dettes du cœur ne s'acquittent jamais, répondit la comtesse en embrassant Denizà ; n'est-il pas vrai, mignonne?

— C'est pour cela que nous vous aimerons toujours, Léona, répondit la jeune femme avec un radieux sourire.

— A la bonne heure! s'écria Bernardo, qui s'essuyait les yeux dans le coin où il s'était blotti; nous allons donc, nous aussi avoir nos jours de soleil! Caraï! ils se sont fait attendre ; mais du moins ils seront beaux!

Julian lui serra chaleureusement la main.

Puis chacun à l'envi félicita le jeune homme de son amitié dévouée à son ami, et le remercia d'avoir été si fidèle à l'infortune de Julian.

Le docteur surtout ne tarissait pas.

Il déclara qu'il aimait Bernardo comme un second fils, et qu'il le verrait avec joie rester près de lui.

— Eh! fit le jeune homme, avec sa franchise habituelle, ne craignez pas que je m'en aille, docteur : caraï! où irais-je seul? Julian et moi nous sommes inséparables...

Cette boutade excita un rire général, et, la première émotion passée, la joie devint plus calme.

L'haciendero et sa femme voulaient se retirer.

Mais on insista avec tant de grâce qu'ils demeurèrent.

Julian et Denizà causaient à voix basse, les mains dans les mains ; ils avaient tout oublié, avec cet égoïsme de l'amour, pour ne songer qu'à eux seuls et savourer leur bonheur.

— Il faut marier ces gentils amoureux le plus tôt possible, dit la comtesse en riant.

Au mot de mariage, Julian et Denizà avaient dressé l'oreille.

— C'est ce que je compte faire ici même, dans votre chapelle, si vous le permettez, don Cristoval, répondit le docteur.

— Elle est tout à votre service, senor, dit l'haciendero.

— Et puis, reprit en souriant le docteur, nous les renverrons passer leur lune de miel en France.

— Hélas ! père, dit Julian, vous oubliez que Bernardo et moi, nous sommes contumaces et que nous avons été condamnés à dix ans de déportation en 1852.

— Je n'oublie rien, fils ; je ne radote pas encore ; toi et Bernardo, vous êtes libres.

— Libres ! s'écrièrent les deux hommes avec une joie profonde.

— Libres ! répéta Denizà, oh ! père, je vous devine, ajouta-t-elle en se jetant à son cou.

— Voyez-vous mademoiselle la câline ! reprit gaiement le docteur en se dégageant doucement, elle devine tout ! on ne peut rien lui cacher ! Ce n'est pas moi, c'est Julian qu'il faudrait embrasser ainsi.

— Oh ! il n'y perdra rien ! dit-elle avec une charmante coquetterie.

— Je le sais bien, dit le docteur en riant.

— Et moi aussi ponctua joyeusement Julian ; mais comment se fait-il ?

— Ecoute notre père, dit Denizà, en lui fermant la bouche avec un baiser.

Argument irrésistible, et qui le rendit muet aussitôt.

— Lorsque je me proposai pour faire partie de l'expédition du Mexique, je savais que l'on avait besoin de moi ; je posai donc mes conditions, ou plutôt une condition : la liberté de mon fils et celle de son ami. Ainsi que je m'y attendais, ma demande fut acceptée ; en même temps que ma nomination, je reçus ces deux pièces transmises par le garde des sceaux à son collègue le ministre de la guerre, et signées par l'empereur. Ce n'est pas une grâce, c'est une amnistie complète et sans conditions, qui autorise MM. Julian d'Hérigoyen, médecin de la Faculté de Paris, et Bernardo Zumeta, propriétaire et ancien marin, à rentrer en France aussitôt qu'il leur plaira et les rétablit dans tous leurs droits civils et politiques.

— Vous avez obtenu ces deux amnisties complètes, père ?

— Les voici, dit le docteur.

Et retirant les papiers de son portefeuille, il remit le sien à chacun des deux jeunes gens.

— Vous pouvez vous en assurer par vous-mêmes, ajouta-t-il en souriant.

— C'est vrai ! s'écrièrent Julian et Bernardo d'une seule voix.

— Oh ! s'écria Bernardo, si c'est un rêve, je demande qu'on ne m'éveille pas, je suis trop heureux ! Caraï ! le Mexique est un beau pays, peut-être un peu trop émaillé de bêtes féroces, de sauvages et de bandits de toutes sortes ; mais je suis chauvin, moi, et j'avoue que je préfère la France, malgré l'absence de mines d'or, et que plus tôt j'y retournerai, plus je serai content.

— Ma foi, moi aussi, j'en conviens ! ajouta Julian en riant de la boutade de son ami.

— Oh ! oui, dit Denizà avec élan ; quittons au plus vite cet affreux pays.

Mais se reprenant aussitôt et se tournant vers dona Luisa, qui la regardait en souriant :

— Oh ! ajouta-t-elle avec sentiment, pardonnez-moi, madame, cette parole inconsidérée, le bonheur rend égoïste ; je sens que je ne serai complètement heureuse que lorsque je serai de retour en France avec celui que j'aime. Tant que je resterai ici, je craindrai de le perdre encore.

— Oui, répondit dona Luisa, vous avez raison, madame ; vous avez tant et si longtemps souffert ; que votre bonheur actuel vous effraie ; mais, rassurez-vous, ajouta-t-elle avec un délicieux sourire, nous ferons si bonne garde autour de vous, que rien ne troublera votre félicité actuelle.

— Merci, oh! merci, s'écria Denizà.

Et elle se laissa aller dans les bras de dona Luisa.

Les deux dames s'embrassèrent comme deux sœurs, en laissant couler des larmes que ni l'une ni l'autre ne songeait à retenir.

— Je crois, dit alors la comtesse, qu'il est un moyen bien simple d'assurer le bonheur de nos deux amis.

— Lequel? demanda naïvement Denizà.

— Pardieu! s'écria joyeusement Bernardo, c'est de les marier au plus vite, n'est-ce pas, madame la comtesse?

— C'est précisément ce que j'allais dire, répondit en souriant madame de Valenfleurs.

— Oui, marions-nous le plus tôt possible, s'écria Julian; cette pensée est charmante, elle devait venir à madame la comtesse; n'est-ce pas, chérie? ajouta-t-il en pressant dans les siennes les mains de sa fiancée.

— Oui, mon Julian, répondit vivement la jeune femme avec une pudique rougeur: je suis à toi, et si je suis venue au Mexique, c'est avec la pensée d'y faire consacrer notre union.

— Hum! dit le docteur en riant, les amoureux sont tous et toujours les mêmes: ils ne doutent jamais de rien... Nous avons bien des choses à faire avant cela.

— Comment! que voulez-vous dire, mon père? s'écria Julian avec vivacité; existerait-il quelque empêchement à notre mariage?

Denizà ne dit rien, mais ses yeux battirent comme si elle allait pleurer, et elle se sentit pâlir.

— Je n'en vois aucun, reprit le docteur en souriant. Rassurez-vous donc, mes enfants; mais, il est des convenances avec lesquelles il faut compter: ainsi, par exemple, Julian et Bernardo, bien qu'ils aient tous les deux leur amnistie entre les mains, ne sont encore que des contumax, des condamnés évadés, aux yeux des autorités françaises.

— C'est juste, dit Julian ; pardonnez-moi, mon père, je l'avais oublié.

— Je comprends cela, dit en riant le docteur, tu ne penses qu'à ta fiancée, et tu ne vois qu'elle.

— Il a raison ! s'écrièrent les dames en riant.

— Pardieu, je le sais bien ! reprit le docteur avec bonhomie : c'est précisément pour cela que nous, qui sommes sages et de sang-froid, nous devons réfléchir pour lui et pour sa charmante fiancée, dans l'intérêt même de leur bonheur. Il importe donc que Julian et Bernardo fassent au plus vite légaliser leur position, et rentrent dans la plénitude de leurs droits civils et politiques. Pour cela, il faut qu'ils se présentent en personne au général français commandant l'État de Sonora, et fassent ainsi acte de soumission au gouvernement impérial.

— En commettant une lâcheté, dit Julian, d'une voix sourde, en fronçant les sourcils.

— Julian ! dit le docteur d'un ton de reproche.

— Eh ! mon père, avez-vous réfléchi à ce que vous exigez de moi ? s'écria le jeune homme avec force. En vous obéissant, je commettrais une lâcheté ; je répète le mot, parce qu'il est juste, trop juste malheureusement...

Tous les assistants regardaient avec stupeur et une admiration douloureuse le fier jeune homme qui s'était soudain redressé, dont les regards semblaient lancer des éclairs, et qui les dominait sous le coup de sa généreuse indignation.

— Eh ! quoi, continua-t-il d'une voix éclatante, il a plu à un homme banni et mis hors la loi de reconnaître, par la plus honteuse perfidie, la plus inavouable ingratitude, les bienfaits du gouvernement républicain, qui lui avait rendu tous ses droits et l'avait élu son premier magistrat ; il a plu à cet homme, dis-je, parce qu'il porte le nom de Napoléon, de se prétendre l'héritier de l'homme de Brumaire, de trahir tous ses serments, de violer la Constitution qu'il avait jurée librement ; de traîner dans la boue tous les droits de cette nation qui l'avait amnistié, et de ramasser dans une mer de sang la couronne qu'il n'a pas craint de poser sur son front, et en volant le trône sur lequel il s'est assis par la terreur, malgré toutes les lois divines et humaines : il faut que je sois contraint, moi innocent, dont il a brisé l'avenir; moi, innocent qu'il a condamné à une vie de misère et de douleur, qui depuis quatorze ans mène une existence de paria au milieu des déserts américains, par le fait des lâches sicaires de cet homme; il faut que moi, citoyen, honnête homme dont la conscience est pure de toute action blâmable; il faut, dis-je, que moi, la victime, et lui le bourreau, je m'incline devant lui, et je reconnaisse qu'il a eu le droit de me martyriser, puisqu'il me fait grâce, et d'accepter cette grâce avec reconnaissance... Oh! fit-il avec un sanglot qui déchira sa poitrine, c'est aussi trop exiger de moi, mon père! car c'est plus que la vie, c'est le déshonneur qui m'est imposé !...

Et, cachant sa tête dans ses mains, il fondit en larmes.

Tous les assistants étaient atterrés.

— Julian, au nom du ciel! s'écria le docteur, vois Denizà, aie pitié d'elle !

Tous les regards se tournèrent alors vers la jeune femme.

Mais Denizà, pâle, mais souriante, et les yeux brillants d'un généreux enthousiasme, se leva de son siège, s'approcha d'un pas lent, et pour ainsi dire automatique, du fier jeune homme, et lui posant doucement la main sur l'épaule, elle lui dit de sa voix harmonieuse, brisée par une émotion intérieure, mais vibrante :

— Bien, Julian! bien, mon fiancé!... Je te loue et je suis heureuse de cette généreuse indignation contre ce tigre à face humaine, cet assassin de femmes et d'enfants, dont le trône est fait de cadavres et cimenté du sang de ses victimes. Je suis fière de toi, et mon amour grandirait encore si cela était possible. Pas de grâce, pas de honteuses transactions avec notre bourreau... Je serai la femme du transporté, du paria, du proscrit; mais ton honneur, qui est le mien, restera intact. Dans ce désert où nous vivrons et vieillirons côte à côte, nous aurons pour nous consoler l'estime de nous-mêmes et la conscience de ne pas avoir transigé avec notre devoir!

— Oh! s'écria Julian le visage rayonnant de joie et la serrant dans ses bras avec une énergie fébrile. Oh! je te reconnais bien là, toi, ma femme adorée! Merci, Denizà! Merci, ma chérie! Je suis tien comme tu es mienne : rien désormais ne pourra nous séparer! Nous vivrons libres au désert, sous le regard de Dieu, et qui sait? peut-être plus tôt que nous ne le croyons nous-mêmes, le pouvoir tyrannique qui nous a proscrits retombera-t-il noyé dans la boue sanglante dont il est sorti, et rentrerons-nous, fiers et heureux, dans cette patrie si chère dont nous avons été si odieusement bannis!

Et, enlacés dans les bras l'un de l'autre, ils confondirent leurs larmes

Larmes de joie, car leur cœur battait à l'unisson et leurs sentiments étaient les mêmes!

— Nous serons trois, dit simplement Bernardo en serrant la main de Julian.

— Merci ami, j'accepte, répondit Julian en lui rendant sa chaleureuse étreinte.

— Je savais qu'il en serait ainsi, s'écria le docteur d'un air désolé. Mais les choses ne se passeront pas de cette façon ; je ne le veux point. Ecoute-moi, Julian.

— Parlez, mon père, Denizà et moi nous vous écoutons avec la plus sérieuse attention.

— C'est bien, répondit le docteur. Ecoute donc ; tu es mon fils, ton honneur est le mien, tu le sais.

— Je le sais, oui, mon père.

— Je ne consentirai jamais à transiger avec cet honneur qui m'est plus précieux que la vie; mais il ne faut pas jouer le bonheur de son existence tout entière sur un coup de dé... tu ne veux pas faire cet acte de soumission au gouvernement auquel tu dois tous les malheurs immérités qui ont fondu sur toi; mais les situations que l'on ne peut trancher, on les tourne.

— Mon père...

— En conservant l'honneur sauf, bien entendu.

— Je ne comprends pas bien où vous voulez en venir, mon père.

— A ceci tout simplement : que, sans vous présenter aux autorités françaises, Bernardo et toi, tout en conservant la liberté de vos opinions, vous pouvez vous engager à ne rien faire contre le gouvernement établi, tant qu'il existera, et de ne vous occuper en aucune façon de politique active. Il vous sera d'autant plus facile de prendre cet engagement, que jusqu'à l'heure néfaste où vous avez été condamnés, jamais ni l'un ni l'autre vous n'aviez songé à la politique. C'est donc une déclaration sans importance ; je la rédigerai moi-même, et vous ne la signerez qu'après l'avoir lue et approuvée. Le général français qui commande à Urès est un de mes vieux amis d'Afrique, sur lequel je puis entièrement compter ; l'affaire ira donc toute seule ainsi.

— Pardon, mon père, dit Julian, cependant il me semble que si...

— Laisse parler notre père, dit Deniza avec un délicieux sourire ; tout ce qu'il dit est très bien.

Et elle lui ferma la bouche avec ses mains charmantes.

Le jeune homme se tut, enchanté de pouvoir, tout à son aise, couvrir de baisers les mains mignonnes de sa fiancée.

Le docteur reprit en souriant :

— Cette formalité sera la seule que l'on exigera ; c'est bien peu de chose, n'est-ce pas ?

— En effet, mon père, répondit vivement Denizà, pour elle et pour Julian.

— Seulement, j'inviterai le général X... à votre mariage, et lorsque les présentations auront été faites, vous lui répéterez de vive voix l'engagement que vous aurez pris par écrit, cela vous convient-il ainsi ? croyez-vous pouvoir accepter ces conditions ? réponds, Julian.

— Certes ! s'écria joyeusement Denizà, car notre honneur sera sauf.

— Tu ne me réponds pas, mon fils, reprit le docteur.

— Denizà a répondu pour elle et pour moi, père, dit le jeune homme en souriant. Il me semble qu'un homme peut en toute sûreté de conscience accepter une telle condition, mais il est bien entendu qu'il n'y en aura pas d'autre.

— Je t'en donne ma parole.

— Il suffit, mon père ; nous acceptons, n'est-ce pas, Denizà ?

— Des deux mains, répondit-elle, en riant avec malice.

— Et vous, Bernardo?

— Oh ! moi, vous le savez, tout ce que fait Julian est bien ; donc, j'accepte.

— A la bonne heure ! voilà qui est convenu, s'écria le docteur avec joie. Je savais bien que je ferais entendre raison à ces mauvaises têtes.

— Parce que, mon père, répondit Denizà, vous êtes la bonté, la sagesse et le dévouement.

Et elle l'embrassa avec effusion.

— Câline, lui dit-il avec une charmante bonhomie, il me fallait bien trouver un moyen, car plutôt que de me séparer de vous deux, je serais resté ici.

— Je le sais bien, répondit-elle avec émotion.

— Maintenant que tous les nuages sont dissipés et que le beau temps est revenu, dit en riant la comtesse, il s'agit de fixer la date du mariage. Je reprends la question où nous l'avons laissée.

— Le plus tôt possible ! s'écria Julian, en pressant les mains de Denizà, n'est-ce pas, chérie ?

— Oui, mon Julian ; puisque tout est arrangé, répondit-elle en souriant ; qu'en pensez-vous, mon père ?

— J'y consens ; mais pour que votre mariage soit valable, il faut qu'il soit d'abord contracté civilement par devant les autorités françaises.

— C'est juste, dit Julian, la cérémonie religieuse ne passe qu'en seconde ligne.

— Je me charge d'obtenir le consentement du général X..., dit le docteur.

— Urès n'est pas loin ; c'est une affaire de quatre ou cinq jours, dit l'haciendero.

— Bon ! voilà qui simplifie encore les choses ; les deux cérémonies auront lieu le même jour, ici à la Florida, n'est-ce pas ?

— Certes ! s'écrièrent tous les assistants.

— Le sous-intendant militaire remplacera l'officier civil ; il rédigera le contrat et nous le rapportera tout prêt à être signé. C'est parfait, reprit le docteur ; nous fixerons donc le mariage à un mois.

— Quinze jours, dit Julian ; ce laps de temps est suffisant pour tout préparer et nous mettre en règle avec le gouvernement.

— Soit, quinze jours ; est-ce convenu ?

— C'est convenu ! reprit-on d'une seule voix.

— Très bien, reprit le docteur ; maintenant que tout est arrêté, que nous sommes d'accord, je suis d'avis que nous laissions ces dames se livrer au repos. La journée a été émaillée d'émotions un peu vives, dont elles ont besoin de se remettre ; d'ailleurs la nuit est déjà avancée.

— Oui, dit vivement Julian, pas d'égoïsme ! Demain, de bonne heure, nous nous reverrons ; maintenant que nous sommes assurés de notre bonheur, nous pouvons attendre pendant quelques heures le plaisir de nous revoir.

Cette double invitation ne souleva pas d'objections.

Les dames, et particulièrement Denizà, étaient véritablement fatiguées et avaient besoin de repos.

Les dames se levèrent.

On se souhaita le bonsoir avec force promesses de se retrouver le lendemain.

Puis la comtesse de Valenfleurs, doña Luisa de Cardenas et Deniza se retirèrent.

Les hommes se préparaient à en faire autant, mais ils furent arrêtés par un geste muet de Julian, qui les invitait à rester encore pendant quelques instants.

Chacun se rassit.

Il était minuit.

Tout dormait dans l'hacienda.

Un calme profond régnait au dehors dans la campagne.

Seulement, à de longs intervalles on entendait les glapissements ironiques des coyotes en chasse, auxquels répondaient avec rage les molosses de l'hacienda.

FIN DU TOME PREMIER

ux
da,

ficier
a tout
r; nous

-
à

TABLE DES MATIÈRES

PREMIÈRE PARTIE

LE TRANSPORTÉ

I. — De quelle étrange façon le lecteur fait connaissance avec les principaux personnages de cette véridique histoire 1
II. — Où il est prouvé que c'est souvent un tort de pousser trop loin une vengeance 16
III. — Comment le beau Félitz Oyandi perdit deux fois la partie qu'il s'était vanté de gagner 34
IV. — De quelle façon la marquise de Garmandia rentra dans son hôtel, grâce au docteur d'Hirigoyen . . . 48
V. — Du conseil que le docteur donna à la marquise et ce qu'il en advint. 65
VI. — Suite et complément du précédent chapitre 82
VII. — Comment il fut prouvé que le marquis de Garmandia avait tué sa femme, et pourquoi il ne fut pas arrêté. 97
VIII. — Où l'on voit le père guérir les blessures faites par le fils, et ce qui s'ensuivit. 115
IX. — Dans lequel le docteur reconnaît qu'il a eu tort de vouloir marier son fils à sa guise 131
X. — Dans lequel il est prouvé qu'il ne faut jamais compter sur l'avenir 147
XI. — Dans lequel l'auteur démontre clairement qu'il est très dangereux de voyager pour ses affaires particulières quand un gouvernement éprouve le besoin de faire un coup d'état. 165
XII. — Comment Julian et son ami quittèrent la Bellone sans prendre congé. 183

DEUXIÈME PARTIE

LES FAUVES DES SAVANES

I. — Ce que c'étaient que l'hôtel de la Providence et maître Laframbroise, son propriétaire. 203
II. — Comment Cœur-Sombre et le Mayor se trouvèrent en présence et de ce qu'il advint 220
III. — Dans lequel Felitz Oyandi joue une partie décisive et la perd 237
IV. — Comment Armand de Valenfleurs partit en chasse avec son chien Dardar, et quelle découverte il fit dans la savane, au pied d'un rocher 256
V. — Comment Armand présenta sa singulière trouvaille à sa mère et ce qui s'ensuivit. 274
VI. — Où Charbonneau, le chasseur canadien, se dessine. . . 289
VII — Comment le Mayor fut, une seconde fois, fait échec et mat non seulement par ses alliés, mais encore par ses ennemis. 304
VIII. — Où la nuit se fait de plus en plus épaisse autour de la gentille protégée de la comtesse de Valenfleurs. 32
IX. — Comment le Cœur-Sombre résolut tout à coup de pousser une pointe dans le désert, afin de ne pas accompagner plus longtemps la comtesse 366
X. — Où le Cœur-Sombre trouve à l'improviste le prétexte qu'il cherchait pour retourner au plus vite à la Florida . . . .
XI. — Dans lequel le Mayor et Felitz Oyandi causent de leurs petites affaires. . . . .
XII. — Dans lequel bien des choses intéressantes sont racontées, qui sont indispensables pour l'intelligence de cette véridique histoire. . . . .
XIII. — De la grande joie qu'éprouvèrent quatre de nos principaux personnages, grâce à la comtesse de Valenfleurs. . . . .

ÉMILE COLIN — IMPRIMERIE DE LAGNY

LIBRAIRIE E. DENTU, ÉDITEUR

ŒUVRES

DE

GUSTAVE AIMARD

Format grand in-18 jésus à **3 francs** le volume

Les Trappeurs de l'Arkansas	1
Les Rôdeurs de Frontières	1
Les Francs-Tireurs	1
Le Cœur-Loyal	1
La Belle-Rivière. 2 vol.	
I. Le Fort Duquesne	1
II. Le Serpent de Satin	1
Le Bourguet. 2 vol.	
I. René de Vitré	1
II. Michel Belhumeur	1
Le Grand Chef des Aucas	2
Le Chercheur de Pistes	1
Les Pirates des Prairies	1
La Loi de Lynch	1
La Grande Flibuste	1
La Fièvre d'or	1
Curumilla	1
Valentin Guillois	1
Les Bois-Brûlés. 3 vol.	
I. Le Voladero	1
II. Le Capitaine Kidd	1
III. Le Saut de l'Élan	1
Belle-Franche	1
L'Éclaireur	1
La Forêt Vierge. 3 vol.	
I. Fanny Dayton	1
II. Le Désert	1
IV. Le Vautour Fauve	1
Les Outlaws du Missouri	1
Les Chasseurs d'Abeilles	1
Le Cœur de Pierre	1
Le Guaranis	1
Le Montonéro	1
Zeno Cabral	1

Sixième Série

Curuelio d'Armor. 2 vol.	
I. L'Étudiant en Théologie	1
II. L'Homme Tigre	1
Les Coupeurs de Routes. 2 vol.	
I. El Plateru de Urés	1
II. Les Vengeance de Peau-Rouge	1

Les Gambucinos	1
Sacramenta	1
La Mas Horca-Rosas	
I. Les Aventuriers	
II. Les Bohèmes de la Mer	
III. La Castille-d'Or	
IV. Le Forestier	
V. Les Titans de la Mer	
Les Rois de l'Océan. 3 vol.	
VI. L'Olonnais	
VII. Ven-en-Panne	
VIII. Ourson Tête-de-Fer	
Le Chasseur de Rats. 2 vol.	
I. L'Gil-Gris	
II. Le Commandant Delgras	
Cardenio	
Les Bisons-Blancs	
La Main-Ferme	
L'Eau-qui-Court	
Les Nuits Mexicaines	
Les Vaudoux	
Le Roi des Placers-d'Or	
Le Rancho du Pont-de-Lianes	
Le Rastreador	
Le Trouveur de Sentiers	
Les Compagnons de la Lune	1
II. Passe-Partout	
III. Le Comte de Warrens	
IV. La Cigale	
V. Hermosa	
I. Les Marquards	
II. Le Chien Noir	
I. L'Énigme	
II. Le Sacripant	
I. Le Capitaine d'Aventure	1
II. La Vie d'Estoc et de Taille	1
III. Diane de Saint-Hyrem	1